KB160610

임진전쟁과 도요토미 정권

본 연구는 2020학년도 상명대학교 교내연구비를 지원받아 수행하였음.

임진전쟁과 도요토미 정권

김문자 지음

景仁文化社

| 책을 내면서 |

조선은 1592년 4월 도요토미 히데요시豊臣秀吉(1536~1598)가 일으킨 임진전쟁에서 20만 명 이상이 사망, 10만 명의 포로가 발생하였으며 많은 사람이 기아와 질병에 시달렸다. 특히 수많은 병사와 백성이 일본군에 의해 무차별적으로 살육과 강제 연행을 당했고, 피로인을 송환하기 위하여 20여 차례에 걸친 조·일간의 교섭이 있었다. 그 결과 불과 9,000여 명만 귀환하였다. 조선은 이후 100여 년에 걸친 전후 복구과정을 통해 큰 사회적 변화를 경험했다. 이와 같이 임진전쟁은 한일역사에 가장 큰 불행이었고, 그 앙금은 아직까지 해결되지 않고 있다.

임진전쟁에 관한 연구는 활발하게 진행되어 왔고 전쟁의 발발 원인과 그 전개 과정에 대해서는 다양한 견해가 존재한다. 하지만 왜 전쟁이 발발했는지, 왜 또 다시 전쟁이 일어났는지에 대해 정설은 존재하지 않고, '백가쟁명'식 논의가 지속되고 있다.

무엇보다도 전쟁의 추이를 보면 7년의 전쟁기간 동안 실제 전투 기간은 1년 6개월, 나머지 5년여는 거의 '휴전' 상태에서 강화교섭이라는 외교전이 조·명·일간에 지속되었다. 이 과정에서 중요한 협상 내용은 무엇인지, 요구사항이 전쟁 추이에 어떠한 영향을 주었는지, 조선은 어떤 대응과 전략으로 대처했는지 등에 대해서는 아직도 불분명한 부분이 많은 것이 사실이다. 또한 전쟁이 끝난 후 조선은 일본에 대한 적대감이 고조되어 있었음에도 불구하고 10년이라는 단기간에 어떻게 국교 재개가 이루어질 수 있었는지 등 여전히 많은 연구과제가 산적해 있는 실정이다.

따라서 이 책은 기존의 임진전쟁에 관한 연구에서 크게 주목하지 않았던 '강화교섭' 문제에 초점을 맞추어 외교사적 측면에서 전쟁의 실체를 분석하는데 중점을 두었다. 즉 삼국 간의 강화교섭 진행 및 파탄이라는 일련의 과정을 통해서 전쟁 발발 및 재침략의 배경과 조선의 입장 등을 검토했다. 동시에 일본 국내외 사정이나 자연재해 문제가 전쟁에 어떠한 영향을 주었는지, 전쟁 종결 후 국교 재개 문제와 전쟁이 남긴 상처를 규명하는 작업에도 주력하였다.

필자는 일본 근세 막번체제(막번제 국가)의 성립과정에 관심을 가지고 연구를 시작했다. 석사과정을 거치면서 막번체제 성립과 임진전쟁이 불가분한 관계가 있고, 이 전쟁이 일본 근세의 사회구조와 정치기구 성립에 다대한 영향을 끼쳤다는 것을 알게 되었다. 이 과정에서 도요토미豊臣 정권과 관련된 선행연구를 살펴보기 시작했다.

일본 유학시절, 히데요시 관련 연구에 몰두하면서 놀라웠던 것은 두 가지였다. 첫 번째는 에도江戶시대부터 축적되어 온 다양하고 방대한 히데요시 관련 사료와 연구성과였다. 즉 에도시대의 문헌을 시작으로 전·후기 봉건제 문제와 태합검지太閤檢地(히데요시의 토지조사) 논쟁과 관련된 연구사 정리, 조선침략 관련 1차 고문서 등 풍부한 자료들이 그것이다.

두 번째는 강화교섭에 대한 다양한 해석과 분석, 그리고 이를 당시 전황戰況과 대응하면서 전쟁의 전모를 이해하려는 연구였다. 특히 히데요시가 1593년 나고야名護屋에서 명 사신에게 제시한 '7개의 강화조건'을 자의적으로 분석하는 일본 연구자들의 주장에 적지 않은 충격을 받았다. 그리고 강화교섭이 임진전쟁을 종합적으로 이해하는 중요한 실마리라는 것을 깨닫게 되었다. 당시 한국에서는 강화교섭에 대한 연구는 소홀히 취급되어 왔다.

히데요시 연구에 대한 일본의 연구성과에 자극을 받은 필자에게 나고야대학 미키 세이이치로三鬼清一郎 선생님의 대학원 수업은 전환점이 되었다. 다양한 시각에서 임진전쟁을 이해하라는 충고와 유학생으로서 자국사에도 일조할 수 있는 연구테마를 찾아보라고 조언해 주셨다. 그 과정에서 도마 세이타藤間生大의 『東アジア世界の形成』은 많은 시사점을 주면서 평생의 연

구 주제를 만날 수 있는 계기가 되었다.

> "……豊臣政府軍이 전쟁을 지속하기가 곤란했던 원인은 반드시 명 정부 응원군의 움직임 때문만은 아니고, 조선인 간에 점차 증대해 갔던 저항 때문이다. 이와 같은 실력자가 강화의 교섭에 등장하지 않는 것은 문제이다. 조선인은 어떤 태도로 풍신정부와의 사이에서 정보를 주고받고 강화교섭에 대처했던 것일까. 지금까지의 역사서에서는 이와 같은 점이 해명되지 않았다. 지금까지의 역사서에 나와 있지 않다고 해서 사실로서 조선인 정부가 명 정부가 하는 대로 내버려 두었을 것이라는 태도를 취했다고는 말할 수 없다. 해명해야 할 금후의 과제로서 생각해 두어야 할 점이다. 국가라고 하는 것에 깊은 관심을 두고 자력에 의한 국방 방비를 진지하게 생각하고 있었던 주자학자가 많았던 16세기 말 조선의 사정이다."

위의 지적은 강화교섭에 대한 조선의 입장과 대응방식을 이해하는데 큰 문제의식을 던져 주었다. 당시 조선은 필사적인 자세로 전투에 임하면서도 강화교섭이 전쟁을 유리하게 종결시키는 데 의미가 있다는 것을 인식하고 있었다. 그래서 절박한 심정으로 삼국 간의 강화논의에 집중했다고 할 수 있다. 바로 이 부분에 착안하여 강화교섭 연구를 시작했던 것이다.

한편 기존의 연구에서는 정유재란의 발발원인을 '히데요시의 일본 국왕 임명' 거부설이나 '조선 왕자의 일본 파견' 문제로 보는 것이 통설이었다. 하지만 히데요시가 중국의 책봉을 받았다는 사실을 뒷받침하는 근거와 당시의 사료들이 존재한다. 히데요시가 명 황제의 책봉을 받은 것은 사실이다. 다만 그는 명에 대한 책봉 개념을 충성과 종속의 차원이 아닌 임의적인 실리적 차원에서 접근했다. 즉 전황의 변화에 따라 명은 일본 국왕 제안을 받아들이면서 정권 유지를 위한 돌파구로서 책봉을 수락했다. 이와 동시에 영토 확보와 무역(감합)을 통해서 경제적인 이익도 획득하려 했다. 이러한 점을 정유재란의 발발 배경과 연동해서 볼 수 있다.

한편 도요토미 정권 시기 일본의 자연재해가 전쟁에 미친 영향도 간과할 수 없는 주제였다. 재해는 인간 사회에 물질적인 손실을 안겨 줄 뿐 아니라 정치·경제·사회·문화·대외관계에도 깊은 영향을 미친다. 특히 후시미伏見 대지진은 교토京都라는 정치의 중심지역에서 발생했기 때문에 그 파장은 컸다. 당시 사람들은 지진이 발생하면 병란이 일어날 가능성이 높다고 생각하였다. 따라서 자연재해로 인해 정치적인 위기의식이 한층 더 높아졌다고 할 수 있다.

자연재해가 '도요토미 히데쓰구豊臣秀次(히데요시의 조카)사건'과 '히데요시의 병사 풍문', '일·명 강화교섭의 파탄'과 맞물리면서 민심의 동요와 사회 혼란을 야기 시켰다. 이런 상황에서 히데요시는 조선침략이 실패로 끝나면 자신의 정권 유지가 어렵다고 판단하였다. 결국 그는 이와 같은 난국을 타개하기 위해 정유재란을 일으켰다. 자신의 정치적 입지가 약화되었기 때문에 역설적으로 전쟁을 통해 영토와 무역확보를 하면서 정권을 유지, 강화하려 했던 것으로 파악된다.

필자가 연구자로 활동할 수 있었던 것은 많은 분들의 도움이 있었기 때문이다. 특히 오차노미즈 여자대학의 지도교수였던 오구치 유우지로大口勇次郎 선생님은 어눌한 일본어와 문제의식이 부족했던 필자에게 연구자로서 이립而立할 수 있도록 늘 자상한 배려와 격려를 보내주셨다. 끝까지 기다려주신 지도교수님의 후의厚意는 잊을 수가 없다.

또한 1989년 '조선왕조실록을 읽는 모임' 강독회에서 만난 교리츠 여자대학의 기타지마 만지北島万次 선생님과의 인연도 빼놓을 수 없다. 2018년 5월 타계하시기 전까지도 일본사의 기초적인 연구방법과 연구자세, 사료를 보는 법에 대해 늘 조언을 하고 지도해 주셨다. 선생님께서는 40년 동안 강독회를 이끌어 나가시면서 임진전쟁 연구를 침략 당한 조선의 입장에서 통찰하는 문제의식을 보여주셨다. 전쟁 중에 시달렸던 조선 민중에 대한 연구와 고문서의 1차 사료를 통해서 침략전쟁의 만행을 적나라하게 밝히면서 임진전쟁의 역사를 '일본의 조선침략 전쟁사'로 정립시키셨다. 선생님의 이러한 문제의식과 객관적인 연구방법, 사료에 대한 열정을 곁에서 바라보면서 늘 필자의 부족함을 채찍질할 수 있었다.

연구생 시절부터 일본 근세사의 기초적인 연구와 초서 읽기에 도움을 주었던 도쿄외국어대학의 요시다 유리코吉田ゆり子 선생님과 대학원 동기 시미즈 유코清水裕子씨, '조선왕조실록을 읽는 모임'에서 만났던 일본 연구자분들에게도 감사의 마음을 전하고 싶다. 그리고 '한일관계사학회'와 '일본사학회'도 연구 활동에 큰 원동력과 자극을 주었다.

책 출판을 망설였는데 용기를 주신 손승철 교수님과 은퇴하신 모교 사학과 교수님들, 경인문화사 출판사 식구들, 늘 아낌없는 조언과 응원을 보내주는 장영숙 교수, 선후배 동문 교수들께도 감사드린다.

마지막으로 곁에서 묵묵히 격려와 성원을 보내주는 남편과 교정보느라 애쓴 딸 하영에게도 고마움을 표한다. 무엇보다도 연구자로서 성장할 수 있도록 항상 아낌없는 지원과 응원을 보내 주셨던 돌아가신 부모님께 감사를 드리며 이 책을 바친다.

2021. 6

홍지문 연구실에서 김 문 자

| 차 례 |

제1부 전쟁 서막과 강화교섭

제2부 자연재해와 정유재란

제3부 전쟁 종결과 국교 재개

제4부 전후 처리와 전쟁의 상처

종장 | 명분 없는 전쟁의 종결

서장
히데요시는 왜 전쟁을 일으켰을까?

1592년 4월 13일(음력) 일본군의 공격으로 시작된 임진전쟁은 7년 이상 지속되다가 종결되었다. 이 전쟁은 ① 전쟁 발발로부터 다음 해 2월까지 초전이 있었던 시기(1592.4~1593.2) ② 일·명 강화회담이 시작되어 소강상태가 계속되다가 정유재란이 발발하기 직전까지의 시기(1593.3~1597.2) ③ 전쟁이 재발한 후 다음 해 일본군이 철수하는 시기(1597.3~1598.11)로 구분할 수 있다. 일본군은 1598년 11월 17~19일 사이에 대부분 철수하였고, 12월 9일 도도 다카토라藤堂高虎가 '일본군의 완전 철수'를 본국에 보고하였다. 이후 1598년 12월 말 도요토미 히데요시豊臣秀吉(이하 히데요시로 약칭)의 죽음과 유언이 공개되었고, 도쿠가와 이에야스德川家康(이하 이에야스로 약칭)가 일본군의 안전한 철수를 위해 후방에서 교섭을 진두지휘하면서 전쟁은 완전히 종결되었다.

임진전쟁은 일본이 계획적으로 일으킨 것으로 조선·일본뿐만 아니라 명까지 참전한 명실 공히 동북아 삼국이 개입된 '국제전쟁'이었다. 또한 조선과 일본·명이 주축이었지만 참전 인원을 보면 포르투갈을 비롯한 서양인과 류큐琉球 및 동남아시아인까지 참여한 역사상 유례없는 전쟁이었다. 그러면 히데요시는 당시 동아시아 국제질서에 큰 파장을 가져 온 전쟁을 왜 일으켰던 것일까? 이 물음에 대한 명쾌한 해답은 없고, 여러 가지 가설만 무성하다.

일본에서는 "명 정복의 야망에 불탄 히데요시가 입공入貢할 것과 '정명향도征明嚮導' 또는 '가도입명假道入明'을 요구하였으나 조선이 이를 거부하였다"는 것을 전쟁 발발의 원인으로 보고 있다. 여기에 히데요시의 영토 확장과 명과의 무역 재개를 위해서 전쟁을 일으켰다는 견해가 끊임없이 주장되어왔다.

반면 우리 학계에서는 '히데요시의 개인적인 명예욕과 공명심에 의한 것', '국내 평정과 통일 과정에서 발생한 다이묘大名들과 무사들의 남아도는 무력을 외부로 전환하여 불만을 해소하려고 했던 점' 등을 들고 있다. 또한 전쟁 발발의 배경에 대해서 '히데요시의 사전 준비 없이 행해진 망상'이라고 도식적으로 파악하고 있다. 과연 히데요시는 국제전쟁을 일으키면서 사전에 준비를 하지 않았을까? 히데요시의 '망상'이라는 표현만으로 7년간의 엄청난 전쟁의 비극을 설명할 수 있을까?

임진전쟁 당시의 기록이나 문서에는 이 전쟁을 '가라이리唐入り' 또는 '고라이진高麗陣'이라 하였다. 여기서 당唐은 명明을 상징적으로 불렀던 표현이다. 중국인을 당인唐人이라 하였고 조선인의 경우에도 당인이라 칭하기도 했다. 따라서 '가라이리'는 명을 정복한다는 정명征明(대륙정복)을 의미하는 것이며, '고라이진'은 조선침략을 의미한다. 히데요시의 1차 침략이 명 정복에 있었고, 2차 침략이 조선의 전라도 지역을 목표로 했다는 점에서 '가라이리'와 '고라이진'은 이를 상징적으로 나타낸 표현이라 할 수 있겠다. 이와 같은 표현이 에도시대에 들어가면 '정한征韓'과 '조선정벌朝鮮征伐'이라 불렀고, 근대에도 같은 용어가 사용되었다.

히데요시가 명을 정복하겠다는 의도를 처음으로 나타낸 것은 1585년 9월이다. 7월에 관백關白으로 취임한 히데요시는 자신의 심복인 히토쓰야나기스에야스一柳末安에게 지배체제의 결속을 위해서 '가라이리'를 구상하고 있다고 전하였다.

이후 히데요시는 츄코쿠中國와 시코쿠四國지방을 평정한 후 1586년 4월, 시마즈씨島津氏가 지배하고 있던 규슈九州 정복에 나선다. 그는 모리 테루모토毛利輝元에게 병사와 병량미 준비를 명한다. 이때 그 유명한 '고려어도해高麗御渡海'의 명령이 전달되면서 히데요시의 '가라이리'와 '고려어도해'는 현실화되기 시작했다. 같은 해 8월 히데요시는 "당국唐國까지 정벌하려는데 시마즈씨가 배반을 했기 때문에 이 기회에 엄히 처벌을 하려 한다"고 하면서 명 정복에 앞서서 자신에게 복속하지 않았던 다이묘들을 제거하는데 '가라이리'와 '고려어도해'를 이용하였다.

1587년 5월 히데요시는 규슈를 완전히 정복하고 시마즈씨의 항복을 받는다. 그리고 하코자키箱崎에서 다이묘들을 모집해서 규슈지역에 대한 영토분할을 실시하고, 여기에 대규모의 직할지藏入地를 설치하였다. 이것은 규슈를 明정복의 전진기지로 삼으면서 그 준비를 구체화하려는 전초 작업이었던 것이다. 또한 고대부터 대외창구였던 하카다博多를 직할지로 삼고, 조선침략의 병참기지로 삼으려 했다.

히데요시는 다음 해 7월 '도수령刀狩令', 즉 무기몰수 명령을 내린다. 이는 백성들의 무장 해제 및 농민봉기인 잇키一揆를 방지하여 안정적인 지배를 꾀하기 위한 것이다. 그 결과 많은 무기가 몰수되었고 백성들은 농경에 전념하여 연공을 부담하는 신분으로 고정되었다. 그리고 무사에게는 급지給地(영지) 등을 주어서 군역을 부담하는 신분으로 해서 신분편성의 기본적인 구조를 만들었다. 이러한 조치는 조선침략에 동원할 무사들을 확보하기 위한 사전 준비 작업이었음은 말할 것도 없다.

여기서 주목되는 것은 무기몰수 명령을 내린 배경이다. 1588년 히데요시가 규슈지역을 정복하고 귀경한 직후, 히고肥後지역에서 사사나리마사佐々成政는 히데요시의 엄격한 토지조사에 반대하는 봉기를 일으켰다. 히데요시가 규슈정복을 한 지 얼마 되지도 않은 상황에서 반란이 일어난 것이다. 따라서 이러한 일이 재발하지 않도록 강력한 방법을 마련하지 않으면 안 되었다. 이것이 '도수령'을 내린 배경이었다.

이와 같은 상황은 1592년 전쟁이 시작되기 직전인 2월에도 나타났다. 『다모인일기多聞院日記』에 의하면, "당시 도쿠가와德川·히젠備前의 우키다宇喜多·아키安藝의 모리毛利 등 여러 다이묘들이 히데요시의 명령에 반항違亂한다"고 하는 풍문이 있었다. 정복 준비가 한창이던 시기임에도 불구하고 "관백은 결국 이 사업을 성취하지 못할 것이며, 조선에 출진하기에 앞서서 일본 내에 가는 곳마다 대규모의 반란이 야기될 것이라"고 언급되어 있다. 이와 같은 우려는 현실화되어 6월 시마즈씨의 신하였던 우메기타 쿠니가네梅北國兼가 도요토미 정권을 타도하기 위해 반란을 일으켰다. 결국 히데요시는 전국 통일을 하였음에도 불구하고 전쟁을 통해 군역을 동원하여 본인의 권력기반을 공고히 하지 않으면 안 되었다.

한편 그는 1591년부터 침략 준비를 위한 국내 체제 정비를 서둘렀다. 그 첫 번째가 각 다이묘의 지행고知行高를 확정하고 군역동원 체제를 정비하는 것이었다. 그러기 위해서 우선 토지를 쌀의 생산량 석고石高로 정하고, 연공은 이 석고에 의해서 미납米納하는 것을 원칙으로 했다. 이와 동시에 마을마다 토지장부檢地帳를 작성해서 토지의 소유자를 등록하고 이들을 연공과 노역의 부담자로 정하였다.

그 결과 병농 분리의 기초가 정해지고 군역동원 체제가 완성되었다. 즉 대명들이 지배하는 각 지역에 토지조사總國地檢를 하여, 지행知行(지배지)이 확정되면 히데요시가 인정하는 주인장朱印狀이 전달되고, 이 숫자를 근거로 사이코쿠西國 다이묘(규슈지역)는 백석에 각각 4명의 군인이 차출되었다.

두 번째로는 같은 해 8월에 신분통제령을 내렸다. 농민이 상인이 되거나, 무사가 상인·농민이 되는 것을 금지하였다. 즉 농민들이 논밭을 버리고 상인이 되는 것을 막음으로써 병량확보에 주력하였다. 이 명령은 히데요시가 조선침략을 앞두고 하급 무사들의 동원인수를 확보하기 위한 임시입법臨時立法적 성격이 강했다.

그런데 문제는 다이묘들의 토지와 인민에 대해서 히데요시는 결코 직접적으로 지휘권을 행사할 수 없었다. 농업생산과 병원兵員을 동원하려면 특별한 명목이 필요했던 것이다. 다시 말해서 큰 규모의 군사행동에 의해서만 다이묘들의 군사력을 동원할 수 있었다. 히데요시가 조선침략을 일으킨 배경에는 대외전쟁을 이용하여 정권을 보다 강고하게 하려는 의도가 반영되었다.

히데요시의 '가라이리' 선언과 '고려어도해'가 세상에 알려지기 시작할 무렵, 당시 야소회耶蘇會 선교사였던 프로이스가 인도에 있는 지방관 발리야노에게 보낸 서한은 주목할 만하다. 이 서한에서는 "히데요시가 일본 전국을 정복해서 지금의 지위에 달했는데, 지방國도 금은金銀도 다 소유하고 있고 그 밖에 다른 것들은 아무것도 바라지 않는다. 다만 죽은 후에 자신의 이름과 권위의 평판을 남기고 싶어서 조선 및 중국을 정복하기 위해서 도항할 결심을 했다"는 내용이 있다. 당시 선교사들은 히데요시의 명 정복을 '자기의 이름과 권위 평판을 남기기 위한 것'으로 파악하고 있음을 알 수 있다.

프로이스는 『일본사』에서 "관백(히데요시)은 자신의 명성을 확대하고 지위를 고양하기 위해서 교활하게도 천황內裏=禁裏의 여러 일을 원조해 주는 방침을 세워 궁전도 재건하도록 명했다"고 적고 있다. 또한 "히데요시는 자신의 조카인 히데쓰구에게 천하를 양보하고 강대한 군사를 이끌고 중국(シナ)을 무력으로 정벌한 일본 사상 최초의 군주로서 자신의 이름을 후세에 영원히 남기기 위해서 결의했다"고 하였다. 프로이스는 히데요시의 명 정복 의도가 그의 명예심과 권위를 높이기 위한 것이라고 일관되게 기록하고 있다.

1590년 히데요시가 조선통신사에게 내밀었던 국서에는 "내가 대명大明에 들어가는 날 사졸士卒을 거느리고 군영에 임한다면 더욱 린맹隣盟을 다스릴 것이로다. 내가 원하는 것은 다른 것이 아니라 오직 다만 가명佳名을 삼국에 떨치고자 함에 있도다"라고 하였다. 프로이스의 인식처럼 히데요시는 "자신의 명예와 공명심으로 인해서 삼국에 이름을 날리고자 한다"고 하면서 침략 동기를 표현했다는 점은 주목할 만하다.

다시 말해서 히데요시는 군역동원을 통해서 자신의 기반을 공고히 하려했던 목적이 어느 정도 달성되자 자신감을 가지고 명까지 정복하여 자신의 공명심, 명예욕 등을 높이려 했다. 즉 자신의 신분적인 한계를 극복하고, 전국戰國시대를 거치면서 철포와 유럽의 군사기술을 적극적으로 받아들여서 자신들이 '궁전弓箭이 강한 나라'=무위武威의 나라라는 자신감으로 명나라까지 정벌할 수 있다고 보았다.

다만 여기서 히데요시의 조선 침략을 개인적인 차원의 공명심과 명예욕 등으로 이해하는 것에는 문제점이 있다. 그의 공명심과 명예욕은 전국동란 시기를 거치면서 무력으로 일본 국내를 장악한 히데요시의 일종의 자신감 표현이었다. 그리고 당시 무사들은 영토 확대라는 실질적인 목표가 충족될 수 있었기 때문에 히데요시의 명을 따랐다.

이처럼 히데요시의 의도를 파악한 다이묘들은 봉토를 몰수당하지 않기 위해 불만을 품으면서도 전쟁에 참여하였다. 히데요시의 명령 없이 개별 영주가 사적인 전투나 교전을 금지하는 '소부지레이總無事令' 때문에 타 지역의 영토를 확보할 수 없음을 확실하게 인식하고 있었다. 그래서 '가라이리'라는 명목하에 새로운 영토를 받을 수 있다는 기대감이 있었다. 가토 기요마사加藤清正(이하 기요마사로 약칭)의 경우처럼 명에 20여 개 국의 영토를 약속받고서 적극적으로 명 정복에 나선 자들도 있었다.

히데요시가 전쟁을 일으킨 직접적인 원인은 전쟁이라는 군사적인 긴장 조건 속에서 군역동원을 통해 자신의 기반을 공고히 하려 했던 것이 핵심이다. 그 이면에는 전국동란 시기를 거치면서 무력으로 일본 국내를 장악한 히데요시가 일본의 '무위'를 과시하면서 자신의 공명심과 명예욕을 높이려 했던 것이다. 동시에 명과 조선을 포함한 대외전쟁이라는 측면에서 '일륜日輪(태양)의 자子', '신국神國사상'을 결부시켜 침략 논리의 정당성을 높이려 했다. 따라서 결론적으로 히데요시가 전쟁을 일으킨 배경을 정리해 보면 전쟁이라는 명목으로 집권적인 권력의 편성 → 무위를 바탕으로 한 히데요시 자신의 공명심과 명예욕 → 영토확장 → 무역확대라는 목적이 전황과 맞물리면서 변화되었던 것이라 생각된다.

이 책은 다음과 같이 구성하였다. 서장에서는 임진전쟁에 관한 연구사와 일본 자료를 소개하였다. 이 가운데 가장 기초적인 사료로 『대일본고문서大日本古文書』, 『대일본사료大日本史料』 등 무가문서와 활자화 된 『개정사적집람改定史籍集覽』, 『군서유종群書類從』, 『속續군서유종群書類從』, 『속속續々군서유종群書類從』, 『사료찬집史料纂集』을 소개하였다. 일기류도 ① 전쟁 초기의 전황을 알려주는 종군승從軍僧 일기 ② 전쟁 중 여러 대명의 가신단으로 종군하면서 남긴 일기 ③ 일본 국내 사정을 기록한 일기를 소개했다. 이밖에도 각서覺書와 편찬물류編纂物類, 지방현사류地方縣史類, 시마즈게 문서목록島津家文書目錄(黑漆塗箱分), 사쓰마구기잡록薩摩舊記雜錄을 안내하였다.

제1부에서는 전쟁이 시작되기 직전부터 5년 1개월 동안 조선과 일본, 명과 일본 사이에서 진행되었던 강화교섭을 살펴보았다. 특히 강화교섭의 내용과 각국의 입장, 그리고 교섭이 결렬되어 히데요시가 다시 정유재란을 일으킨 배경에 대해 중점적으로 고찰했다.

1장에서는 하카다 상인博多商人 시마이 소시쓰島井宗室가 1590년 통신사 파견을 둘러싼 송환문제에 관여했고, 교토에서 통신사 일행을 접대했다는 점에 주목하였다. 특히 그가 쓰시마 도주對馬島島主인 소 요시토시宗義智의 입장을 절충하면서 전쟁 연기에 노력했던 점을 부각하였다. 또한 쓰시마와 고토五島가 서로 대항관계를 가지고 당시 동아시아의 통교 체제를 장악하려 했던 부분도 살펴보았다.

2장에서는 전쟁 직후부터 시작된 조·일 강화교섭, 이후 고니시 유키나가小西行長(이하 유키나가로 약칭)와 심유경沈惟敬의 명·일 협상을 순차적으로 살펴보았다. 전쟁 초기 조선은 외교 주도권을 놓치지 않기 위해 나름대로 강화교섭을 추진하려 했다. 그러나 일본의 요구가 수용할 수 없는 조건이었기 때문에 거부했던 점을 밝혔다. 기본적으로 조선은 침략을 받은 당사국으로서 강화교섭에 반대하는 입장이었고, 전세가 회복되자 무력으로 일본군을 격퇴하려 하였다. 그러나 이후 조선이 국내 사정으로 1596년 다시 일본에 통신사를 파견할 수밖에 없었던 과정을 살펴보았다.

3장에서는 1594년 이후 사명당과 기요마사가 서생포에서 4차례에 걸쳐 강화협상을 진행했던 점에 초점을 맞추었다. 이 과정에서 조선은 일·명 강화교섭의 실체를 이해할 수 있었다. 동시에 기요마사에게 조선의 입장을 전달하고, 일·명 강화교섭의 허실을 알려 이 회담이 파경으로 치닫게 되는 단초를 제공한 점에 대해 고찰했다.

4장에서는 동아시아에서 조공과 책봉이 가지는 의미와 일본의 책봉 문제가 다른 동아시아 주변 국가와 어떠한 차이가 있는지, 실제 일본에서 책봉이 이루어진 사례를 통해 검토하였다. 특히 통설로 알려져 왔던 '히데요시의 일본 국왕 임명' 거부설 또는 '조선 왕자의 일본 파견' 문제를 재검토하였고, 히데요시가 책봉 받을 당시 상황을 보다 면밀하게 살펴보았다. 동시에 히데요시의 책봉 문제가 강화교섭에 어떠한 파장을 몰고 왔고, 정유재란 발발에도 어떠한 영향을 미쳤는지 고찰하였다.

제2부에서는 정유재란 전후 상황을 히데요시의 병사 풍문, 정보·통신문제와 당시 일본의 자연재해를 통해 고찰하고자 했다. 그리고 이 문제들이 전쟁 재발의 원인과 불가분한 관계에 있었음을 확인하였다. 특히 임진전쟁 연구가 한국과 일본에서 양적으로나 질적으로 풍부하게 진행되어왔음에도 불구하고 전쟁 중의 정보·통신문제와 재해를 다룬 연구는 거의 전무한 상태이다.

1장에서는 도요토미 정권기에 발생한 자연재해를 살펴보고, 특히 1596년 후시미伏見에서 발생한 지진 피해가 정유재란에 어떠한 영향을 미쳤는지 검토했다.

2장에서는 소 요시토시宗義智의 가로家老로 조선과의 통교무역, 외교문제를 전담했던 야나가와 시게노부柳川調信에 주목하였다. 그는 오사카大坂회담이 결렬된 이후부터 정유재란이 일어나기 직전까지 전쟁 지연을 위해서 협상을 주도했었다. 그의 활동을 통해 1596년 2월부터 8월까지 진립서陣立書를 발표한 히데요시가 일본군에게 본격적인 전쟁 개시 명령을 내렸던 시기가 언제였는지 규명하고자 했다.

3장에서는 1598년 조선에 유포된 히데요시의 병사문제를 일본의 국내 사정과 연관시켜 살펴보았다. 그리고 조선이 이 풍문에 어떻게 대응해 나갔는지를 전쟁 중 정보전달 과정의 일면에서 고찰하였다.

보론은 정보수집과 전달기능에 대해 제도적 측면에서 봉수烽燧·파발擺撥·역참驛站의 실태와 조보朝報를, 인적 측면에서 잠상인潛商人을 통해 전쟁 중 정보가 어떻게 전달되었는지 살펴보았다. 특히 조보에는 당시의 전황과 강화교섭 내용, 일본군의 군사 이동과 철수 문제, 조정 내부의 움직임, 명군과의 관계 등이 실려 있었다. 따라서 조선이 일본군에 어떻게 대처하고 있는지를 '공식적인' 루트였던 조보를 통해서 확인하였다.

3부에서는 1607년 1월 전쟁이 종결된 지 10년도 되지 않은 상황에서 조선이 일본에 '회답겸쇄환사回答兼刷還使'를 파견하고 국교를 재개했던 상황을 살펴보았다. 제1장에서는 히데요시가 죽고 '회답겸쇄환사'가 파견되기까지를 4시기로 구분해서 일본과 국교를 재개하는 과정을 검토했다.

특히 에도막부의 국내 상황과 이에야스의 대내외 정책, 그리고 쓰시마와의 상관관계에 주목하였다. 1602년 이에야스는 니죠 성二條城을 시작으로 '텐가후신天下普請(公儀普請, 토목공사)' 명목으로 에도 성江戶城과 슨푸 성駿府城 축성을 단행했다. 그는 도요토미 정권과의 차별성을 강조하면서 장군 계승 문제가 마무리 되자 '통신사 내일來日'을 요청했던 것이다. 이 부분에 천착하면서 국교 재개 문제를 재검토하였다.

그 결과 선조의 정치적인 입장과 에도 성 완공 시기를 기점으로 한 이에야스의 정치적 상황, 명의 조·일 관계에 대한 불간섭 정책 등 이 세 가지 배경이 종합적으로 연동되어 비로소 임진전쟁 후 조·일 국교 문제가 성립되었다는 점을 새롭게 규명하였다.

2장에서는 조선이 '회답겸쇄환사' 파견의 전제 조건으로 이에야스에게 국서를 요청했던 '선위치서先爲致書' 문제를 재검토하였다. 이 문제는 조·일간 관계개선 및 국교회복에 빼놓을 수 없는 핵심 주제이다. 특히 3차례에 걸친 손문욱의 활약과 조·일 강화교섭의 관여를 회피하려 했던 명의 입장, 막부 정권의 계승과 안정을 국내적으로 과시할 필요가 있었던 일본 등 동아시아 삼국이 처한 대내외적인 환경에서 이에야스의 국서 문제를 다루었다.

제4부에서는 전후 처리 문제와 전쟁이 남긴 상처를 피로인被擄人의 귀환歸還문제와 항왜降倭에 초점을 맞추어서 검토하였다.

1장에서는 5회에 걸친 피로인의 실태와 쇄환 과정에서 드러난 문제점, 귀국하지 못하고 일본에 잔류할 수밖에 없었던 피로인에 대해 살펴보았다.

2장에서는 항복한 일본인이었던 항왜에 대해 고찰하였다. 항왜가 발생하는 배경과 이들에 대한 조선과 일본의 인식 차에 주목하였다. 아울러 항왜의 역할과 처리문제도 재검토하였다.

3장에서는 에도시대 히데요시에 대한 인식이 어떻게 변화해 갔는지 살펴보았다. 그는 임진전쟁 동안 참혹한 피해를 가져다 준 장본인으로서 한국에서는 증오의 대상이다. 그러나 일본에서는 히데요시가 새로운 국가와 질서를 형성시킨 자라는 긍정적인 면과 침략자라는 부정적인 이미지가 존재한다. 이와 같은 히데요시의 이미지는 에도시기의 유학자, 국학자, 경세가들에 의해 만들어졌다. 특히 해방海防문제와 연동되어 조선침략, 대륙진출의 선구자라는 영웅 이미지가 근대 아닌 에도시기 중후반에 이미 잉태되어 지속적으로 변화해 갔음을 분명히 했다.

이상과 같은 책의 구성을 통해서 히데요시가 임진전쟁을 일으킨 배경과 조·명·일 강화교섭이라는 외교사 측면에서 전쟁의 실체를 분석하는데 중점을 두었다.

이 책은 학술지에 발표한 논문을 정리한 것이다. 부분적으로 중복된 내용도 없지 않으며, 전체적인 구성을 위해 제목과 목차를 조정한 것도 있다. 일본의 인명과 지명 등을 보완했고 오래된 논문은 수정·가필을 하였다. 부족한 내용과 보완할 부분이 많지만 너그러운 이해와 많은 질정을 부탁드린다.

제1장 임진전쟁 연구 동향[1]

한국과 일본 간에 임진전쟁만큼 인식의 차이를 보여준 예는 드물다. 한국에서는 400년 전에 발생한 이 사건에 대해 모르는 사람이 거의 없을 정도이고, 문화유적지의 안내문에도 이 전쟁이 거의 빠짐없이 언급되어 있다. 이처럼 임진전쟁은 현재에도 한국인들에게 밀접하게 관련되어 있는, 살아있는 '역사적 사건'이다.

반면 일본은 침략주의 풍조에 맞추어서 이 전쟁을 '국위를 선양한 쾌거'로 취급하면서 패전의식이 없었다. 전후戰後에 들어와서 이러한 노골적인 의식은 사라졌지만, 현대 일본인 중에는 이 전쟁의 존재조차 정확하게 아는 사람이 드물다. 또한 대부분 사람들은 아직까지도 이 전쟁을 히데요시에 의한 '조선출병'으로 이해하고 있다.

이와 같은 양국의 인식 차이는 임진전쟁을 부르는 명칭에도 단적으로 잘 나타나 있다. 일본에서는 임진전쟁을 '조선진朝鮮陣', '고려진高麗陣', '정한征韓', '조선정벌朝鮮征伐', '조선역朝鮮役', '분로쿠·게이초文祿·慶長의 역役' 등 다양하게 부르고 있다. 이는 시대 상황에 따른 조선침략에 대한 인식과 평가가 포함되어 있음을 의미한다.

1 필자는 지금까지의 연구에서 '임진왜란'이란 명칭을 주로 사용했다. 한국 사회에서 오랫동안 통용되어 온 역사성을 인정해야 한다는 견해에 일리가 있다고 생각했기 때문이다. 그러나 16세기 동아시아 질서를 근본적으로 뒤흔들었으며, 삼국을 황폐화 시킨 국가 간의 전쟁을 '왜란'이란 용어에 국한한다는 것은 이 전쟁의 본질을 명확히 하는데 문제가 있다고 본다. 따라서 이 책에서는 '임진왜란'을 대신할 용어로 '임진전쟁'이라는 명칭을 사용하여 동아시아에 새로운 국제질서를 만든 국제전쟁이라는 시각을 분명히 하고자 한다.

즉 전쟁 당시의 기록이나 문서에는 '가라이리', '고려진', '조선진'이라는 표현을 사용했기 때문에 처음에는 이 전쟁을 '고려진', '조선진'이라 불렀다. 에도시대에는 '정한' 또는 '조선정벌'이라 부르기 시작했다. 막부 말기에서 근대에 걸쳐서는 조선을 식민지화 할 대상으로 생각하여 이 전쟁을 '조선정벌'로 보려는 시각이 한층 강해졌다. 특히 메이지 시대에는 '황위皇威를 해외에 떨쳤다'는 입장에서 히데요시의 '조선정벌'을 '정의의 전쟁' 혹은 '성전聖戰'으로 평가하기 시작했다.

한편 한일병합에 의해 조선도 일본의 식민지가 되었기 때문에 '조선정벌'이라는 명칭 대신 '분로쿠·게이초의 역'이라는 표현을 쓰기 시작했다. '분로쿠·게이초'란 당시 일본 연호로서 지금까지도 이 명칭은 역사 교과서나 일반인 대상의 역사서 등에 많이 쓰이고 있다. 1930년대 이후 대동아공영권 건설이 대두되자 조선침략은 역사의 귀감으로서 높이 평가받았다.

1945년 패전 이후에는 '정벌사관'이 많은 비판을 받았고 임진전쟁은 히데요시가 저지른 무모한 '침략전쟁'으로 보는 시각이 나오기 시작했다. 그럼에도 불구하고 히데요시에 의한 '조선출병'이라는 견해가 일반적으로 통용되고 있다.

1. 한국의 임진전쟁 연구

한국에서 임진전쟁 연구는 1950년대부터 '국난 극복', '민족주의적 시각'에서 시작되어 이순신의 활약·의병 운동과 관련된 주제들이 중심이 되었다.[2] 1970년대에 들어와서는 군사사적 측면에서 군제, 군수, 무기, 전술, 관

2 임진전쟁 관련 연구사적 검토 및 연구과제와 관련해서는 노영구, 「임진왜란의 학설사적 검토」, 『동아시아세계와 임진왜란』, 경인문화사, 2010, 1~30쪽 ; 조원래, 「임진

방, 정보 등 다양한 연구가 진행되었다. 1980년대에 들어서면 일국사적인 차원을 넘어서 임진전쟁을 동아시아 질서와 관련하여 적극적으로 해석하려는 연구 시각도 나타나기 시작했다.[3]

한편 1990년대는 임진전쟁에 대한 '재조명'과 '올바른 인식'을 다룬 연구가 중심이 되었다. 당시 임진전쟁을 전체적으로 파악하지 않고 식민지 지배를 정당화하기 위해 이용해 왔던 일본인 연구자들의 연구방법을 부분적으로 인용해 온 한국학계의 반성과 자각이 있었다.[4] 그 결과 임진전쟁이 승전도 아니었지만 패전도 아니었다는 인식의 변화와 함께 전란을 새로운 각도에서 연구할 수 있는 전환점을 가져다 주었다.[5]

90년대 후반에는 지구사(global history) 등장으로 기존의 민족주의 사관에 입각했던 한국사에 대한 본격적인 비판이 제기되었다. 따라서 임진전쟁 연구도 당시의 국제적인 상황을 면밀히 검토하면서, 이 전쟁이 동아시아 삼국에서 벌어진 국제전쟁이라는 측면이 강조되었다.[6] 최근까지 이러한 연구

왜란사 인식의 문제점과 연구과제」, 『한국사학사학보』 26, 2012 ; 김경록, 「임진왜란 연구의 회고와 제안」, 『군사』 100, 국방부전사편찬위원회, 2016 등을 참고.

3 이태진, 「16세기 동아시아사의 역사적 상황과 문화」, 『한국사회사연구』, 지식산업사, 1986.

4 대표적으로 1992년 국사편찬위원회에서 주최한 <임진왜란의 재조명> 학술대회를 들 수 있다. 최영희, 「임진왜란에 대한 이해의 문제점」, 『韓國史論』 22, 국사편찬위원회, 1992, 3~26쪽 ; 同, 「임진전쟁 연구를 위한 제언」, 『아시아문화』 8, 한림대 아시아문화연구소, 1992, 3~9쪽 ; 허선도, 「壬辰倭亂史論－壬亂史의 올바른 認識」, 『韓國史論』 22, 국사편찬위원회, 1992, 187~221쪽 ; 최영희, 「임진왜란에 대한 몇 가지 의견」, 『남명학 연구』 7, 경상대학교 남명학연구소, 1997.

5 이태진, 「임진왜란에 대한 이해의 몇 가지 문제」, 『군사』 창간호, 국방부전사편찬위원회, 1980 ; 허선도, 「임진왜란에 대한 새로운 인식－승패의 실상을 중심으로－」, 『한국학』 31, 한국학연구소, 1984 ; 同, 「임진왜란론－올바르고 새로운 인식」, 『천관우선생 환력기념 한국사학논총』, 정음문화사, 1985.

6 국사편찬위원회, 『한국사 29－조선중기의 외침과 그 대응』, 1995, 13~208쪽 ; 이완범, 「임진왜란의 국제정치학－일본의 조선분할요구와 명의 對조선 종주국 확보의 대립, 1592~1596－」, 『정신문화연구』 25-4, 2002, 89~137쪽 ; 정두희·이경순, 『임진

동향은 지속되고 있는 상황이다.[7]

그러나 근대 식민지 경험에 따른 반일감정과 역사적·정치적 목적이 연동되어 아직까지도 임진전쟁 연구가 '민족주의'와 '국난 극복 사관'에 편중되어 있는 것도 엄연한 사실이다. 이런 한계점을 염두에 두고 한국학계에서 연구되고 있는 임진전쟁의 원인에 대해 간략하게 살펴보고자 한다.

첫째, 임진전쟁의 원인을 '히데요시의 개인적인 명예욕과 공명심·영웅심에 의한 것', '감합무역의 재개', 또는 '국내 평정과 통일 과정에서 발생한 다이묘 및 무사들의 남아도는 무력을 외부로 전환시켜 불만을 해소하려고 했던 점' 등이 강조되었다. 즉 도요토미 정권이 국내 모순을 해외로 돌려 정권의 안정을 기도하려 했다는 설은 한국사 교과서를 중심으로 일반적으로 설명되어 왔다.[8] 그러나 위의 연구들은 히데요시가 국내 체제를 정비하고 토지조사檢地, 신분제령 등을 공표하면서 철저하게 전쟁 준비를 해 온 과정이 등한시된 부분이 적지 않다.

둘째, 15세기 후반 대항해 시대 포르투갈과 스페인이 동아시아까지 밀려와 은을 중계했던 사실과 유럽 및 명이 교류했던 국제질서와 관련시켜 임진전쟁의 원인을 찾으려고 했다. 즉 16세기 동아시아 경제 변화의 흐름 속에서 원인을 바라보는 시각이다.[9] 이 점은 정유재란의 원인을 살펴보는 데

왜란 동아시아 삼국전쟁』, 휴머니스트, 2007.

7 이계황, 「한국과 일본학계의 임진왜란 원인에 대하여」, 『동아시아의 세계와 임진왜란』, 경인문화사, 2010, 37~84쪽.

8 대표적인 연구자로 한우근을 들 수 있다. 「임진란 원인에 관한 검토－豊臣秀吉의 전쟁 도발 원인에 대하여－」, 『역사학보』 1, 부산역사학회, 1952, 99~112쪽.

9 박수철, 「15·16세기 일본의 전국시대와 도요토미 정권」, 『전쟁과 동북아의 국제질서』, 일조각, 2006 ; 한명기, 「교류와 전쟁」, 한국사연구회 편, 『새로운 한국사 길잡이』 상, 2008 ; 한일문화교류기금 동북아역사재단 편, 『임진왜란과 동아시아세계의 변동』, 경인문화사, 2010 ; 하우봉, 「동아시아 국제전쟁으로서의 임진전쟁」, 『한일관계사연구』 39, 2011 ; 김현영, 「동아시아 국제질서의 변동과 임진왜란의 성격」, 『임진왜란 제 7주갑 국제학술대회 국제전쟁으로서의 임진왜란』, 한국학 중앙연구원 동

도 시사점이 많아서 후술하도록 한다.

셋째, 명 중심의 책봉체제 아래서 조공과 회사回賜라는 합법적인 공무역 시스템이 점차 무너지고 사무역이 중시되자 명은 해안을 봉쇄하는 해금정책을 취하였다. 이 과정에서 명과 조선 사이에서 무역상의 문제를 외교적으로 해결하지 못하자 히데요시가 무력으로 전쟁을 일으켰다고 보는 관점이다.[10]

이상 간략하게 살펴보았지만 한국 학계에서 임진전쟁 연구의 동향은 히데요시의 개인적인 욕망에 기인한 것보다 16세기 후반 동아시아의 변화와 관련지어 전쟁원인을 폭넓게 고찰하고 있다.

2. 일본의 임진전쟁 연구[11]

1) 에도시대

히데요시의 조선침략에 관한 최초의 문헌은 17세기에 출간된 호리 교안堀杏庵(1585~1642)의 『조선정벌기朝鮮征伐記』이다. 그는 히데요시가 동아시아 삼국 전역에 자신의 이름佳名을 과시하고 싶은 공명심에서 전쟁을 일으켰다고 보았다. 주자학에 기초를 둔 그는 사료를 근거로 해서 비교적 객관적인 서술을 하였다. 특히 이 시기는 전쟁이 끝난 직후였고 에도막부가 성

아시아역사연구소, 2012.

10 손승철, 『조선전기 한일관계사연구』, 경인문화사, 1997 ; 계승범, 「임진왜란 중 조명관계의 실상과 조공책봉관계의 본질」, 『한국사학사학보』 26, 2012.

11 임진전쟁의 원인을 둘러싼 일본학계의 연구사 검토는 기타지마 만지가 발표한 논문을 최근 한국어 단행본으로 출간하였다. 여기에 상세한 내용이 정리되어 있다. 「국제전쟁으로서의 임진왜란과 역사인식」, 「壬辰倭亂에 관한 日本의 歷史認識」, 『北島万次, 임진왜란 연구의 재조명』, 김문자·손승철 엮음, 경인문화사, 2019, 24~36쪽, 43~52쪽.

립한 초기로 의도적인 反히데요시 의식 때문에 조선침략에 대해서 일반적으로 비판적이었다.

하야시 라잔林羅山(1583~1657)은 히데요시의 부장部將들 사이에 조선침략의 정당성에 의문을 가진 다이묘가 있었음을 지적하면서 히데요시의 조선침략을 비판적으로 서술하고 있다.

또한 가이바라 에키켄貝原益軒(1630~1714)은 히데요시가 조선을 정벌하려 한 것은 '탐병貪兵'에 속하는 것으로서, 군자가 이용하는 '의병義兵'이나 '응병應兵'은 아니었다고 비판했다. 다시 말해서 17세기 일부 조선 멸시론자를 제외하고 막부를 비롯한 유학자들은 히데요시의 조선침략을 명분 없는 무용無用의 전쟁이라고 비판적으로 인식하고 있었다.

18세기에는 조선통신사의 대우 간소화 문제와 해방문제海防問題[12]로 인해 히데요시 및 조선침략을 긍정적으로 평가하려는 의견이 나오기 시작했다. 당시에는 조선통신사 대우문제가 부각되어 있었기 때문에 히데요시의 침략문제에 대해서 적극적인 언급을 회피했다. 그러면서도 조선은 영원히 교린을 맺을 상대가 아니며 국가재정을 기울게 하면서까지 응접할 나라는 아니라는 멸시관이 있었다. 여기에 해안방위 문제가 발생하자 하야시 시헤林子平(1738~1793)는 히데요시의 조선침략을 신무일통神武一統 이래의 무덕武德이라 평가하면서, 자국의 방위문제와 관련해서 히데요시의 조선침략을 높이 평가하기 시작했다.

19세기에는 해방문제가 심화되면서 소위 '정한론征韓論'이 주창되었다. 예를 들어 사토 노부히로佐藤信淵(1769~1850)는 '만국은 황국皇國을 근본'으로 한다는 생각을 갖고서 중국, 조선 등 인근 제국을 정복대상으로 삼았다. 또한 아이자와 세이시사이會澤正志齊(1782~1863)처럼 히데요시의 조선침략기에 일본 수군이 패한 교훈을 중시하면서 구미 열강의 압박으로 잃은 것을 조선으로부터 보충해야 한다는 논리가 성립되었다.

12 18세기 이후 외국선이 자주 내항하면서 일본이 자극을 받아 일어난 해안방위 문제.

2) 근대 이후

메이지 유신明治惟新 이후 임진전쟁은 무위를 해외에 떨치려 했던 일로서, 청일전쟁과 러일전쟁의 전의앙양戰意昂揚을 목적으로 그 위업이 높게 평가되었다. 다이쇼大正 시기에 들어서는 쓰지 젠노스케辻善之助와 다나카 요시나리田中義成가 저서 『해외교통사화海外交通史話』(1917)와 『풍신시대사豊臣時代史』(1925)를 통해서 히데요시가 명과의 감합勘合무역을 바라고 조선에 그 알선을 요구했으나 이를 거부하자 공격했다는 설을 주장했다.13

즉 쓰지는 히데요시가 1593년 6월에 명 사절에게 제시한 「대명일본화평조건大明日本和平條件」 제2조에 감합무역 부활 요구가 있었던 점과 당시 일본인들이 해외로 진출하려는 의지, 히데요시 자신도 명 정복 후 영파寧波에 이주하려 했던 점을 들어 일·명 감합무역 부흥 요구설을 주장했다. 다시 말해서 두 사람은 히데요시의 침략 원인론과 '조선정벌' 논리를 연결시켰던 것이다. 그러나 이 감합무역 부활 요구는 히데요시가 명 정복 실현이 불가능하게 된 후 강화의 한 조건으로서 추가한 것에 지나지 않기 때문에 이 주장은 그대로 수용되기 힘들었고 이후 비판을 받았다.

다음으로 이케우치 히로시池內宏는 『분로쿠게이초의 역文祿慶長の役』(正編第1 別便 第1, 1936)을 편찬하고, 히데요시가 자신의 이름을 일본·명·조선 삼국에 남기기 위해 해외정복을 시도한 것으로 인식했다. 즉 히데요시의 해외출병은 '조선정벌'이 아니라 '명 정복'에 있었다고 보았다.

한편 히데요시의 영토 확장설은 나카무라 에이코中村榮孝가 『日鮮關係史の研究』(中, 1969)에서 주장한 내용이다. 그는 도요토미 정권이 통일되자 대외 통상 발전과 무가 정권 확립을 위해 영토 확대라는 시대적 요구로 조선 침략을 기도한 것이라고 했다. 나카무라는 임진전쟁을 종합적으로 이해하

13 정식 조공선임을 증명하는 감합부符를 사용하여 이루어진 명·일간의 공식 무역.

기 위해 다수의 조선 사료를 인용하여 객관적인 연구의 틀을 제공했다.

그는 1592년 5월 18일 한성 함락 후 히데요시가 관백 히데쓰구에게 제시한 대륙국할大陸國割 방침에 주목하여 영토 확장을 목적으로 이 전쟁을 일으켰다고 주장하였다. 이 견해는 현재까지 많은 연구자들에 의해 수용되고 있다. 미키 세이이치로三鬼淸一郞는 해외 영토 확장설과 감합무역은 이율배반적인 것이 아닌 서로 보완 상호작용을 하면서 성립한 것이라 주장하기도 했다.[14]

한편 일본은 태평양전쟁에서 참패한 후 일본 역사와 역사적 인물에 대한 비판과 가치관 변화가 급속하게 나타났다. 히데요시의 경우도 예외는 아니었다. 그의 사적事蹟 및 인물, 조선침략에 대해 근대 시기처럼 노골적인 예찬만은 할 수 없게 되었다. 이후부터 히데요시에 대한 신랄한 비판이 나오기 시작했다.

구체적으로 스즈키 료이치鈴木良一는 『풍신수길豊臣秀吉』(1954)에서 지금까지 '분로쿠·게이초의 역' 연구에는 '침략과 저항의 역사' 연구가 없었다고 보고, 조선침략에 대한 조선인들의 투쟁을 높이 평가하였다. 특히 그는 히데요시의 전제적인 성격에 의해 조선침략이 발발했다고 파악했다. 즉 일본 봉건 영주 층의 요구와 포르투갈과 대항하려고 하는 일본 호상豪商들의 요구에 의해서 조선을 침략한 것이라고 보았다. 스즈키가 조선인의 투쟁을 높이 평가한 것은 그때까지 일본 연구에서는 찾아볼 수 없는 연구성과로, 전전戰前의 연구와 획을 그었다는 점에서 큰 의의가 있다.

1960년대 중반에 들어오면 히데요시의 조선침략에 관한 주제도 태합검지太閤檢地,[15] 막번제의 구조 등 국내문제와 연계해서 고찰하려는 경향이 나

14 三鬼淸一郞, 『豊臣政權硏究, 戰國大名論集』 18, 吉川弘文館, 1984, 445~458쪽 ; 同, 「關白外交體制の特質をめぐって」, 田中健夫編, 『日本前近代の國家と對外關係』, 吉川弘文館, 1987 ; 同, 『豊臣政權の法と朝鮮出兵』, 靑史出版, 2012.

15 히데요시가 실시한 토지조사로서 이 조사를 통하여 가부장적 노예제도가 부정되고 소농민을 농노로 자립시키는 혁명적인 정책이 성립하였다고 보았다. 이와 같은 태

타났다. 1970년대는 히데요시의 조선 침략을 16~17세기 동아시아 전체의 국제관계, 통교 관계의 변동과 연동시켜 파악하였다. 대표적인 연구자로 아사오 나오히로朝尾直弘, 사사키 쥰노스케佐々木潤之介를 들 수 있다.

아사오는 "일본은 군사력이 고도로 집중되어 있었던 전국동란 시기를 거치면서 무력으로 지탱되어 온 자신감이 당시 동아시아 국제사회에서 자기의식을 불러일으키게 되었다"[16]는 것이다. 그래서 중화 존숭이나 모화사상을 버리게 되었으며, 군사력에 의한 절대적인 자신감에 의해 조선을 침략했다고 이해했다. 다시 말해서 명을 중심으로 하는 동아시아 국제질서로부터 자립을 시도한 도요토미 정권이 일본형 화이질서를 실현하기 위해서 대명전쟁과 조선 침략을 일으켰다는 것이다. 이 주장은 히데요시의 조선 침략 원인을 국내적인 요인에서만 찾았던 것과는 달리 동아시아라는 대외적인 정세에 의해서 밝히려 했던 점에서 널리 수용되어 왔고, 최근까지도 이 견해가 받아들여지고 있다.

사사키의 경우에도 "일본은 동아시아 책봉체제 질서 아래서 그 '변경'에 속했으나, 중세 말기 동아시아의 변혁 속에서 막번제 국가를 형성하고 대외주권을 확립하려고 했다"[17]고 보았다. 즉 동아시아 질서에 종속되어 있던 일본을 히데요시가 조선침략을 통해 해결하여 국제적 국가 주권을 확립하려 했다고 주장했다.

한편 히데요시의 조선침략을 '소부지레이總無事令=豊臣平和令'[18]와 관련시

합검지를 비롯한 히데요시 정권의 여러 정책이 조선침략과 밀접한 관계를 갖고서 병농분리, 군역확보 등 국내 체제를 강화하는 데 중요한 역할을 했다.

16 김문자·손승철 엮음, 앞의 책, 26쪽, 55~56쪽. 朝尾直弘, 「鎖國制の成立」, 『講座日本史4 幕藩制社會』, 東京大學出版會, 1970.

17 佐々木潤之介, 『幕藩制國家論』上, 東京大學出版會, 1984.

18 '소부지레이'는 히데요시가 만든 것이 아니고 간토關東와 오슈奥州를 포함한 동국에서 '화평', '평화', '화여和與', '일화一和' 등과 함께 화해를 의미하는 것으로 전국 시대 이래 널리 사용되었다. 藤木久志, 『豊臣平和令と戰國社會』, 東京大學出版會, 1985.

켜 이해하려는 시각도 나타났다. 후지키 히사시藤木久志는 히데요시의 전국 통일 과정을 무력·폭력 일변도의 군사 정복과정으로 파악하지 않고, '소부지레이'를 제시하고 그것을 지키지 않은 다이묘에 한해서만 '정벌'을 가하면서 전국을 통일했다고 파악한 것이다. 히데요시의 조선침략도 '소부지레이'를 적용하였으나 조선이 이를 받아들이지 않아 '정벌'한 것이라고 보았다.

이 주장은 히데요시의 전국 정복과정을 무력폭력에 의한 군사 정복과정이 아니라 평화논리에 의해서 이루어진 것이라고 봄으로써 지금까지의 발상을 전환시켰다는 점에서 큰 호응을 받았다. 이 령令은 국내의 다이묘들을 상대로 한 최후통첩으로 전달된 것이다. 압도적인 무력과 천황의 권위를 근거로 선택의 여지가 없는 강압적인 것이었다.

조선의 경우에도 히데요시는 국왕에게 참락參洛을 요구하면서 '소부지레이'를 내렸다. 그러나 천황의 권위를 조선이 그대로 인정할 리 없는 상태에서 이 논리를 그대로 통용시키려 했던 것은 논리에 맞지 않는다. 그럼에도 불구하고 후지키의 '도요토미 평화령豊臣平和令'은 1980년대 중반에 도요토미 정권의 통일 과정과 조선침략 배경을 설명해 주는 견해로 주목받았다.[19]

1990년대에 들어와서는 기타지마 만지北島万次의 연구가 주목된다. 그는 일본의 침략성과 조선인의 대응, 일본의 대외정책에 초점을 맞추어 연구를 진행했다. 특히 그는 임진전쟁의 침략성과 조선과 일본에 남긴 상처를 고발하였고, 도요토미 정권의 역사적 성격을 일본 국내 권력 구조론과 동아시아 세계의 국제 관계론이라는 측면에서 규명하였다. 즉 그는 히데요시가 '일륜

후지이 죠지著·이계황 외譯, 『쇼군, 천황, 국민』, 서해문집, 2012, 63~65쪽.

19 관백에 취임한 히데요시는 전국쟁란의 원인인 영토분쟁을 사전私戰으로 보고 이를 금지하였다. 후지키는 "히데요시가 자신의 재판권에 의해 평화적으로 분쟁을 해결하고 영토를 확정하려는 소위 '도요토미 평화령(豊臣平和令)'을 제시했다"고 주장했다. 이 주장은 히데요시 권력의 강대함을 과도하게 평가한 부분과 조선침략을 히데요시의 폭력적 침략과정으로 보기 보다는 분쟁 종식 과정의 연장선에서 보려 했다는 점에서 비판을 받고 있다.

(태양)의 子'라는 주장을 통해 동아시아에서 공통적으로 인식한 '탄생기서설화誕生奇瑞說話'를 이용해서 명 정복 구상을 기획했다고 주장하였다.[20]

또한 기요마사가 고전한 울산성 농성을 일본 교과서에 소개함으로써 전쟁 초기의 승전 분위기와는 달리 일본군이 고전을 면치 못했던 실태를 소개하였다. 게다가 일본군의 약탈을 다룬 구체적인 1차 사료들을 인용하여 전쟁의 전반적인 실상을 객관적으로 검토하는 데 많은 자료를 제공하였다.

특히 임진전쟁을 일본에서 '분로쿠·게이초의 역', '조선출병'이라고 사용하는 것에 대해서 '히데요시의 제1차, 제2차 조선침략'으로 명확하게 표기하였다. 임진전쟁은 명나라 정복을 위한 침략전쟁이며, 정유년은 조선영토를 탈취하기 위한 것이라고 규정짓고, 히데요시 전쟁 도발의 무모성과 잔혹성을 지적하였다. 동시에 17세기 후반부터 시작된 정한론과 삼한 정벌론에 의한 '조선정벌' 사관은 극복해야 된다는 점을 일관되게 강조하였다. 조선 식민지화에 기여한 이 '조선정벌' 사관은 히데요시의 망령이 역사에 남긴 유산이라 하면서, 일본에 뿌리 깊게 남아 있는 침략사관의 잘못을 지적하고 있다.

나이토 슌보內藤雋輔와 누키이 마사유키貫井正之 등도 히데요시의 조선침략이 조·일 양국의 민중 생활에 어떤 영향을 끼쳤는지에 대해 조선 민중을 테마로 연구의 폭을 넓혔다.[21] 나이토는 히데요시가 일으킨 조선침략이 양국 민중에게 헤아릴 수 없는 고통을 준 점과 일본에 연행된 피로인朝鮮被盧人 실태와 연행 후의 추이에 대해서 밀도 있게 연구하였다.

누키이는 조선사 연구의 테마로서 임진전쟁을 검토하면서 조선의병의 활동에 주목하였다. 이들의 연구는 현재까지도 임진전쟁에 대한 편파적인 연구와 인식이 뿌리 깊은 일본 역사학계에서 찾아보기 힘든 성과이다.

20 北島万次, 『豊臣秀吉の朝鮮侵略』, 日本歷史學會編集, 日本歷史叢書, 吉川弘文館, 1995, 4~10쪽 ; 同, 『豊臣政權の對外認識と朝鮮侵略』, 校倉書房, 1990, 122~126쪽.

21 內藤雋輔, 『文祿·慶長における被擄人の硏究』, 東京大學出版會, 1976 ; 貫井正之, 『豊臣政權の海外侵略と朝鮮義兵硏究』, 靑木書店, 1996.

최근에는 기시모토 미오岸本美緖·무라이 쇼스케村井章介, 나가노 히도시中野等, 요네타니 히도시米谷均, 츠노 도모아키津野倫明, 아토베 마고토跡部信의 연구성과를 들 수 있다.[22] 앞에서도 언급했지만 임진전쟁을 동아시아사 속에서 파악하려는 경향이 1970년대 후반과 1990년대에 있었다. 그러나 한국과는 달리 일본은 임진전쟁을 '국제전쟁'이라는 관점보다는 명 중심의 동아시아 질서에 대항해서 '일본적 화이의식'을 재생·강화하여 새로운 국제관계를 편성한 뒤, 국가 주권을 확립·독립시키려 했던 과정으로 파악하고 있다. 그리고 임진전쟁의 원인과 목적을 단순하게 인식하지 않고 복합적인 요인으로 파악하려 했다.

예를 들면 기시모토는 "16세기 후반부터 17세기 전반의 동아시아·동남아시아는 명을 중심으로 하는 국제 교역질서가 해체되고, 과열하는 상업 붐 속에서 신흥산업=군사세력이 급속히 신장하여 생존을 걸고 출동하는 시기라고 규정했다. 일본도 이러한 상황 속에서 통일정권을 수립해가며 조선과 명까지도 지배에 넣으려 한 조선 침략은 16세기의 '왜구적 상황'이 낳은 대단히 돌출된 군사행동의 하나였다"[23]고 하였다.

무라이도 16세기 중반 이후 동아시아 상업과 무역의 급속한 성장을 주장한 기시모토에 동의하였다. 즉 "전국동란을 이겨내고 천하를 장악한 히데요시는 더 큰 자신과 자존 의식을 갖고서 국제사회에 임했던 것이며 군사력에 의한 절대적인 자신감에 의해서 조선 침략을 일으켰다"[24]고 보았다. 요

22 津野倫明, 「朝鮮出兵の原因·目的·影響に關する覺書」, 高橋典行編, 『戰爭と平和<生活と文化の歷史學 5>』, 竹林舍, 2014 ; 跡部 信, 「豊臣政權の對外構想と秩序觀」, 『日本史研究』 585, 2011.

23 岸本美緖, 「東アジア·東南アジア伝統社會の形成」, 『岩波講座世界歷史』 13, 1998.

24 村井章介, 『中世倭人傳』, 岩波書店, 1993 ; 同, 『東アジアのなかの日本文化』, 放送大學教育振興會, 2005. 이와 관련해서 池享도 국내에서는 군사동원체제가 정비되고 국외에서는 왜구적 상황에 놓인 동아시아 국제질서를 히데요시가 자신의 주도하에 재건하고, 교통·무역을 장악·통제할 의도로 조선침략을 감행했다고 지적하고 있다.

네타니도 동아시아 지역사 관점에서 '외부적인 상황=왜구적 상황'이 어떻게 임진전쟁으로까지 연결되었는가를 검토하면서 전쟁의 원인과 동기를 새롭게 제시하였다.[25]

나가노는 히데요시의 군령軍令인 주인장朱印狀을 토대로 조선침략의 실상을 밝혔다. 기존의 일본 연구가 조선·중국의 사료에 기초해서 강화협상과 전투상황, 전장戰場·점령지의 실태를 서술해 왔던 것과는 달리 히데요시의 주인장과 봉행인奉行人의 서장 등 소위 '히데요시 문서'만을 분석하는 방법으로 도요토미 정권에 의한 전략의 체계화를 고찰하였다. 그 결과 이 전쟁의 본질은 국내 통일 논리의 연장선에서 동아시아의 맹주인 명을 타도하기 위한 대륙침공이었다고 보았다.[26]

또한 1592년 10월 이후 조선에서 일본군이 패전하자 히데요시는 '대륙침공'에서 '조선지배'로 전환하였다는 것이다. 따라서 재침략 목적은 '조선 남부 제압', '영토 확보'에 있었다고 지적하였다.[27] 그는 1차 침략은 명 정복에 있었으나 전세가 유착되고 강화교섭을 거치는 동안 2차 침략 목표가 조선점령으로 변경되었다고 보았다.[28] 즉 전쟁 원인은 한 가지 이유로는 설명될 수 없고, 전세 상황에 따라 바뀌었다고 주장한 것이다.

이와 같은 연구들은 임진전쟁의 원인과 목적을 고정적으로 보지 않고 국내외의 복합적인 시각으로 파악하려는 공통점을 가지고 있다. 池享, 『天下統一と朝鮮侵略』, 日本の時代史13, 吉川弘文館, 2003, 74~90쪽.

25 요니타니는 임진전쟁의 최종 목적은 명나라 정복 '가라이리'이었지만 이것은 명분상 형식적인 것으로, 실질적인 목적은 히데요시의 명예욕과 관련되었다고 보고 있다. 「豊臣政權期における海賊の引き渡しと日朝關係」, 『日本歴史』 650, 2002 ; 同, 「文祿·慶長の役/壬辰戰爭の原因」, 堀新·井上泰至編, 『秀吉の虛像と實像』, 笠間書院, 2016, 286쪽.

26 히데요시의 문서를 중심으로 당시 전황을 언제, 어떻게 보고 받았고 이 보고를 바탕으로 타협과 협상이 어떻게 이루어졌는지를 살피면서 조선침략의 실태를 새롭게 조명하였다.

27 中野等, 『秀吉の軍令と大陸侵略』, 吉川弘文館, 2006, 303쪽.

28 中野等, 위의 책, 378~382쪽.

여기서 주목할 점은 명 정복 가능성이 사실상 불가능했음에도 불구하고 히데요시가 1598년까지도 직접 명을 정벌하겠다는 문서를 발급하면서 계획을 포기하지 않았다는 점이다. 따라서 그가 내세운 구호는 명분과 실제 면에서 큰 차이를 보여주므로 전쟁 원인을 생각할 때 단순히 발급한 문서의 문구 자체에만 의미를 두고 해석해서는 안 된다고 본다.

이처럼 히데요시의 조선침략 관련 일본의 연구 동향은 전전부터 1980년대 초반까지는 국내 지배체제를 강화하기 위해서 일으켰다고 보는 경향이 강했다. 여기에 감합무역 부활설과 영토 확장설이 양자택일적으로 주장되어 왔던 시절도 있었으나 이후에는 히데요시의 대외인식과 대외 통상 측면에서 전쟁 발발 배경을 보려는 다양한 시각이 대두되었다.

최근에는 '유럽세력에 대한 일본의 저항이 결국 아시아 침략을 초래했다'는 히라가와 신平川新의 연구와 1592년 5월 히데요시가 보냈던 '삼국국할구상三國國割構想'각서覺書 25개와 이와 관련된 17개 조의 중요성을 부각시킨 무라이의 연구를 들 수 있다.[29] 위의 각서는 히데요시가 한성 함락 후 어떻게 영토 지배를 할 것인지에 대해 언급한 것이었지만, 개인적인 과대망상에 불과한 내용으로 취급되어 왔다. 그러나 무라이는 같은 날 발급했던 히데요

29 平川新, 「豊臣秀吉の朝鮮出兵をめぐる最近の論議」, 『通說を見直す－16~19世紀の日本』, 清文堂, 2015 ; 同, 「スペインとポルトガルの日本征服論をめぐって」, 『歴史評論』 815, 2018. 이 주장에 대해 박경수의 비판적인 검토는 주목할 만하다. 박경수, 「'이베리아 임펙트'와 임진전쟁」, 『일본역사연구』 46, 2017 ; 同, 「イエズス(예수회)의 일본「武力征服論」－高瀨·平川 연구의 비판적 검토」, 『2019년 동양사학회 춘계연구발표회』, 2019 ; 深谷克己, 『東アジア法文明圏の中の日本史』, 岩波書店, 2012. (이 책은 朴慶洙, 『동아시아 법문명권 속의 일본사－유교핵儒教核 정치문화를 중심으로－』, 한얼, 2016으로 번역되었음). 1592년 5월 18일 히데요시가 조카 히데쓰구 앞으로 보낸 주인장은 「尊經閣文庫所藏文書」에, 측근인 야마나카 나가토시山中長俊가 네네의 시녀 어동御東·어객인御客人에게 보낸 17조 서장은 「組屋文書」에 남아있다. 跡部 信, 「秀吉豊の朝鮮渡海と國制」, 『大坂城天守閣紀要』 31, 2003 ; 村井章介, 「秀吉の世界征服構想と「女の領域」」, 『立正史學』 125, 2019, 18~26쪽.

시의 우필右筆 야마나카 나가토시山中長俊가 히데요시 정첩 네네(ねね)의 시녀 앞으로 보냈던 서장 17조를 각서와 함께 상세하게 분석하였다.

그 결과 히데요시가 경제적인 협력관계는 물론 공적인 영역에서도 자신의 부인과 공동으로 조선 및 명 지배를 기획했다는 새로운 견해를 제시하였다.[30] 즉 다이묘와 가신들에게 분배하였던 영토所領와 오사카에서 나고야를 왕래하는 계선繼船 운영을 네네에게 맡기려 했다는 주장이다. 명 정복은 커녕 조선 남부 지역만이라도 장악하려 했던 점을 생각하면 히데요시의 과대망상을 보여준 서장이라 말하지 않을 수 없다. 그럼에도 불구하고 히데요시가 조선침략 이후 정첩인 네네와 공동으로 정치적, 직무적인 역할을 분담하면서 세계지배 구상을 했다는 젠더적 관점은 흥미롭다. 또한 히데요시가 네네에게 오사카 상업 도시를 위임하여 항로를 통해 군사 물자수송을 원활히 한 뒤, 전쟁을 지속적으로 강행하려 했다는 지적은 정유재란의 원인을 살펴보는데 시사하는 바가 크다.

호리 신堀新은 히데요시가 '가라이리'를 선언한 시기와 이것이 실제로 현실화되기까지의 과정을 검토하였다. 그는 히데요시의 조선침략 언급 시기를 기존의 연구처럼 1585년 9월이 아니라 '오다체제織田體制'가 해체되고 규슈 공격이 본격화 되었던 1586~1587년이라 주장했다.[31] 또한 1590년경 천하통일이 거의 완성단계에 이르고 조선통신사가 내일하자 히데요시가 '생탄生誕의 기서奇瑞'를 언급하면서 '가라이리'와 '신왕조 건설'을 정당화하였다고 보았다. 여기에 아들 쓰루마츠鶴松의 죽음이 직접적인 계기가 되어 대외전쟁이 현실화되었다고 강조했다. 물론 쓰루마츠의 죽음만이 전쟁 발발의 원인은 아니고 이외에도 구조적인 요인(천하통일의 연장선, 이베리아 임

30 村井章介, 위의 논문, 38~44쪽 ; 堀智博, 「秀吉と女性」, 堀新·井上泰至編, 『秀吉の虚像と實像』, 笠間書院, 2016, 180~182쪽.

31 堀新, 「豊臣秀吉の「唐入り」構想; その成立 表明と現實化」, 『立正史學』 125, 2019, 56~60쪽.

팩트)과 인격적인 요인(히데요시의 출생과 관련한 명예심, 아들의 죽음)이 연루되어 전쟁이 발발하게 되었다고 분석하였다.

소결小結

이상에서 한국과 일본에서 지금까지 논의되었던 임진전쟁 연구사 중에서 특히 전쟁 원인에 대해 개괄적으로 살펴보았다. 히데요시가 전쟁을 일으킨 이유에 대해서는 여러 가지 견해가 제기되었다. 필자는 선교사들의 기록에 히데요시의 명 정복 의도가 그의 명예심과 권위를 높이기 위한 것이라고 일관되게 서술된 점에도 주목하고 싶다. 그에 따라 전쟁 발발 전후 히데요시가 발급한 문서를 통해서 임진전쟁을 일으킨 궁극적인 목표가 조선에 국한되어 있지 않았다는 것은 확실하다.

도요토미 정권의 권력 구조는 전국을 지배하는 일원적인 지배체제가 아니었고, 동시에 전국의 다이묘들을 압도할 만큼 충분한 군사력을 소유한 것도 아니었다. 전국에 강력한 다이묘의 군사력이 잠재한다는 것은 도요토미 정권을 위협하는 것을 의미한다. 따라서 히데요시는 군역동원을 통해 자신의 지배체제를 공고히 하고 명까지 정복하여 공명심과 명예욕을 높이면서 영토 확장을 목표로 했다고 보인다. 그러나 전세가 불리하자 강화협상을 통해서 조선의 부산, 경상도 남부 지역만이라도 확보해서 무역 거점을 확보했던 것은 아닌가 한다.[32] 다시 말해서 히데요시의 조선침략은 국내 전국 통일의 일환으로서 조선까지도 그 범주에 포함시켜 정복 활동을 벌였다.

32 이와 관련해서 이계황도 히데요시의 조선침략은 다이묘들의 군사력이 소진될 때까지 수행할 수밖에 없었으며, 강력한 국내 지배체제 질서가 형성될 때까지 대외적인 긴장 관계를 유지할 필요가 있다고 파악했다. 이계황, 『인물로 보는 일본역사 4, 豊臣秀吉』, 살림, 2019, 135~137쪽.

제2장 임진전쟁 관련 일본 자료

임진전쟁기에 치열했던 전투로 1597년 12월 울산성 싸움이 있다. 울산성은 히데요시의 명령에 의해 동년 11월부터 축성하기 시작하여, 기요마사가 아사노 요시나가淺野幸長, 시시도 모토쓰구宍戶元續와 협력해서 완성하였다. 바로 이곳에서 조·명·일 삼국의 치열한 공방이 있었다. 일본군은 군량 결핍과 식수난으로 지옥과 같은 12일을 보내다가 아사餓死 직전에 구출되었다.

결국 이 전투에서 조·명 연합군은 일본군 1,200명을 사살하고 1백여 명을 포로로 삼았으며 부상병은 수천 명에 달하였다. 조·명 연합군의 손실은 명군 전사戰死 1천 4백여 명, 부상자 3천여 명, 조선군 전사 3백여 명, 부상 9백여 명이었다.

그런데 이 울산성 전투와 관련해서 조·명·일 삼국이 이 전투를 보는 시각이나 피해 상황은 서로 다르다. 예를 들면 12일간 죽음에 직면했던 농성을 일본에서는 에도시대와 근대를 거치면서 일본군의 무위와 용맹을 떨친 사건으로 기록하기 시작하였다. 급기야는 근대 일본 교과서에는 울산성의 농성이 기요마사의 '용맹'을 상징하는 것으로 자리매김 되었다. 반면 조선과 명에서는 이 전투를 일본의 주력부대를 분쇄하였고, 일본군이 본국으로 철수하는 것을 막은 대표적인 전승 전투로 알려져 있다.

이와 같은 차이점은 전투와 관련된 각국의 기록과 사료들이 비교적 풍부하게 남아 있음에도 불구하고 임진전쟁에 대한 삼국의 연구가 자국의 문헌을 위주로 진행되고, 상대편의 사료나 문헌에 대해 소홀히 취급해 왔기 때문이다.

삼국이 일국사의 틀 속에서 이 전쟁을 이해하고 민족주의적 관점에서 해

석했기 때문에 전쟁 상황에 대한 역사적 평가가 편향적일 수밖에 없었다. 이와 같은 일국사 연구가 가진 한계를 극복하고 객관적인 시각에서 임진전쟁사를 올바르게 이해하는 방법은 삼국의 역사자료를 동일선상에 올려놓고 비판적인 입장에서 엄밀하게 분석하고 재구성하는 것이다.

일본에서는 도요토미 정권기의 관련 사료 및 고문서를 정비하는 작업이 활발하게 진행되고 있다. 예를 들면 기타지마 만지北島万次의 『壬辰倭亂－秀吉の朝鮮侵略－關係史料稿本 1-3』(2005)[33]과 미키 세이이치로三鬼清一郎의 『稿本 豊臣秀吉文書 1(永祿8년~天正10년)』(2005) 등이 그것이다. 기타지마는 이미 1994년에 『秀吉の朝鮮侵略關係史料その一』(비매품)을 발간하였고, 미키도 1989년 『豊臣秀吉文書目錄』(私家版, 名古屋大學 文學部)과 1996년 『豊臣秀吉文書目錄 補遺1』(私家版)을 발간하였다. 동시에 1999년에는 『織田·豊臣政權硏究目錄』을 통해서 메이지 시대부터 1998년 3월까지 간행된 오다織田·도요토미豊臣 정권에 관한 연구성과를 항목별로 정리하여 임진전쟁 관련 일본의 연구 문헌을 상세하게 소개하였다.[34]

2002년에는 한일역사공동위원회의 연구성과로 학설사 부분에서 기타지마와 요네타니米谷均가 공동으로 정리한 「文祿·慶長の役/文獻目錄」도 출간되었다.[35] 그리고 사에키 고지佐伯弘次가 2007년에 작성한 「중세·근세 일한 관계 사료해제집」에도 임진전쟁 관련 사료 해제가 포함되어 있다.[36]

최근에는 도요토미 정권기의 사료집 간행이 연속적으로 이루어져 연구 환경이 크게 정비되어 가고 있다. 기타지마 편저인 『豊臣秀吉 朝鮮侵略關係

33 北島万次, 『壬辰倭亂－秀吉の朝鮮侵略－關係史料稿本 1-3』, 私家版, 2005.

34 『織田·豊臣政權硏究目錄』에서는 Ⅰ.총론, Ⅱ.織田政權, Ⅲ.豊臣政權, Ⅳ.각론, Ⅴ.(補論1)初期德川政權, Ⅵ.(補論2)戰國大名 순으로 정리하였다.

35 北島万次·米谷均 외, 「文祿·慶長の役/文獻目錄」, 『제1기 日韓歷史共同硏究報告書』제2분과, 日韓歷史共同硏究委員會, 한글판, 2005, 57~75쪽.

36 佐伯弘次·須川英德·桑野榮治編, 「文祿·慶長の役/ 中世·近世 日韓關係 史料解題集」, 『제2기 日韓歷史共同硏究報告書』제2분과, 日韓歷史共同硏究委員會, 한글판, 2010, 277~356쪽.

史料集成』 1-3 (平凡社, 2017)과 나고야시 박물관편, 『豊臣秀吉文書集』 1-7 (吉川弘文館, 2015년부터까지, 현재 7권 간행, 전 9권 예정)이 대표적이다.[37]

본장에서는 조선침략 관련 일본 자료를 소개함으로써 전쟁에 대한 객관적이고 종합적인 이해를 돕기 위한 기초 작업으로 삼고자 한다. 다만 일본의 경우 그 양이 방대하고 지역 자료도 풍부하므로 사료의 종류와 특징, 주요 내용, 그리고 이들 사료의 가치와 이용방법에 대해서는 개괄적으로 소개하고자 한다. 특히 조선침략과 관련된 영사본影寫本 사료는 주로 동경대학 사료편찬소와 국립공문서관 내각문고, 마에다육덕회 존경각문고前田育德會尊經閣文庫 등에 소장되어 있다. 여기서는 동경대학 사료편찬소에 소장되어 있는 목록과 활자화된 자료를 중심으로 고찰하고자 한다.

1. 『대일본고문서大日本古文書』외 기초사료

임진전쟁에 관한 일본 사료·사료집의 중심은 고문서·고기록·편찬사료 등 세 종류이다. 이 중에서 가장 일반적이며 기초적인 고문서집으로 『대일본고문서』를 들 수 있다. 『대일본고문서』에는 무가문서가 집중되어 있고, 히데요시가 발급한 문서가 가장 잘 정리되어 있다. 이외에도 관련 사료를 연대순으로 배열한 『대일본사료大日本史料』, 『대일본고기록大日本古記錄』, 『개정사적집람改定史籍集覽』, 『군서유종群書類從』, 『속續군서유종群書類從』, 『속속續々군서유종續々群書類從』, 『사료찬집史料纂集』 등은 활자화되어 있고, 용이하게 접할 수 있는 기초적인 자료이다.

37 참고로 『豊臣秀吉 朝鮮侵略關係史料集成』의 정오표를 豊臣秀吉關係文書硏究會 홈페이지(http//toyotomikenseesaanet/article/457651488.html)에서 공개하고 있다.

1) 『대일본고문서』

동경대학 사료편찬소가 편집·간행하고 있는 고문서집으로 편년문서編年文書·가문별문서家わけ文書·막말외국관계문서幕末外國關係文書 3종류로 되어 있다. 현재까지 210여 책을 간행하였다. 사료편찬소는 1901년 7월부터 『대일본고문서』 중에서 편년문서를 간행하기 시작하여, 1904년에는 「家わけ문서」의 첫 번째 작업으로 「고야산문서高野山文書」를 간행하였다. 1910년에는 외무성의 업무를 계승하여 막말 외국 관계문서를 출간하였다.

임진전쟁과 관련해서 주목할 것은 「家わけ文書」 부분이다. 이 문서는 『대일본고문서』의 근간을 이루고 있으며, 고대·중세를 중심으로 22곳의 사사寺社나 제가諸家의 고문서를 소장자 별로 정리하였다(<표 1> 참고). 무가문서가 다수 소장되어 있고 히데요시가 발급한 문서가 많이 실려 있다.

예를 들면 무가문서로서 「아사노게문서淺野家文書」, 「다테게문서伊達家文書」, 「사가라게문서相良家文書」, 「모리게문서利家文書」, 「깃카와게문서吉川家文書」, 「고바야카와게문서小早川家文書」, 「우에스기게문서上杉家文書」, 「시마즈게문서島津家文書」 등을 들 수 있다. 이 중에서도 「모리게문서」(4册)는 아키국安藝國 국인영주國人領主로서 츄코쿠 지방의 패자였으며 세키가하라 전투 이후 하기 번주萩藩主가 된 모리씨毛利氏 종가에 전해 내려온 무가문서이다.[38]

여기에는 1177년부터 1724년까지 1575통에 이르는 문서가 수록되어 있다. 1716~1736년에 정리된 성권成券의 순서에 따라 배열한 것이다. 모리씨는 권력의 핵심에 있었기 때문에 아즈치 모모야마安土桃山시대의 문서가 많이 남아 있다. 오다 정권의 국내 통일과정, 임진전쟁 시기에 대해서도 중요한 내용이 포함되어 있다.

38 츄코쿠中國지방은 현재의 산인山陰과 산요우山陽지방을 말한다. 보우쵸우양국防長兩國은 스오우周訪와 나카토長門로 현재의 야마구치山口지역이다.

또한 모리씨가 세키가하라 전투에서 패하기까지의 과정과 에도 초기 도쿠가와德川 정권 하에서 가문을 존속시키기 위해 노력한 부분이 기록되어 있다. 일족 가신一族家臣의 통제와 융합에 고심한 사정들이 기록되어 있어 임진전쟁 이후의 일본정세를 파악하는 데 도움이 된다. 후술하겠지만 「모리게문서」와 관련해서 하기번부萩藩府에 의해 편찬된 『하기번벌열록萩藩閥閱錄』도 임진전쟁기 모리씨 가문과 관련된 문서가 다수 포함되어 있어 참고할 만하다.

「깃카와게문서吉川家文書」는 스오우周防의 이와쿠니번주岩國藩主가 된 깃카와씨의 1,490통에 이르는 무가문서이다. 문서의 내용은 가마쿠라 시대 1200년 하리마播磨 후쿠이소福井莊 지토직 보임장地頭職補任狀에서 에도시대 1648~1688년까지 이른다. 특히 남북조 시대의 문서가 많지만, 도요토미 시대의 사료로 규슈정벌, 조선침략과 관련된 것들도 많다.

「고바야카와게문서小早川家文書」는 아키국소장安藝國沼莊을 중심으로 동부지역을 거점으로 칸무헤이씨비씨류桓武平氏肥氏流 고바야카와小早川 일족의 문서이다. 1221년부터 근세 중기까지 남북조, 아즈치 모모야마시대 사료가 압도적으로 많다. 이 문서는 여러 집안에 산재해 있던 문서를 모아둔 것이다. 내용상으로는 「고바야카와게문서」 552통, 「고바야카와게증문小早川家證文」 593통, 「고바야카와게어십서사小早川家御什書寫」 9통, 「고바야카와게계보小早川家系譜」 3통으로 분류할 수 있다. 고바야카와 다카카게小早川隆景는 전라도 지역을 공략했던 인물로 일본군의 전라도 침략 과정을 살펴볼 때 「고바야카와게문서」는 귀중한 자료라 하겠다.

「시마즈게문서島津家文書」는 사마즈번주薩摩藩主 집안에서 대대로 내려온 중대상전重代相傳의 중·근세 문서로 지금도 속간 중이다. 동경대학 사료편찬소에서 시마즈 집안으로부터 1955~1957년에 입수한 특수 문고본이다. 총 15,000점으로 일본에서 무가문서의 백미白眉라 불리고 있고, 양질 모두 우수하다. 헤이안平安 시대에서 에도시대에 이르기까지 일본 봉건제 연구에 기초가 되는 자료이다.

특히 미나모토 요리토모 서장源頼朝書状을 비롯해서 시조인 시마즈 다다히사島津忠久 이래 역대의 고문서와 제직보임장諸職補任状, 소령所領의 양장讓状, 여러 무장들과의 왕복문서往復文書를 비롯해서 사원寺院문서도 풍부하게 포함되어 있다. 3책 중에서 제2권은 어구선선지지류御口宣宣旨之類·어문서수감御文書手鑑·어문서御文書(닛신공日新公·다카히사공貴久公·요시히로공義弘公·이에히사공家久公), 문록어검지어조서文祿御檢地御條書 등 541통이 들어 있다. 제3권에는 타가문서他家文書·어문서御文書(명明, 아란타阿蘭陀, 조선朝鮮, 섬나暹邏, 미츠히사공光久公, 이작가伊作家, 다다요시공忠良公, 제공자諸公子, 다카히사공貴久公, 요시히로공義弘公, 이에히사공家久公) 등 183점을 수록하고 있다. 미간된 내용 중에는 이미 구기잡록舊記雜錄(鹿兒島縣史料)에 실린 부분도 있다. 시마즈 집안은 근세 초기부터 문서봉행文書奉行·기록봉행記錄奉行이 사료를 수집하고 가사家史편찬을 행하면서 문서를 정리, 성권, 보수를 해왔다.

이상과 같이 『대일본고문서』에는 무가문서가 주류를 이루고 있고, 히데요시가 발급한 내용이 많다. 「사마즈게문서」처럼 다이묘 집안 내부와 관련된 문서와 「소게문서宗家文書」의 경우처럼[39] 전쟁 전후기의 일본 국내 사정을 알 수 있는 중요한 자료도 포함되어 있다.[40]

39 「宗家文書」는 일명 「宗家朝鮮陣文書」로서 『朝鮮史料叢刊』 19로 간행되어 있다.

40 또한 문서 종류에는 『대일본고문서』에 실려 있는 다이묘 문서 이외에도 사원관계 문서와 상인관계 문서도 적지 않다. 전자의 경우는 「本願寺文書」, 「妙滿寺文書」, 「泰長院文書」, 「等持院文書」를 들 수 있고, 후자의 경우는 「島井文書」, 「神屋文書」, 「組屋文書」 등이 있다. 「本願寺文書」는 1888년부터 1925년에 걸쳐서 15책으로 총 501점 영사본이 제작되어 동경대학 사료편찬소에 소장되어 있다. 아직까지도 미공개된 부분이 적지 않지만 관계되는 간본으로 『本源寺史料集成』, 「本源寺文書」(千葉乘隆·北西弘編) 등이 있다.

〈표 1〉『대일본고문서』목록

編年文書	本編 大宝2年~宝龜11年(702~780) 6册 追加 和銅2年~宝龜10年(709~779) 17册 補遺 天武天皇14年~宝龜7年(686~776) 2册
家わけ文書 (*는 續刊中)	第1 高野山文書 8册 **第2 淺野家文書 1册** **第3 伊達家文書 10册** 第4 石清水文書 6册 **第5 相良家文書 2册** 第6 觀心寺文書 1册 第7 金剛寺文書 1册 **第8 毛利家文書 4册** **第9 吉川家文書 3册** 第10 東寺文書 17册* **第11 小早川家文書 2册** **第12 上杉家文書 3册** 第13 阿蘇文書 3册 第14 熊谷家文書, 三浦家文書, 平賀家文書 1册 第15 山內首藤家文書 1册 **第16 島津家文書 5册*** 第17 大德寺文書 14册 別集眞珠庵文書 8册* 第18 東大寺文書 22册* 別集東京大學所藏文書 1册 第19 醍醐寺文書 16册*, 別集滿濟准后日記紙背文書3册 第20 東福寺文書 5册 第21 蜷川家文書 6册 第22 益田家文書 4册*
幕末外國關係 文書	嘉永6年~文久元年(1853~1861)旣刊51册·付錄 8册*

* 목록은 동경대학 사료편찬소 홈페이지 및 데이터베이스 검색 참조. 최근 추가 간행된 문서는 수정·보완하였음. 고딕체 부분은 임진전쟁 관련 자료가 다수 포함된 문서임.

2) 『대일본사료大日本史料』

『대일본사료』는 동경대학 사료편찬소가 출판하고 있는 일본사의 편년사료이다. 일본 역사상 중요한 사건을 「강문綱文」 형식으로 사건의 개요를 표시하고, 이와 관련된 사료를 열거해서 기록한 것이다. 『대일본사료』에는 사건과 관련해서 출판된 문서, 사건을 알고 있는 사람이 남긴 기록, 계도系図와 가보家譜, 후세의 저작과 지지地誌 등 다양한 것들이 적혀 있다.

그리고 출판 목적은 『대일본고문서』와 마찬가지로 메이지 정부가 정사편수正史編修 방법을 사료 중심의 편찬방법으로 바꾸어, 이것을 생기生起한 년월일 순으로 배열 출판하기 위해서였다. 『대일본사료』가 다룬 시기는 육국사六國史[41]의 뒤를 이어 887년부터 1867년까지 약 980년간의 사건을 16편으로 나누어 편찬하였다.

〈표 2〉『대일본사료』목록

第1編 仁和3年~寛和2年(887~986) 本編24册完結·補遺旣刊4册
第2編 寬和2年~応徳3年(986~1086) 旣刊31册(986~1032)
第3編 応徳3年~文治元年(1086~1185) 旣刊29册(1086~1122)
第4編 文治元年~承久3年(1185~1221) 本編16册完結·補遺旣刊1册(1193~1203)
第5編 承久3年~正慶2年(1221~1333) 旣刊35册(1221~1251)
第6編 元弘3年~明徳3年(1333~1392) 旣刊49册(1333~1377)
第7編 明徳3年~文正元年(1392~1466) 旣刊33册(1392~1418)
第8編 応仁元年~永正5年(1392~1466) 旣刊40册(1467~1490)
第9編 永正5年~永祿11年(1467~1568) 旣刊24册(1508~1523)
第10編 永祿11年~天正10年(1568~1582) 旣刊25册(1568~1574)
第11編 天正10年~慶長8年(1582~1603) 旣刊24册(1582~1585)·別册2(1582)
第12編 慶長8年~慶安4年(1603~1651) 旣刊58册(1603~1622)

* 목록은 동경대학 사료편찬소 홈페이지 및 데이터베이스 검색 참조. 최근 추가 간행된 부분은 수정·보완하였음. 고딕체 부분은 임진전쟁 시기를 전후한 자료임.

한편 1901년 이후 간행 분은 300책을 넘고 있다. 현재는 제12편인 에도시대 초기까지 출판되어 있고, 제13편 이후와 관련해서는 막부, 재정·농정

41 六國史는 神代부터 887년까지를 수록한 6부의 국사총서로 『일본서기』, 『속일본기』, 『일본후기』, 『속일본후기』, 『일본문덕천황실록』, 『일본상대실록』 등을 말한다.

관, 대외관계, 조막관계 등 기본사료의 수집과 데이터를 정리·공개하고 있다. 임진전쟁과 관련해서는 제10, 11, 12편에 오기마치천황正親町天皇·고요제이천황後陽成天皇과 히데요시와의 관계, 전쟁이 발발하기 직전 일본 국내 상황이 상세하게 기록되어 있다.

3) 『대일본고기록大日本古記錄』

동경대학 사료편찬소가 『대일본사료』, 『대일본고문서』, 『대일본근세사료』와 함께 편찬 간행하고 있는 주요한 사료 중의 하나이다. 『대일본고기록』은 중앙귀족·승려·社家에 의한 전통적인 일기를 추려 엄밀한 교정과 해제를 붙여 제공한 것이다. 1952년에 간행하기 시작해서 현재에도 계속 출간 중이다.

각 기록마다 붙어있는 해제는 주기 또는 필자의 전기, 서명의 유래, 전래, 체재, 일문逸文이 있다. 연보는 기주記主의 사적事績을 전거와 함께 열기하면서 본문의 이해를 돕고 있다. 후지와라 미치나가藤原道長의 「미도간바쿠일기御堂關白記」부터 출판하기 시작하여 현재 119책에 달한다. 특히 이 서목 중에서 『도키쓰네교기言經卿記』는 주목할 만하다.

이것은 정2위 권중납언正二位權中納言인 야마시나 도키쓰네山科言經의 일기로 1576년부터 1608년까지의 기사를 적고 있다. 그 중에는 조정과 오다 노부나가·히데요시와의 관계, 교토마치슈京都町衆의 동향에 대해 언급한 부분이 많다. 『도키쓰네교기』는 구게公家출신이면서도 시정市井의 생활기록으로서 사회, 풍습, 문예 등에 대해 구체적으로 서술되어 있다. 서목은 다음 표와 같다.

〈표 3〉『대일본고기록』서목

貞信公記 藤原忠平(880~949)日記 全1册完結(907~948)	建內記 万里小路時房(1394~1457)日記 全10册完結(1414~1455)
九曆 藤原師輔(908~960)日記 全1册完結(930~960)	薩戒記 中山定親(1401~1459)日記 既刊5册(1418~1447未刊分을 포함)
小右記 藤原實資(957~1046)日記 全11册完結(982~1032)	碧山日錄 大極(1421~?) 日記 既刊1册(1459-1468未刊分을 포함)
御堂關白記 藤原道長(966~1027)日記 全3册完結(998~1021)	臥雲日件錄拔尤 惟高妙安에 의한 瑞谿周鳳(1391~1473) 의 日記抄錄 全1册完結(1446~1473)
後二條師通記 藤原師通(1062~1099)日記 全3册完結(1083~1099)	蔗軒日錄 季弘大叔(1421~1487)日記 全1册完結(1484~1486)
中右記 藤原宗忠(1062~1141)日記 既刊8册(1087~1138未刊分을 포함)	二水記 鷲尾隆康(1485~1533)日記 全4册完結(1504~1533)
殿曆 藤原忠實(1078~1162)日記 全5册完結(1098~1118)	後法成寺關白記 近衛尙通(1472~1544)日記 全4册完結(1506~1536)
猪隈關白記 藤原家實(1179~1242)日記 全6册完結(1197~1235)	上井覺兼日記 上井覺兼(1545~1589)日記 全3册完結(1574~1586)
岡屋關白記 藤原兼経(1210~1259)日記 全1册完結(1222~1251)	**言經卿記** **山科言經(1543~1611)日記** **全14册完結(1576~1608)**
民経記	**言緒卿記**

藤原経光(1212~1274)日記
全10册完結(1226~1272)

深心院關白記
藤原基平(1246~1268)日記
全1册完結(1255~1268)

實躬卿記
藤原實躬(1264~?)日記
既刊7册(1283~1307未刊分을 포함)

後深心院關白記
近衛道嗣(1332~1387)日記
全6册完結(1352~1383)

後愚昧記
三條公忠(1324~1383)日記
全4册完結(1361~1383)
付)實冬公記
三條實冬(1354~1411)日記
第4卷付收完結(1375~1395)

山科言緒(1577~1620)日記
全2册完結(1601~1620)

梅津政景日記
梅津政景(1581~1633)日記
全9册完結(1612~1633)

新井白石日記
新井君美(1657~1725)日記
全2册完結(1693~1723)

齋藤月岑日記
齋藤幸成(1804~1878)日記
既刊10册(1830~1875)

江木鰐水日記
江木貞通(1810~1881)日記
全2册完結(1832~1876)

* 목록은 동경대학 사료편찬소 홈페이지 및 데이타베이스 검색 참조. 최근 추가 간행된 부분은 수정·보완하였음. 고딕체 부분은 임진전쟁 시기를 전후한 자료임.

4) 『개정사적집람改定史籍集覽』

일본 사적의 총서로서 1881~1885년에 간행했던 『사적집람史籍集覽』을 1902년부터 개정해서 만든 것이다. 편자는 오카자키번岡崎藩의 유자儒者였던 곤도 헤이죠近藤瓶城와 아들 케이조圭造이다. 고전 보전의 목적으로 「군서유종群書類從」에서 누락된 서책諸書를 통기通記·편록編錄·유취類聚·잡찬雜纂 등으로 나누어서 수록하였다. 전부 464부32책, 총목 해제 및 서목 색인 1책을 합쳐서 33책으로 되어 있다.

하지만 『군서유종』, 『속군서유종』과 다르게 아즈치 모모야마시대와 에도

시대의 서물을 많이 수록한 점이 특색이다. 특히 6책의 「아사이삼대기淺井三代記」, 「아사쿠라시말기朝倉始末記」, 「다이코기太閤記」와, 13책의 「다치바나조선기立花朝鮮記」, 「조선진고문朝鮮陣古文」, 15책의 「호소카와와다다오키군공기細川忠興軍功記」, 「모리모토나리기毛利元就記」, 「와카사카전기脇坂家傳記」, 「조소카베보長曾我部譜」, 「조소카베각서長曾我部覺書」, 「모토야마분젠야스마사부자전공각서本山豊前守安政父子戰功覺書」, 「시마즈게보島津家譜」, 20책의 「이쇼우일본전異稱日本傳」, 21책의 「선린국보기善隣國寶記」, 「속續선린국보기善隣國寶記」, 25책의 「고마이일기駒井日記」, 「조선일일기朝鮮日々記」, 「오마다카렌초보고려일기面高連長坊高麗日記」, 「도가와기戶川記」, 「사다이시다카스케기左大史孝亮記」 등은 통기류通記類가 중심으로 교전合戰 내용이 다수 포함되어 있다. 임진전쟁 이전의 일본 국내 사정을 파악할 수 있는 유익한 자료들이다.

5) 『군서유종群書類從』, 『속續군서유종群書類從』, 『속속續々군서유종群書類從』

『군서유종群書類從』은 에도시대 후기 하나와 호기塙保己가 편찬해서 간행한 총서이다. 『속續군서유종群書類從』은 『군서유종』과 같은 분류, 즉 신기神祇·제왕帝王·보임補任·계보系譜·전傳·관직官職·율령律令·공사空事·장속裝束·문필文筆·소식消息·화가和歌·연가連歌·물어物語·일기日記·기행紀行·관현管絃·축국蹴鞠·응鷹·유희遊戲·음식飮食·합전合戰·무가武家·석가釋家·잡雜 등 25부로 2,128종 1,085책으로 되어있다. 이 중에서 20·21·22부 상하와 23부 상의 교전부合戰部에는 「도요토미기豊臣記」, 「조선기朝鮮記」, 「시마즈게고려군비록島津家高麗軍秘錄」, 「요시노진고자에몽각서吉野甚五左衛門覺書」, 「와카사카기脇坂記」, 「모리기毛利記」, 「기요마사기淸正記」, 「가토게덴기요마사고오행장加藤家傳淸正公行狀」, 「구로다나가마사기黑田長政記」, 「시마즈게기島津家記」 등이 수록되어 있다. 『개정사적집람改定史籍集覽』과 중복되는 사료도 적지 않지만, 고대와 중세시대를 중심으로 당시의 희귀, 귀중한 문서를 망라하고 있다.

임진전쟁기 조선에서 활약한 다이묘들의 교전 상황도 많이 수록되어 있다. 『속속續々군서유종群書類從』에 「규슈하향기九州下向記」, 「서정일기西征日記」 등이 포함되어 있다.

6) 『사료찬집史料纂集』

고기록편과 고문서편으로 성립된 사료총서이다. 『군서유종』, 『속군서유종』을 비롯해서 국사·국문 관계의 사료와 전적을 다수 간행해 온 속군서유종완성회續群書類從完成會가 창립 45주년 기념사업으로 기획하여 1967년부터 간행하기 시작하였다. 헤이안 시대 이후부터 에도시대에 이르기까지 주요한 기록과 문서 가운데 미공개된 것을 주로 간행하였다. 이미 간행한 것 가운데에도 증보 또는 보급이 필요한 부분까지 포함하여 출판하였다.

특히 고기록편에서 「가네미경기兼見卿記」를 비롯해서 「슌큐기舜舊記」, 「산먀쿠일기三藐院記」, 「기엔주고일기義演准后日記」 등은 공가公家 측과 관련된 것이 다수 실려 있어 필독 대상이다. 「기엔주고일기」는 다이고지醍醐寺의 80대 좌주였던 기엔義演이 1596년부터 1626년 4월까지 기록한 것이다. 근세 초기 교토 중심의 정치 추이 및 도요토미 정권에 대한 사사寺社정책 등을 구체적으로 알 수 있다. 또한 정유재란이 일어나기 직전 일본의 내부사정을 알 수 있는 귀중한 기사가 많이 포함되어 있다.

이상 소개한 간행물은 활자화 되어 있고, 용이하게 입수할 수 있기 때문에 한국 연구자도 편리하게 활용할 수 있는 가장 기본적인 자료이다. 서울대학교 규장각한국학연구원과 고려대학교 중앙도서관, 국립중앙도서관 동북아 자료실 등에도 부분적이지만 배치되어 있다.

2. 일기류日記類

임진전쟁에 관한 일기류 자료는 조선과 일본 양측에 비교적 많이 남아 있다. 일본의 경우에는 크게 3가지 유형의 일기가 남아 있다. ① 전쟁 초기의 전황을 알려주는 종군승從軍僧 일기 ② 전쟁 중 다이묘의 가신단으로 종군하면서 남긴 일기 ③ 일본 국내 사정을 기록하는 과정에서 전쟁 내용을 기록한 일기 등이다. ①의 경우에는 「서정일기西征日記」, 「조선일기朝鮮日記」, 「조선일일기朝鮮日々記」가 대표적이다. ②의 경우에는 「요시미모토요리조선일기吉見元賴朝鮮日記」, 「오코치히데모토조선일기大河內秀元朝鮮日記」, 「요시노일기吉野日記」, 「고려일기高麗日記」, 「오와다시게키일기大和田重清日記」를 들 수 있다. ③에는 「로쿠온일록鹿苑日錄」, 「기엔주고일기義演准后日記」, 「다모인일기多聞院日記」, 「난젠일기南禪日記」 등이 있다.[42]

우선 「서정일기」의 경우에는 소 요시도시宗義智·고니시 유키나가小西行長를 따라 조선에 건너갔던 묘신지 덴케이妙心寺天荊의 기록이다. 「서정일기」는 마에다육덕회 존경각문고 소장본이 있으며 『속속군서유종』에도 실려 있다.[43] 이 일기에는 1592년 4월 12일(日本曆) 부산 상륙을 시작으로 전쟁 초반기의 관련 기사가 상세하게 기술되어 있다. 일본군이 조선 측에 보냈던 단서短書, 격문檄文 등도 남아 있다.

특히 덴케이는 1577년과 1587년 2번에 걸쳐서 조선을 방문한 적이 있고, 이와 관련해서 『승려덴케이 조선국잡고釋天荊朝鮮國雜藁』와 『조선국 왕환일기朝鮮國往還日記』를 남겼다.[44] 이 자료 모두 마에다육덕회 존경각문고에 실려 있다. 전자는 덴케이가 관명을 받고 조선국왕 사절로서 다녀왔을 때의

42 北島万次, 「壬辰倭亂硏究における日本史料と朝鮮史料」, 前近代日本の史料遺産プロジェクト硏究集會報告集, 2001~2002, 동경대학 사료편찬소, 2004.

43 「西征日記」, 『續々群書類從』3, 國書刊行會叢書, 1906~1909.

44 米谷均, 「中世後期, 日本人朝鮮渡海僧の記錄類について」, 『靑丘學術論集』 12, 1998.

기록이다. 후자는 조선 통교에 사용할 도서私印를 구하기 위해서 조선에 파견된 내용을 적은 것이다. 이 두 자료는 시기적으로 차이는 있으나 임진전쟁 시기 조선과의 교섭문제를 이해하는데 참고할 만하다.

「조선일기」는 제타쿠是琢의 기록으로 「다이초인문서泰長院文書」(佐賀縣史料集成 5)에 수록되어 있다. 「조선일일기」는 우스키 안요지臼杵 安養寺 주직이었던 게이넨慶念의 기록으로 나이토 슌보內藤雋輔가 학계에 소개하였다.45 최근에는 조선일일기연구회가 정교하게 「조선일일기」를 해독하고 그 결과물도 출간하였다.46

임진전쟁 관련 일본 자료 중에서 주목되는 것은 사원 관계 문서가 적지 않다는 것이다. 그 배경에는 외교문서 작성과 대외전략 방침에 고산선종五山禪僧이 관여했기 때문이다. 일본에서 승려들이 외교문제에 관여하는 전통은 무로마치室町시기부터였다.

즉 14~15세기 문화의 특징으로 고산문화가 있다. 고산이란 5개의 절로(난젠지南禪寺 혹은 쇼코쿠지相國寺, 텐류지天龍寺, 겐닌지建仁寺, 도후쿠지東福寺, 만쥬지萬壽寺), 바쿠후가 특히 존중한 교토와 가마쿠라에 위치한 선종계 대사원들을 가리킨다. 따라서 고산문화란 이 고산을 중심으로 형성한 선문화라 할 수 있다.

중국의 선종이 일본에 들어온 것은 10세기이다. 본격적으로 전래된 것은 12세기 말로 중국에서 임제종을 배우고 온 승려가 전파하기 시작했다. 이때 선승들은 장군의 고문으로서 중국과의 공식적인 관계에서 주요 중개자로, 명 황제에 보내는 장군의 서한(공식 편지나 문서)작성자로 봉사하였다. 중

45 內藤雋輔, 『文祿慶長役における被虜人の研究』, 東京大學出版會, 1976, 561~660쪽 ; 北島万次, 『朝鮮日々記·高麗日記－秀吉の朝鮮侵略とその歴史的告發』, そしえて, 1982 ; 是永幹夫, 「慶念朝鮮日々記の研究」, 『青丘學術論集』 3, 1993.

46 朝鮮日々記研究會編, 『朝鮮日々記を讀む－眞宗僧が見た秀吉の朝鮮侵略』, 法藏館, 2000, 3~123쪽 ; 兒玉識, 「秀吉朝鮮出兵と眞宗」, 『龍谷史壇』 114, 2000.

국이나 조선과는 달리 일본은 선승에 의해서 주자학이 수용되었고, 오산서원의 고승은 공가와 무가의 존경을 받으면서 정치·외교·문화의 고문으로서 활동하였다.[47]

이처럼 종군한 승들이 외교에 관여하면서 당시 히데요시의 외교문서를 기초하거나 조선·명과의 외교절충에 일정한 역할을 하였다. 그 대표적인 인물로는 사이쇼 쇼타이西笑承兌를 비롯해서 난젠지의 겐포 레이산玄圃靈三, 도후쿠지의 이쿄 에테쓰惟杏永哲 등이 있다. 이들은 조선침략을 목표로 했던 도요토미 정권의 외교 브레인 역할을 하였다.

또한 조선에서 외교절충과 전선지역에서 실무를 담당하였던 종군승으로 제1군 고니시 유키나가에는 묘신지의 덴케이妙心寺天荊, 소 요시토시宗義智에는 하카다博多 쇼후쿠지의 게이테쓰 겐소聖福寺景轍玄蘇가 있다. 제2군 나베시마 나오시게鍋島直茂에는 사가佐賀 다이초인의 제타쿠泰長院是琢, 제6군 고바야가와 다카카게小早川隆景에는 아키安藝 안코쿠지의 에케이安國寺惠瓊, 제7군 킷가와 히로이에吉川廣家에는 슈쿠로 슌가쿠 宿廬俊岳 등이 있다.[48] 이들이 남긴 기록이 「다이초인문서泰長院文書」, 「묘만지문서妙滿寺文書」, 「도지인문서等持院文書」로 남아 있다.

그 가운데 「도지인문서」는 동경대학 사료편찬소에 소장되어 있다. 이는 히데요시의 브레인 역할을 하면서 도요토미 정권에서 이역異域·이국異國, 남만南蠻·크리스찬 국가를 대상으로 외교문서를 기초했던 사이쇼 쇼타이西笑承兌가 쇼코쿠지相國寺와 도지인等持院에 보냈던 자료이다. 이를 통해서 히데요시의 정명 계획에 고산 고승들이 관여하였고 대외 침략 추진에 적지 않은 역할을 했음을 알 수 있다.

「다이초인문서」는 히젠사가肥前佐賀에 다이초인泰長院 승려였던 제타쿠가

47 서영애, 『일본문화와 불교』, 동아대학교 출판부, 2003, 191~215쪽.
48 北島万次, 『豊臣政權の對外認識と朝鮮侵略』, 校倉書房, 1990, 153~156쪽.

나베시마 나오시게鍋島直茂의 종군승으로서 기록한 것으로 『사가현사료집성佐賀縣史料集成』제5권에 실려 있다. 제타쿠는 1592년 4월 23일 일본을 출발하여 5월 7일 조선에 상륙해 기요마사와 나오시게를 따라 6월 함경도에 들어갔다. 그는 점령정책을 수행한 인물로 조선 왕자의 포획문제와 이들에 대한 대우, 조선 농민을 상대로 한 격문 작성 등 중요한 역할을 했다. 또한 제타쿠는 『조선일기』도 작성하여 한성을 철수한 일본군의 동향도 기록하였다.

한편 다이묘의 가신단으로 종군하면서 남긴 일기도 적지 않다. 우선 「요시미모토요리조선일기吉見元賴朝鮮日記」는 모리 테루모토毛利輝元의 가신으로 세키슈 쓰와노石州津和野 성주인 요시미 모토요리를 따라 조선에 온 시모세 요리나오下瀨賴直의 일기이다.

1592년 3월 8일 쓰와노(지금의 시마네현)에서 출진한 것을 시작으로 다음해 4월 7일까지 조선에서 체험한 것과 전황 등을 기록한 것이다.[49] 이 자료와 관련해서 원본은 파악되고 있지 않으나 그 사본은 「조선진유서朝鮮陣留書」(毛利家文庫本山, 山口縣立文書館藏)와 「요시미모토요리조선일기吉見元賴朝鮮日記」(吉川家藏), 「조선도해일기朝鮮渡海日記」(山口縣立文書館藏), 「요시미게조선진일기吉見家朝鮮陣日記」(德富蘇峰氏藏) 등에 실려 있다. 약간의 글자 차이는 있으나 야마구치 현립도서관의 향토연구실에서 간행한 「조선도해일기」가 참고될 만하다.[50]

49 요시미 모토요리는 1594년 20세의 나이로 조선에서 객사하였다. 요시미 집안은 이와미코쿠石見國 지방을 관할하였던 세력으로 세이와겐씨淸和源씨를 그 씨족으로 하고 있다. 현재의 시마네현島根縣 서쪽에 해당하는 지역으로 산인도山陰道 중의 한 지역을 지배하였다. 전국시대에는 오우치大內·아마고尼子·모리毛利씨 등과 항쟁을 거치다가 1555년 이후에는 모리씨 영領이 되기도 하였다. 1660년경 모리씨가 나가토長門로 옮기면서 요시미씨도 하기萩지역으로 이주하기도 했으나, 1618년 모리 테루모토毛利輝元의 독살사건에 연루되어 모리씨의 공격을 받아 일족이 멸망하였다. 모리 집안과 밀접한 관계였던 요리나오賴直는 모리 모토야스毛利元康·요시미 모토요리吉見元賴 이하 여러 무장들과 교류하였다.

시모세씨下瀨氏는 요시미씨의 서류이며 「도메가키留書」를 주기記注한 시모네 요리나오下瀨賴直는 아버지 요리사다賴定와 함께 30세 때 전쟁에 참전하였다. 본 사료는 다른 「도메가키」나 「오보에가키覺書」에 비해 전황에 대한 설명이 상세히 기록되어 있어 전쟁 중 일본 무장들이 조선에서 일상생활을 어떻게 했는지를 알 수 있다. 이를 바탕으로 그들이 인식하고 있었던 조선은 어떤 모습이었는지 고찰할 수 있는 귀중한 자료이다.[51] 또한 약 1년 넘게 조선에 체류하면서 와카和歌를 음미하거나 렌카連歌를 흥행시키면서 연중행사를 본국과 다름없이 행하고 있었던 것 등이 기록되어 있다.

다음으로 「오와다시게키요일기大和田重清日記」는 히다치常陸(茨城)지역 사다케 요시노부佐竹義宣 가신이었던 오와다 시게키요가 1593년 4월 18일부터 12월 28일까지 남긴 기록이다. 일기 원본은 사다케씨구장佐竹氏舊藏, 겉표지에는 「文祿貳年九州名護玉屋にて書之」라 적혀 있다. 중앙의 2행에 「從卯月拾七日至極月每日々記」라고 기록되어 있다.

사다케 요시노부는 조선침략 명령을 받자 1592년 2월 3천 명을 인솔하여 미토를 출발해 4월 나고야에 도착하였다. 이때 시게키요도 동행하였다. 일기에는 사다케의 조선 도해준비, 일명강화사의 도래, 히데요시 이하 가신들의連中 생활 등에 대해 적고 있다. 특히 조선 관련 기사 이외에도 당시의 교통 사정, 남만 무역의 실태, 무사들의 오락 문화 등이 기록되어 있다. 하급무사였던 시게키요의 독특한 기록 방법이 승려의 일기나 공가들의 기록과도 차이를 보이고 있다. 또한 이 일기는 1593년 명사절이 나고야에 도착했을 당시 외교 교섭과 관련된 내용을 주로 다루고 있다. 동경대학 사료편찬소에도 소장되어 있으나, 『일본사연구』 44~46·48·49·52에 「오와다오우

50 大庭良美, 「下瀨賴直と'朝鮮渡海日記'－文祿の役從軍記」, 『鄕土石見』 33호, 1993.34호, 1993.35호, 1994 ; 下瀨賴直著, 「朝鮮渡海日記」, 防長史談會編 防長叢書 6, 1934.

51 김문자, 「16세기 동북아 국제질서 변동과 전쟁－「朝鮮陣留書」, 「服部傳右衛門覺書」에 보이는 日本武將들의 조선인식을 중심으로－」, 『일본역사연구』 27, 2008, 225~230쪽.

미시게키요일기大和田近江重清日記」로 소개되어 있다.[52]

「고려일기」는 나베시마 나오시게鍋島直茂의 부장인 나베시마 헤고로시게사토鍋島平五郎茂里 소속으로 종군하였던 다지리 아키타네田尻鑑種의 기록이다. 1592년 3월 21일부터 다음 해 2월 김해에 머물렀던 내용을 적고 있다. 여기에는 6월경부터 나오시게가 기요마사와 함께 황해도 안성역에서 함경도 지역을 공략한 뒤 조선 농민에게 보냈던 오키메置目와 법도, 격문 내용 등이 자세하게 나와 있다. 또한 일본군의 함경도 지역과 관련된 전황도 기록하고 있다. 「고려일기」는 「다지리가보田尻家譜」에 들어있는 것으로 佐賀縣立圖書館本과 동경대학 사료편찬소에도 소장되어 있다. 특히 이 자료에 대한 교주校主는 기타지마 만지北島万次가 「田尻鑑種の高麗日記」라는 논문으로 정리한 적이 있다. 후에 『朝鮮日々記·高麗日記－秀吉の朝鮮侵略とその歷史的告發』에 새롭게 보정하여 재록하였다.[53]

이상에서 가신단으로 종군하면서 남긴 몇 가지 일기를 소개하였다. 그들은 다이묘의 주둔지역에서 전개되었던 다양한 기록을 비교적 상세하게 적고 있다. 따라서 임진전쟁의 전체상을 보기 위해서는 이와 같은 종군일기를 포괄적으로 섭렵하면서 상이한 점을 비교 분석하는 것이 중요하다. 다만 종군일기 가운데는 전쟁 초반과 관련된 것이 대부분이어서 정유재란기의 사료를 발굴하여 이용하는 것이 필요하다.

한편 세 번째로 일본 국내 사정을 기록하는 과정에서 임진전쟁 내용을 언급한 일기로는 「로쿠온일록鹿苑日錄」, 「기엔주고일기義演准后日記」, 「다모인일기多聞院日記」, 「난젠일기南禪日記」 등이 있다. 「로쿠온일록鹿苑日錄」은 교토 쇼코쿠지相國寺 로쿠온인주鹿苑院主의 역대 일기이다. 이것은 1487년부터 1651년까지의 기록으로 게이죠 슈린景徐周麟·바이슈쿠 호린梅叔法霖·사이쇼

52 「大和田近江重清日記」, 『日本史硏究』 44~46·48·49·52, 日本史硏究會, 1959~1961.
53 北島万次, 「田尻鑑種の「高麗日記」」, 『歷史評論』 279, 1973 ; 同, 앞의 책, 『朝鮮日々記·高麗日記－秀吉の朝鮮侵略とその歷史的告發』, 373~388쪽.

쇼타이西笑承兌·우세츠 즈이호有節瑞保·긴샤쿠 겐다쿠昕叔顯晫 등의 일기를 연대순으로 편집한 것이다. 무로마치 말기에서 에도 초기 교토 사회의 상황을 알 수 있는 귀중한 자료이다.

1591년 8월부터 정명봉공征明奉公에 참여하였던 사이쇼 쇼타이가 1592년 4월 히데요시와 함께 나고야에 있으면서 대명외교의 절충에 주력하였던 내용이 포함되어 있다. 원본은 157책으로 동경대학 도서관에 소장되어 있다가 관동대지진 때 소실되어 4책만 남았다. 사료편찬소에는 쇼코쿠지본의 등사 35책과 마에다육덕회 존경각문소에 사이쇼 쇼타이 일용집日用集 영사 3책, 천문오년목록사天文五年目錄寫 1책 등이 남아있다. 간본으로 쓰지 젠노스케辻善之助가 교정한 「로쿠온일록」이 있다.54

「기엔주고일기」는 다이고지 80대 좌주였던 기엔이 39세인 1596년부터 1626년 4월까지 약 31년간의 기록을 모은 것이다. 중간에 기재하지 않은 기간도 있었으나 거의 전 시기를 망라하고 있다.55 근세 초기 교토를 중심으로 하는 정치 추이 및 도요토미 정권의 사사寺社정책 등을 구체적으로 알 수 있는 자료가 많이 포함되어 있다.

특히 정유재란이 일어나기 직전 일본의 사정과 코베기鼻塚와 관련된 기사, 다이고 꽃구경과 관련된 내용, 히데요시의 최후에 관한 것 등이 포함되어 있다.56 이외에도 「경장원년대지진기慶長元年大地震記」, 「경장19년아리마

54 辻善之助校訂, 「鹿苑日錄」, 續群書類從完成會, 1934~1962. 또는 「鹿苑日錄」, 辻善之助編, 太陽社, 1935 참조.

55 「義演准后日記」, 『史料簒集』 1-3, 群書類從完成會. 1976~1985. 義演은 히데요시의 援助로 오닌의 난 이후 황폐하였던 다이고지를 부흥시켰다. 1594년에는 東寺長者에 補任되어 1598년 8월 方廣寺의 대불개안 공양에 呪願師를 맡을 정도로 도요토미 정권과 친밀한 관계였다. 기엔이 히데요시의 만년부터 이에야스의 초기에 이르기까지 격동의 시대를 살아왔던 만큼 일기에는 이 시기의 국내 사정과 정치적인 동향을 알 수 있는 흥미로운 내용들이 기록되어 있다.

56 『週刊古寺をゆく醍醐寺』, 小學館ウイークリーブック, 2001.

탕치기慶長十九年有馬湯治記」 등 별기가 있고, 원본은 다이고지의 산보인에 보관되어 있다. 사본은 동경대학 사료편찬소와 경도대학에 있으며 『사료찬집』으로 간행되었다.

「다모인일기」는 나라 고후쿠지興福寺 학승인 다모인에슌多聞院英俊의 일기로,[57] 전국시대에서 에도 초기(1481~1618년)까지의 기록이 적혀 있다. 원본은 산재해 있고 사본이 홍복사에 보존되어 있다. 1725년에 이미 시모다시下田師 고서사古書寫의 「다모인일기」로 유포되기도 하였다.[58] 에슌의 일기는 「천문8년기天文八年記」와 「문록5년기文祿五年記」, 「몽환기夢幻記」 등이 있는데 임진전쟁에 관한 내용은 제4,5권에 집중되어 있다.[59]

「산마큐인기」는 아즈치 모모야마 시대의 공가였던 고노에 노부타다近衛信尹 일기로 자필 원본 19책·8권·4지가 양문문고에 소장되어 있다. 이것을 『사료찬집』의 고기록편에 싣고 있다.[60] 주로 1573~1595년에서 1595~1614년까지 정치 및 문예와 관련된 사료를 모은 것이다. 이 중에서 히데요시의 아들 츠루마츠鶴丸가 요절한 전후의 상황과 양자인 히데쓰구秀次가 우대신으로 승진하기까지의 과정, 히데요시의 조선 침략과 노부타다가 나고야로 하향하던 일, 히데쓰구 사건의 파문 등이 기록되어 있다. 국내 상황이 조선 침략의 전황과 어떠한 상관관계가 있는지를 고찰하는데 빼놓을 수 없는 자료이다.

세 번째로 언급한 일기의 특징은 전쟁에 직접 참여하지 않고 전언된 부분이 많아서 신빙성에 문제가 있고 명확하지 않은 부분도 있다. 그러나 이

57 英俊은 1518년에 태어나서 11세에 入寺하여 1533년에 출가하였다.

58 이 자료는 국립공문서 내각문고에 소장되어 있기도 하다. 「多聞院日記」에는 天正·文祿·慶長期의 자연재해와 관련된 기사가 풍부하게 실려 있다.

59 計善之助, 「多聞院日記」 5冊, 三教書院, 1935~1939년. 복간으로 본권 5冊·별권 1冊, 角川書店, 1967년. 후에 竹內理三, 『增補史料大成』 제38~42冊, 增補史料大成刊行會 編, 臨川書店, 1978년에 출간됨.

60 前田多美子, 『三藐院近衛信尹－残された手紙から』, 文閣出版, 2006.

들이 히데요시와 두터운 친분관계에 있었던 점과 일본 국내의 정황이 전쟁에 어떠한 영향을 미쳤는지 고찰할 수 있는 단초가 되는 자료들이다.

3. 각서覺書와 편찬물류編纂物類

각서는 단순히 자신의 공적을 남기기 위한 개인적인 경우와 다이묘 가문의 공적을 남기기 위해서 의도적으로 집필한 경우로 나눌 수 있다. 예를 들면 기요마사의 가신 시모카와 효타유下川兵大夫가 쓴 「기요마사고라이진각서(비망록)淸正高麗陣覺書」와 「구키시로뵤우에하타라기노오보에九鬼四郞兵衛働之覺」가 대표적이다. 전자는 『속속續々군서유종群書類從』 4에 실려 있어 간편하게 볼 수 있고, 후자는 동경대학 사료편찬소에 소장되어 있다.

고바야카와 다카카게小早川隆景의 가신인 하시바 가케무네梨羽景宗가 남긴 「나시우쇼유물어梨羽紹幽物語」,[61] 시마즈게島津家 가신 오시게 헤이로쿠大重平六의 「오시게헤이로쿠고려각서大重平六高麗覺書」와 히시카리 규베菱刈休兵衛의 「히시카리규베조선봉공각菱刈休兵衛朝鮮奉公覺」,[62] 기요마사의 가신인 모토야마 야스마사本山安政의 「모토야마후젠야스마사전공각서本山豊前守安政戰功覺書」와 마쓰라 시게노부松浦鎭信의 가신 요시노 진고자에몬吉野甚五左衛門이 남긴 「요시노진고자에몬각서吉野甚五左衛門覺書」[63] 등이 있다. 이와 같은 각서와 일기는 전황뿐만 아니라 무가문서와 같은 서장에서는 알 수 없는 조선의 일상적인 정보까지 접할 수 있어 사료적 가치가 큰 것이 많다.

예를 들면 「나시우쇼유물어」는 아키安藝지역 고바야가와가의 서류庶流였

61 「梨羽紹幽物語」, 동경대학 사료편찬소 소장.
62 「大重平六高麗覺書」, 「菱刈休兵衛朝鮮奉公覺」, 鹿兒島縣立 도서관 소장.
63 「本山豊前守安政戰功覺書」는 『續群書類從』 20, 下에 실려 있고, 「吉野甚五左衛門覺書」는 일명 「吉野日記」로 국립공문서관 내각문고에 소장되어 있다.

던 나시우씨梨羽氏가 대대로 고바야카와 집안을 섬겨온 내용이다. 쇼유는 나시우 가케무네梨羽景宗가 입도한 뒤의 이름이다.[64] 후다이譜代다이묘로서 가케무네景宗도 고바야카와 다카카게의 지배하에 있다가 후에는 모리 테루모토毛利輝元를 주군으로 받들면서 여생을 보냈다.[65] 따라서 「나시우쇼유물어」는 고바야카와 다카카게와 관련된 내용들이 많다.

이 자료에는 모리 집안 사람들이 질문한 사항에 대해 쇼유가 「시자是者…」는 형식으로 대답을 남기고 있다. 이것은 전쟁이 끝나고 15년 지난 1623년경에 기록된 것이다. 여기에는 고바야카와 다카카게의 이력에 관한 것도 많지만, 조선침략 기간 중 고바야카와씨 세력의 동향에 대해 상세한 내용이 담겨 있다. 주목할 만한 것은 조선의 전황과 조선에서 보낸 일상적인 잡사雜事 부분이다.

「나시우쇼유물어」에 의하면 다카카게는 자신의 군사 8천 명과 철포 300정을 지참하고 제6군에 소속되어 1만 5천 명의 병사를 데리고 출동하였다.[66] 다카카게가 지휘한 6군은 4월 중순 경상도에 상륙하여 일부는 김산·선산 지역에, 일부는 창원에 배치되어 모리 테루모토의 7군과 함께 부산－서울간의 서로 확보에 일익을 담당하고 있었다. 다카카게는 5월 중순 서울에서 결정된 분지 계획에 따라, 부대 서열 7군으로 변경되면서 적국赤國, 즉 전라도 지역을 침입하기 시작하였다. 따라서 이 자료를 통해 일본군의 전라도 지역 침략 경위와 전세에 대해서 자세하게 알 수 있다.

또한 「나시우쇼유물어」에는 모리 가문 사람들이 20년 전 조선에 참전했

64 壹岐守景宗의 初名은 小次郎이었다가 助右衛門으로 칭하였다.

65 中野等, 『朝鮮出兵期における諸大名の動向およびその領國に關する基礎的研究』, 科學研究費補助金基盤研究(C)(2)研究成果報告書, 2004, 73~74쪽.

66 「梨羽紹幽物語」壹卷. 일반적으로 1592년 3월 13일 날짜의 「高麗渡海の陣立」에는 小早川隆景이 인솔한 군사가 만 명으로 나왔다. 그러나 실제로 隆景이 동원했던 군사는 8천 명이므로 실제 동원된 군사수와 진립서 등에 보이는 숫자와는 차이가 있다.

던 무장들의 일상과 조선의 의식주에 대해 문의하는 내용이 다수 기록되어 있다. 쇼유는 당시 조선의 상황을 회고하면서 이국에서 보고 느낀 점을 일본 사회와 비교하면서 담담하게 서술하고 있다. 이는 당시 출전했던 무장들이 타국을 어떻게 인식하였는지 히데요시와는 상이한 조선 인식을 확인할 수 있다.

기요마사의 가신 시모카와 효타유가 쓴 「기요마사고라이진각서」는 『속속續々군서유종群書類從』에 실려 있어 비교적 접하기 쉬운 자료이다. 여기서는 기요마사가 한성에 입성하는 정황과 나베시마 나오시게鍋島直茂와 함께 함경도 지역을 분담하면서 경략하는 과정, 조선의 두 왕자가 회령에서 포획되는 과정, 울산성 전투의 처절한 상황 등이 적혀 있다.

그들이 기록을 남긴 것은 조선이라는 이역異域을 공략하면서 자신들의 무위를 타 지역까지 빛냈다는 목적이 있었기 때문이다. 흥미로운 것은 자신과 다이묘 집안의 공적을 남기기 위해 참전했던 무사들의 이름을 구체적으로 여러 번 소개하고 있다. 이는 자신의 서술내용이 사실임을 증명하려는 의도이기도 하다.

한편 편찬물과 관련해서는 가이바라 에키겐貝原益軒의 「구로다게보조선진기黑田家譜朝鮮陣記」와 시마즈 히사미치島津久通의 「정한록征韓錄」, 저자 미상의 「깃카와가보吉川家譜」, 「고잔공실록高山公實錄」을 들 수 있다. 이들 편찬물 대부분은 다이묘가의 전공을 과시하기 위해 편찬된 경우가 많기 때문에 사료를 이용할 때에는 치밀한 사료 비판과 타 자료와 비교 검토한 후에 인용할 필요가 있다.

가이바라 에키겐의 「구로다게보조선진기黑田家譜朝鮮陣記」는 히데요시의 상사上使로서 파견되었던 구로다 요시타가黑田孝高와 제3군으로 조선에 침략했던 구로다 나가마사黑田長政가 관련된 것을 가문 차원에서 편찬한 것이다. 이 자료는 동경대학 사료편찬소와 국립공문서관 내각문고에 사본이 있다. 가와조에 쇼우지川添昭二가 1982년부터 1987년에 걸쳐 『신정 구로다게

보新訂黑田家譜』(제1~7권)를 간행하여 쉽게 판독할 수 있도록 정리하였다. 특히 임진전쟁과 관련해서 제1권 요시타가孝高·나가마사기長政記에는 나고야 축성과 관련한 요시타가의 역할과 평양성 전투 상황, 일본군의 한강 철수 과정, 진주성 전투 등에 관한 것들이 상세하게 서술되어 있다.

시마즈게와 관련한 대표적인 편찬물로는 「오모다카렌초보조선재진일기面高連長坊朝鮮在陣日記」와 「정한록」을 들 수 있다. 전자는 시마즈 다다쓰네島津忠恒의 수행원으로 1597년 7월 28일부터 12월 29일까지 조선에 재진했을 때의 기록이다.[67] 오모다카面高家 집안은 대대로 산복山伏(산에 기거하면서 수행하는 중) 출신이고, 렌초보連長坊의 부친은 가지기도加持祈禱를 담당하면서 시마즈 요시히사津義久와 시마즈 요시히로島津義弘가 상락上洛할 때도 수행한 인물이다. 렌초보는 조선에 건너가서 그의 아버지와 마찬가지로 전승 기도와 병기 평유病氣平癒, 가지기도를 행하였다. 일기에는 사천성에서의 일상이 상세하게 기록되어 있다. 시마즈 가문의 조선 침략사를 알 수 있는 귀중한 사료이기도 하다.

「정한록」은 시마즈의 번주 쓰나히사綱久의 명령으로 시마즈 히사미치島津久通가 만든 대표적인 편찬물이며 군기물이다. 1671년 시마즈번의 사업으로서 6권으로 편찬되었다.[68] 「오모다카렌초보조선진일기面高長連坊朝鮮在陣日記」와 마찬가지로 사천성의 전말을 가장 사실적으로 보여주는 사료이다. 조선침략 시기 시마즈 번의 참전 모습을 전달하고 시마즈 집안의 공명을 막번체제 하에서 과시하기 위해 편찬하였다. 이 자료는 동경대학 사료편찬

67 「面高長連坊朝鮮在陣日記」, 『改訂史籍集覽』 25, 近藤出版部, 1902. (이후 臨書書店에서 1984년에 復刊함).

68 島津久通은 1604년에 태어나 1674년에 사망하였다. 薩摩藩의 圖書頭였으며, 1645년부터 가로로서 번의 식산흥업에 전력하였다. 번정의 재정회복에 지대한 영향을 미쳤고 1672년에 사직하였다. 이 과정에서 조선침략과 관련해 시마즈가의 공명을 높이기 위한 일환으로 「정한록」이 집필되었다. 深井雅·海竹內誠編, 『日本近世人名事典』, 吉川弘文館, 2005 ; 「征韓錄」, 『島津史料集』, 北川鐵三校注, 戰國史料叢書, 1966.

소와 국립공문서 내각 문고에 소장되어 있다. 『시마즈사료집(戰國史料叢書2期6)』으로도 간행되어 간편하게 구입할 수 있다.

「깃카와게보吉川家譜」와 「고잔공실록高山公實錄」처럼 저자는 불분명하나 공통적으로 「○○家譜」의 경우에는 의도적으로 자기 가문의 명예와 무위를 자랑하기 위해서 작성된 경우가 많다. 「고잔공실록」은 전쟁기간 동안 일본 수군을 인솔하여 거제도 해전에서 이순신과 전투를 벌였던 도도 다카토라藤堂高虎를 번조 고잔공藩祖高山公으로 칭하고 정리하였다.[69]

그 밖에도 쓰시마 종씨 관계의 『조선진기朝鮮陣記』, 대마번 유신이었던 마쓰라 마사타다松浦允任의 『조선통교대기朝鮮通交大紀』, 『나베시마나오시게공보고보鍋島直茂公譜考補』, 『하기번벌열록萩藩閥閱錄』도 빼놓을 수 없는 자료들이다. 『조선진기朝鮮陣記』는 쓰시마 종씨가 조선침략에 관여했던 사건들을 날짜별로 정리한 것이다. 전쟁 발발 전 조선과의 교섭과정, 동래부성 전투, 임진강에서의 대치상황, 大官설치 문제, 1차 평양성 전투의 전황, 강화교섭 중에 있었던 나이토 조안內藤如安의 활동에 대해서 기록하고 있다.

『조선통교대기』는 마사타다가 양국의 왕래문서를 중심으로 통관하고 해설한 것이다. 마사타다 독자의 의견과 고실故實의 설명을 첨가한 것이다. 조일관계사 연구에서 빼놓을 수 없는 중요한 사료이면서 동시에 임진전쟁에 관한 기사도 적지 않다.

『조선통교대기』는 사본의 종류만 해도 10종류가 넘는데 일찍이 국립공문서관 내각문고 소장본과 나가사키현長崎縣 이즈하라쵸嚴原町 종가문서 소장본을 근거로 해서 다나가 다케오田中健夫와 다시로 가즈이田代和生가 교정한 것이다.[70] 이 사료는 전부 10권 10책으로 구성되어 있다. 1~8권까지는

69 上野市立圖書館에서 소장하고 있는 것을 『淸文堂史料叢書』98－上野市古文獻刊行會 편으로 「高山公實錄<藤堂高虎傳>」을 간행하였다. 동경대학 사료편찬소에도 사본이 있다.

70 田中健夫·田代和生校訂, 『朝鮮通交大紀』, 名著出版, 1978, 5~41쪽. 『朝鮮通交大紀』의

1368년부터 1716년까지의 고려·조선의 일본 통교 문서를 연대순으로 열거하여 해설하고 화역본을 붙인 외교문서집이다. 이 가운데 3권은 1588년에서 1598년까지, 4권은 1599년에서 1605년까지 임진전쟁 기간 내용이 집중적으로 정리되어 있어서 필수적으로 검토할 대상이다. 9~10권에는 김성일의 해사록海槎錄이 포함되어 있다.

『나베시마 나오시게공보고보』는 나오시게의 사적을 정리한 것으로, 국립공문서관 내각문서에 소장되어 있다. 13책 가운데 6권부터 9권에 「다이코덴가조선공지기太閤殿下朝鮮攻之起」, 「제세조선도해諸勢朝鮮渡海」, 「제세조선도입諸勢朝鮮都入」, 「가토기요마사어오랑카이금왕자加藤清正於兀良哈 擒王子」, 「명병원조선明兵援朝鮮」, 「제장부산포귀진諸將釜山浦歸陣」, 「나오시게공 가라위산성공直茂公加羅爲山城攻」 등이 수록되어 있어 임진전쟁 중의 상황이 상세하게 나와 있다.

『하기번벌열록』은 하기번長州의 번주 모리 요시모토毛利吉元의 가신인 나가다 마사스미永田政純에게 명해서 번 내에 소장하고 있는 고문서와 략계보略系譜를 집대성한 사료집이다. 1720년에 시조인 모리 모토나리毛利元就의 전기 편찬을 위해 6년여 걸려서 全170권, 본문204책으로 완성했다. 원제는 벌열록이었는데 1967년에 야마구치현 문서관이 본 자료를 공간할 때 번의 이름을 부쳐서 『하기번벌열록』으로 수정하고 빠진 것을 첨가해서 5책으로 간행하였다.[71]

『하기번벌열록』은 모리 집안의 신단을 계층 순으로 정리하였고, 농·상의

사본과 그 계통과 관련한 해제가 상세하게 서술되어 있다.

71 『萩藩閥閱錄』, 山口縣文書館 편집·교정, 1967~1971. 이 자료를 1979~1989년에 복간했다가 1995년에는 한정판으로 マツノ서점에서 간행하였다. 山口縣文書館은 山口縣의 역사를 증명하기 위해 가치 있는 사료의 수집과 관리, 공개 등에 주력하였다. 그 결과 전국에서 최초로 공립 문서관을 설립하였다. 일본에서는 이처럼 각 현의 공립 문서관이 주도가 되어 자료집을 발간, 공개하는 경우가 많다.

구가舊家와 사사에서 전래되고 있는 문서를 포괄해서 수록한 것이다. 츄코쿠·기타 규슈지방의 전국~근세 초기의 동향을 알 수 있는 귀중한 자료이다. 또한 모리 모토나리의 발급문서를 중심으로 전국시대 문서가 많이 수록되어있기 때문에 임진전쟁과 관련해서 적지 않은 기록이 남아 있다. 예를 들면 히데요시의 조선 도해연기 기사, 경상도 지역을 침입하였던 모리 테루모토의 문서나 코베기와 관련된 것 등을 들 수 있다.

『하기번벌열록』과 유사한 군기로서 「인도쿠태평기陰德太平記」도 주목할 만하다.[72] 이것은 전국시대부터 아즈치 모모야마시대를 걸쳐 서일본을 무대로 활약한 모리씨에 관한 내용으로 81권 41책으로 되어 있다. 그의 노신이었던 가가와 마사노리香川正矩가 초고를 정리하고, 그의 차남인 가가와 가게쓰구香川景繼가 보유補遺하여 1695년에 완성, 1712년에 간행하였다. 마사노리가 자신의 조부와 부친의 충절무공을 후세에 전달하기 위해서 기록한 것이다. 조선침략 부분은 주로 77권 이후부터 「고려진부소서행장함부산포성사高麗陣附小西行長陷釜山浦城事」, 「대명청화사大明請和事」, 「조선도하하지성공사朝鮮渡河下之城攻事」, 「유격장군청화 병진주성락거지사遊擊將軍請和 竝晉州城落去之事」, 「가등청정 입울산사加藤淸正入蔚山事」 등에 기록되어 있다. 편찬 목적이 충절과 무공을 빛내기 위해 기록된 만큼 자료집 내용 대부분이 전투사항과 관련된 것이 중심이다.

이상 각서와 편찬물류를 중심으로 살펴보았다. 각서의 경우 비망 또는 특정한 목적을 가지고 서술하는 경우가 많고, 특히 근세 초기에 유행하였다. 기록으로서의 각서는 서상書上, 치문置文, 유서留書, 문서聞書 등의 형식으로 되어 있다. 자가自家·주가主家 또는 자기의 전통·공적·체험 등을 기록함으로써 영예와 자손의 영광을 기대하는 것이었기 때문에 어가슈御伽衆에 속하는 유능한 무사가 기록하는 경우가 많았다.

72 香川正矩 編·沙門堯眞補遺, 「陰德太平記」, 『通俗日本全史』, 早稻田大學出版部編, 1913.

이러한 각서는 무가의 흥망, 또는 죽음에 직면하는 전쟁체험에서 발생한 기록이기 때문에 그 자체가 시대적인 특질을 포함한 산물이다.

4. 지방현사류地方縣史類

임진전쟁과 관련된 일본 측 자료를 정리하다 보면 일본의 현縣과 시市에서 자료를 수집하고 활자화하는 경우가 많음을 알 수 있다. 임진전쟁에는 서국 지역의 다이묘가 많이 동원되었기 때문에 규슈지역의 현사縣史에 다수의 자료가 인용되어 있다. 예를 들면 『사가현사료집성佐賀縣史料集成』의 고문서편에 「나베시마게문서鍋島家文書」, 「다이초인문서泰長院文書」, 「구시다신사문서櫛田神社文書」가 수록되어 있다.[73] 『구마모토현사료熊本縣史料』에는 「시모가와문서下川文書」, 「니시무라 청씨소장문서西村淸氏所藏文書」, 『후쿠오카현사福岡縣史』의 근세 사료 편에는 「시마이문서島井文書」와 「세도문서瀨戶文書」, 『가고시마현사료鹿兒島縣史料』에는 「시마즈게문서島津家文書」, 『오이타현사료大分縣史料』에는 「오토모게문서大友家文書」,[74] 『히로시마현사廣島縣史』의 고대 중세 자료편Ⅱ에는 「이쓰구시마문서嚴島文書」 등이 수록되어 있다. 이들 사료집은 메이지 시대에 찬집했던 사가 문서찬佐賀文書纂에 기록되어 있었던 것 외에, 문서찬에 누락되어 있었던 것을 포함해서 그 후에 발견된 다수의 문서를 종합하여 만든 것이다.

현사 중 『사가현사료집성』은 1권에서 8권까지는 佐賀縣史編輯委員會編·佐賀縣史料集成刊行會가, 그 이후는 佐賀縣立圖書館에서 편찬·간행하였다.

73 「鍋島家文書」, 「泰長院文書」, 「櫛田神社文書」, 『佐賀縣史料集成』 古文書編3, 佐賀縣史編輯委員會編·佐賀縣史料集成刊行會刊, 1958.

74 「大友家文書」, 「大友文書」, 「大友書翰」, 「大友記錄」, 『大分縣史料 諸家文書補遺』, 大分縣史刊行會, 1964~1983.

지금까지도 속간 중이며, 문서는 현재 사가현 지역 내에 있는 것과 현외에 있는 것을 채택하여 수집하였다.

縣史 이외에도 『오바마시사小濱市史』 諸家文書編의 「구미야문서組屋文書」,[75] 『우도시사宇土市史研究第26－宇土市敎育委員會』의 「고니시유키나가 기초사료집小西行長基礎資料集」,[76] 『세분도우사료총서淸文堂史料叢書98~上野市古文獻刊行會』의 「고잔공실록高山公實錄<도도 다카토라전藤堂高虎傳>」 등 시 단위로 편찬한 것이 있다.[77] 특히 임진전쟁 연구에 있어서 「고니시유키나가 기초사료집」은 중요한 의미를 갖는다. 유키나가는 전쟁 발발 전부터 조선과의 교섭에 깊숙하게 관여한 인물이다. 따라서 그에 대한 면밀한 연구는 필수적이다.

이 자료집은 4시기로 분류하였다. 제1기는 히데요시의 츄코큐·시코쿠 지방 평정기(1581~1585년), 제2기는 히데요시의 규슈 평정과 조선 출병 준비기(1586~1592년경), 제3기는 조선 출병기(1592~1598년), 제4기는 세키가하라 교전 전후기(1599~1600년)이다. 전부 346개의 관련 문서를 정리하였다. 유키나가가 히데요시의 명령을 여러 다이묘에게 전달하는 '중개인取次' 역할을 하게 되는 과정이 한 눈에 나타나 있다. 특히 3기에서는 조선의 전황 보고와 강화 관련 사료가 중심을 이룬다. 유키나가가 선진을 맡으면서 일군

75 「組屋文書」, 『小濱市史－諸家文書編』, 小濱市史編纂委員會編(福井縣), 1971~1998. 이 문서는 1933년 『越田若狹古文書選』 牧野信之助選輯, 東京, 三秀舍에서 간행되었던 것을 다시 복간한 것이다. 「組屋文書」는 히데요시의 祐筆이었던 山中長俊(橘內)의 기록을 모아 놓은 것이다.

76 「小西行長基礎資料集」, 『宇土市史研究』 26, 宇土市敎育委員會, 2006.

77 「高山公實錄<藤堂高虎傳>」, 『淸文堂史料叢書』 98, 上野市古文獻刊行會編, 淸文堂, 1998. 이 자료집은 上野市가 「高山公實錄」을 저본으로 同市의 시립도서관이 소장하고 있는 『宗國史』, 『公室系譜』, 『高山公言行錄』, 『藤家忠勤錄』 등을 참고하고 동경대학 사료편찬소의 소장본도 인용하여 작성한 것이다. <謹按>이라는 형식으로 사건의 전후 사정에 대한 견해를 서술해 놓고 있다. 특히 「高山公實錄」 4~7까지는 1592년 기사를 시작으로 히데요시의 죽음과 관련된 기사가 정리되어 있어 이용하기 편리하며, 일본 수군의 일면을 살펴보는 데도 유익하다.

의 대표로서 활약하면서 강화를 추진하는 모습을 확인할 수 있다. 이 자료집에 유키나가의 직접적인 발급문서가 많지는 않지만 그와 관련된 자료가 한 눈에 정리되어 있다는 점에서 매우 유용하다.

이 밖에도 『혼묘지 역사자료조사보고서本妙寺歷史資料調査報告書－古文書編』의 「혼묘지문서」, 『후쿠오카박물관편福岡市博物館編』의 「구로다문서黑田文書」, 『다자이후다자이후텐만구사료大宰府大宰府天滿宮史料－17』의 「다치바나문서立化文書」,[78] 『고베대학문학부 일본사연구실편神戶大學文學部日本史硏究室編』의 「나카가와문서中川文書」도 주목할 만하다.

5. 기타

1) 동경대학 사료편찬소 소장 문서

히데요시의 조선침략과 관련된 영사본 사료는 주로 동경대학 사료편찬소와 국립공문서관 내각문고, 마에다육덕회 존경각문서 등에 소장되어 있다. 우선 동경대학 사료편찬소 데이터베이스와 동경대학 사료편찬소 사진장 목록 색인편을 참고로 필요한 사료를 검색할 수 있다.

그 결과 많이 인용되고 있는 것으로는 「난부문서南部文書」, 「구로다문서黑田文書」, 「간다타가히라씨소장문서神田孝平氏所藏文書」, 「가나이문서金井文書」, 「마스다다카시소장문서益田孝所藏文書」, 「도미타슈수케씨소장문서富田仙助氏所藏文書」, 「우쓰노미야고려귀진물어宇都宮高麗歸陣物語」, 「오티규이치잡기太田牛一雜記」, 「구기문서九鬼文書」, 「다나카문서中田文書」 등이 있다. 이곳에 소장되어 있는 것 가운데 아직도 충분히 활용되고 있지 않은 사료들이 적지 않으므

78 竹內理三·川添昭二編, 『大宰府大宰府天滿宮史料－17』, 大宰府天滿宮文化硏究所, 2004.

로 연구 주제와 관심분야에 따라 보다 면밀히 조사하면 흥미로운 사료를 접할 수 있다.

한편 사료편찬소 소장본에서 주목을 끄는 것은 「시마즈게문서」이다. 이 문서는 사쓰마 번주인 시마즈가에서 대대로 내려온 문서를 사료편찬소가 1955년부터 1957년에 걸쳐서 총 1만 5천 점 정도 입수한 것으로 특수 문고본이다.[79] 일본에서 무가문서의 백미라 불리고 있으며, 양과 질적인 면에서 신빙성 높은 내용이 포함되어 있다. 사료편찬소가 입수할 때 흑칠도상黑漆塗箱, 백목상白木箱, 대상大箱, 중산中箱, 소장小箱, 장지長指, 단사簞笥 등 다양한 상자의 형태로 수납되어 들어왔다. 그 중에서 흑칠도상에 수납된 문서류는 시마즈 집안이 특히 중요시하였던 것으로 미나모토조 이래 중·근세문서 5,579통, 수감鑑 7첩, 권자卷子 238권으로 만들어져 정비되어 있다. 양적으로 전국기와 근세초기 시마즈씨의 것이 대부분이다. 히데요시와 관련된 사료는 흑칠도상분 중에 많이 들어있다.

예를 들면 제1번 상자番箱(어문서御文書/요시히로義弘五十二통 중에, 어문서/요시히로공義弘公·히사야스공 조선어재진久保公朝鮮御在陣, 고문서/이에히사공 조선어재진家久公朝鮮御在陣 등), 제2번 상자番箱(어문서/요시히로공 1-5, 어문서/이에히야공 1-9 등), 제22번 상자番箱(어문서/요시히사공6권7, 요시히로공2권12), 제48번 상자(어문서/타다쿠니공외 1, 어문서/요시히사 2-4, 요시히사공 요시히로 5, 어문서/히사야스공 다다쓰네공 11, 어문서/이에히사공 12), 제48상자는 주로 1592~1599년까지의 내용이 집중되어 있다. 물론 『대일본고문서』의 「시마즈게문서島津家」와 중복되는 부분도 있으나 히데요시의 측근들과 시마즈씨와의 관계, 1587년부터 전쟁이 끝난 이후의 사정을 알

79 黎明館企劃特別展, 「奇跡の至宝'島津家文書'一薩摩700年の歴史が見える」, 鹿兒島縣歴史資料センター黎明館, 2000. 이 도록에는 島津家文書 傳存의 사정이 일목요연하게 정리되어 있어 검색하기에 편리하다.

수 있는 자료들이다. 히데요시와 관련된 목록 부분만 정리하면 아래와 같다. 아울러 사료편찬소에서 발간한 시마즈게목록 개정정판(第1分册, 2002년), 시마즈게 문서목록(흑칠도상분), 1996년, 시마즈게문서목록フィルムインデックス 1이 많은 참고가 된다.

〈표 4〉 島津家文書黑漆塗箱目錄

種別	番	號	內容	年號	形態	數量	사	刊
第一番箱	2	1	宝鑑其一 弘安8~応安8	弘安8~応安8	手鑑	50	2	1
	2	2	宝鑑其二 建武4~慶長3	建武4~慶長3	手鑑	54	3	1
	2	3	御文書 有忠宗裏判 一之卷	嘉元3年9月6	卷子	25	4	1
	2	4	御文書 有今川伊与入道了俊裏判 二之卷	-	卷子	63	4	1
	2	5	御文書 有右兵衛佐滿賴裏判 三之卷	-	卷子	63	4	1
	2	6	御文書 五十二通 四之卷	-	卷子	52	5	1
	2	7	御文書 二拾九通 五之卷	-	卷子	29	5	1
	2	8	御文書 三拾通 六之卷	曆応3~大永2	卷子	30	5	1
	2	9	御文書 伊作家 卷一	弘安4~建武4	卷子	31	5	1
	2	10	御文書 伊作家 卷二	嘉元3~建武元	卷子	21	5	1
	2	11	御文書 伊作家 卷三	弘安4~觀応元	卷子	21	上	1
	2	12	御文書 伊作家 卷四	元亨4~文明12	卷子	41	上	1
	2	13	御文書 師久公一流	貞和5~応永2	卷子	17	上	1
	2	14	御口宣 宣旨之類	正平6~永正17	卷子	5	下	2
	2	15	御口宣 宣旨之類	天文21~寛永3	卷子	25	下	2
	2	16	**御文書 義久**	**天正13~文祿3**	**卷子**	**34**	**6**	**1**
	2	17	**御文書 義弘五十二通之內**	**天正15~慶長2**	**卷子**	**23**	**6**	**1**
	2	18	**御文書 義弘公久保公朝鮮御在陣**	**天正15~慶長**	**卷子**	**26**	**6**	**1**
	2	19	**御文書 家久公朝鮮御在陣**	**文祿4~慶長3**	**卷子**	**9**	**6**	**1**
	2	20	**御朱印 御感書高麗唐島御戰功二付**	**慶長2~4**	**卷子**	**5**	**6**	**1**
	2	21	**御文書 攝州播州之內御知行御排領**	**天正15~文祿4**	**卷子**	**5**	**6**	**1**
	2	22	**御文書 御檢地後御知行御拜領**	**文祿4**	**卷子**	**2**	**6**	**1**
	2	23	御文書 關ヶ原御合戰二付壹	慶長5~7	卷子	21	中	1

	2	24	御文書 關ケ原御合戰二 付貳	慶長7~9	卷子	24	中	1
	2	25	御文書 貴久公義久公	天文20~慶長15	卷子	17	中	2
	2	26	御文書 日新公御以來	天文22~慶長15	卷子	17	中	2
	2	27	福昌寺文書 十三通寫	天文15~元祿	卷子	14	下	
	2	28	薩摩伊作庄內日置北鄉 下地中分繪図	元亨4年8月21日	軸裝	1		
第三番箱	3	1	御文書 義久公 卷一	天正15~慶長3	卷子	29	7	2
	3	2	御文書 義久公家久公 卷二	天正15~慶長14	卷子	36	7	2
第二番箱	4	3	御文書 義久公	文祿4	卷子	1	13	2
	4	4	文祿御檢地 御條書	天正16~慶長3	卷子	8	13	2
	4	5	御文書 義弘公 卷一	天正16~文祿4	卷子	7	14	2
	4	6	御文書 義弘公 卷二	天正19~慶長3	卷子	19	14	2
	4	7	御文書 義弘公 卷三	慶長2~14	卷子	19	14	2
	4	8	御文書 家久公 卷一	慶長2~元和6	卷子	28	15	2
	4	9	御文書 家久公 卷二	慶長8~元和3	卷子	35	15	2
	4	10	御文書 家久公 卷三	文祿4~慶長5	卷子	28	15	2
	4	11	他家文書 卷一	天福2~弘治3	卷子	37	16	3
	4	12	他家文書 卷二	天文元~寬永1	卷子	45	16	3
	4	13	御文書 明他	万曆9~元和6	卷子	10	16	3
	4	14	御文書 臆久公他 卷一	天文21~慶長15	卷子	62	17	
	4	15	御文書 義久公義弘公 卷二	天正10~慶長15	卷子	49	17	
	4	16	御文書 義弘公一 卷三	文祿2~3	卷子	42	17	
	4	17	御文書 義弘公二 卷四	文祿3~慶長3	卷子	45	18	
	4	18	御文書 義弘公三 卷五	慶長4~元和元	卷子	51	18	
	4	19	御文書 家久公一 卷六	文祿3~慶長3	卷子	22	18	
	4	20	御文書 家久公二 卷七	慶長元~2	卷子	22	38	
	4	21	御文書 家久公三 卷八	慶長2~4	卷子	24	19	
	4	22	御文書 家久公四 卷九	慶長4~5	卷子	21	19	
	4	23	御文書 家久公五 卷十	慶長5~12	卷子	25	16	
	4	24	御文書 家久公六 卷十一	慶長8~9	卷子	24	19	
	4	25	御文書 家久公七 卷十二	慶長9~10	卷子	24	19	
	4	26	御文書 家久公八 卷十三	慶長10~14	卷子	24	19	
第二十二番箱	17	1	御文書 忠久公他 卷一	建久9~永祿5	卷子	28	34	
	17	2	御文書 義久公一 卷二	永祿12~天正14	卷子	27	34	
	17	3	御文書 義久公二 卷三	天正7~10	卷子	29	34	
	17	4	御文書 義久公三 卷四上	天正11~13	卷子	32	34	
	17	5	御文書 義久公義弘公 卷四下	天正20	卷子	2	34	
	17	6	御文書 義公四 卷五	天正14~16	卷子	23	35	
	17	7	御文書 義久公五 卷六	天正17~19	卷子	24	35	

	17	8	御文書 義久公六 卷七	天正20~文祿2	卷子	24	36	
	17	9	御文書 義久公七 卷八	文祿3~慶長6	卷子	11	36	
	17	10	御文書 義久公八 卷九	慶長7~1	卷子	21	37	
	17	11	御文書 義久公九 卷十	慶長15·外年不詳	卷子	25	36	
	17	12	御文書 義弘公一 卷十一	天正13~20	卷子	23	36	
	17	13	御文書 義弘公二 卷十二	天正20~文祿3	卷子	24	36	
第二十三番箱	18	1	御文書 義弘公三 卷十三	文祿4~慶長2	卷子	11	36	
	18	2	御文書 義弘公四 卷十四	慶長2~5	卷子	21	37	
第四十八番箱	19	1	**御文書 忠國公他一**	**永祿9~文祿4**	**卷子**	31	60	
	19	2	**御文書 義久公二**	**文祿2~慶長2**	**卷子**	33	60	
	19	3	**御文書 義久公三**	**慶長2~7**	**卷子**	46	61	
	19	5	**御文書 義久公·義弘公五**	**文祿3~5**	**卷子**	34	63	
	19	6	**御文書 義弘公 六**	**文祿5~慶長4**	**卷子**	32	63	
	19	11	**御文書 久保公忠恒公十一**	**天正18~慶長1**	**卷子**	25	65	

* 목록은 동경대학 사료편찬소 홈페이지 및 데이타베이스 검색 참조.

「시마즈게문서」와 관련해서 빼놓을 수 없는 것으로 『사쓰마구기잡록薩摩舊記雜錄』을 들 수 있다. 이것은 사쓰마번 사료를 집대성한 것으로 원제는 『구기잡록舊記雜錄』, 『사쓰마구기薩摩舊記』이다. 막부 말기 사쓰마번의 학자로서 기록봉행이었던 이지치기안伊地知季安과 그의 아들 스에미치季通가 1804년부터 약 90년에 걸쳐 1897년에 완성하였다. 헤이안 말기부터 메이지 시대까지 번내 여러 가문들의 문서와 기록류의 서사書寫를 수집 정리한 것이다. 전편48권, 후편 102권, 추록 182권, 부록 30권으로 되어 있다. 특히 후편 19권은 1586년부터 시작하여 52권에 1600년까지의 내용이 기록되어 있다. 임진전쟁과 관련해 주목할 내용이 집중되어 있다. 『사쓰마구기잡록』은 『가고시마현사료鹿兒島縣史料』로서 전편(전1권), 후편(전5권 중 4권), 추록(전8권)으로 간행되었다.

2) 기타 사료 및 문헌자료

이외에도 『사료총람史料總攬』과 『증보속사료대성增補續史料大城』도 임진전쟁 연구에서 빼놓을 수 없는 기초 자료이다. 전자는 동경대학 사료편찬소의 전신인 사료편계에서 『대일본사료』의 막부 말기에 이르는 제1차 고본稿本 8천책을 1900년까지 작성한 것이다. 그 고본의 망문綱文과 전거典據로 한 사료명을 모은 것이다. 1922년에 제1권을 간행하기 시작해서 현재까지 17권이 간행되었다. 편찬방식은 편년체로서 기사를 적은 뒤 기사와 관련된 사료명이 등장하지만, 소수所收의 권책이 기록되어 있지 않아 불편한 점도 있다. 하지만 기본적인 사료를 소개하고 있어서 매우 이용하기 편리하다. 특히 12, 13권인 모모야마桃山時代(2, 3)시대인 1582년부터 1602년까지의 기사가 적혀 있다. 후자는 헤이안 시대부터 무로마치 시대까지 귀족들의 일기를 번각翻刻 출판한 총서이다. 임진전쟁과 관련해서 대표적인 일기로 「하레토요기晴豊記」, 「다모인일기多聞院日記」 등을 들 수 있다.

소결小結

히데요시의 조선침략과 관련된 영사본 사료는 주로 동경대학 사료편찬소와 국립공문서관 내각문고, 마에다육덕회 존경각문고 등에 소장되어 있으나, 여기서는 동경대학 사료편찬소에 소장되어 있는 목록과 활자화된 자료를 중심으로 고찰하였다. 이러한 작업은 각국 사료의 비교 검토를 통해 이 전쟁의 시간적인 추이를 명확히 하고, 일국사의 틀을 넘어선 종합적인 연구를 위해 필수적이라 할 수 있다.

임진전쟁 관련 한·중·일 사료 정리는 시간이 걸리지만 장기적인 면에서는 반드시 목록화해야 하는 작업이다. 이에 앞서 우선 한·일 간의 사료만이라도 수집, 정비하는 일을 추진해야 할 것이다. 한국 측에서는 일본 자료를 목록화하고 해설하는 작업이 절실한 과제이다. 이와 같은 작업을 위해서 일본 고문서를 읽고 해독할 수 있는 전문 연구자가 필요하다. 현재 한국에서는 한국학중앙연구원과 국사편찬위원회, 한국국학진흥원 등에서 일본 고문서 해독과 관련된 수업이 진행되고 있으므로 기대해 볼 만하다.[80]

80 일본 논문 관련 검색에 유용한 사이트로서 http://ge.nii.ac.jp/genii/jsp/index.jsp.를 들 수 있다. 참고로 2005년 일한역사공동위원회에서 발간한 제2분과 공동연구보고서인 「文祿·慶長の役－文獻目錄」에 포함되어 있지 않은 논문 가운데 1992~2008년 일본에서 발표된 임진전쟁 관련 문헌목록을 소개한다. 岡百合子, 「世界史上の壬辰倭亂」, 『歷史地理教育』 490, 1992 ; 大庭良美, 「下瀨頼直と'朝鮮渡海日記'－文祿の役從軍記－」, 『鄕土石見』 33호, 1993. 34호, 1993. 35호, 1994 ; 金子武巧, 「松浦一族と高麗陣」, 『松浦党研究』 19, 1996 ; 阿部一彥, 「太閤記と戰國戰記－豊臣秀吉の朝鮮侵略をめぐって－」, 『愛知淑德大學論集(文學部·文學研究科篇)』 21, 1996 ; 大田弘毅, 「文祿慶長の役を外國人に紹介した英文の論文－W·Gアストン著“HIDEYOSHI'SINVASION OFKOREA”について」, 『政治経濟史學』 370, 1997 ; 河村克典, 「山口縣文書館藏「朝鮮八道之図」の作成経緯」, 『山口縣地方史研究』 79, 1998 ; 佐藤和夫, 「朝鮮出兵と藤堂高虎－水軍史の視点から－」, 『政治経濟史學』 399, 1998 ; 同, 「朝鮮出兵と拉致問題－日朝交涉史の斷面－」, 『政治経濟史學』 447, 2003 ; 高橋勝利, 「文祿·慶長の役と二十六聖人の道」, 『キリシタン文化研究會會報』 113, 1995 ; 高田徹, 「日本側から見た文祿·慶長の役時の朝鮮側城郭」, 『織豊城郭』 7, 2000 ; 白峰旬, 「文祿·慶長の役における秀吉の城郭戰略」, 『城郭研究室年報』 10, 2001 ; 北島万次, 「あらたに氣づいた降倭の史料編纂所」, 『古文書研究』 56, 2002 ; 同, 「壬辰倭亂における李舜臣の海船について」, 『靑丘學術論叢』 16, 2003 ; 同, 「壬辰倭亂における朝鮮水軍の水夫について－「亂中日記」を中心に－」, 『姜德相先生古希·退職記念日朝關係史論集』, 新幹社, 2003 ; 同, 「壬辰倭亂における降倭の存在形態－その素描－」, 『歷史評論』 651, 2004 ; 同, 「壬辰倭亂と民衆－降倭についてのひとつの視点－」, 『朝鮮史研究會論文集』 43, 2005 ; 兒玉識 「秀吉の朝鮮出兵と眞宗」, 『龍谷史壇』 114, 2003 ; 庄佩珍, 「豊臣政權における“神國”思想の展開－主に外交文書に現れる“神國”に關する分析－」, 『日本宗教文化史學會』 8-1, 2004 ; 津野倫明, 「慶長の役における黑田長政の動向」, 『海南史學』 42, 2004 ; 遠藤茂, 「「小學校の授業」豊臣秀吉の朝鮮侵略－降倭將と燒き物文化を通じて考える－」, 『歷史地理教育』 670, 2004 ; 北島万次, 「壬辰倭亂における李舜臣の海船について」, 『靑丘學術論叢』 16, 2003 ; 吉田義治, 「館藏史料「豊臣秀吉朱印陣立書」の紹介」, 『岐

阜縣歴史資料館報』28, 財団法人岐阜縣教育文化財歴史資料館, 2005 ; 猪熊兼樹, 「'看羊錄'箚記」, 九州大學21世紀coeプログラム「東アジア交流の諸相」, 2005 ; 山本洋, 「陰德太平記の成立事情と吉川家の家格宣伝活動」, 『山口縣地方史學會』 93, 2005 ; 戸谷穂高, 「豊臣政權の取次－天正年間對西國政策を對象として－」, 『戰國史研究』 49, 2005 ; 中野等, 「豊臣政權の大陸侵攻における境界認識の変容」, 『日本海域歴史大系』, 長谷川成一・千田嘉博編, 清文堂, 2005 ; 同, 「'文祿の役・慶長の役'の實体に迫る」, 佐賀縣名護屋城博物館・韓國國立晉州博物館學術交流記念特別企劃展 심포지엄, 2007 ; 同, 『文祿・慶長の役』, 戰爭の日本史16, 吉川弘文館, 2008 ; 柳澤昌紀, 「太閤記朝鮮陣關連記事の虚構－日付改変の様相をめぐって－」, 『日本近世文學會』, 65, 2006 ; 三鬼清一郎, 「「惣無事」令について」, 『歴史と地理』 212, 山川出版社, 2006 ; 渡辺美季, 「琉球人か倭人か」, 『史學雜誌』 116-10, 2007 ; 村井章介, 「慶長の役開戰後の加藤清正包圍網」, 『韓國朝鮮文化研究』 10, 2007 ; 久芳崇, 「明朝皇帝に獻納された降倭」, 『山根幸夫教授追悼記念論叢明代中國歴史的位相』 下, 同論叢編輯委員會, 汲古書院, 2007 ; 太田秀春, 「文祿の役における島津義弘の動向と倭城晋請」, 『地域總合研究鹿兒島國際大』 34-2, 2007 ; 津野倫明, 「朝鮮出兵と西國大名」, 『佐藤信・藤田覺編前近代の日本列島と朝鮮半島』, 山川出版社, 2007 ; 『國書總目錄』, 岩波書店刊行 1-9 ; 『史籍解題辭典』 上券, 古代中世編, 東京堂出版, 1985 ; 『史籍解題辭典』下券, 近世編, 東京堂出版, 1986 ; 『日本歴史「古記錄」總覽』 上券, 別册歴史讀本・字典シリーズ, 1989 ; 『日本歴史「古記錄」總覽』 下券, 別册歴史讀本・字典シリーズ, 1990 ; 東京大學史料編纂所データベース検索 ; 『島津家文書目錄(黑漆塗箱分)』, 東京大學史料編纂所, 1997 ; 『東京大學史料編纂所寫眞帳目錄』索引編, 1999 ; 『島津家文書目錄改定版(第一分册)』, 東京大學史料編纂所, 2002 ; 『島津家文書フィルムインデックス第一期・第二期分』 その一, 東京大學史料編纂所.

제1부
전쟁 서막과 강화교섭

제1장 시마이 소시쓰島井宗室와 1590년 통신사 파견

1587년 쓰시마對馬島의 소 요시토시宗義智(이하 요시토시로 약칭)는 조선에 히데요시의 일본 국내 통일을 축하하기 위한 통신사 파견을 요청하였다. 이후 2차례에 걸쳐 통신사 파견을 요청했으나 조선은 '수로가 멀고 길을 알지 못한다'는 핑계로 요구를 거부하였다.[1]

그러나 조선은 1590년 5월 정세를 탐색한다는 명목으로 정사 황윤길, 부사 김성일, 서장관 허성을 일본으로 파견하였다. 이것은 100여 년 만에 파견된 통신사였다. 통신사 일행은 히데요시를 만나고 1591년 1월 귀국해서 선조에게 일본정세를 보고하였다. 그러나 이들의 상반된 보고로 조선은 히데요시의 침략에 제대로 대처하지 못하는 결과를 낳고 말았다.

기존의 연구에서는 1590년 통신사가 일본에 파견되는 과정과 일본에서의 활동, 귀국 후의 보고 내용에 초점이 맞추어져 왔다. 그러나 본장에서는 통신사 파견 요청을 받은 선조가 그 전제 조건으로 내세웠던 1587년 '손죽도 사건'과 이 문제에 관여했던 하카다博多 상인 시마이 소시쓰島井宗室(1539?~1615, 이하 소시쓰로 약칭)에 주목해서 1590년 통신사 문제를 재검토하고자 한다.

'손죽도 사건'이란 진도珍島 사람인 사화동沙火同이 고토五島지역의 왜구를 이끌고 손죽도에서 작폐를 일으킨 일이다.[2] 선조는 요시토시에게 반민

1 『선조수정실록』 권21, 20년 9월 丁亥(1일)조.
2 사을포동沙乙浦同은 일명 沙火同, 沙乙背同, 沙火浦同 등 여러 명칭으로 사용되었다.

사을포동叛民沙乙蒲同 및 적괴賊魁의 박송縛送을 우선 조건으로 하고, 도주한 백성 및 피로인 쇄환刷還을 전제로 통신사 요청을 수락하려 했다. 하지만 16세기 중반부터 쓰시마 소씨宗氏를 중심으로 한 통교체제通交體制가 동요되어 동아시아의 교역에서 쓰시마의 입지가 축소된 상황이었다.[3] 따라서 고토지역에 있는 적괴와 피로인을 송환하는 문제는 쓰시마 입장에서 해결하기 어려운 난제였다.

이와 같은 상황에서 소시쓰가 조선에 가서 이 문제를 해결하는 중추적인 역할을 하였다. 여기서는 1590년 통신사가 파견될 당시 쓰시마와 고토를 중심으로 하는 통교체제와 소시쓰의 외교적 역할을 중심으로 임진전쟁 직전 조선이 통신사를 파견한 상황을 살펴보고자 한다.

1. 시마이 소시쓰와 히데요시秀吉·유키나가行長·요시토시義智

하카다는 현재의 후쿠오카시福岡市 지역으로 고대부터 대외교류의 창구였다. 하카다는 헤이안 시대에도 일·송 무역의 융성과 함께 도시의 발전을 이루었고 해외무역의 거점 역할을 했다.[4] 특히 전국말戰國末부터 근세 초기의 하카다는 류큐琉球 - 사쓰마 - 하카다 - 쓰시마 - 조선 라인과, 中國 - 고토 - 하카다 - 아카마세키赤間關 - 효고兵庫 - 국내 시장을 연결하는 라인의 교차점에 위치하여 감합무역의 거점지로서 국제무역 도시로 성장했다.[5]

3 高橋公明, 「16世紀の朝鮮·對馬·東アジア海域」, 加藤榮一他編, 『幕藩制國家と異域·異國』, 校倉書房, 1989, 143~177쪽 ; 村井章介, 『中世倭人伝』, 岩波新書, 1993, 185~211쪽.

4 佐伯弘次, 「大陸貿易と外國人の居留」, 川添昭二編, 『よみがえる中世 1 東アジアの國際都市博多』, 平凡社, 1988.

5 田中健夫, 「日鮮貿易における博多商人の活動」, 『歷史教育』 第8-9号, 1960.

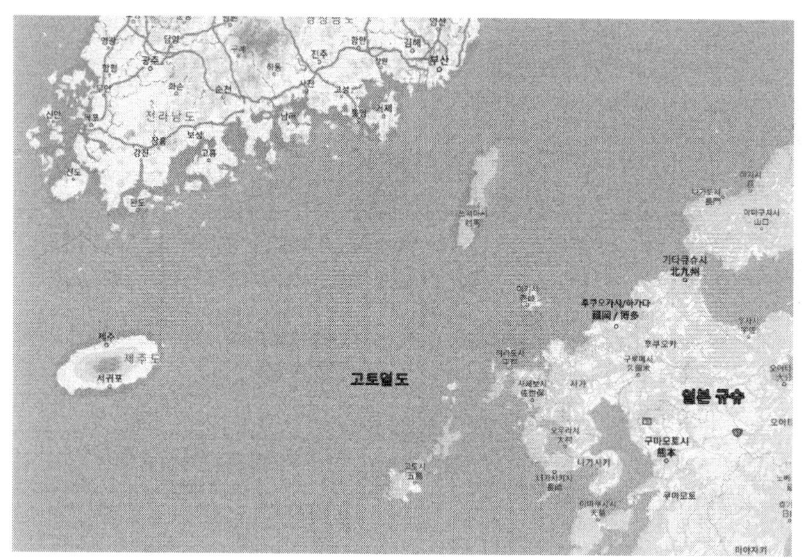

그래서 하카다에는 이름을 남긴 유명한 무역 상인이 있었다. 그 중에서 16세기 후반 활발한 무역 활동을 한 인물로서 시마이 소시쓰가 있다. 그는 하카다에서 주로 조·일무역과 쌀 거래, 주조영酒造營을 행했던 호상이다.[6] 이름은 시게가츠茂勝이고, 삭발해서 단옹宗室(宗叱)이라고 불리었으며, 허백헌虛白軒·서설암瑞雪庵이라고도 칭해졌다.[7]

소시쓰는 1587년 6월 히데요시로부터 전화戰火로 황폐해 있던 하카다 부흥의 명을 받고 이 일에 전념하였다. 이런 점 때문에 그에 관한 기존 연구는 하카다 도시정치, 도시 집락 문제를 중심으로 이루어졌다.[8] 또한 그는

6 酒屋은 중세 시기 대표적인 부유계층으로, 酒屋 그 자체의 이익과 함께 대부분 土倉을 겸업하고 있었으므로 商利 금융으로 부를 축적하였다. 田中健夫, 『島井宗室』, 吉川弘文館, 1961, 38쪽 참조.

7 소시쓰는 1539년 출생이라는 說이 있다. 田中健夫, 위의 책, 30~31쪽.

8 野村晋域, 「朝鮮の役と北九州に於ける都市の發達」, 『社會經濟史學』 第9巻 3号, 1930 ; 西村圭子, 「戰國期 都市形成の視点一筑前博多について一」, 『史艸』 10, 1975 ; 脇田

히데요시의 조선침략을 사전에 저지하기 위해서 요시토시·유키나와 함께 활약했던 인물로도 알려져 있다. 그런 이유로 대외교섭사에서도 소시쓰에 관한 연구가 진행되어 왔다.[9]

소시쓰는 요시토시의 요청에 응해서 1589년 유키나가의 사신으로서 조선에 파견된 적이 있다. 1592년에도 조선에 간 적이 있으나 그 배경에 대해서는 잘 알려져 있지 않다.[10]

소시쓰와 히데요시의 만남은 1583년 다인茶人인 센노리큐千利休의 중개로 다도를 통해 시작되었다.[11] 양자의 관계가 급속하게 가까워진 것은 히데요시가 규슈를 평정한 후 조선침략을 위해 하카다에 병참 보급 기지를 확보하려던 시기였다. 예를 들어 1587년 히데요시는 병참기지에 상인을 위한 상업 보호 정책의 일환으로 도이마루問丸·좌座의 존재를 부정하고 상인의 자유로운 상거래 실시와 하카다에 무사거주 금지를 선언했다.[12]

修, 「近世期都市の建設と豪商」, 『岩波講座日本歷史』 9, 近世 1, 岩波書店, 1975 ; 武野要子, 「堺と博多」, 『中世史講座』 第3卷, 岩波書店, 1982 ; 佐伯弘次, 「中世都市博多の發展と息浜」, 川添昭二編, 『日本中世史論考』, 文獻出版, 1987.

9 福田芳郎, 「近世初期に於ける博多商人」, 『日本大學世田谷教養部紀要』 3, 1945 ; 藤井晃, 「近世初頭に於ける博多豪商の性格について一島井宗室·神屋宗湛を中心に一」, 『九州史學』 5, 1957 ; 田中易直, 「近世初期の貿易商人たち」, 北島正元編, 『日本人物史体系』 第3卷 近世1, 朝倉書店, 1959 ; 田中健夫, 「鎖國と博多商人」, 宮本又次編, 『藩社會の硏究)』, ミネルブァ書房, 1960 ; 西村圭子, 「近世初期頭における特權商人の性格一博多商人を中心として一」, 『史艸』 1, 1961 ; 上田純一, 「妙樂寺と博多商人一応氷の寇をめぐって」, 地方史硏究協議會編, 『異國と九州』一歷史に於ける國際交流と地域形成一, 雄山閣出版會, 1992.

10 「御所丸=日本 國王使의 使送船」 파송 문제에 대해 中村榮孝는 조선이 요청한 叛民의 포송 문제와 관련이 있을 것이라는 지적을 하고 있다. 田中健夫도 宗室의 도항 문제를 일본 국왕사선과 관련해서 조선 교섭상 중요한 문제가 있었기 때문이라고 분석하고 있다. 中村榮孝, 「豊臣秀吉の外征」, 『日鮮關係使の硏究』, 吉川弘文館, 1969 ; 田中健夫, 앞의 책, 147~150쪽.

11 「于宗易書狀」, 『福岡縣史, 近世史料編福6 福岡藩町方(1)』, 西日本文化協會編, 1987, 33~34쪽.

소시쓰는 하카다가 조선 침략의 전진기지가 되는 것을 우려하면서도 하카다 부흥에 일익을 담당함으로써 자신의 대외무역 기반을 확대하려고 하였다. 그 후에도 소시쓰는 차 모임을 이용하여, 히데요시 측근(예를 들면 고바야가와 다카카게小早川隆景)과 교제를 넓히면서 점차 히데요시에게 접근해 갔다.

소시쓰와 유키나가와의 관계는 그가 1587년 6월 하카다 정비의 봉행奉行으로 임명된 계기로 급속하게 친밀해졌다.[13] 또한 소시쓰는 1588년 히고肥後(態本)에서 반란이 발생하자, 이를 진압하기 위해 하향했던 유키나가·아사오 나가마사淺野長政·안쿠코지 에케이安國寺惠瓊·고바야가와 다카카게 등과도 차 모임을 통해 가깝게 되었다.[14] 유키나가는 반란을 진압한 공으로 히고의 아마쿠사지방天草地方을 차지하고 규슈에 거주하게 되었다. 이와 같은 인연으로 1589년 소시쓰는 유키나가의 사신으로 조선에 파견될 수 있었다.

쓰시마 소씨와 소시쓰와의 관계는 그가 조선 무역에 종사하고 있었기 때문에 자연스럽게 이루어졌다. 소시쓰는 소씨가 조선 무역을 관리하고 독점적인 입장에 있었던 것을 이용했고, 소씨도 소시쓰의 상업 자본을 활용하였다. 구체적인 예를 다음의 사료를 통해서 살펴보도록 하자.

> ① 9월 8일 <u>쓰시마의 돈야問屋인 博多屋</u>한테서 상품이 왔다. 올해는 米穀이 불황이므로 제품이 불경기이지만, 전부터 가까운 사이였으므로 상품을 전부 인수해서 거기에 응하는 값을 치루어 출범시켰다.
>
> (1567, 永祿 10년조, 선조 원년)[15]

12 本多傳之, 「豊臣期筑前國における支配と展開」, 『九州史學』 108, 1993.
13 芳賀幸四郎交訂, 「宗湛日記」, 『茶道古典全集』 第6卷, 淡交新社, 1967, 245쪽.
14 秀吉의 武將이었던 肥後國의 領主 佐々正成이 가혹한 檢地를 행했기 때문에 領內 사람들이 반란을 일으켰다. 芳賀幸四郎交訂, 위의 책, 252쪽.
15 「島井氏年錄」, 『福岡縣史, 近世史料 福岡藩町方(1)』, 西日本文化協會編, 1987, 87쪽.

② 2월 상순, 氷壽丸을 이용해서 조선에 도해해서 하순에는 부산포에 착안하고, 3월 중순에는 경기도에 갔다. 오란카이(만주의 간도지방)의 제품을 전부 사 갖고서 5월 4일에 하카다에 도착했다. 6월 5일에는 氷壽丸으로 오사카지방에 짐을 실어 팔고서 7월 23일에 귀착했다. 이때 장사 이윤이 많았던 것을 기억하고 있다. 선두와 선원들에게 포상으로서 돈을 주었다.

(1568, 氷祿 11년조, 宣祖 2년)[16]

③ 6월 5일 하카다를 출범해서 6일에 쓰시마에 도착했다. 이때 조선까지 건너갈 생각이 있는데, 후추府中(이즈하라嚴原)에 남만南蠻의 상품이 다수 있어서 조선의 상관에서 사는 것보다는 싸기 때문에 이것을 구입해서 순조롭게 귀착했다. 그런데 아연이 일본에서는 당시 품절이었기 때문에 오사카지역에 실어 내다 판 결과, 상당한 이익을 보았다.

(1579, 天正 7년조, 宣祖 12년)[17]

위의 사료에서 쓰시마의 상품이 하카다에서 판매되고 있고, 소시쓰가 쓰시마를 무대로 조선－부산포－경기도－오랑카이까지 무역에 깊이 관여해서 독점적인 역할을 하고 있었다는 것을 알 수 있다. 또한 교역품을 관서지방에 판매함으로써 상당한 이익을 취하고 있는 것도 보인다. 한편 소씨도 소시쓰의 상업 자본을 이용하면서 히데요시 및 그 측근들과 절친했던 소시쓰에게 쓰시마에서 무역의 편리를 제공해 주었다. 이처럼 병참 보급 체제를 확보하려 했던 히데요시, 하카다 부흥 및 조선 무역을 유지하려고 했던 소시쓰, 조선 무역에 섬의 생존이 걸려 있었던 소씨가 강한 유대로 맺어져 있었던 것을 짐작할 수 있다.

16 상동
17 「島井氏年錄」, 위의 책, 89쪽.

2. 통신사 파견 문제와 시마이 소시쓰

1) 조선 측의 요구조건

1589년 소시쓰가 조선으로 도항한 배경을 이해하기 위해서는 히데요시가 소씨에게 조선침략에 협력할 것을 명한 1586년부터, 소씨가 통신사 파견을 요청했던 1589년까지 양국 관계를 검토해보자.[18]

1586년 히데요시는 소씨에게 조선침략 준비와 조선이 일본에 귀속할 수 있도록 알선하라는 명령을 내렸다. 히데요시의 명을 받은 소씨는 1587년 9월 가신 다치바나 야스히로橘康廣를 일본 국왕사로 조선에 보내 히데요시의 국내 통일을 알리고, 통신사 파견을 요청하였다.[19] 그러나 조선은 '수로가 멀고 길을 잘 알지 못 한다'는 핑계로 거부했고, 1588년 3월 다치바나는 성과 없이 쓰시마로 돌아갔다.[20]

같은 해 12월에도 소 요시시게宗義調는 게이테쓰 겐소景轍玄蘇를 일본국왕사, 요시토시를 부사로 해서 야나가와 시게노부柳川調信와 함께 조선에 보냈으나 만족할 만한 성과를 올리지는 못했다.[21] 조선에는 1589년 6월 이들에 대한 보고가 선위관宣慰官인 이덕형의 서장에 의해 알려졌다.[22] 8월 4일 선조는 도승지 조인후에게 통신사 파견 문제를 언급하였다. 이와 관련해서

18 일반적으로 히데요시가 대외침략의 의지를 공식적으로 표명한 것은 1583년이고, 소씨에게 조선침략의 준비태세를 갖추도록 명을 내린 것은 1584년으로 보고 있다. 武田勝藏, 「伯爵宗家所藏豊公文書と朝鮮陣」, 『史學』 第4卷 第3号, 1925 ; 岩澤愿彦, 「秀吉の唐入りに關する文書」, 『日本歷史』 163, 1962.

19 『선조실록』 권21, 20년 10월 乙亥(20일)조.

20 柳成龍, 「징비록」 제1권, 『서애문집』, 성균관대학교 대동문화연구원, 1958 ; 『선조실록』 권22, 21년 3월 丁亥(4일)조.

21 『선조실록』 권23, 22년 6월 乙巳(30일)조.

22 상동

선조는 1587년 2월 히데요시가 즉위한 뒤, 적선賊船이 조선 변방에서 주민을 살해한 '손죽도 사건'을 언급하면서 일본을 비판하였다. 그러면 '손죽도 사건'이란 어떤 것인가.

> 전라도 좌수영 鎭撫 김개동과 이언세 등이 작년 봄에 손죽도 싸움에서 왜의 포로로 잡혀가서 南蕃國에 전매되었다가 명으로 도망쳐 들어가서 조사를 받고 북경으로 이송되었는데 사은사 유전이 돌아오는 길에 함께 보내왔다. 김개동 등이 다음과 같이 말하였다. "사화동이라는 자가 있는데, 아국의 진도사람으로, 피로로 잡혀가서는 왜노에게 온갖 충성을 다했다. 개동이 말하기를 '이곳은 풍속과 인심이 좋아서 거주할 만하니, 너희들은 두려워하지 말라 (中略) 전년 초에 馬島·加里津을 침범하려다가 바람이 불순하여 손죽도에 정박하였는데, 이는 내가 향도한 것이다'라 하였습니다. 그가 거주하는 섬 이름은 五島라고 한다. 둘레가 數日정도 길이며 인구가 조밀해서 하나의 큰 고을과도 같았다. 우리나라 사람으로 잡혀간 자들이 많았고, 배는 5백 척이 있었다" (후략)[23]

이 내용은 진도인인 사화동이 고토의 왜구를 이끌고서 손죽도에서 폐를 일으킨 사건을 서술한 것이다. 당시 손죽도에서 포로가 된 김개동이 본 고토의 상황이 서술되어 있다.

선조는 조선에서 폐를 일으킨 주범 및 반민 사화포동·적괴를 포박하고, 이 사건으로 포로가 된 백성을 송환한다면 해로상의 난점을 무릅쓰고라도 통신사를 파견하겠다고 하였다.[24] 특히 선조는 유성룡과 이 문제를 논의하면서 반민 사화포동 및 적괴의 박송을 최우선 조건으로 하고, 도주한 백성 및 피로인을 송환한다는 방식을 주장했다.

여기서 "2~3명만을 쇄환하면서 다시 통신사를 요청한다면 어찌하겠는가?

23 『선조실록』 권23, 21년 11월 丙寅(17일)조.
24 『선조실록』 권23, 22년 9월 癸丑(9일)조.

만약 적괴라 지명하여 박송한다면, 그 진위를 논하기에 앞서서 통신사를 보내는데 위광이 있을 것이다"[25]라며 선조가 언급한 점에 주목하고 싶다. 이는 적괴의 진위 여부보다는 적괴의 포박문제를 선결문제로 인식하고, 조선으로 송환해 오는 것이 더 중요하다고 밝힌 것이다. 이러한 배경에는 왜구의 약탈을 허락해 두는 것은 국가·국왕의 위신에 관련되는 문제이고 약탈된 자를 방치해 두는 것도 지배자로서의 자격을 묻게 되는 것이기 때문이었다. 선조는 자신의 권위를 위해서도 왜구를 진압하고 피로인을 반드시 송환시켜야만 했다.[26]

한편 요시토시와 겐소는 조선의 두 가지 요구조건에 대해서 어떻게 대응했을까? 『징비록』에는 "조정에서 동평관에 접대관을 보내 살며시 알리니 요시토시가 말하기를 '그것은 어렵지 않은 일이다'라 하고, 즉시 시게노부에게 명하여 귀국해서 히데요시에게 보고시켰다"[27]고 언급되어 있다. 또한 『재조번방지』에도 조선의 요구에 대해서 요시토시가 '어렵지 않은 일이다'라고 기록하고 있다.[28]

과연 요시토시가 말한 것처럼 손죽도 작폐사건의 적괴 및 반민 사을배동의 포박, 피로인의 송환은 정말로 어렵지 않은 문제였을까? 또한 시게노부는 히데요시에게 조선의 요구를 보고했을까 하는 의문이 남는다. 이 점과 관련해서 『향토사료 대마인물지』를 보면 다음과 같이 기록되어 있다.

25 상동

26 關周一, 「倭寇による被擄人の性格をめぐって」, 『日本歷史』 519, 1991.

27 유성룡, 앞의 책, 참조. 왜구의 약탈을 허락하는 것은 국가·국왕의 위신에 관련되는 문제이다. 약탈된 자를 방치해 두는 것도 지배하에 있는 민중의 평화로운 생활을 보호하지 않는 것을 의미하므로 지배자로서의 자격을 묻게 되는 것이다. 따라서 선조는 그 권위를 보호하기 위해서는 왜구의 진압과 피로인의 송환을 어떻게 해서든지 실현시키지 않으면 안 되었다.

28 申靈, 「再造藩邦志」, 朝鮮古書刊行會, 『大東野乘』, 1909~1911.

> 통신사를 빨리 갖추어 줄 것을 청했는데, 이보다 먼저 조선의 백성 사을배동이 귀화해서 아병을 이끌고서 죽도를 습격하였다. 조선 측이 이 반민을 쇄환해 줄 것을 요구하자, 公(義智)은 즉시 調信을 보내니 그는 대마도로 돌아왔다. 사을배동 및 我邊海民信三郎 등 11인을 잡아서 압송했다.[29]

여기서도 통신사 파견의 선결 조건으로서 반민 사을배동의 쇄환을 들고 있고, 조선의 기록처럼 요구조건의 어려움에 대해서는 언급이 없다. 다만 '아변해민'처럼 변방의 해민과 적괴를 자신들이 압송했다고 한 점이 주목된다. 한편 『조선통교대기』에는 다음과 같이 적혀있다.

> 오랫동안 동평관에 머물면서 통신의 일에 대해서 의논하고 있었다. 그 때 그 나라의 반민 사을배동이 叛해서 아국에 들어와서 海賊을 향도했기 때문에 조선 측이 반민을 포박하고, 또 해적을 보내면 그 후에 통신을 의논하겠다고 말했기에 公(義智)은 調信을 아국에 보내서 사을배동 및 賊倭를 잡고 또한 俘虜를 보내는 등, 여러 가지로 애를 썼기 때문에 조선국이 드디어 다음 18년에 통신사를 보냈다.[30]

여기서 주목할 점은 사을배동 및 적왜를 포박하고 부로를 송환하는 일이 '여러가지로 애를 썼기 때문에'라는 표현처럼 쉬운 일이 아니었다는 것이다. 또한 쓰시마에서는 고토지역을 '해적을 향도했다', '해적을 보냈다', '사을배동 및 적왜'라고 표현한 것처럼 '해적', '적왜'가 있는 지역으로 인식하고 있다는 점 등이다. 쓰시마와는 다른 지역으로 '고토'를 지칭하면서 손죽도에서 일어난 사건은 '자신들과 관계없는 해적들의 행위였다'고 강조하고 있는 점은 흥미롭다.

29 鈴木棠三, 『鄉土史料對馬人物志』, 對馬叢書代4集, 對田書店, 1975, 79쪽.
30 田中健夫·田代知生交訂, 『朝鮮通交大紀』 3卷, 長壽院公, 名著出版, 1978.

2) 조선의 요구에 대한 요시토시의 대처와 소시쓰 등장

조선은 1589년 9월 21일 통신사 파견을 결정했다.[31] 그리고 11월 8일에는 정사 황윤길上使黃允吉·부사 김성일副使金誠一·서장관 허성書狀官許筬을 임명하였다.[32] 여기서 주목되는 것은 요시토시가 10월 8일 소시쓰 앞으로 보낸 문서이다.

> 一鷗(宗義調)가 예전부터 부탁했던 것에 대해 알고 있으므로 이번 기회에 御所丸을 조속히 조선에 파견해 주기를 바랍니다. 이에 대해 조금도 異議가 없으므로 빨리 차질 없이 해주십시오.[33]

요시토시는 조선에 있으면서 하카다에 있는 소시쓰에게 고쇼마루御所丸 즉 일본 국왕의 사송선 파견을 부탁하고 있다. 다나카 다케오田中健夫는 "아마 통신사의 파견에 얽힌 조선 교섭상의 중요한 문제가 관련된 것임에 틀림이 없다"[34]라고 지적하고 있다. 즉 '조선 교섭상의 중요한 문제'라는 것은 적괴 및 반민 사을포동의 포박과 피로인의 쇄환문제로 생각하는 것이 자연스럽다. 10월은 조선이 통신사 파견을 확정한 시기로, 요시토시는 통신사 파견을 성사시켜야만 했다.

요시토시가 요구한 사송선의 파견 여부는 확인되지 않지만, 소시쓰가 조선에 갔다는 것은 다음의 사료에서 확인된다.

> 조선에서 온 對馬守의 飛脚(使者)이 도착했다. 조선에서는 사절의 배(통신

31 『선조실록』 권23, 22년 9월 乙丑(21일)조.

32 『선조실록』 권23, 22년 11월 壬戌(18일)조.

33 「島井氏年錄」, 앞의 책, 31쪽. 요시시게義調는 요시토시의 백부로 1596년 12월에 사망했다.

34 田中健夫, 앞의 책, 1961, 147~150쪽.

> 사)를 출범시킬 것을 분명히 승낙했다. 그렇지만 먼 길이므로 년 내에 조선으로부터 왕복하는 것은 어려운 일이므로 내년 정월에는 데리고 가서 歸朝할 생각입니다. 義智를 따라 조선에 간 拙者(行長)의 使者 島井宗室은 금일간에 돌아오므로, 그와 함께 上洛해서 조선의 상황을 보고하겠습니다. 어쨌든 使節이 來朝 한다는 確報가 있었으므로 急報합니다. 秀吉公에게 잘 전해주십시오.[35]

이 서장은 11월 8일 유키나가가 하카다 대관代官인 아사노 나가마사淺野長政에게 보낸 것으로 주로 규슈의 정세를 히데요시에게 보고하기 위한 것이다. 내용을 보면 조선이 통신사 파견을 받아들여 내년 정월에는 실현될 전망이며, 소시쓰와 함께 상락上洛해서 조선의 상황을 보고하겠다는 것이다. 따라서 소시쓰가 조선에 도해했던 사실을 분명하게 확인할 수 있다. 그렇다면 소시쓰는 이 시기에 어떠한 이유로 조선에 도항했는가? 그가 조선에 건너간 배경을 당시의 송환체제와 관련지어 살펴보자.

세키 슈이치關周一는 16세기 중반부터 소씨를 중심으로 한 조·일 통교체제가 약화되고, 고토가 독자적으로 조선과의 통교 루트를 모색했기 때문에 양자 간에 대립이 생겼다고 주장하고 있다.[36] 원래 표류인의 송환은 소씨가 표착지의 영주로부터 표류인을 인계 받아 송환했다. 그러나 16세기 중반 쓰시마를 통한 표류인의 송환 사례는 급감했고, 고토의 영주처럼 직접 조선을 상대로 송환하는 사례가 발생했다는 것이다. 그러면 16세기 중반 쓰시마와 고토 관계에 대해서 1540년 '황당선荒唐船' 사건과 관련해서 살펴보기로 하자.[37]

1540년 제주도 동쪽에 '황당선'(왜선인지 당선唐船인지 불분명한 해적선)

35 『武家事紀』 35, 續集, 雜家下所收, 天正 17년 11월 8일, 淺野長政宛, 小西行長書狀, 原書房, 1982~1983.

36 關周一, 「15世紀における朝鮮人漂流人送還体制の形成」, 『歷史學硏究』 617, 1991.

37 이 사건은 田中健夫, 高橋公明氏의 연구에 의해 알려진 사실로 특히 高橋로부터 시사를 얻은 점이 많다. 高橋公明, 앞의 논문, 참조.

이 나타났다. 제주도 수군이 심문한 결과, 이 배는 제주도 표류인 19명의 송환을 목적으로 고토의 미나모토 스미사다源純定에 의해 파견된 인자문引自門 일행이라는 것이 판명되었다. 그리고 표류인은 전년 10월 고토 근처의 '천자라도天自羅島'에 표착해서 그곳 어민에 의해 구조된 사람들이었다.

'황당선'이 제주도에 나타난 것은 쓰시마와 고토가 대립 관계에 있기 때문에 처음부터 쓰시마와 교류하고 있는 제포를 피해 경상도의 다른 지역을 목표로 했었는데, 풍랑으로 제주도에 표착한 것이다.[38] 특히 인자문은 "옛날 고토태수太守 스미사다가 쓰시마 도주와 사이가 나빠서 만약 쓰시마의 왜인을 만나면 살해당할까 두렵다"[39]고 말해서 양자가 적대관계에 있었음을 명확하게 밝혔다. 한편 조선은 "이 고토 왜인은 쓰시마와 혐의嫌疑관계에 있다"[40]고 보고 이 일행의 처치문제로 고민했으나 표류인을 송환한 功으로 상경시키고 접대한 뒤 귀국시켰다.[41]

이 사건은 쓰시마를 강하게 자극시켰다. 쓰시마는 고토를 상대로 표류인 인도를 요구했으나 거부당했던 일과 표류인이 중요한 기밀을 고토씨에게 누설했다는 점을 조선에 호소했다.[42] 양자가 대립했던 원인은 "지금까지 표류인의 송환이 自國(쓰시마)의 文引(통행증명서) 등을 통해서 행해져 왔었는데 고토가 이것을 무시하고 독자의 루트를 갖고 이익을 취하려고 했다"[43]는 소 모리나가宗盛長의 발언, 즉 조선 무역권을 둘러싼 분쟁이었다.

38 『중종실록』 권93, 35년 9월 丙午(18일)조.

39 상동

40 『중종실록』 권93, 35년 9월 丙辰(28일)조 ; 同, 권94, 35년, 10월 已巳(11일)조·戊寅(20일)조·壬午(24일)조·12월 乙亥(18일)조 등에는 조선 정부가 고토의 引自門一行이 상경 중에 쓰시마 백성들과 접촉하지 않도록 그 대처방법에 고민하고 있는 기사가 자주 나온다.

41 『중종실록』 권93, 35년 9월 丙午(18일)조.

42 『중종실록』 권94, 35년 10월 辛巳(23일)조.

43 상동

모리 가쓰미森克已는 1553년부터 1586년까지 소 요시시게宗議調의 조선 정책을 검토하였다. 그 결과 1570~80년 매년 旧暦 6월경 조선에서 돌아오는 쓰시마 배를 습격하는 해적선이 있었던 것과, 달량왜변 이후 쓰시마는 적극적으로 왜구 정보를 조선에 제공하였고, 이로 인해 쓰시마와 해상세력의 대립이 있었다는 사실을 밝혔다.[44] 특히 쓰시마가 지칭하고 있는 왜구는 시코쿠 및 고토산五幸山 출신으로, 이는 조선 측의 사료에서도 보인다.[45] 이런 상황을 고려한다면 쓰시마·고토와의 긴장 관계는 통신사 파견을 둘러싸고 부각되었을 가능성이 크다.[46]

당시 쓰시마와 고토가 대항 관계에 있었기 때문에 요시토시와 겐소玄蘇가 고토에 있던 적괴 및 사을포동의 포박, 피로인 쇄환을 과연 실천할 수 있었는가 하는 문제이다. 따라서 이 점과 관련해서 생각할 수 있는 것이 소씨와 절친한 관계였던 소시쓰의 존재이다. 고토에 있는 사을포동의 포박문제를 해결하기 위해서 요시토시는 상인으로서 왜구와 접촉할 수 있었던 소시쓰에게 구원을 청했다고 추측된다. 그래서 소시쓰의 조선 도해가 실현되었다고 짐작된다.

44 森克已, 「中世末·近世初頭における對馬宗氏の朝鮮貿易」, 『續々日宋貿易の研究』, 國書刊行會, 1975.

45 『명종실록』 권20, 11년 4월 己丑(1일)조. 쓰시마 도주의 사송인 調久는 "금년 정월 하카다에 갔었는데 赤間關과 薩摩國의 사람들이 와서 '五峯이라고 칭하는 중국인(五直을 가리킴)이 있는데 적왜를 이끌고서 명까지 入寇하려고 한다'는 이야기를 들었던 것과 阿波·伊予·讃岐·土佐四州와 五幸山의 왜인이 무리를 이루어서 조선에 건너오고, 적을 이루었다"고 진술했다. 이 점에서 쓰시마는 하카다를 통해서 주요한 정보를 얻고 있었고, 쓰시마 사람들이 四州와 고토 사람들과는 무관계임을 강조하고 있다는 것을 알 수 있다. 高橋公明, 앞의 논문, 참조.

46 『선조실록』 권9, 8년 3월 丙辰(17일)조. '備辺司郎廳啓日, 對馬島主第一船謄書上送書契內, 大概今春賊徒, 數多裝船, 不知欲犯何國矣, 犯貴國, 卽飛告云(생략)'

3. 시마이 소시쓰와 고토五島

우선 소시쓰와 고토와의 관계를 고찰하기 전에 중세부터 근세 초기까지 고토의 상황 및 조선과의 관계에 대해 간략하게 살펴보자.

고토는 히젠국 마츠우라군肥前國松浦郡에 속하며 후쿠에지마福江島·히사카지마久賀島·나루시마奈留島·와카마쓰지마若松島·나가도오리지마中通島 등 다섯 개 섬으로 이루어져 있다. 북방에는 오지카이지마小値賀島·우쿠지마宇久島, 동방에는 타이라지마平島·에노시마江之島, 남서방에는 단죠군도男女群島가 있다.[47] 고토에는 북단의 우쿠씨宇久氏, 오지카이의 마츠라씨松浦氏 세력과 아오가타씨靑方氏 세력이 친연한 관계를 가지면서 대립하고 있었으나, 고토의 지배자로서 성장한 것은 우쿠씨였다.

우쿠씨는 원래 우쿠지마에 거주했던 가마쿠라 고게닝鎌倉御家人으로 1383년 우쿠 사토루宇久覺가 후쿠에지마의 기시쿠岐宿로 이주하였고, 그의 아들 스구루勝 시대에 후카에深江으로 옮겨 고토의 지배를 확립했다.[48] 1587년 우쿠 스미하루宇久純玄가 히데요시로부터 구령旧領 1만 5천석 정도의 소유권을 인정받아 다이묘로 발전하였다. 임진전쟁 당시 성姓을 고토라고 고치고, 이후 다이묘 고토씨로 번영하였다.[49]

고토는 중국과 일본 열도 간을 왕복하는 배의 기항지로 중국으로부터 고봉五峰이라 불렀다. 견수사·견당사의 도선장渡船場으로도 중요한 역할을 했다. 또한 견사는 물론 사적인 무역선도 자주 왕래해서 오지카이지마에 기항한 후 하카다에 입항했다.[50] 고토는 해상교통의 요지였기 때문에 이곳에 왕래하고 있는 배를 습격하는 해적의 근거지이기도 했다. 특히 16세기 고토는

47 『角川日本地名大辭典』 42, 長崎縣, 角川書店, 1987.
48 『長崎縣史 古代·中世編』, 長崎縣史編集委員會編, 吉川弘文館, 1963~1986, 654~655쪽.
49 中島 功, 『五島編年史』 上卷, 國書刊行會, 1973, 201쪽.
50 木宮泰彦, 『日華文化交流史』, 富山房, 1955, 122~128쪽, 130~133쪽.

후기 왜구의 근거지였던 점에서 중국과 깊은 관계가 있었다.[51]

『해동제국기』에 "히고슈肥前州에는 ……고려 말기에 우리나라 변방을 어지럽힌 마츠우라·이키·쓰시마의 사람들이 많았다. 또 고토(五多島라고도 부름)라는 섬은 중국에 가는 일본인의 배가 바람을 기다리는 곳"이라고 기술되어 있다.[52] 또한 고토로부터 조선에 遣使한 인물로 '五島宇久守源勝', '五島捍大宇島太守源朝臣貞茂' 등의 이름이 보인다. 그 중에서도 "미나모토노 스구루源勝(宇久勝)는 우쿠지마에 거주하면서 고토를 총괄하고 있다"고 되어 있고, 그 밖의 사람은 "미나모토 스구루 관하源勝管下의 미약한 자들"[53]이라고 언급되어 있다.

고토는 15세기 중반부터 조선인 표류인을 송환하면서 조선과 우호관계에 있었다. 하지만 16세기 중반부터 조선 무역을 둘러싸고 쓰시마와 대항 관계에 있었기 때문에 고토는 조선과도 긴장 관계에 놓이게 되었다.

한편 고토는 조선인 표류인의 송환을 소씨가 아니라 오우치씨大內氏에게 요청하고 있었다. 세키씨의 견해에 따르면 "고토가 오우치씨에게 송환을 요구했다는 것은 거꾸로 오우치씨도 표류인 송환문제를 고토에게 의뢰 또는 협력을 구했을 것이라"[54]고 주장하고 있다. 당시 오우치씨 이외에도 표류인의 송환 문제를 해결할 수 있는 세력은 규슈 다이묘와 상인이었다. 특히 하카다 상인은 조선인 표착자에 대해 관심을 가지고 표류인 송환에 관여하였다.

예를 들면 1473년 전라도 임피현 수심사守心寺의 스님이었던 성축이 同住

51 關周一, 「壹岐·五島の交流と朝鮮－中世領主の朝鮮通交－」, 『年報中世史研究』 16, 1991 ; 田中健夫, 『倭寇–海の歷史』, 教育社, 1982, 104~148쪽 ; 『長崎縣史 古代·中世編』, 앞의 책, 644~650쪽.

52 「海東諸國紀」, 日本國紀, 西海道九州條. 朝鮮史編修會編, 『朝鮮史料叢刊』 2, 1933.

53 상동

54 關周一은 1524년 예조가 琉球使節 等悶意의 都船主國次와 大內氏의 使節仁叔西이 전술한 내용을 국왕에게 보고했던 것을 근거로 했다. 關周一, 앞의 논문, 「壹岐·五島の交流と朝鮮－中世領主の朝鮮通交－」 참조.

僧 38명과 함께 교역하기 위해서 제주도로 향하다가 큰비 때문에 고토의 다마노우라玉浦에 표착했다. 당시 표착한 39인 중, 20인은 우구 미나모토노 스구루宇久源勝가, 나머지 19인은 미나모도노 시게루源繁가 보호하기로 되었다. 시게루源繁가 거느리고 있던 표류민 중에서 13인은 하카다 상인의 요청에 의해서 양도되었다.[55]

13인 중에서 다시 10인은 오우치씨의 대관인 다하라 사다나리田原貞成가 인수하였고,[56] 또한 그 해 6월에는 오토모씨大友氏 관하의 하카다 상인 사토 노부시게佐藤信重가 하카다에 남아있던 표류인 3인을 조선에 송환한 경우가 있다.[57] 따라서 하카다 상인들이 ① 고토에 있는 표착자에 대해 깊은 관심을 갖고 직접 조선에 표류자를 송환하거나 ② 하카다를 지배하고 있던 유력 다이묘(오우치씨·오토모씨)들을 통해서 표류인의 송환문제에 깊이 관여했던 점을 알 수 있다. 그 배경에는 이들이 조선과의 무역에서 이익을 얻으려는 목적이 있었기 때문이다. 다음으로 소시쓰와 고토와의 관계에 대해서 살펴보기로 하자.

1586년 고토의 영주였던 스미하루는 동생 하루마사玄雅를 오사카에 보내서 히데요시의 도요토미 성 수여와 관백 전임關白轉任을 축하했다. 이때 하루마사는 사카이에서 유키나가와 대면하고, 히데요시의 사쓰마 정벌 소식을 전해 들었다. 그 후 히데요시는 스미하루에게 사쓰마 정벌에 협력하라는 명을 내렸다.[58]

1587년 사쓰마를 정벌한 히데요시는 다음해 '해적 정지령'을 내린다. 이 명령의 제3조에 "이후 만약에 給人(다이묘, 家臣)·영주가 방심해서 해적행

55 『성종실록』 권50, 5년 12월 壬午(1일)조.
56 『성종실록』 권38, 5년 정월 丙午(20일)조 ; 同, 권39, 5년 2월 甲申(29일)조. 田原은 10명 중에서 8사람을 송환하고, 남은 사람은 쓰시마의 宗貞國을 통해 조선에 보냈다.
57 『성종실록』 권56, 6년 6월 乙巳(28일)조.
58 中島 功, 앞의 책, 197쪽.

위를 하는 자가 나오면, 해적의 무리는 처벌하고, 그 소재의 급인·영주의 토지는 몰수한다"[59]라는 규정이 있다. 이것은 영주의 책임을 엄하게 묻고, 해적과 영주가 함께 행동하지 못하도록 해적세력의 기반을 해체하려 한 것이 목적이었다.[60]

따라서 우쿠씨에게는 추포의 책임과 권한만이 주어지고, 해적을 처벌하는 권한은 도요토미 정권에 독점되었다. 이것이 영내의 지배에 커다란 영향을 주었기 때문에 스미하루는 자신도 도요토미 정권과 긴밀한 관계가 있는 인물을 통해 재지在地의 지배권을 보장받으려고 했다.[61] 이와 같은 상황 속에서 스미하루와 소시쓰의 협력관계가 성립되었다.

다시 말하면 고토에 있는 조선 표류인 송환 문제에 일찍부터 하카다 상인이 관여해 왔다. 그리고 히데요시의 '해적 정지령'에 의해 스미하루가 도내島內의 기반 확보·유지하기 위해 도요토미 정권의 중심인물 유키나가·소시쓰와 친분이 생기면서 두 사람의 관계가 돈독해졌다.

한편 1555년 서해로 가미마츠우라가라츠태수上松浦唐津大守 미나모토노스구루源勝(波多氏로 추정됨)가 예조에게 보낸 서계에는 "近年我邦의 도적이 大明을 습격했는데, 그 적선에 타고 있던 사람 중에는 四州의 賊黨이 있다"[62]고 언급하고 있다. 또한 "사주의 적 70여 선이 조선을 습격하려고 하자 고토 태수가 我王(松浦隆信 추정됨)에게 아뢰었다"는 등의 내용이 있다. 여기서 주목하고 싶은 것은 고토 태수(당시 스미하루)가 마쓰라씨에게 해적의 조선 습격 정보를 보고하고 있는 점이다. 양자가 긴밀하게 정보를 교류

59 「近江水口加藤家文書」, 동경대학 사료편찬소 소장.
60 藤木久志, 『豊臣平和令と戰國社會』, 東京大學出版會, 1985, 217~225쪽.
61 白水智, 「西の海の武士团·松浦党」, 綱野善彦他編, 『東シナ海と西海の文化 海と列島文化』第4卷, 小學館, 1992. 종래의 고토 소영주 막부의 고케닝 또는 지토직을 승인받아 자신의 지위를 확보했던 방법과 동일했다.
62 『明宗實錄』 권19, 10년 12월 丁酉(7일)조.

하는 것을 엿볼 수 있다.[63]

일찍이 마쓰라씨는 히라도平戶에 근거를 두고서 기타마츠우라군北松浦群 이키를 지배하고 고토의 오지카이지마·나가도오리지마 일부에도 비지飛地(다른 지역에 분리되어 있는 토지)를 소유하고 있었다. 마쓰라 다카노부松浦隆信는 고토와 소령 문제로 전쟁을 하였으나 1563년에는 그의 아들 시게노부鎭信와 함께 동족 마츠우라단고노 가미치가시松浦丹後守親와 싸울 때 우쿠스미사다宇久純定의 지원을 받는 등 우호적인 관계가 성립되었다.[64] 1577년에 스미사다는 마쓰라씨와 화친을 맺었고, 스미하루 때에는 마쓰라 시게노부松浦鎭信의 딸을 妻로 삼는 인척 관계까지 맺었다.[65]

1610년 소시쓰가 자식들에게 남긴 유언 17안 중 제12조에는 "(省略) 히라도 도노平戶殿(松浦)의 일이라면 道由(神屋)·宗怡(前田氏로 추정됨)와 의논해서 될 수 있도록 도와 드려야 한다. 그러나 그 밖의 집안일에 관해서는 안 된다"[66]라는 부분이 있다. 즉 경제적인 부분에서 히라도 마쓰라씨를 배려하라는 것으로 이와 같은 배경에는 양 가문의 두터운 신의가 있었음을 짐작할 수 있다.

이상과 같이 고토의 스미사다·스미하루가 마쓰라 집안과는 각별한 관계였다는 점에서 고토씨－마쓰라씨－소시쓰라는 삼자관계가 성립했을 가능성이 있다. 그러면 소시쓰는 왜 고토에 있는 적괴 및 사을포동을 포박하고

63 이 사실은 注(45)에서 언급한 것처럼 쓰시마 도주의 사송인 調久가 통보한 내용과 일치한다. 이 源勝의 서계는 12월에 제출한 것이고, 調久는 이듬해에 하카다에서 전술했던 내용을 들었다고 진술하고 있다. 또한 源勝의 서계에 자기들은 '西州'의 왜적과는 다르다고 말하는 것에 비해 調久는 四州와 고토를 같은 무리로 보는 차이점을 드러낸 점이 주목된다.

64 中島 功, 앞의 책, 141쪽.

65 群家眞一, 『島鳴りの五島史』, 國書刊行會, 1985, 94~98쪽.

66 「島井年報錄」, 앞의 책, 32쪽 ; 武田要子, 「島井宗室遺言書の研究」, 『日本歷史』 536, 1993.

피로인을 송환하는 데에 관여했을까.

아라노 야스노리荒野泰典가 일찍이 "표류민(또는 피로인)의 송환은 쌍방의 우호 관계 표명이며, 우호 관계는 무역의 전제였다. 그리고 서국(규슈지방)의 영주 등은 조선과의 무역을 바라는 한 우호 관계를 유지시키지 않으면 안 된다. 그 때문에 스스로 자의恣意를 억제하고 표류민을 송환할 필요가 있다"[67]고 지적한 부분은 시사하는 바가 크다.

서국 영주뿐만 아니라 소시쓰도 외교 관계 수복에 관여하면서 조선 무역의 주도권을 잡으려고 했다. 당시 피로인의 송환은 표착지의 영주에 의해서 이루어진 것이 보통이었다.[68] 게다가 피로인은 송환자 간에 양여, 교역, 전매의 대상이기 때문에 다이묘·호족·유구 국왕·상인 등을 통해서 피로인 송환이 주로 이루어졌다.[69] 그 중에서도 상인이 피로인을 송환하는데 관여했던 이유는 그들이 왜구와 접촉할 수 있는 입장에 있었기 때문이다. 상인들은 주종관계 및 신분질서에 의한 규제가 비교적 약하고, 외교적 임무를 겸하면서 조선의 관직도 획득해서 자유롭게 행동할 수 있었다.[70]

한편 조선과 쓰시마의 관계를 보면 삼포왜란 이후 단절되었던 관계가 임신조약壬申條約(1512)에 의해 회복은 되었지만, 소씨의 조선에 대한 통교권은 종래에 비해 현저하게 축소되었다.[71] 따라서 경제적으로 자립이 불가능한 쓰시마로서는 북규슈의 실력자들과 긴밀한 연계를 확보하는 것이 무엇보다 중요했다.[72] 특히 하카다는 쓰시마와 규슈를 연결하는 접점으로서 소

67 荒野泰典, 「近世日本の漂流民送還体制と東アジア」, 『近世日本と東アジア』, 東京大學出版會, 1988.
68 關周一, 앞의 논문, 「15世紀における朝鮮人漂流人送還体制の形成」 참조.
69 田中健夫, 「倭寇と東アジア通交圏」, 朝尾直弘他編, 『日本の社會史 列島內外の交通と國家」』 第1卷, 岩波書店, 1987.
70 상동
71 田中健夫, 「中世日朝交通における貿易權の推移」, 『中世海外交涉史の硏究』, 東京大學出版會, 1959.

씨는 지방 유력자들의 움직임에 민감했다. 쓰시마가 조선 무역을 독점하기 위해서 하카다는 중요한 지역이었다.[73]

이와 같은 상황에서 소씨와 소시쓰가 상호 협조적인 관계로 발전하게 된 것은 자연스러운 것이었다. 특히 양자 간에 중개역할을 했던 겐소玄蘇의 존재도 간과할 수 없다. 그는 1589년에 일본 국왕사로서 조선에 도항해서 귀국 후 소시쓰과 통신사 파견에 대해 논의하였다. 양자 간에 교우가 깊었다는 사실은 겐소의 시문집 『센소고仙巢稿』에도 잘 나타나 있다.[74]

요시토시는 자신들이 해결하기 어려운 조선의 요구조건을 성사시키기 위해 고토와 협력관계에 있는 소시쓰를 이용했다. 그리고 요시토시는 소시쓰와 조선이 요구한 사을포동의 포박문제를 논의했기 때문에 1589년 소시쓰가 유키나가의 사신으로서 조선에 도항했다. 그리고 요시토시의 요청을 받아들인 소시쓰는 하카다로 돌아와서 고토에 있는 적괴 및 사을포동과 피로인의 송환문제에 전념했으리라고 보여진다.

4. 요시토시의 헌부례獻俘禮와 통신사 파견

선위사로부터 통신사 파견이 결정되었다는 연락을 받은 요시토시와 겐소는 소시쓰에게 협력을 구하였다. 그 결과 1590년 2월 28일에 일본 국왕사는 인정전에서 헌부의 례獻俘禮를 행하고, 피로인 김대기·공태원 등 116인을 쇄환하고 사을포동 및 적왜인 緊時要羅·信三浦羅·望古時羅 등 3인을 포박

72 田中健夫, 「對馬宗氏の『大永亨祿之比御條並書狀之付』について」, 『朝鮮學報』 80輯, 1976.
73 상동
74 西笑承兌, 「仙巢稿」, 『大日本史料』 第12編3, 東京大學史料編纂所編纂, 1928~2002 ; 田中健夫, 「島井宗室と景轍玄蘇」, 『日本歷史』 第93号, 1964 ; 長正統, 「景轍玄蘇について」, 『朝鮮學報』 29, 1963.

해 보냈다.[75] 『징비록』에는 "국왕은 인정전에 나아가서 크게 군사의 위엄을 펴고 사을포동 등을 뜰에서 심문을 한 후에 참형시켰다"[76]고 서술되어 있다.

한편 요시토시와 겐소도 이때 "작년에 귀국에 入寇한 일은 우리들이 아는 바가 아니다. 귀국의 반민 사을포동이 고토의 왜를 끌고서 변방을 약탈했으니 여기 잡아서 바치므로 귀국의 처분에 맡깁니다"[77]라고 말하였다. 여기서 주목하고 싶은 것은 "전년 귀국에 入寇한 일은 우리들이 아는 바가 아니다"라는 내용이다. 즉 요시토시는 전년의 손죽도 왜구사건이 자기들과는 관계가 없다고 주장하고 있다. 이것은 변명이지만 쓰시마와 고토가 소원한 관계에 있다는 것을 강조한 것이다. 이러한 이유 때문에 소시쓰가 쓰시마와 고토 사이에서 문제를 해결하기 위해 깊이 관여할 수밖에 없었음이 짐작된다. 헌부의 례가 끝나자 통신사 일행은 1590년 3월 6일에 한성을 떠나 쓰시마로 출발했다.

이상에서 소시쓰가 조선에 도항한 배경을 살펴보았는데, 통신사 파견 후 소시쓰는 어떤 행동을 취했을까? 이점에 대해 요시토시가 소시쓰에게 보낸 다음 기청문起請文을 중심으로 검토해 보자.

> 一. 義智는 일생 宗室에 대해서 別儀를 갖지 않는다.
> 一. <u>義智의 일신상 및 國中(對馬島)의 문제에 대해서는 어떠한 사소한 일이라도 宗室의 지도를 받고, 조금도 격의 없이 상담한다.</u>
> 一. 宗室이 義智에 대해서 이야기한 것은 절대로 외부에 발설하지 않는다.
> 一. <u>宗室의 일이라면 어떤 일이라도 한다.</u>
> 一. 설사 義智에 대해서 宗室과의 사이를 방해하려는 자가 있다고 해도 더욱 더 宗室과 친밀하게 지낸다.

75 『선조실록』 권24, 23년 2월 庚子(28일)조. 申靈, 앞의 책, 참조 ; 田中健夫·田代和生 校訂, 앞의 책, 참조.
76 유성룡, 앞의 책, 참조.
77 『선조실록』 권24, 23년 2월 庚子(28일)조.

위의 사항을 조금이라도 위배해서는 안 된다. 만약 위반한다면 梵天·帝釋天, 모든 日本國大小神祇, 특히 對馬島諸神, 八幡大菩隆, 天滿 大自在天神 등의 神罰冥罰을 받을 것이다. 이상과 같다.

對馬島守

天正 18년 (1590) 5월 30일

義智(花押)

島井宗室老

參[78]

우선 기청문이라는 형식으로 쓰시마가 소시쓰에게 문서로 보낸 점은 흥미롭다. '국중國中의 일'이라는 것은 조선이 소씨에게 요구했던 두 조건을 소시쓰에 의해서 해결된 것을 말하는 것으로 보인다. 소시쓰의 지도를 받고 요시토시가 '소시쓰의 일이라면 어떤 일이라도 한다'고 한 것을 보면 얼마만큼 소시쓰를 의지했는가를 단적으로 보여주고 있다.

또한 이 기청문은 5월 30일 요시토시가 통신사와 함께 교토로 향하던 도중에 작성된 것이다. 따라서 소시쓰에 대한 감사의 표시인 동시에 앞으로 소씨가 통신사 일행과 함께 히데요시를 만날 것을 전제로 하여 미리 소시쓰의 협력을 얻기 위해 작성된 것이라 생각된다.

특히 후자와 관련해서 살펴보면 통신사 일행은 7월 21일 요시토시·겐소·야나가와 시게노부와 함께 교토에 도착하여 다이토구지大德寺에 머물렀다. 8월 2일에는 대선원大仙院·정수원正受院·금모각金毛閣 등을 둘러보았다.[79]

78 「島井氏年錄」, 앞의 책, 65쪽. 기청은 원래 일을 기획해서 실행하는데 지배자에게 허가를 청하는 문서를 가리킨다. 罰文·神判·誓紙라고도 불린다. 마지막 부분에 '어떤 일이 있어도 속일 뜻이 없음을 선서하고, 만일 속이는 일이 있으면 神伝 등의 주술적인 힘에 의해서 자신은 벌을 받는다'는 의미를 부기한다. 佐藤進一, 『古文書入門』, 法政大學出版局, 1971, 225~241쪽.

79 「晴豊記」, 『續史料大城』권6, 天正 18년 7월 21일조, 동년 8월 2일조, 臨川書店, 1967

통신사 일행이 취락제聚樂第에서 히데요시를 인견한 것은 11월 7일이다. 사절은 2개월간 교토에 있으면서 히데요시와의 대면을 기다린 셈이다.[80] 소시쓰는 통신사 파견을 둘러싼 송환문제에 깊이 관여했으며, 사절 일행이 일본에 파견되어 히데요시를 대면할 때도 교토에서 통신사 일행과 함께 행동하면서 요시토시의 입장을 변호, 절충하는데 힘썼다고 보여진다.

한편 통신사 일행은 히데요시의 입명入明 동참 요구를 거절하고 1591년 1월 28일 시게노부·겐소 등과 함께 귀국했다. 이로써 소시쓰가 요시토시·유키나가와 함께 침략전쟁을 회피하려 했던 노력은 무산되고 말았다. 히데요시는 1592년 3월에 출동명령을 내리고, 4월 12일에 유키나가를 선두로 해서 조선 침략을 감행했다.[81] 조선 침략이 시작되자 하카다는 병참기지가 되고, 소시쓰는 병량미를 집하·관리하며 군사 물자를 조달하는 임무를 맡게 되었다.

소결小結

본장에서는 1590년 통신사가 파견되기 직전 쓰시마·고토와의 관계와 하카다 상인이었던 소시쓰의 외교적 역할을 중심적으로 검토하였다.

선조는 요시토시로부터 히데요시의 국내 통일을 축하하기 위한 통신사 파견 요청을 받았다. 하지만 선조는 전제 조건으로 1587년 전라도 손죽도에서 일어난 왜구 사건의 범인, 즉 고토에 있는 적괴 및 반민 사을포동의 포박과 피로인의 송환을 요구했다. 이것은 선조의 정치적 권위에 관련된 중대한 문제였다.

; 이춘희 편, 『鶴峯全集』付錄, 年譜, 成均館大學, 大東文化硏究所, 1972.

80 「晴豊記」, 앞의 책, 天正 18년 11월 7일조.

81 「西征日記」, 4월 14일조, 『續々群書類從』, 國書刊行會, 1906~1909.

한편 쓰시마의 생존이 걸렸던 요시토시는 통신사 파견을 성사시키기 위해 만방의 노력을 했다. 조선의 요구조건은 고토와 소원하고 대항적인 관계에 있었던 쓰시마의 입장에서는 완수하기 어려운 난제였다. 따라서 유키나가·마쓰라씨와 서로 긴밀한 관계에 있었던 소시쓰가 고토의 스미하루와 요시토시의 중간에 서서 적괴 및 사을포동의 포박과 피로민의 송환을 도왔다. 소시쓰 자신도 상인으로서 조선 무역의 주도권을 확보할 목적으로 소씨와 도요토미 정권의 중간에서 조선과의 교섭에 깊게 관여했다.

그러나 통신사 파견의 선결 조건을 둘러싼 조선과 쓰시마 사이에는 견해 차이가 있었다. 즉 조선은 고토가 히데요시의 지배하에 있다고 생각했기 때문에 고토에 있는 적괴와 반민의 포박이 어려운 문제라고 인식하지 않았다. 또한 통신사는 히데요시의 국내통일을 축하하기 위한 파견이라고 이해하고 있었다.

반면 소씨는 조선을 복속시키라는 히데요시의 명령을 조선통신사 파견으로 바꾸었다. 그 과정에서 요시토시는 조선의 요청을 히데요시에게 보고할 수 없었고, 문제를 해결하기 위해서는 소시쓰에게 부탁할 수밖에 없었다. 이러한 상황에서 1589년 소시쓰의 조선도항이 이루어졌다.

제2장 일·명 강화교섭과 조선의 입장

임진전쟁 기간 동안 격렬한 전투가 있었던 것은 전쟁 발발 직후의 몇 개월과 전쟁이 재발했던 정유년 정도이다. 그 외에는 조선과 일본, 일본과 명 사이에 주로 강화교섭이 진행되었다. 이 교섭에 대한 연구는 한국·일본·중국이 각각 자국 입장을 중심으로 접근하고 있어서 교섭의 목적과 배경 등에 많은 견해차를 보이고 있다.[82]

일본의 경우는 임진전쟁을 외교사적인 측면에서 논의하는 경향이 많다. 때문에 전쟁의 전개과정 및 전투상황보다는 강화교섭에서 논의되었던 내용에 초점이 맞추어져 있다.[83] 한편 한국에서는 민족항쟁사관이 지배적이어서 의병과 승전한 전투 관련 연구가 거의 전부였다.[84] 따라서 강화교섭에 관한 연구는 활발하지 못한 가운데 조선은 일본과의 교섭은 물론이고 일·명 교섭에도 강력하게 반대했다는 견해가 대부분이다.

그러나 조선은 강화교섭에 강한 반대를 표명했지만 1596년 일본에 결국

82 한국·일본·중국의 교섭 연구 동향과 목록에 대해서는 金文子, 「豊臣政權期の日·明和議交涉と朝鮮」, 『お茶の水史學』 37, 1993, 25~55쪽 참고.

83 대표적인 예로서 中村榮孝, 「文祿·慶長の役」, 『岩波講座 日本歷史』, 岩波書店, 1935 ; 同, 「對外戰爭における豊臣秀吉の目的」, 『日鮮關係史の硏究』, 吉川弘文館, 1969를 들 수 있다.

84 임진전쟁 발발 400주년이 되던 1992년 한국에서는 이 전쟁에 대한 재검토가 신문, 잡지, 학술 연구 등에서 성행하였다. 이와 같은 움직임 속에서도 전쟁 중 장기간에 걸쳐 행해져 왔던 화의교섭에 대한 연구는 거의 없었다. 金錫禧, 「임진란 중의 강화교섭에 관한 小考」, 『부산문리대학보』 9, 1966 ; 이형석, 『임진왜란사』, 국방전사편찬위원회, 1987 ; 장학근, 「강화론과 결전론이 수군통제사 교체에 미친 영향」, 『龜海趙成都敎授華甲記念忠武公李舜臣硏究論叢』, 1991 등이 있을 뿐이다.

통신사를 파견하였다. 이는 조선이 강화교섭에 시종일관 반대했다는 통설과는 배치되는 것이다. 본장에서는 일·명 강화교섭에 대한 조선의 입장을 이해하기 위해서 1592년 4월부터 7월까지 진행되었던 강화교섭과 1596년 일본에 통신사를 파견했던 경위를 살펴보고자 한다.

1. 전쟁 개시와 강화교섭

1) 고니시 유키나가의 강화 모색

1592년 4월 13일 유키나가·요시토시가 이끄는 제1군은 부산 성을 함락시켰다. 이 사실이 경상 좌수사 박홍으로부터 선조에게 전달된 것은 17일이었다. 선조는 순변사 이일을 급파했지만, 23일 상주에서 일본군에게 패했다.[85]

한편 유키나가는 파죽지세로 진격하면서도 조선과의 교섭을 모색하고 있었다. 이 같은 사실은 유성룡의 『징비록』에서 확인할 수 있다.[86] 즉 ① 유키나가는 동래에서 교섭을 요청하는 서계를 보냈지만 조선에서 아무런 반응을 보이지 않았다는 것 ② 상주에서 왜통사인 경응순을 보내 히데요시의 서계를 예조에 전해서 다시 교섭을 요구했다는 것 ③ 조선은 1585년 선위사를 역임했던 이덕형을 파견해서 4월 28일까지 충주에서 일본과 교섭할 수 있도록 제안했던 것 ④ 조선은 이덕형과 경응순을 충주에 보냈으나 충주가 함락되고 응순마저 가토 기요마사에게 살해되어 결국 교섭은 성사되지 못했다는 것 등이다.

여기서 주목하고 싶은 것은 조선이 일본 침략을 받은 직후부터 일단 교

85 『선조실록』 권26, 25년 4월 丙午(17일)조.
86 유성룡, 「징비록」 제1권, 『서애문집』, 성균관대학교 대동문화연구원, 1958.

섭에 응하려 했다는 점이다. 이는 조선이 일본군의 진격을 막기 위한 것이었다. 더욱이 조선이 유키나가의 요구대로 동지중추부사 이덕형을 파견한 것은 훗날 일본과의 교섭 담당자로서 관직이 낮은 자나 무관을 파견했던 것과 비교해 볼 때, 이 교섭을 얼마나 중시했던가를 알 수 있다.

한편 유키나가가 교섭을 청한 이유는 25일 히데요시에게 보낸 서장 속에 "상주에서 이일과 병사들을 패주시키고 수천 명 이상을 쳐부수었지만 이미 저녁이 되어서 잔병을 소탕하고 전멸시킬 수 없었다"[87]고 한 점에서 알 수 있다. 또한 유키나가는 "선조가 히데요시에게 인질을 파견할 것이며, 선조 스스로 명으로 가는 길을 안내할 것이라"[88]고 보고했다. 이는 사실과는 전혀 다른 내용이지만 유키나가 자신도 명 정복 선두에 조선을 세워서 히데요시의 의도에 맞추고자 했다.[89]

2) 선조의 한성 귀환 요구와 임진강에서의 강화 권유

1592년 5월 3일 한성이 함락되었다. 이후 유키나가는 5월 14일 조선에 야나가와 시게노부柳川調信(이후 시게노부로 약칭)를 파견해서 교섭을 시도하였다.

> 日本國差來의 先鋒 秘書少監 平調信이 삼가 朝鮮國 大人足下에게 啓를 올립니다. (중략) 풍신수길이 전쟁을 일으킨 것은 감히 귀국에 원한이 있기 때문이 아닙니다. 단지 大明에게 원한을 갚기 위함입니다. 엎드려서 바라건대 조선 국왕은 한성(洛陽)으로 돌아와서 일본과 명과의 강화를 알선해 줄 것을 바라는 바입니다. 그러나 그 결과 강화가 행해지지 않는다고 해도 그것은 귀국의 죄가 아니라 天命인 것입니다.[90]

87 프로이스著, 松田毅一·川崎桃太 譯, 『日本史』 第2卷, 中央公論社, 1977, 231쪽.
88 상동
89 武田勝藏, 「伯爵宗家所藏豊公文書と朝鮮陣」, 『史學』 4-3, 1925.

시게노부는 조선에 '국왕의 한성 귀환'과 '대명과의 강화교섭 알선'을 요구하고 있다. 이에 대해 조선은 교섭에 불응한다는 자세를 취하면서도 시게노부보다 상급자가 온다면 교섭에 응할 의사가 있다고 답변하고 있다.[91] 시게노부는 조선의 의도를 파악하고 16일에는 겸허한 어조로 서장을 보내고 있다. 그 내용에는 ① 유키나가는 히데요시의 명령에 따라 조선을 침략했지만 '입명入明'의 의사는 없다는 점 ② 조선과 화친하고 명과 강화하게 된다면 삼국은 평화로워질 것이라고 전한 점 등이다.[92] 특히 시게노부는 조선이 일본에서 상급 장수가 온다면 교섭할 용의가 있다는 점을 중시하고, 유키나가의 서신도 첨가하고 있다. 그때 그는 "자신은 조선으로부터 대직을 받았으며, 그 은혜를 잊을 수가 없다"고 하면서 조선과의 교섭 성사를 원했다.

한편 이 서장은 당시 임진강에서 대치하고 있던 조선 갑사甲士에 의해 승정원에 전달되어 3일 후에 회신하라고 되어 있었다.[93] 그러나 이 교섭은 일본군이 서신을 보낸 지 이틀 만에 임진강을 건너왔기 때문에 성사되지 않았다. 다만 일본군은 북진하면서 조선에 '명과의 강화교섭 알선'과 '선조의 한성 귀환'을 계속 요구했다. 그렇다면 시게노부가 임진강에서 조선과의 교섭을 요구했던 이유는 무엇일까?

『징비록』에는 "일본군이 임진강 남쪽에 진을 쳤으나 배가 없어서 건너지 못하고, 다만 유격병을 내어 강을 사이에 두고 대치한 지 10여 일이 되어도 강을 건너지 못하였다"[94]고 언급하고 있다. 일본 측 기록에도 "11일……그날 밤 파주에 머물렀으며 그곳에서 3일간 주둔하였다. 그 이유는 그 사이에 큰 강이 있어서 강을 건너기 위한 천선川船을 만들기 위해서였다"[95]고 기술

90 「西征日記」, 5월 14일조, 『續々群書類從』, 國書刊行會, 1906~1909.
91 「西征日記」, 위의 책, 5월 15일조.
92 「西征日記」, 위의 책, 5월 16일조.
93 상동
94 유성룡, 앞의 책, 참조.
95 『服部傳石衛門覺』, 朝鮮陣關係舊記, 동경대학 사료편찬소 소장.

되어 있다. 다시 말해서 일본은 선조를 포획하기 위해서 전진하였으나 강을 건널 배가 없어서 조선과 교섭하려 했다.

3) 대동강에서의 강화 회담

6월 1일 개성을 점령한 유키나가와 요시토시는 조선의 삼공에게 다시 강화교섭을 요구하였다. 그 요구내용을 보면 ① 조선은 일본과 싸우든가 아니면 일본과 정명하든가 선택해야 할 것 ② 조선은 일본과 화의해서 선조를 한성으로 귀환시키거나 아니면 평양에 머무르게 할 것 등이었다.[96] 이것은 선조의 한성 귀환을 목표로 유키나가와 요시토시가 주도적으로 이 문제를 해결하려 했다.

한편 이들은 6월 8일 대동강까지 접근하였으나 조선의 방어선이 견고해 좀처럼 전진할 수 없었다. 게이데쓰 겐소景轍玄蘇와 시게노부는 대동강에서 예조참판 이덕형과 회담할 것을 요구했다. 이에 대해 조선은 일본의 요구조건과 교섭 상대를 이미 파악했고, 대동강 경비도 견고했기 때문에 이들의 제안에 응하였다. 그 결과 6월 9일 대동강에서 처음으로 양국 간의 공식적인 교섭이 성사되었다.

일본 측은 "그동안 화의를 요구하는 서계를 보냈으나 조선이 답하지 않아서 전쟁이 일어난 것이며, 선조를 평안도 지방으로 피신시키고, 자신들에게 요동으로 가는 길을 열어달라는 것"[97]이었다. 이에 대해 덕형은 조선과 명이 '부자지간'임을 강조하면서 요구에 응할 수 없음을 밝혔다.

일본은 11일에도 선조의 거처 문제를 집요하게 언급하면서 교섭을 요구하였다. 예를 들면 "조선이 왕족을 인질로 일본에 파견하면 선조는 한성으

96 『선조실록』 권28, 25년 7월 戊午(1일)조.
97 『선조실록』 권27, 25년 6월 丁酉(9일)조.

로 돌아올 수 있다"[98]라는 것이었다. 여기서 주목할 것은 유키나가와 요시토시가 선조를 한성으로 귀환시키려 했던 것과 선조의 거처를 자신들의 지배하에 두려고 했던 점이다. 그러면 유키나가가 선조의 한성 귀환을 끈질기게 요구한 이유는 어디에 있었을까?

4월 6일 히데요시는 자신의 조선 도해와 관련해서 숙박소 정비 명령을 내고 있다.[99] 즉 히데요시는 부산포에서 한성까지 자신이 머무를 숙박소 공사를 명하였다. 5월 5일에는 우키타宇喜多·고바야카와小早川 등을 시켜 숙선宿膳(숙소)에 대해서도 언급하였다.[100] 아울러서 16일에 한성 함락과 선조의 도주 소식을 들은 히데요시는 당장이라도 조선을 건너갈 것처럼 숙박소 공사 및 일본군이 통과할 도로정비를 명하였다.[101] 따라서 일본 무장들은 전투준비는 물론이고, 히데요시의 '어숙박진청御宿泊陣請', '로지정비路地整備'를 준비해야만 했다.

다시 말해서 유키나가는 히데요시가 곧 조선을 도해할 것이라 판단해 서둘러 그의 명령을 실천에 옮기려 했다. 그러나 조선의 저항으로 숙소 공사나 도로 정비 작업은 순조롭게 진행되지 못했다. 때문에 우선 선조를 한성으로 귀환시켜서 정세의 안정을 꾀한 후, 히데요시의 명령을 수행하려 했다고 생각된다.

특히 유키나가는 선조의 도주로 전쟁이 장기화 될 것을 우려했다. 왜냐하면 선조를 체포하지 못한 상황에서 전쟁을 끝낸다는 것은 불가능했기 때문이다. 또한 선조가 명에게 구원을 요청할 가능성이 크다고 보아 우선 선조를 자신들의 지배하에 두고, 히데요시의 명령을 완수하려 했던 것으로 추측된다. 더욱이 5월 초부터 일본군이 본국으로 도망가는 사태가 속출하였던

98 「징비록」에는 이덕형이 '先退兵講解'를 강조했다고 적혀 있다.
99 川添昭二, 福岡古文書を讀む會校訂, 『新訂黑田家譜』 1, 文獻出版, 1982~1987, 207~208쪽.
100 『武家事記』 30, 續集·古案, 豊臣家下所收, 原書房, 1982~1983.
101 「加藤文書」 16, 『態本縣史料中世編』 5, 態本縣, 1966.

것을 상기해 보면,[102] 유키나가의 선조 한성 귀환 요구는 이와 같은 배경에서 나온 것임을 알 수 있다.

한편 6월 15일 평양성을 점령한 유키나가는 더 이상 선조의 한성 귀환을 요구하지 않았다. 6월 3일 히데요시의 조선 도해가 연기되어 사실상 히데요시 숙박소 공사와 도로 정비의 필요성이 없어졌기 때문이다.[103] 또한 평양전투 후 일본군은 더 이상 전진할 수 없을 정도로 곤궁한 처지에 빠져 있었다. 당시의 상황에 대해 프로이스는 "일본 무장들 가운데는 조선에 익숙하지 못하고 식량부족과 부상자 속출로 고생하고 있다. 평양과 부산 간 식량수송이 조선 병사들의 습격에 의해서 어려운 상태였다"[104]고 전하고 있다.

조선은 5월 말부터 6월에 걸쳐서 병력과 군량을 정비하고 항전의 태세를 갖추었다. 특히 3도에서 의병이 조직되어 일본군을 궁지에 빠뜨렸다. 따라서 조선은 일본의 강화교섭 요구에 일체 응하지 않게 되었다. 조선은 전세가 어느 정도 회복되었기 때문에 교섭할 필요가 없었다. 게다가 조선은 일본이 평양전투에서 승리는 했으나 식량부족 등으로 전쟁 수행이 불가능하다는 것을 간파하고 있었다.

8월 일본은 조선과의 교섭이 불가능한 것을 깨닫게 되었다. 그에 따라 유키나가는 평양에서 심유경沈惟敬과 교섭하며 정전협정까지 맺었다. 이와 같은 상황에서 조선은 일본과 명의 교섭을 강력하게 반대했다.

먼저 8월부터 11월에 있었던 평양회담에 대해서 선조는 심유경에게 자신들이 '조진토왜早進討倭'를 요구하는 것은 일본에게 명군이 참전했다는 사실을 알려서 일본군의 공격을 저지하기 위해서라고 설명한다.[105] 또한 심유경이 유키나가와 50일간 휴전협정을 맺자 선조는 "일본군이 화의를 요청한

102 「松浦家藏御內書寫」, 동경대학 사료편찬소 소장.
103 「中外經緯傳」 4, 『改定史籍集覽』 第11, 近藤出版部, 1902~1926.
104 프로이스, 앞의 책, 第11卷, 254쪽.
105 『선조실록』 권29, 25년 8월 甲辰(17일)조.

것은 겨울을 무사히 넘기기 위함이며, 한중寒中에 일본군을 공격하지 않으면 중국 본토까지도 침략당할 수 있다"[106]고 했다. 또한 그는 자국의 병력으로라도 일본과 싸우겠다는 의지를 보이면서 강화교섭에는 일체 응하지 않았다.

윤두수가 심유경에게 보낸 서계에는 "조선의 군정軍情이 이전과 크게 달라서 관군과 의병이 분발하고 있고, 부인들은 투석할 것까지 생각하고, 아이들은 강화한다는 말을 부끄럽게 여긴다"[107]라는 내용이 보인다. 즉 조선에는 선조를 비롯해서 일반 민중까지도 강화교섭을 극렬하게 반대한 것을 알 수 있다. 진주성 싸움에서 관군과 의병이 일본의 공격을 저지했다는 소식이 전해지자 조선은 강화교섭을 접어두고 조속히 일본군을 토벌하려 했다. 게다가 조선왕릉 파괴사건까지 겹치자 교섭을 일체 거부하였다.

유키나가는 조선이 강화교섭에 부정적인 인식을 갖고 있다는 것을 알고 명과의 강화교섭을 추진했다. 당시 유키나가는 "고려국 사람들이 반역하고 복종하는 행동은 하찮은 백성이라도 예측하기 어렵다. 자신이 재삼 화의 약속을 하였는데, 그 나라 사람들 중 윗사람들은 정직한 척 하면서 정말로 율의律義가 있는 것처럼 행동하나 성의를 갖고서 화의를 신청하면 다른 소리를 하여 파탄에 이른다"[108]고 하여 조선에 대한 불신감을 가지고 있었다.

이상과 같이 기존의 연구와는 다르게 전쟁 발발 직후부터 조선과 유키나가 사이에서 강화교섭이 추진된 것을 알 수 있다. 즉 조선은 일본군의 공세를 교섭을 통해서 완화시키고 침략의 목적을 파악하기 위해 적극적으로 교섭에 임했다. 반면 일본도 승전은 했으나 시간이 지남에 따라 전황이 불리해져 갔고, 히데요시의 조선 도해 준비를 위해서 교섭을 요청했던 것을 알 수 있다. 그러나 전세를 만회한 조선은 교섭에 응하지 않고 '조진토왜'를 주

106 『선조실록』 권32, 25년 11월 癸酉(17일)조.
107 상동
108 古田蒼生雄全譯, 『前野家文書 武功夜話』 3, 新人物往來社, 1987, 248~249쪽.

장했던 것이다. 반면 일본은 병량, 병원兵員의 부족으로 강화교섭의 필요성을 절감하면서 명과 강화교섭을 시도했다.

2. 조선의 대일교섭 재개

1) 교섭 찬성자의 출현과 조선 국내사정

1593년 9월부터 10월까지는 임진전쟁 기간 중에서 큰 변화가 일어났던 시기이다. 즉 9월 13일 송응창과 이여송은 각각 정주와 평양을 떠나서 요동으로 돌아갔다.[109] 히데요시는 9월부터 10월에 걸쳐서 동국 지역의 제장을 필두로 주력 무장들을 귀국시켰다.[110] 선조도 10월 1일 한성으로 돌아왔다.[111] 이로써 전쟁은 소강상태에 빠졌다.

이런 상황에서 조선 내부에서 일·명 강화교섭 및 일본을 대하는 태도에 변화가 생기기 시작했다. 즉 조선에서는 일·명 강화교섭을 찬성하는 사람이 나타났고, 전라방어사 김응서가 유키나가와 교섭하기 시작했다. 그리고 1596년에는 조선이 일본에 통신사를 파견한다. 그렇다면 조선의 입장이 변화한 배경은 무엇일까?

1593년 12월 7일 송응창을 대신해서 고양겸이 경략經略이 되어 조선에 주둔하는 명군을 총괄하게 되었다.[112] 그는 명군의 전면 철수 계획을 가지고 있었다. 당시 일·명 강화교섭의 쟁점이었던 봉공封貢 문제를 조속히 해결해서 히데요시를 일본 국왕으로 임명하고, 유키나가와 협상하여 일본군

109 『선조수정실록』 권27, 26년 9월조.
110 「伊達家文書」2, 651호, 『大日本古文書』 家わけ3.
111 『선조실록』 권43, 26년 10월 辛巳(11일)조.
112 『명 신종실록』 권268, 만력 21년 12월 丙申조.

을 모두 귀환시키려 했던 것이다. 선조에게도 일본이 봉공을 빨리 받을 수 있게 주청해 줄 것을 강요했다. 특히 고양겸은 산동·하남 및 大江 이북 지역에 기근이 있어서 인육까지 먹는 사태가 발생하고 있기 때문에 조선의 청병請兵·청양請糧 요구를 거절하며 조속히 철수하려 했다.[113]

1594년 5월이 되어 조선 조정 내부에서 고양겸의 봉공 주청 요구와 일본과의 강화교섭을 긍정적으로 받아들여야 한다는 의견이 대두하기 시작했다. 그 대표적인 인물로서 이정암李廷馣과 성혼成渾을 들 수 있다. 이들이 그와 같은 주장을 한 배경을 5월 22일 당시 전라감사였던 이정암이 올린 계를 통해 살펴보자.

이정암은 청병과 식량문제를 더 이상 명에 기대할 수 없으며, 3년간의 전쟁으로 식량 부족과 백성들의 피폐 상태가 극에 달해 있음을 들어 시의 있는 정책을 펼 것을 주장했다. 그리고 해결책으로서 1547년부터 폐쇄되었던 제포薺浦(웅천)를 열어 삼포三浦와 연락할 수 있게 하고, 세공선은 종전대로 그 수를 제한하여 세사미두를 일본에 줄 것을 제안했다.[114]

그는 1587년부터 3년간 동래부사를 역임했기 때문에 일본과의 접촉이 많았던 인물이다. 때문에 그의 일본 인식은 현실에 바탕을 두고 있었다. 그는 전쟁이라는 위기상태를 벗어나기 위해서는 우선 국력을 회복하고 일본과 和를 맺는 것이 양책이라 주장했다.

한편 좌참찬 성혼도 이정암의 의견에 동조하면서 특히 고양겸의 일·명 강화 교섭안을 따를 것을 건의했다. 그는 일본군의 병봉兵鋒을 조금이라도 늦추게 한 뒤 국력회복을 하는 것이 상책이며, 고양겸의 강화 교섭을 반대하는 것은 부당하다고 했다.[115] 성혼은 일찍이 시무 14조를 국왕에게 제의하였다. 특히 군사제도의 개편에 대해서는 정병들 확보를 위해서 신분이 낮

113 『선조실록』 권50, 27년 4월 辛未(23일)조.
114 『선조실록』 권51, 27년 5월 己亥(22일)조.
115 성혼, 『청송 우계집』, 아세아문화사, 1980.

은 자라도 군공이 있다면 정식으로 군에 편입시키는 방법을 건의하였다.[116]

이 두 사람은 당시 서인에 속해 있던 인물이다. 서인은 성리학 중에서 도덕적인 법칙의 탐구도 중시하지만 그 방법을 지식주의적인 입장에서 해결하려고 했다.[117] 따라서 성혼은 현실을 직시하고, 일본과의 강화교섭을 하면서 국력을 회복시키는 것이 상책이라고 생각했다.

이정암도 동래부사를 역임했었고, 李珥의 영향을 받아서 일본과의 강화교섭을 긍정적으로 생각하고 있었다. 그러나 이들의 견해는 선조를 비롯한 조정 내부에서 강한 비난을 받아 수용되지 못했다. 하지만 이들이 지적한 것은 일·명 강화교섭 반대를 고수해 왔던 사람들에게 큰 변화를 주었다.

그러면 당시 조선 상황은 어떠했을까? 첫 번째로 조선에서는 기민飢民과 피역민避役民에 의한 민란이 일어나 위기의식이 높아졌던 점을 들 수 있다. 민란은 군량 지출에 의한 식량부족과 흉작에 의한 기근, 특히 참전한 명군에게 식량을 제공하느라 부족해진 식량이 원인이 되어 일어났다. 민란에 대해서 선조는 "일본의 재공격만이 우려할 상황이 아니고 '성중지변城中之變' 즉 민란도 더 우려되는 사항이다"[118]라고 말하고 있다.

민란은 선조가 환도했지만 조정의 권위가 제대로 서 있지 않았던 까닭에 끊임없이 일어났다. 처음에는 소규모였던 민란이 1592년 말부터 1593년 초에 들어서면 조직을 만들어서 봉기를 일으키는 경우가 많았다. 그 예로 1594년 정월 충청도 일대에서 일어난 송유진의 난을 들 수 있다. 이들은 기민을 중심으로 한성까지 공격한다는 계획을 세울 정도로 세력이 컸다. 송유진은 자신을 판서라 칭하면서 선조의 책임 문제와[119] 조정의 분쟁 등을 비난하면서 왕조를 무너뜨리고 새로운 정권을 수립하여야 한다고 주장했다.

116 상동
117 상동
118 『선조실록』 권39, 26년 6월 丁酉(14일)조.
119 조경남, 『난중잡록』 3, 갑오 정월조, 한국고전총서 3, 민족문화추진회 편, 1977.

선조는 한성까지 위협하는 이들의 존재에 대해서 한강과 남산을 중심으로 방비를 엄수할 것을 명하였다.[120]

한편 1594년 8월에는 경기도 부근에 도적의 횡포가 날로 심해졌다.[121] 9월에는 토적이 한성까지 출몰하자 선조는 병조에게 남산과 동대문 및 남대문에 대포를 설치하고, 야간에는 방포하라는 명령을 내리기도 했다.[122] 아울러 선조는 비변사에 행궁을 호위하고 도성을 엄중히 방비하라는 명령을 내린다.[123]

선조의 이와 같은 조치는 민란의 피해가 도성에까지 확대되는 것을 우려한 것이다. 일찍이 "기전畿甸은 바로 국가의 근본이니 더욱 때맞춰 구활하지 않으면 안된다"[124]고 생각해 온 선조와 조정은 민란에 의한 성내 치안 불안, 민란 주도자들의 신정권수립 선언을 심각한 문제로 받아들였다. 따라서 일·명, 또는 일본과의 강화교섭에 대한 새로운 대책이 필요했다고 추측된다.

두 번째로는 일반 서민들의 생활이 비참했던 점을 들 수 있다. 1593년 4월 일본군이 철수한 후 한성에 들어간 유성룡은 "도성 안에 사람이 거의 없었으며 아직 살아 있는 사람은 기아로 피폐한 상태였으며, 人馬의 死臭로 지나갈 수가 없었을 정도였다"[125]고 토로하고 있다. 이와 같은 상황은 계속되어 기근에 의한 '인상살식人相殺食' 현상이 나타났고,[126] 3월에는 부모형제까지 살식하는 경지까지 이르렀다.[127] 이에 선조는 '인상살식'에 대해서

120 『선조실록』 권47, 27년 정월 壬辰(13일)조.
121 『선조실록』 권54, 27년 8월 壬申(27일)조.
122 『선조실록』 권55, 27년 9월 乙酉(10일)조.
123 『선조실록』 권55, 27년 9월 壬寅(27일)조.
124 『선조실록』 권41, 26년 8월 己丑(8일)조.
125 유성룡, 앞의 책, 참조.
126 『선조수정실록』 권28, 27년 정월조.
127 『선조실록』 권49, 27년 3월 戊戌(20일)조

애통의 교서를 선포하는 등 문제 해결에 고심했다.[128]

세 번째로는 일본군이 재침한다는 정보가 유포되면서 위기의식이 고조되었다는 점이다. 즉 1594년 4월 13일 유정惟政은 서생포에 있는 기요마사를 만났을 때 교섭이 성립되지 않으면 일본군이 재침해서 명을 칠 것이라는 위협을 받았다.[129] 물론 기요마사 말을 그대로 믿을 수는 없지만, 적어도 일본군의 재침 가능성을 배제할 수 없었다.[130]

설상가상으로 심유경과의 화친이 성립되지 않을 경우에는 히데요시가 명에 다시 난입할 것이라는 소문까지 있었다.[131] 6월 선조는 일본군의 재침 풍설이 끊임없이 나오자 무군사撫軍司에 방비의 조치를 명하였다.[132] 더욱이 7월이 되면 일본군이 재침한다는 유언비어가 도성뿐 아니라 수원, 남원, 강화도 등 경기도 근방까지 퍼져서 인심의 동요가 끊이지 않았다.[133]

이상의 세 가지 상황이 복합되어 위기상황에 빠지게 되자 선조는 교섭을 전적으로 부정할 수 없게 되었다.[134] 결국 선조는 일·명 강화교섭을 인정할 수밖에 없었던 것이다. 그 결과 9월 2일에 주청사는 북경에 들어가서 "일본의 봉공을 허락해서 조선의 사직을 보존하고 싶다"[135]는 주문을 올렸다. 이것은 조선이 교섭을 반대하지 않겠다는 의미였다. 조선의 교섭에 대한 태도 변화로 8월에는 경상도 우병사 김응서가 유키나가와 회담을 진행했다. 이와 같은 맥락 속에서 조선은 1596년 8월 통신사를 파견했다.

128 조경남, 앞의 책, 갑오, 4월조.
129 南鵬, 『奮忠紓難錄』 甲午4월, 淸正營中探情記, 고려대학교 도서관 소장.
130 『선조실록』 권51, 27년 5월 癸未(6일)조.
131 申靈, 『再造藩邦志』, 朝鮮古書刊行會, 『大東野乘』, 1909~1911.
132 『선조실록』 권52, 27년 6월 辛未(24일)조.
133 『선조실록』 권53, 27년 7월 壬午(6일)조.
134 『선조실록』 권52, 27년 6월 庚午(23일)조.
135 『선조실록』 권56, 27년 10월 甲寅(10일)조.

2) 재침략의 방지와 통신사 파견

1594년 9월 명은 조선이 일본의 봉공 요청을 한 것과, 일본군이 한성에서 철수한 점을 고려해서 히데요시를 일본 국왕으로 임명한다는 결정을 내렸다. 책봉정·부사에 이종성, 양방형이 임명되었고 심유경도 동행하게 되었다. 심유경은 책봉사와 동행할 인물로 예조판서를 역임한 윤근수를 지목하였다. 이에 대해 조선은 중신을 일본에 파견한다는 것은 대의명분에 상반되는 것이라며 거절하였다. 윤두수도 병사 모집과 피로인을 초무招撫·공응供應해야 하는 업무를 핑계로 응하지 않았다.[136] 결국 심유경과 동반하기로 한 사람은 황신이었다. 그는 비교적 관위(문학=정5품)가 낮았던 관리였다.

한편 1595년 4월 25일 유키나가도 책봉사와 함께 통신사를 파견해 줄 것을 조선에 요구했다.[137] 일본의 겐소는 사리에 통달한 사람이나, 관직이 높고, 높은 덕을 겸비한 사람을 보내줄 것을 요청했다. 또한 그는 1590년 통신사로 온 황윤길처럼 사리에 밝지 못한 사람은 안 된다며 고려 말 조선 초에 일본에 왔던 정몽주와 신숙주를 높이 평가하였다.[138]

6월 18일 조선은 김응서로부터 통신사를 보내지 않으면 히데요시가 철수하지 않는다는 보고를 받았다.[139] 조선은 통신사 파견의 유무가 히데요시의 재침략 문제와 밀접하게 연관되어 있다고 판단했다. 김응서가 통신사 파견에 대해 긍정적인 의견을 내자 6월 25일에 통신사 파견이 결정되었다. 정사에는 황신, 부사에 무신 출신인 박홍장이 발탁되었다.[140] 이것은 1590년에 정·부사, 서장관 등 삼사가 문신 출신이었던 것과는 대조적이다. 일본 진영

136 『선조실록』 권62, 28년 4월 癸丑(11일)조.
137 『선조실록』 권62, 28년 4월 丁卯(25일)조.
138 『선조실록』 권70, 28년 12월 己未(21일)조.
139 『선조실록』 권76, 29년 6월 甲寅(18일)조.
140 『선조실록』 권76, 29년 6월 辛酉(25일)조.

의 정세와 히데요시의 재침략 여부가 임무였기 때문에 부사라는 중책에 무신을 임명했다고 추측된다. 결국 통신사는 명의 정사가 일본에 떠난 후 8월 8일에 일본으로 향했다.

이상과 같이 강화교섭에 부정적이었던 조선이 통신사를 일본에 파견한 것은 무엇보다도 히데요시의 재침략을 막아야 한다는 생각과 '일본진영의 정세를 사간査看'한다는 목적이 컸음을 알 수 있다. 결국 여기에는 일본과 강화교섭을 받아들임으로써 일반 백성의 구제와 선조의 지배권을 강화하려는 의도가 작용했다.

소결小結

본장에서는 임진전쟁 발발 후 조선과 일본의 교섭 내용과 1596년 조선이 일본에 통신사를 파견한 배경과 의미에 대해서 검토하였다. 기존의 연구에서는 일·명 강화교섭에 관한 조선의 입장은 일관되게 '교섭반대'로 이해했다. 물론 조선은 일·명 강화교섭과 일본과의 교섭에 대해서 기본적으로는 반대 의사를 표시해 왔다. 조선은 영토를 침략한 일본과는 교섭할 필요가 없었고, 조속히 영토를 회복하기 위해서는 일전一戰이 더 요구되었기 때문이다. 그러나 조선은 명의 원군이 조선에 도착하기 직전이나, 명이 일본과의 접촉을 인정할 경우에는 유연하게 강화교섭에 대처했다. 이처럼 조선의 일본에 대한 교섭 불가의 방침은 본장에서 살펴본 것처럼 유동적이었다.

또한 조선에서 기민과 피역민에 의한 민란의 위기의식이 높아졌던 점과 일반 서민들의 생활이 비참했던 점, 그리고 일본군이 재침한다는 정보가 유포되면서 위기의식이 고조되어 결국 일본과의 강화교섭을 받아들였다. 여기에는 일반 백성의 구제와 선조의 지배권을 강화하려는 의도가 작용했다. 강화교섭에 부정적이었던 조선이 통신사를 일본에 파견한 것은 무엇보다도 히데요시의 재침략을 막아야 한다는 생각과 '일본진영의 정세를 사간査看' 한다는 목적이 컸음을 알 수 있다.

한편 일본은 전황에 따라서 교섭 상대를 바꾸기는 했으나 기본적으로는 전쟁 당사국이었던 조선과 교섭하려 했다. 그러나 조선의 강한 반발과 조선에 대한 불신감 때문에 교섭 대상은 주로 명이 되었다. 또한 일본은 명과 조선이 책봉관계에 있다는 점을 이용하여 자국의 실리를 챙기려 했다.

제3장 사명당四溟堂·기요마사清正와 강화교섭의 허실

기존의 연구에서는 5년 남짓 진행되었던 일·명 강화교섭이 결렬된 배경에 대해서 불분명한 부분이 많다. 그 원인은 대부분의 연구가 심유경·유키나가 간에 진행되어 왔던 교섭에만 치중했기 때문이다. 다시 말해서 유키나가와는 다른 경로를 통해서 이루어진 조·일 강화교섭 내지는 일·명 교섭의 내용, 그리고 조선의 강화교섭에 대한 태도변화 등에 대해 종합적이고 심층적인 연구를 소홀히 해 왔다.

본장에서는 1594년부터 4차례에 걸친 사명당과 기요마사 간의 서생포 회담을 검토함으로써 일·명 강화교섭이 결렬되는 과정을 이해하려고 한다. 현재 서생포 회담에 대한 연구는 소수에 지나지 않는다.[141] 더욱이 일·명 강화교섭을 결렬시켰던 서생포 회담의 실체에 대해서는 주목하고 있지 않다. 그 이유는 4차에 걸친 회담에서 구체적 합의를 도출하지 못하고 외견상으로 모두 결렬된 것처럼 보이기 때문이다. 그러나 서생포 회담은 심유경과

141 사명당기념사업회, 『사명당 유정 그 인간과 사상과 활동』, 지식산업사, 2002 ; 金榮作, 「松雲大師の加藤清正との外交談判成果意義」, 『朝鮮義僧將·松雲大師と德川家康』, 明石書店, 2002, 148~193쪽 ; 申鶴祥, 『사명당의 생애와 사상』, 밀양시민신문사, 1994, 111~181쪽 ; 貫井正之, 「義僧兵將·外交僧としての松雲大師の活躍」, 『朝鮮義僧將·松雲大師と德川家康』, 明石書店, 2002, 265~275쪽 ; 北島万次, 「壬辰丁酉倭亂と松雲大師」, 『朝鮮義僧將·松雲大師と德川家康』, 明石書店, 2002, 33~38쪽 ; 이완범, 「임진왜란의 국제정치학 일본의 조선 분할요구와 명의 對 조선 종주권 확보의 대립, 1592~1596」, 『정신문화연구』 제25권 4호, 2002, 121~122쪽 ; 김강식, 「임진왜란 시기의 서생포 회담과 의미」, 『울산사학』 11호, 2004, 57~82쪽.

유키나가 간의 회담을 저지시키려는 목적을 어느 정도 달성했기 때문에 나름대로 의의가 큰 만남이었다.

여기서는 일·명 강화교섭 상황을 살펴본 후, 사명당이 기요마사의 진영을 탐방하게 되는 배경을 조선·일본·명 삼국의 국내정세와 연관해서 검토하고자 한다. 이를 토대로 5년 남짓 진행되어왔던 일·명 강화교섭이 파탄날 수밖에 없었던 이유에 대해서 고찰하고자 한다.142

1. 조·일 회담의 배경

1) 서생포 회담 이전의 일·명 강화교섭 상황

1594년 4월 사명당과 기요마사와의 강화교섭이 시작되었다. 먼저 1592년부터 1594년 3월까지 일·명 강화교섭에 대한 전반적인 상황을 살펴보도록 하자.

전쟁이 발발한 직후 일본은 조선에 가도입명을 요구하는 회담을 제의하였지만 조선이 강하게 반대하였다. 일본은 6월에 있었던 대동강 회담마저 결렬되자 대동강 남쪽에 병력을 집결시켜 평양성을 공략할 준비를 했다.

한편 9월 평양성 전투에서 명군이 참전하자 일본군은 명과의 강화교섭을 모색했다. 다시 말해서 일본은 조선이 교섭을 반대하자 명을 통해서 자신들에게 유리한 교섭을 진행하려 했다. 그 결과 1592년 8월 31일부터 9월 1일

142 일·명 강화교섭의 파탄 과정에 관한 일련의 연구가 있으나 여기서는 조선과 기요마사와의 회담을 통해서 강화교섭이 결렬되는 과정을 살펴보고자 한다. 佐島顯子, 「壬辰倭亂講和の破綻をめぐって」, 『年報朝鮮學』 4, 1994 ; 김문자, 「慶長元年の日明和議交涉破綻に關する一考察」, 『人間文化硏究年報』 18, 1994, 60~68쪽 ; 北島万次, 『豊臣秀吉の朝鮮侵略』, 吉川弘文館, 1995, 139~179쪽.

까지 일·명 강화교섭이 진행되었다. 심유경과 유키나가 사이에서 행해진 교섭에서 양측은 50일간의 잠정적인 휴전협정을 맺었다.[143] 그리고 일본은 대동강을 경계로 해서 以東의 땅은 일본에 귀속시키고, 以西는 조선에 귀속시킨다는 안을 제시하였다.[144] 아울러 일본은 명에 봉공할 것을 요청하였다.

유키나가와 심유경은 약정한 50일간의 휴전 기간이 끝나자 강화회담을 재개하였다. 이때 일본 측은 책봉사를 일본에 파견해 줄 것을 요구하였다. 그리고 명이 봉공을 허락하면 일본군은 한강 이남으로 철수한다는 원칙에 합의하였다. 그러나 심유경의 대일 강화교섭에 대해 명 내부에서 비판이 일어났다. 게다가 평양의 일본군이 의주를 향해 진격한다는 정보가 전달되고, 명군이 조선에 참전하자 일·명 강화교섭은 중단되는 듯 했다.[145]

이듬해 벽제관 전투에서 패한 명군은 일본군 진영에 심유경과 주홍모 등을 파견하여 일본과의 강화를 서둘렀다. 이때 명은 히데요시가 명 황제에게 사죄하는 글을 바치면 그를 일본 국왕으로 책봉한다는 것과 조선에서의 완전 철수 등을 요구하였다. 이에 대해 일본은 강화사 파견을 명에 제시하였다.[146]

이러한 과정 속에서 명의 송응창은 독단적으로 사용재와 서일관을 강화사로 위장시켜 일본군 진영에 보내고 조속한 철병을 요구하였다. 이때 송응창은 히데요시의 항복 문서를 받아올 것을 지시하였다.[147] 일본군은 자신들의 요구대로 강화사가 파견되는 것으로 알고 이 사실을 본국에 알렸다.[148]

143 『선조수정실록』 권26, 25년 9월 丁巳(1일)조 ; 『선조실록』 권30, 25년 9월 乙丑(8일)조.

144 『明史』 朝鮮列傳, 208, 外國1, 中華書局本, 1974.

145 이 때 명은 대규모의 원병을 보내는 한편, 심유경을 다시 조선에 보내 강화 협상을 벌였다. 한명기, 「임진왜란기 明·日협상에 관한 연구－명의 강화집착과 조선과의 갈등을 중심으로－」, 『국사관논총』, 98, 2002, 243~244쪽.

146 유성룡, 「징비록」 권10, 『서애문집』, 성균관대학교 대동문화연구원, 1958.

147 『선조실록』 권37, 26년 4월 丙戌(2일)조.

148 『吉見元頼朝鮮日記』 4월 3일조, 동경대학 사료편찬소 소장.

이윽고 1593년 5월 심유경을 비롯한 명 강화사는 규슈의 나고야에서 회담을 가졌다. 이때 일본은 소위 7개 조의 '大明日本和平條件'을 제시하였다. 그 내용은 대명 황녀를 일본의 후비로 보낼 것, 조선 4도의 일본할양, 감합무역 재개 등이었다.[149]

그러나 히데요시는 강화교섭을 지시하면서도 6월 29일에 진주성 공격을 강행하였다. 송응창은 일본의 대응에 충격을 받고 강화 파기의 조짐까지도 보였다. 7월에 고니시(나이토) 조안小西如安을 비롯한 35명의 항복 사절은 납관사라는 명목으로 부산을 출발하여 9월 평양에 도착하였다. 그러나 명은 히데요시의 항표가 없음을 핑계로 납관사 일행의 북경 입조를 허락하지 않았다. 이에 당황한 심유경과 유키나가는 항표를 조작하여 이듬해 2월 요동에 있는 고니시 조안에게 전달해서 북경에 입경했다.

한편 조선은 명이 납관사의 북경 입조를 허락하면서 일·명 교섭이 급속도로 진전을 보이자, 이를 저지하고 정확한 일명 교섭의 내용을 파악하기 위해 유키나가와는 별도의 교섭이 필요했다. 이와 같은 상황에서 사명당과 기요마사의 회담이 열렸다.

2) 사명당의 기요마사 진영 탐방 배경

일본은 주로 명을 상대로 교섭을 해왔기 때문에 사명당과 기요마사의 강화회담은 이례적인 것이었다. 우선 사명당이 기요마사 진영을 탐방하게 되는 구체적인 배경은 다음과 같다.

1593년 12월 일본의 납관사가 요동에 있을 무렵 조선은 일·명 교섭의 반대 의사를 송응창과 이여송에게 전하였다. 또한 명에 사은사 김수를 보내어 원병과 식량을 구하는 노력을 하였다.[150]

149 『善隣國寶記·新訂續善隣國寶記』, 田中健夫·石井正敏編, 集英社, 1995.

조선이 강화회담 반대 의사를 보인 것은 1593년 7월경 이미 한강을 경계로 남북을 분할한다는 소문이 있었기 때문이다.[151] 이 시기는 심유경이 히데요시와 나고야에서 조선의 4도를 일본에 할양한다는 회담이 진행 중인 상황이었다. 그러나 사실관계를 살펴보면 일본에 파견된 사용재, 서일관 등의 위장僞裝 강화사가 부산에 도착한 것은 7월 15일 경이었으므로 조선이 강화회담 내용에 대해서는 자세하게 알 수 없었다고 생각된다. 그렇지만 심유경이 일본으로 건너가기 전부터 한강 이북을 경계로 영토를 분할할 것이라는 풍문이 있었으므로 조선은 민감하지 않을 수 없었다.[152]

또한 조선은 같은 해 11월 明의 유정劉綎을 통해 화친和親·할지割地·구혼求婚·봉왕封王·준공準貢·용의龍衣·인신印信 7조건이 일·명 교섭의 핵심내용이라는 것을 전해 듣게 된다.[153] 이것은 도원수 권율과 접반사 김찬이 입수한 것으로서 나고야에서 히데요시가 제시한 7개 조와 완전하게 일치하는 것은 아니었다.

따라서 1594년 2월 조선에서는 할지를 둘러싼 논의가 활발하였고, 같은 달 2일 접대도감 이덕형이 척총병(척계광)을 통해서 심유경이 4도를 할양하기로 했다는 말을 듣고서 송응창에게 진위여부를 확인하려 하였다.[154] 또한 4일에는 심유경의 조선 분할 밀약설에 대한 문답과 6일에는 접반사 김찬의 보고가 있었다. 즉 관백이 천조와 혼인하는 것과 한강 이남 할양을 석성이 허락했고, 이 내용을 심유경이 유키나가에게 전했다는 것이었다.[155] 다시

150 『선조실록』 권46, 26년 12월 乙卯(6일)조·丙申(7일)조.
151 『선조실록』 권40, 26년 7월 甲子(12일)조.
152 유성룡, 앞의 책, 참고. 유성룡은 의병장 정인홍이 유총병(劉綎)을 통해서 일본군이 심유경과 함께 한강 이북은 명의 땅으로 만들고 이남은 일본 땅으로 만들고자 한다는 소식을 전해 듣는다.
153 『선조실록』 권44, 26년 11월 辛未(21일)조.
154 『선조실록』 권48, 27년 2월 辛亥(2일)조.
155 『선조실록』 권48, 27년 2월 乙卯(6일)조. 이는 유총병이 통사를 통해서 김찬에게

말해서 조선 조정 내부에서는 나고야 회담을 전후로 유키나가와 심유경 사이에 '할지설'이 논의된 것을 알고 심각한 위기의식을 가졌다.

또한 2월 11일 조선은 심유경이 위작한 히데요시의 항표 문서 초문을 입수하였다. 그 내용 중에는 '할지로서 화친을 구한다'는 언급은 없었지만 조선은 심유경이 사실을 숨기고 있다고 생각했다.[156] 즉 조선은 끊임없이 '할지설'이 논의되고 있는 점에 깊은 우려와 위기의식을 가지고 있었다.[157]

1593년 12월 송응창을 대신해서 고양겸이 경략이 되어서 명군을 통솔하게 되었다. 그는 일명 강화교섭의 쟁점이 되었던 봉공문제를 조속히 해결하려고 했다. 그래서 히데요시를 일본 국왕으로 임명하고 유키나가를 설득해서 일본으로 철수시키려 했다. 이를 위해 그는 선조에게 봉공을 빨리 받을

심유경과 유키나가의 회담내용을 전한 것이다. 즉 히데요시가 하고자 하는 것은 천조와 혼인하는 것과 한강 이남의 땅을 할양받는 일이라는 주장이었다. 이에 대해 심유경은 땅을 할양받는 일은 석성이 이미 허락하였으므로 일본은 봉공을 받은 다음에 임의대로 하라는 것이었다. 물론 이 내용에 대해 석성이 동의한 것은 아니었고 심유경과 유키나가 간의 밀약설에 불과하였으나 조선의 입장에서는 사실 여부의 확인이 필요했다. 또한 그러한 가능성도 완전히 배제할 수 없는 상황이었으므로 할지 문제를 둘러싼 위기 위식은 다른 어느 시기보다 높았다고 할 수 있겠다.

156 『선조실록』 권48, 27년 2월 庚申(11일)조.

157 유성룡은 항복하는 표문의 진위를 의심하였다. 항표 내용에 '땅을 떼어 화친을 구한다'는 말을 심유경이 숨기고 있고, 조선도 분명하게 들은 바가 없으므로 명 조정에 이러한 내용을 언급하는 것은 타당하지 않다고 주장하였다. 오히려 이를 근거로 일이 추진될지도 모른다 하여 유성룡은 '할양문제'와 '결혼요구'는 제거하고 '결혼'을 '화친'으로 고칠 것을 건의하였다. 따라서 명 조정에서는 항표문이나 조선의 주청을 통해서 일본의 '구혼', '할지' 요구는 알지 못했다고 생각된다. 심유경과 유키나가는 이 두 조건보다 '봉공문제'로 이 사태를 해결하려고 했다. 결국 진주사 허성이 가지고 간 주문에 '구혼'과 '할지' 내용은 없었고, 항표문은 가짜이며, 봉공을 청하는 것도 거짓이라는 내용만 언급하는데 그쳤다. 그러나 이시언을 통해서 '혼인을 요구하는 것은 의심할 바 없고, 따라서 땅을 떼어 준다는 것도 필시 거짓이 아니다'라는 소식을 전해 들은 조선은 영토와 할지 문제에 대한 위기의식이 점차 고조되었다. 『선조실록』 권48, 27년 2월 辛酉(12일)조, 癸亥(14일)조.

수 있도록 주청해 줄 것을 강요했다. 결국 고양겸은 선조가 대일 강화의 윤허를 명 황제에게 청하는 것만이 강화를 조속히 타결시킬 수 있다고 생각하여 참장參將인 호택을 조선 측에 보내어 강화 재촉을 주청했다.[158]

조선은 '할지론'에 대한 의구심으로 일본과의 교섭을 염두에 두게 되었다. 이와 같은 상황에서 1594년 2월 21일 기요마사가 경상좌병사 고언백에게 서신을 보내왔던 것이다.[159] 유키나가와 기요마사의 불화를 인지한 조선은 기요마사의 화친 요구가 진정성이 있다고 판단하여 이에 응하려 하였다.

비변사는 "유총병(유정)의 처치에 달려 있으니 도원수로 하여금 십분 비밀을 지켜 상의하여 선처하게 하고 군기가 조금이라도 누설되지 않게 하라"[160]고 명하고 있다. 여기서 사명당이 기요마사의 진영을 탐방하게 되는 배경을 찾을 수 있다. 즉 조선에서는 조심스럽게 이 교섭을 진행시키려 했다. 왜냐하면 조선은 공식적으로는 화의교섭 자체를 반대하고 있었기 때문이다. 이에 일본과 교섭이 진행될 경우에는 '십분 비밀을 지키고', '여러 장수에게 군기가 조금이라도 누설되지 않게 하라'는 전제가 필요했던 것이다.[161]

따라서 화의 교섭을 한다는 소식이 전해지면 아무래도 군기가 문란해질 가능성도 배제할 수 없으므로 비밀을 발설하지 않을 위치에 있는 사람이 필요했다고 보여진다. 때문에 승려 신분이었던 사명당이 전쟁 중 눈부신 활약을 하였고 인격 면에서도 충분한 자격이 있어서 가장 적합한 인물이라고 판단했다.[162]

158 『선조수정실록』 권28, 27년 5월 戊寅(1일)조

159 『선조실록』 권48, 27년 2월 庚午(21일)조.

160 상동

161 상동

162 손승철, 「松雲大師(四溟堂)對日使行의 외교사적 의미」, 『한일관계사 연구』 21, 2004, 40~41쪽. 조선은 초기부터 외교승들이 양국의 외교현안을 해결해 가는 전통을 가지고 있었다. 일본 외교승의 상대역할로 조선 승려들이 조·일 외교에 일정한 역할을 수행하였다. 따라서 이러한 관례로 미루어 볼 때 사명당이 일본과의 교섭에 적

또한 조선은 일본의 승려들이 강화교섭에 동참하여 문서와 격문 작성에 주도적인 역할을 하고 있다는 사실을 알고 있었다. 때문에 사명당을 강화회담의 적임자로 선택했을 가능성이 높다.[163] 실제로 일본에서는 외교에 대한 실무를 승려가 담당하였다. 1차 회담 때 사명당이 파견되자 기요마사의 측근이었던 기하치喜八(미노베긴다유美濃剖金大夫)는 "우리나라에서도 큰일을 의논하려면 고승을 불러서 의논하는데 귀국도 역시 고승을 보내온 것은 이 일을 중요시함이로다"[164]고 말한 것은 주목된다.

한편 조선에서는 기요마사의 회담 요구를 좋은 기회라고 생각했다. 왜냐하면 당시 조선은 군량미의 부족과 명군 철수로 절박한 상황이었는데 적군의 형세를 파악할 수 있었기 때문이다.[165]

따라서 조선은 강화교섭에 반대했던 입장을 바꾸어 기요마사의 교섭 제의에 응하게 되었다.[166] 게다가 명의 강화파들이 '히데요시 책봉을 황제에게 청원하는 사자 파견'을 조선에 강요했던 것도 사명당과 기요마사가 회담을 추진하게 되는 배경이 되었다. 유정劉綎은 조선과 일본이 직접 교섭을 할 경우 '통왜通倭'의 위험성이 있으나, '명과 무조건 논의한다'라는 전제라면 일본과 조선의 강화회담을 주저할 필요가 없었다. 이와 같이 복잡한 요

임자로 선정된 것은 자연스러운 일이라 하겠다.

163 北島万次, 『朝鮮日々記·高麗日記－秀吉の朝鮮侵略とその歴史的告發』, そしえて, 1982, 43~46쪽.

164 『奮忠舒難錄』 甲午4월, 淸正營中探情記, 고려대학교 도서관 소장.

165 『선조실록』 권49, 27년 3월 壬午(4일)조·을유(7일)조. 당시 일본 진영을 살펴보고 돌아온 명의 담풍시는 "일본군의 수는 대략 3~4만 명이며 군량은 일본 본국으로부터 계속 운반하여 많이 쌓아 두고 있다. 집과 방을 정결하게 꾸며 놓고 조선 사람들과 海物을 매매하면서 편안히 잘 살고 있으므로 일본으로 돌아갈 리가 없다"고 전하였다. 따라서 조선은 명의 보고를 근거로 일본군이 귀국할 기세가 보이지 않는다고 판단하였다. 따라서 장기간 조선에 주둔할 일본군의 정세를 정확하게 살펴보기 위해 사명당의 기요마사 진영 방문을 허가했다고 보여진다.

166 『선조실록』 권49, 27년 4월 辛酉(13일)조.

소가 작용하여 사명당과 기요마사의 서생포 회담이 성사되었다.

2. 서생포 회담의 내용

1) 제1차 회담과 5개 조건

1594년 사명당이 기요마사 진영에 처음 들어간 배경에 대해 신유한은 다음과 같이 언급하고 있다.

> 계사년 이후 명나라 장수가 힘써 화의를 주장하여 심유경은 평행장과 의논하기를 秀吉을 책봉하여 일본 국왕으로 삼고 그 군사를 철수케 하려고 하였고, 劉綎은 清正과의 의사를 통하여 清正에게 틈을 타서 책봉을 받아 스스로 관백이 되어 秀吉을 반격하도록 하려 한 때문에 특히 송운을 보내어 속마음을 탐색하려고 하였을 것이다. (후략)[167]

이 내용을 보면 사명당의 파견 목적은 한마디로 기요마사를 일본 관백으로 봉하여 히데요시와 대결시키고, 유키나가와의 갈등을 부추기는 것이었다. 4월 15일 기요마사를 만난 사명당은 다음과 같이 말하고 있다.

> 독부는… "西生陣의 장수 清正은 대대로 지방관을 지켜온 후예로 그 위에 호걸다운 사람인데 어떻게 관백 같은 범용한 사람 아래 매여 있는지 만약 다른 나라에 있었다면 여기에서 그치고 말았겠느냐" 하고 늘상 상관을 위하여 개탄하였을 뿐입니다.[168]

167 『奮忠舒難錄』 序, 앞의 책, 참조.
168 『奮忠舒難錄』 甲午4월, 앞의 책, 참조.

사명당은 회담의 일차적인 목적을 실행에 옮기려 했다. 이에 대해서 기요마사는 미소만 짓고 대답을 하지 않았다고 한다. 결국 기요마사를 일본의 관백으로 삼으려는 목적은 성공하지 못하였다. 즉 기요마사는 같은 해 3월 5일 유정에게 보내는 답서에 "자신은 충량한 사람으로 옛사람이 '충신은 죽음을 두려워하지 않는다' 하면서 죽음을 두려워하면 충신이 되지 못하는 것이라 했다. 자신이 관백과 살면 같이 살고, 죽으면 같이 죽으리라는 것을 의심할 것이 무엇이 있겠느냐"[169]고 말한 적이 있다. 즉 기요마사는 사명당과의 회담이 있기 전부터 자신과 히데요시는 두터운 신뢰 관계임을 밝히고 있다. 그럼에도 불구하고 유정은 두 사람 사이를 이간시키려 했지만 실패하였던 것이다. 엄밀히 말해서 첫 번째 강화협상의 목표는 효과를 거두지 못했다.

여기서 일·명 강화교섭의 파탄과정과 관련하여 주목할 부분이 있다. 즉 기요마사의 측근인 기하치는 유키나가가 보낸 납관사 고니시 조안의 행방과 이들이 요구하는 강화 조건이 무엇인지를 조선에 되물어 왔다. 그때 사명당은 거짓으로 심유경과 유키나가가 추진하고 있는 강화 내용은 모른다고 하였다 그러자 기하치는 오히려 고니시 조안이 절충하고 있는 것은 '통혼(천자와 결혼하는 것)'과 '할지'라고 설명하였다. 이것은 조선에게는 새로운 사실은 아니었다. 왜냐하면 조선은 같은 해 2월에 접반사 김찬의 보고를 통해서 '천조와 혼인하는 것'과 '한강 이남의 땅을 할양받는 것'이 일본 측의 목적이라는 보고를 받았기 때문이다.[170] 14일 기하치는 '심유경의 강화조건'(A)이라면서 5가지 조건을 보여주었다.

169 『선조실록』 권50, 27년 4월 庚戌(2일)조.
170 『선조실록』 권48, 27년 2월 乙卯(6일)조.

A. '심유경의 강화 조건': 1594년 4월 제시	B. '豊臣秀吉의 강화 조건': 1593년 6월 제시
1. 천자와 혼인을 맺을 것	1. 대명황제의 공주를 일본 국왕의 후비로 보낼 것
2. 조선의 땅을 갈라서 일본에 귀속시킬 것	2. 명·일간의 무역을 재개하여 官船과 商船을 왕래하게 함
3. 전과 같이 교린할 것	3. 명일양국의 전권대신이 통교하는 서약을 맺을 것
4. 왕자 한 사람을 일본에 보내어 영주하게 할 것	4. 조선의 4도를 일본에 할양할 것
5. 조선의 대신과 대관을 일본에 볼모로 보낼 것	5. 조선의 왕자와 대신을 볼모로 보낼 것
	6. 포로가 된 조선의 두 왕자와 대신을 송환할 것
	7. 조선의 중신이 일본에 영원한 항복을 서약할 것

여기서 주목할 것은 (A)의 5개 조건이 마치 심유경과 유키나가의 강화 조건처럼 사명당에게 전달된 것이다. 사실 이것은 히데요시가 나고야에서 명 사신에게 제시한 '大明日本和平條件(B)' 강화조건과 일치하는 것으로 7개조 중에서 ① 명·일간의 무역을 재개하여 관선과 상선을 왕래하게 한다는 것 ② 포로가 된 조선의 두 왕자와 대신을 송환한다는 것만 빠져있다. ②의 조건은 서생포 회담이 열릴 때 왕자는 이미 조선으로 돌아갔기 때문에 강화 조건 내에 포함되어 있을 필요가 없었다.

이와 같은 조건에 대해 사명당은 승복할 수 없는 이유를 조목조목 밝히면서 심유경과 유키나가의 계책은 성공하지 못할 것이라고 단언하였다. 이에 대해 기요마사는 "심유경과 유키나가의 일이 실패하면 일본군이 다시 바다를 건너 명으로 향할 것이니 그때가 되면 조선의 백성은 일시에 굶어 죽고 남음이 없을 것이니 어떻게 할 것인가"[171] 하고 위협하고 있다.

기요마사가 제시한 5개 조건에 대해 사명당은 사실 이것이 히데요시의 강화 조건이었던 것을 알지 못했으며, 심유경과 유키나가 간의 조건인 줄 알았던 것으로 생각된다.[172] 다시 말해서 사명당도 심유경과 유키나가의 교

171 『奮忠舒難錄』 甲午4월, 앞의 책, 참조.

172 이와 관련해서 기존 연구에서는 '지금까지 비밀리에 가려져 있었던 일본 본국(히데요시의 지시)의 강화 조건 전모를 사명당이 처음으로 알아냈다'고 파악하고 있다. 즉 조선과 명은 일본 본국의 강화 조건을 정확히 알 수 있게 되었고, 이를 통

섭 내용을 파악하지 못하고 있었다. 그리고 기요마사 또한 자신들이 내세운 조건의 성사 여부를 알아내기 위해서 '심유경의 강화조건'이라 칭하면서 조선의 반응을 살피려 했다.

결과적으로 1차 회담에서 기요마사와 히데요시 간의 이간책은 성공하지 못하였으나, 유키나가와 심유경의 교섭 내용 일부를 기요마사에게 전달하였던 것이다. 이것은 이들의 교섭 내용은 불가하다는 것을 기요마사에게 알리는 동시에 히데요시의 일·명 강화교섭도 성공할 수 없다는 사실을 간접적으로 전달했다는 것에 의의가 있다.173

다시 말해서 조선의 4도를 일본에 할양하는 할지문제가 실현 불가능하다는 것을 깨닫게 해 준 점에서 큰 효과가 있었다고 할 수 있다. 즉 유키나가가 추진하고 있는 교섭 내용이 히데요시의 요구조건과는 상이한 내용이라는 것을 확인시켜준 것이다. 이것은 기요마사가 귀국했을 때 히데요시에게 심·유키나가 간의 교섭 전말을 전했기 때문에 교섭이 결렬되는 결정적 원인이 되었다.

또한 사명당이 회담을 마친 후 일본군이 장기적으로 주둔할 것이라는 확신을 가지고 근원적인 대책을 마련하려 했던 점에서도 성과가 컸다고 생각

해 심유경과 유키나가가 추진하고 있던 강화 교섭 조건이 본국의 지시와 달리 조작된 것이었다는 사실을 알게 되었다는 것이다. 그러나 전술한 것처럼 조선은 이미 1593년 6월에 히데요시가 제시한 '大明日本和平條件'과 완전히 일치하는 것은 아니었지만 강화 조건을 어느 정도 파악하고 있었다. 사명당은 당시 이것이 히데요시의 강화 조건이었던 것이 아니라, 어디까지나 심유경과 유키나가 간의 조건인 줄 알았던 것으로 생각된다. 따라서 조선에서 히데요시의 강화 조건의 전모를 1차 회담에서 처음 알아냈다고 파악한 것은 재검토할 필요가 있다. 金榮作, 앞의 논문, 164~165쪽 ; 김강식, 앞의 논문, 63쪽.

173 이에 비해 이 회담에서 기요마사의 관심은 심유경－유키나가의 강화 성공여부였다. 이는 사명당이 회담을 마치고 돌아갈 때 "심과 유키나가가 약속한 일이 성취되느냐 않느냐 등, 계속 서로 연락하여 소식이 끊이지 않게 했으면 한다"고 한 점에서도 알 수 있다.

된다. 즉 사명당은 회담을 통해서 "일본군이 오래도록 주둔할 계획이 있고, 조금도 바다를 건너갈 형세는 보이지 아니하며, 사치스럽고 참람하기 왕후보다 더하니 분통함을 이길 수 없다"[174]고 하였다. 이점이 사명당의 '토적보민討賊保民' 상소를 올리는 계기가 되었다.

한편 사명당이 기요마사의 진영에 들어간 사실은 5월 6일 권율의 치계로 조정에 알려졌다.[175] 이 치계의 주된 내용은 기요마사가 고니시 조안의 소재와 심유경과의 교섭 진척에 대해 알고 싶어 한다는 것이었다. 권율의 보고 이후 조선 사료에는 사명당과 기요마사의 강화 교섭에 대한 언급이 없어졌다. 사명당이 두 번째로 기요마사의 진영을 탐방했을 때 『실록』에 그의 기사가 여러 번 언급되고 있는 것과는 대조적이다.

따라서 조선은 제1차 회담에 대한 사명당의 역할을 그리 높게 평가한 것 같지 않다. 다시 말해서 사명당이 전한 기요마사의 요구 조건은 대부분 알고 있었던 상태였기 때문으로, 오히려 조선은 향후 그의 활동에 주목하려 했던 것으로 보인다. 하지만 사명당과 기요마사와의 회담내용이 5월 중순에 널리 알려진 사실이 『쇄미록』에 언급되어 있다.

> (전략) 또 들으니 僧將軍 유정은 自號를 金剛山大禪師松雲이라고 하는데 지난달 중에 바로 적장 淸正의 진중으로 들어갔더니 淸正은 후의로 우대해 주어서 10여 일을 머무르다가 돌아왔다고 한다. 그의 말에 의하면 淸正이 行長과 공을 다투느라고 화목하지 못하여 秀吉은 행장의 거짓말을 듣고 淸正의 처자를 죽였기 때문에 淸正이 크게 노하여 우리와 합세하여 거꾸로 관백

174 『奮忠舒難錄』 甲午4월, 앞의 책, 참조. 사명당은 "적세를 관찰하니 城基는 견고하고 호령은 날로 새로우며 군수품도 풍부하여 생활 상태가 넉넉하였고 혹은 고층누각을 지으며 혹은 큰 집을 짓고 있었다"고 하였다. 따라서 사명당은 이러한 상황을 반영해서 군량과 병사 확보를 골자로 한 소를 올려 국방 강화에 주력할 것을 역설했다.

175 『선조실록』 권51, 27년 5월 癸未(6일)조.

을 치려고 도모한다 하니 만일 이 일이 이루어진다면 우리나라의 복이 될 것이다. 그러나 간사한 말을 반드시 믿을 수가 없다. 하물며 秀吉이 큰 군사를 淸正의 손에 쥐어 주어 그 먼 타국나라에 가서 적과 싸우게 했는데 먼저 처자를 죽이다니 반드시 그럴 이치가 없다. 나는 이를 믿지 않는다. (후략)[176]

『쇄미록』에는 20일경 사명당과 기요마사와의 회담 내용과 그 귀추에 주목하고 있는 것이 보인다. 아울러 당시 유키나가와 기요마사의 갈등 상황이 심각했다는 것을 대부분의 조선인들이 파악하고 있었다는 점은 흥미롭다.

2) 제2차 회담과 교린

2차 회담은 1594년 7월 10일 서생포에서 시작되었다. 기요마사의 측근인 가하치는 사명당이 늦게 도착하자 유키나가와 내통해서 기요마사를 속이려는 의도라고 생각했다. 또한 이것을 가을 추수를 무사히 거두기 위한 지연작전의 일환으로 판단하고 있었다. 이에 대해 사명당은 유키나가와 강화할 이유가 없고, 모든 것을 명과 의논하기 때문에 시일이 지연되었다고 설득하였다.[177] 마침내 사명당은 기요마사와 만나 강화회담에 들어갔다.

기요마사는 1차 회담 때 요구했던 5개 조건의 성사 여부를 물었고, 여기

176 오희문 저, 이민수 역, 『쇄미록』 제3, 甲午 5월 20일.

177 『奮忠舒難錄』 甲午 7월, 앞의 책, 再入淸正營中探情記 참조. 조선은 일본과 회담할 때 명이 '通倭'한다는 의구심을 갖고 있었기 때문에 이를 의식하고 명의 간섭을 받은 것도 사실이다. 조선은 명 참전 이후부터 여러 가지 통제를 받았고, 회담내용을 보고하는 것이 관례였다. 그러나 조선은 일본과 회담시 외교문제나 명확한 답을 요구할 때는 "조선의 크고 작은 것 없이 모두 명나라에 미루고 있다" 또는 "우리나라에서는 하나같이 주국과의 약속에 따라야 함으로 감히 자단할 수 없다", "명에 예속되어 있다", "대명의 명이 아니면 결정하기 힘들다"는 핑계로 협상과 절충을 해 왔다. 외교문제에 있어서 명의 역할이 컸던 것도 사실이지만, 사명당은 서생포 회담에서 조·명 관계를 전략적으로 이용하면서 회담을 주도적으로 이끌어 가려 했다.

에 두 가지를 더 추가해서 회담을 진행하려 했다. 두 가지 조건이란 명도 일본에 인질을 파견하는 것인지, 명이 어떤 물건으로 일본과 통상할 것인지 여부였다. 사명당은 5개 조항을 이미 글로서 전달하였고, 추가 조항은 명의 독부가 처리할 내용이라 하여 답을 피하였다.

여기서 주목할 것은 기요마사가 5개 조건을 "관백의 명령이니 성사시키지 않을 수 없다"고 분명하게 밝힌 점이다. 다시 말해서 1차 회담 때 기요마사는 5개 조건이 심유경과 유키나가의 교섭 내용인 것처럼 말하면서 성사 여부를 탐문했었다. 그러나 2차 회담에서는 이것이 히데요시의 요구사항임을 밝혔다. 그래서 사명당은 기요마사가 요구했던 5개조 강화 내용이 히데요시의 지시임을 알게 되었다.

사명당은 5개 조건을 반대하면 기요마사가 회담에 임하지 않을 것을 염려하여 '교린'의 조건만 수용하고 회담을 지속시키려 했다. 그러자 기요마사는 '교린'의 전제 조건으로 4도 중 2도를 조선에 주고 왕자를 볼모로 보낼 것을 요구하였다. 사명당은 기요마사에게 요구조건이 불가능하다는 뜻을 전했다. 그리고 심유경과 유키나가의 교섭은 히데요시를 책봉하고 조공을 요구하는 것인데 천자가 허락하지 않아서 명나라 독부가 교섭을 성공시키려고 자신들을 보냈다고 설명하였다.178

다시 말해서 기요마사에게 심유경과 유키나가 간의 교섭 내용을 정확하게 알려주면서 기요마사를 관백으로 삼고 명의 제도에 따라 일본·조선·명이 화합하여 영원히 변치 말자는 취지를 전하였다. 이것은 사명당이 일본 진영에 파견된 근본적인 목적이었으므로 이를 실천하려 했다.

그런데 기요마사는 유키나가와 심유경이 교섭하는 이유를 평양 전투에서 패전한 책임 때문에 유키나가가 조선에 머무르고 있는 것이라 했다. 또한 기요마사는 5개 조건이 무리한 요구라는 것을 파악하고, 내심 교린이 성공

178 상동

적으로 되기를 바라는 마음을 내비쳤다. 기요마사는 본토를 떠난 지 3년이 되었는데 특별한 성과가 없었음을 전하면서 조선과 교린하고 싶다는 뜻을 밝히기도 했다.

이와 관련해서 기하치는 통사에게 관백이 만약 왕자를 요구하면 교린도 성공하지 못할 것이니 위왕자僞王子라도 보낼 것을 제안하였다.[179] 기요마사는 조선이 왕자를 인질로 하지 않을 것을 간파하고, 구체적인 교린의 방법까지 알려주고 있다.

한편 제2차 회담의 소식은 9월 9일 조선 조정에 알려졌다. 이것은 2차 회담이 종결된 지 거의 60일이 지난 후였다. 조정에서는 사명당을 속히 상경시키고 회담 내용을 3차례(9/12, 15, 22일)에 걸쳐 보고 받으며 대책을 논의했다. 그 결과 기요마사의 대규모 병력과 급박한 상황 때문에 전략적인 차원에서 기요마사가 요구하는 왕자의 답신을 준비하는 것까지도 논의되었다.

결국 조선이 2차 회담을 통해서 기요마사와 히데요시 사이를 이간시키려 했던 목적은 실패로 끝났다. 그러나 일·명 강화교섭과 관련해서는 1차 회담에서 제시된 5개 조는 히데요시의 요구 조항이고, 심유경과 유키나가의 교섭 내용의 핵심은 히데요시의 일본 국왕 책봉이라는 것을 확인했다. 아울러 조선이 유키나가와 기요마사의 불화 원인, 적군의 전황, 편법에 의한 교린 정책 등을 알게 된 것은 2차 회담의 큰 성과라 하겠다. 조선은 무엇보다도 사명당의 탐색 활동을 통해서 일본 진영의 동태를 명확하게 파악하였고, 이를 근거로 해서 적을 토벌하고 백성을 보전할 대책을 강구했다. 사명당의 '토적보민'은 이러한 배경에서 나온 것이며, 이는 군사전략과 방비책을 세우는데 필요 불가결한 내용이었다.

한편 2차 회담을 마치고 돌아온 사명당에 대해서 조정은 "그가 나라를 위하여 몸을 돌보지 않고 범굴에 들어간 공로를 갚지 않을 수 없으니 첨지

179 상동

僉知의 실직을 제수하여 후인들을 권장 하소서"[180] 하면서 1차 때보다는 적극적으로 그의 역할을 평가하였다.

3) 제3차 회담과 인질 파견

1594년 11월 6일 한성을 떠난 사명당 일행은 기요마사가 요구한 조선 왕자의 답서와 매·호피 등을 가지고 서생포로 향했다. 그러나 12월 23일 기하치는 조선이 경상우총병 김응서와 유키나가가 회담을 진행하고 있기 때문에 불신감을 표시하면서 만남을 거부하였다.[181]

김응서와 유키나가 간의 회담이란 1594년 11월 하순 유키나가가 조선에 먼저 교섭을 제의한 '함안회담'을 말한다. 유키나가는 일본이 추진하고 있는 봉공을 허락받을 수 있도록 조선이 적극적으로 협조해 줄 것을 요구했다.[182]

당시는 고니시 조안 일행이 명으로부터 봉공을 받기 위한 최종단계에 있었다. 또한 고양겸이 선조에게 봉공을 허락하는 주청을 강요했던 것처럼 유키나가도 조선의 협조를 통해 서둘러 봉공을 받으려 '함안회담'을 추진했던 것이다. 그러나 조선이 일본군의 무조건 철병을 강하게 요구하자 회담은 결렬되고 말았다.

결국 사명당이 세 번째로 기요마사 진영을 탐방한 시기는 유키나가와 심유경의 교섭이 막바지에 이르렀던 상황으로, 기요마사는 사명당이 유키나가와 내통하고 있다고 판단해서 접촉을 기피했던 것이다. 이에 대해 사명당은 '함안회담'이 성사됐다는 소식은 듣지 못하였고, 자신은 병환 중이었다고 하면서 기요마사와의 면담을 요청하였다. 또한 명이 히데요시를 책봉하였다는 소식은 들었지만 자세한 것은 모른다고 주장했다. 기요마사는 1594

180 『선조실록』 권57, 27년 11월 乙亥(1일)조.
181 『奮忠舒難錄』 甲午 12월, 앞의 책, 再入淸正營中探情記 참조.
182 조경남, 『난중잡록』 3, 갑오 11월조, 한국고전총서 3, 민족문화추진회 편, 1977.

년 12월 명 황제가 고니시 조안을 만나 히데요시를 책봉했다고 판단하여 사명당과의 면담을 거부했다.[183]

그러나 사명당이 세 번째로 기요마사의 진영에 들어간 시기는 명 황제가 히데요시의 항표는 받았으나 책봉한 상태는 아니었다. 다만 기요마사가 책봉 소식을 들었다는 것은 심·유키나가 간의 교섭이 책봉에 있다는 것을 알고 있었기 때문이다. 즉 양자의 교섭이 타결되었다고 믿은 기요마사는 이에 대한 불쾌감을 사명당에게 표시한 것이었다. 이에 대해서 사명당은 자신은 모르는 사실이라 주장하면서 기요마사와 만나기를 거듭 요청했다.

여기서 기요마사는 "천조가 책봉을 허락한 것은 비록 아름다우나 관백의 마음에 들지 않기 때문에 어쩔 수 없고, 이전에 제시한 5개 조건 중에서 하나라도 성사되는 것이 더 합당하다"[184]고 말하고 있다. 이것은 심유경과 유키나가가 내세운 강화 조건이 관백의 생각과는 다르고 자신들이 제시한 5개 조건은 관백의 요구라는 것을 강조하려는 의도였다. 또한 기요마사는 새로운 강화 협상의 조건으로 '조선 왕자와 대신의 내일來日'을 요구하였고 이를 위해 '자신의 아들을 조선에 보내 인질로 삼아도 좋다'고까지 제의하였던 것이다. 이것은 기요마사가 낮은 자세로 조선과의 교린 및 강화를 서둘렀음을 보여준다.

결국 3차 회담에서 사명당과 기요마사의 직접적인 만남은 성사되지 못했다. 이 소식을 전해들은 조정은 상당한 우려를 표하면서, 회답하지 못한 사정과 장수들에게 불의의 변에 대비하도록 지시하고 있다. 그것이 바로 '을미상소언소乙未上疏言疏'라는 자주 국방과 국가 중흥에 중요한 장기 대책이다.

한편 기요마사는 일·명 강화회담의 방해자로 지목되어 1596년 4월 일본으로 소환되었으나, 다음 해 1월 다시 서생포로 돌아왔다.[185] 명이 히데요

183 『兩朝平壤錄』 권4, 萬歷22, 12월 20일, 동경대학 동양문화연구소 소장.
184 상동
185 上垣外憲一, 『「鎖國」の比較文明論東アジアからの比較視點』, 講談社選書メチエ, 1994,

시를 일본 국왕으로 인정하고 일본에 책봉사를 보내기로 결정한 것은 1594년 12월이고, 기요마사가 일·명 강화회담의 방해자로 지목되어 근신처분을 받은 것은 1596년 4월이었다. 다시 말해서 1년 4개월 동안 기요마사는 명 책봉사의 내일來日 과정과 명이 일본을 상대로 요구하였던 내용을 숙지하고 있었다. 즉 기요마사는 명에서 히데요시를 일본 국왕으로 임명한다는 절차가 끝난 후인 1595년 3월 명국의 경략인 손광에게 보낸 답서에서 "행장이 제시한 세 가지 일은 관백의 명령이 아니다. 그 중에서 봉왕하는 것을 일본 관백이 어찌 요구했겠는가"[186]라 하고 있다

여기서 '行長所三事'라는 것은 유키나가가 명과 약속한 것으로서 ① 명은 일본에 貢市를 허락하지 않는 것 ② 일본과 조선이 화평할 것 ③ 조선 남부 지역에 있는 일본군이 조선에서 철수해야 책봉사가 히데요시의 책봉의식을 할 수 있다는 것을 말한다.[187] 유키나가가 명 조정을 상대로 서약한 삼사에 대해서 기요마사는 명확히 인식하였고, '일본군을 철수해야 봉왕'이 이루어진다는 것을 알고 있었다. 따라서 기요마사는 이미 1595년에 일·명 강화교섭의 조건을 파악하고 있었으며, 귀국 후 이를 히데요시에게 폭로하여 결과적으로 일·명 강화교섭이 결렬되는데 일조하였다.

또한 명에서는 기요마사를 '책봉 반대파'로 지목해서 그가 조선에 있으

102쪽.

186 『선조수정실록』 권29, 28년 3월.

187 『兩朝平壤錄』, 앞의 책, 萬歷 22, 12월 14일 참조. 유키나가는 '三事' 중 '貢市' 불허 문제는 명에게 사례를 하는 과정에서 서서히 해결될 것으로 생각하였다. 조선과의 화평 문제는 '공시' 문제보다 쉽게 해결될 것이라 판단한 것으로 생각된다. 난제는 일본군의 '완전 철수'였는데 이 문제를 타결하기 위해 유키나가는 일본으로 돌아가 히데요시에게 '부분 철수'를 요청하였다. 이때 유키나가가 책봉사의 요구 내용을 전부 전달하지 않았다고 하더라도 이들이 책봉건으로 일본에 도일하는 것이었으므로 히데요시는 이 사실을 숙지하고 있었다고 본다. 김문자, 앞의 논문, 「慶長元年の日明和議交渉破綻に關する一考察」, 68쪽.

면 명 책봉사가 일본은 물론, 부산에 있는 일본 진영에도 들어가지 않겠다고 주장하였다. 1595년 4월 유키나가는 일본으로 귀국하여 히데요시로부터 새롭게 제시받은 '大明朝鮮과 日本和平之條目' 교섭안을 가지고 6월 중순경 조선에 도착하였다. 이때까지도 기요마사는 조선에 남아 있으면서 명 책봉사들의 동향을 지켜보고 있었다.

그런데 다음해 1596년 4월 명 책봉사 중 정사가 일본으로 건너가기 직전 부산 진영에서 탈출하는 사건이 일어났다.[188] 이에 당황한 유키나가와 심유경은 책봉 일을 조속히 마무리 짓기 위하여 기요마사의 일본 귀국을 요구하는 명의 의견을 히데요시에게 전달했다. 그 결과 기요마사는 1596년 4월 일본으로 귀국하게 되었다. 여기서 주목할 것은 기요마사의 귀국이 책봉정사의 탈출 사건과 관계가 있다는 점이다. 히데요시는 명 책봉사가 조속히 내일할 것을 전제로 해서 기요마사를 소환했다. 이것은 명이 자신을 일본 국왕으로 임명하는 사절이라는 것을 사전에 히데요시가 인지하고 있었다는 것을 의미한다. 또한 기요마사는 일·명 강화회담의 전말을 알고 있었기 때문에 히데요시에게 '三事' 내용을 포함해서 교섭 내용을 폭로하여 강화회담이 결렬되는데 큰 역할을 했다.

다시 말해서 기요마사나 히데요시는 일본 국왕 임명 사실을 알고 있었다. 다만 두 사람의 차이는 일본군을 철수해야 봉왕이 이루어진다는 것을 기요마사는 사전에 인지했고, 히데요시는 국왕으로 임명된 후에 알았다는 점이다.

188 佐島顯子, 「日明講和交渉における朝鮮撤退問題册封正使の脫出をめぐって」, 中村質 편, 『鎖國과 國際關係』, 吉川弘文館, 1997, 107~131쪽.

3. 서생포 회담의 결과

1597년 1월 다시 조선에 건너 온 기요마사는 사명당과 황호군(황혁=순화군의 장인)에게 회담을 요구하였다. 이에 응한 사명당은 3월 18일에 기요마사와 회담하였고, 다음날 왜승인 淸韓과도 만나서 적세를 파악했다. 당시 사명당과 기요마사의 회담 내용은 3월 30일 자 도원수 권율의 장계에 자세히 나와 있다.

4차 회담은 이미 일·명 강화교섭이 결렬된 상태였으므로 두 사람은 지금까지 회담 및 파경 원인에 대해 격론이 있었다. 이 내용에서 3국을 둘러싼 강화회담의 본질을 이해할 수 있다.

> (전략) 적이 말하기를 "5년 전 경성에서 심유경과 행장이 화평을 약속할 때 왕자 형제를 돌려보내면 국왕이 일본에 건너가서 사례한다 하였으므로 이것도 또한 태합(秀吉)에게 알렸기 때문에 왜병이 경성에서 모두 남하하여 해안에서 기다리고 있었다. 또 왕자를 돌려보내고 서 태합께서 5년 전부터 작년 8월까지 싸움을 그치고 기다렸다. 그런데 국왕은 바다를 건너가 사례하지 아니하고 또 땅을 나누어 일본에 붙여주지 않았다. 또 왕자 형제 중에 한 사람도 바다를 건너보내지 아니하고 다만 직품이 낮은 신하를 보내서 사례하였으므로 태합이 대노하여 使者를 대하지 아니하였다"고 하니 답하기를 "5년 전 일본 군대가 경성에서 나갈 때 왕자를 송환해주면 국왕이 친히 일본으로 건너가서 사례한다는 말이 누구의 입에서 나왔으며, 조선의 땅을 끊어서 일본에 귀속시킨다는 말이 또 누구의 입에서 나왔는가? 심 노야에게서 나왔는가, 아니면 행장의 입에서 나왔는가? 이 때 일본이 비록 백명의 왕자를 잡고 돌려보내지 않고 있었다 하더라도 어찌 군왕이 바다를 건너가서 치사할 리가 있겠는가" 하였습니다. (후략)[189]

189 『선조실록』 권86, 30년 3월 庚申(30일)조. 이 내용은 도원수 권율의 장계로 올린 것이다. 3월 17일 유키나가가 서명하여 사명대사와 기요마사 사이에 있었던 문답

기요마사는 선조의 내일과 왕자의 인질 거부, 조선 남부의 할지 거부 등이 문제가 되어 일·명 강화회담이 실패했다고 말하고 있다. 특히 조선왕자의 송환문제를 핑계 삼고 있는 점이 두드러진다. 두 사람의 대화에서 주목되는 것은 히데요시가 자신을 일본 국왕으로 임명했기 때문에 강화회담을 파기하였다는 언급이 없다는 점이다. 기요마사는 강화회담이 결렬된 원인에 대해 오히려 물어보면서 계속해서 조선이 먼저 사과하도록 요구하고 있다. 사명당은 이러한 태도에 대해서 '강화하기 위한 것이 아니고 적의 대병이 장차 재침해 올 때까지 일부러 트집을 잡으려는 흉한 속셈'이라고 판단하였다.[190] 이에 사명당은 상경한 후 일본군이 재침하기 전에 결전을 해야 한다고 주장하였다.

한편 회담 중에 기요마사는 "쓰시마 사람은 조선의 쌀과 곡식과 재물을 탐내어서 일본의 사신이라고 사칭한 것이다. 일본은 통일이 되지 못하여 먼 섬의 사람이 만든 꾀이므로 전혀 알지 못하였다. 지금은 태합 전하가 60여 주를 통일하고 있으므로 쓰시마 사람이 꾀를 부린다는 것을 만일 태합이 듣는다면 반드시 베어 죽일 것이다"[191]라고 한 점은 흥미롭다. 즉 기요마사는 지금까지 쓰시마 사람들이 '일본의 사신이라고 사칭'한 것을 꿰뚫어 보고 앞으로 이러한 방법은 통용되지 못할 것이라 단언하고 있다.

사명당은 회담 후에 조선은 매우 위태로운 상태이므로 선제공격의 필요성을 주장하였다. 사명당의 이러한 주장은 첫째 현재 일본군의 수가 만여 명에 지나지 않는다는 점과[192] 둘째로는 기요마사의 진영에 조선인 군사가 많다고 파악했기 때문이다. 다시 말해서 적의 대군이 건너오지 못하였으므로 선제공격이 유효하다는 것이다. 또한 기요마사의 진영에 나이 젊고 정예

내용을 적어 보낸 것이어서 진위 여부는 판단하기 어렵다.

190 상동

191 상동

192 『선조실록』 권87, 30년 4월 癸酉(13일)조.

한 자는 조선인이 다수여서 이전의 적과는 다르다는 것이었다.[193]

또한 사명당은 이번 기회를 놓치면 가을에 적의 대군이 들어와 조선의 형세를 와해시킬 것이라고 생각했다. 그래서 조속히 계획을 세우자고 건의하였다. 이와 동시에 사명당은 조정의 무대책과 안일함 때문에 회담에 적극적으로 임해도 소용이 없다고 탄식하였다.[194]

사명당은 일본의 대군이 건너오기 전에 주사舟師로 바다를 차단하고 육로로 적의 소굴을 엄습해야 한다며 구체적인 방어책을 주장하였다. 그의 탁견은 4차례에 걸쳐 적진을 왕래하면서 일본군을 정탐한 결과로 나온 것이다. 바로 이런 식견과 활약으로 임진전쟁이 끝난 후 국교 정상화하는 외교담판에 등용되었던 것이라 할 수 있다.

결국 사명당과 기요마사의 강화교섭은 비교적 짧은 기간에 이루어졌지만, 가장 큰 목적이었던 일·명 강화회담의 저지라는 점에서는 성공적이었다고 보여진다. 4차례에 걸친 회담을 통해 히데요시의 의도를 확인하였고, 유키나가와 심유경 간에 진행되고 있었던 강화조건이 조선과 명에 알려져 강화교섭이 결렬되는 결정적인 계기가 되었다.

소결小結

본장에서는 사명당과 기요마사 간에 이루어진 4차례 서생포 강화회담에

193 『선조실록』 권87, 30년 4월 辛未(11일)조. 이와 관련해서 1597년 10월 일본 진영에서 도망쳐온 김응려는 "우리나라에서 서로 잡혀간 사람 중 장정은 군병이 되어 이번에 나오게 되었는데 조선으로 다시 돌아온 사람 중 3분의 1은 도망치려 하지만 우리나라에서 죽일까 두려워 그러지 못하고 있다"고 전하였다. 『선조실록』 권93, 30년 10월 丁丑(20일)조, 김문자, 「16~17세기 한일관계에 있어서의 피로인 귀환」, 『상명사학』 8·9합집, 2003, 182쪽.

194 『선조실록』 권87, 30년 4월 癸酉(13일)조.

대해 배경과 회담별로 내용·성과 등을 분석하였다. 그 결과 조선의 기본 방침은 강화교섭 반대였기 때문에 먼저 교섭을 요청한 기요마사의 강화협상은 부담스러운 것이었다. 그러나 심유경과 유키나가 사이에서 논의되는 '할지론'에 대한 의구심, 군량 부족과 명군의 철수에 의한 군사력의 부족, 민란에 의한 국내불안 때문에 교섭에 응하게 되었다.

4차례에 걸친 사명당과 기요마사와의 강화협상은 일본의 수뇌부를 분열시키는 것이 일차적인 목적이었으나, 기대만큼 성공하지는 못했다. 그러나 일·명 강화교섭의 진행과정과 실체를 정확하게 파악하여 조선의 입장을 분명하게 밝힘으로써 일·명 간 강화회담의 허실을 알리고 저지시키는데 기여하였다.

또한 조선에서는 일본군의 수·군기·군수물자의 상황 등을 직접 확인함으로써 '갑오토적보민甲午討賊保民'과 '을미상소언소乙未上疏言疏'라는 장기 대책을 세우는 계기가 되었다. 사명당은 전쟁 중의 눈부신 활약과 일본으로부터 신뢰를 받아 임진전쟁이 끝난 후 조·일 강화회담의 적임자로서 조선과 에도막부 간에 정식 국교가 맺어지는데 결정적인 역할을 하였다.

제4장 히데요시의 책봉 문제와 강화교섭 파탄

최근까지 정유재란의 발발 원인에 대한 연구가 진척되었다고 말하기는 어려운 현실이다.[195] 정유재란은 전쟁의 기간 및 규모에서 임진란과 큰 차이가 없음에도 불구하고 임진란사 연구와는 비교할 수 없을 만큼 미진한 상태이다. 정유재란사에 대한 단행본도 거의 없는 실정이다.[196]

기존의 연구에서는 정유재란의 발발 원인에 대해 전세戰勢 악화로 히데요시가 명과 강화교섭을 맺고 조선의 영토 중 일부를 할양받으려고 했으나, 명이 보낸 국서에 '히데요시를 일본 국왕으로 임명한다'는 문구가 있어서 분노하여 재침했다는 것이다. 이와 같은 견해는 오랫동안 한국과 일본 측에서 정설로 인식되었다.[197]

그러나 문제는 우선 히데요시는 '가도입명'이라는 요구에 관여하지 않았

195 일본에서 다이묘들의 동향을 통해 정유재란 관련 사실을 규명하려는 연구가 츠노도모아키津野倫明에 의해 왕성하게 진행되고 있어 주목할 만하다. 津野倫明, 「慶長の役における長宗我部元親 の動向」, 『韓國の倭城と壬辰倭亂』, 岩田書院, 2004 ; 同, 「慶長の役における黑田長政の動向」, 『海南史學』 42, 2004 ; 同, 「慶長の役における鍋島氏の動向」, 『織豊期研究』 8, 2006 ; 同, 「慶長の役における『四國衆』」, 『歷史に見る四國』, 雄山閣, 2008.

196 조원래, 「임진왜란사 인식의 문제점과 연구과제」, 한국학중앙연구원 주최 국제학술대회 『국제전쟁으로서의 임진왜란』 발표문, 2012, 74~77쪽. 최근 정유재란사관련 단행본으로 임진정유동북아평화재단, 『정유재란사』, 범우사, 2018 ; 국립진주박물관, 『처음 읽는 정유재란 1597』, 국립진주박물관, 2018 등이 출간되었다.

197 이에 대한 반론이 다음 연구자들에 의해서 진행되었다. 山室恭子, 『黃金太閤』, 中央新書, 1994, 154쪽. 佐島顯子, 「壬辰倭亂講和の破綻をめぐって」, 『年報朝鮮學』 4, 1994. 김문자, 「慶長元年の日明和議交涉破綻に關する一考察」, 『人間文化研究年報』 18, 1994, 60~68쪽.

고,[198] 히데요시를 일본 국왕으로 임명한 고명誥命은 현재 오사카 시립박물관에 전해오고 있으며, 칙유도 궁내청 서능부書陵部에 남아 있다는 점이다.

본장에서는 '히데요시의 일본 국왕 책봉' 문제가 정유재란 발발과 어떤 상관관계를 가지고 있는지 재검토하고자 한다.[199] 이를 위해 첫째 동아시아에서 조공과 책봉이 가지는 의미와, 명의 일본에 대한 책봉이 다른 동아시아 국가와 어떠한 차이가 있는지 고찰해 본다. 둘째 책봉사가 일본에 왕래하는 과정과 경위를 살펴보고, 이 문제에 대한 조·명·일 삼국의 입장을 고찰해 본다. 끝으로 히데요시의 책봉 문제와 정유재란 발발 배경을 '조선 왕자의 일본 파견' 문제와 연동해서 재검토하고자 한다.

1. 동아시아 국제질서와 일본의 책봉 문제

일반적으로 전근대 동아시아 세계의 기본 관념은 중화의식과 사대관념이라 할 수 있다. 전자는 중국 중심주의의 문화·지리적인 의미를 갖는 중국인의 세계관이며, 후자는 주변국이 중국에 대하여 갖는 정치·군사적인 인식이다. 이것은 각 시대와 대상 국가에 따라 상이하게 나타난다.[200]

198 엄밀한 의미에서 히데요시는 '정명향도'를 주장했고, 이를 유키나가가 '가도입명'으로 바꾸어 조선과의 교섭을 진행했다.

199 최근 히데요시의 책봉 문제와 관련해서는 米谷均, 「豊臣秀吉の '日本國王' 冊封을 둘러싼 인식의 격차」, 『임진왜란과 동아시아世界의 變動』, 경인문화사, 2010, 349~391쪽 ; 中島樂章, 「封倭と通貢－1594年寧波開貢問題をめぐって」, 『東洋史硏究』 66-2, 2007을 참고. 이외에도 中村榮孝, 「豊臣秀吉の日本國王冊封に關する 誥命·勅諭と金印について」, 『日本歷史』 300, 1973 ; 邊土名朝有, 「明の冊封體制と文祿慶長の役」, 『琉球の朝貢貿易』, 校倉書房, 1998 ; 三木聰, 「萬曆封倭考」(その1)－萬曆二十二年五月の封貢中止をめぐって－」, 『北海道大學文學硏究科紀要』 109, 2003 ; 同, 「萬曆封倭考」(その2)－萬曆二十四年五月の九卿·科道會議をめぐって－」, 『北海道大學文學硏究科紀要』 113, 2004를 참조.

또한 동아시아 국제관계에서 중화의식과 사대관념이 배경이 되어 중국의 대외정책으로 구체화된 것이 기미정책이며,[201] 이것이 하나의 외교형식으로 체계화 된 것이 책봉체제이다. 책봉이란 중국의 황제가 국내의 귀족·공신에게 '왕' 또는 '공', '후' 등의 작위와 채읍 등을 사여하는 행위를 말한다. 진한시대 이후 중국 황제는 주변국 군주에게 '왕'의 작위를 주어 황제와 이들 군주 간에 군신 관계를 설정하고, 그에 따르는 의무를 부과했다.

다시 말하면 책봉체제는 중국과 주변국 사이에 정치적인 관계에 의해서 동아시아 국제질서를 안정시키는 제도적 장치였다. 그리고 중국과 주변국 사이에서 책봉 관계가 설정되면, 중국 황제로부터 피책봉국의 통치자에게 인수印綬를 사여했다. 인수는 책봉을 알리는 책서와 함께 전달되는 것으로 통상적으로 금인 자수가 주어졌다.[202] 이와 같은 책봉체제를 바탕으로 중국으로부터 책봉을 받은 나라들은 교린 관계가 설정되어 동아시아 국제질서

200 손승철, 『조선시대한일관계사』, 지성의샘, 2005, 27~48쪽.

201 기미정책은 중국이 한대 이후 주변 이민족에 대한 대외정책의 기본 방침이었다. 견제하면서 관계는 단절하지 않되 그 이상의 적극적인 조치는 취하지 않는다는 뜻을 함축하고 있다. 즉 중국이 주변 민족이나 국가를 중국화 하지도 않고, 적국화 하지도 않는 정책이었다. 만약 주변국이 스스로 청산하여도 중국에서 사양하여 불신하는 것이 그 기본개념이었다. 중국과 이웃한 나라가 중국과의 통상을 원할 경우, 주변국이 원하건 원치 않던 간에 중국의 대외정책인 책봉과 조공제도로 가시화 되었다. 이때 이들 나라들이 조공의 형식을 취한다고 해서 그것이 곧 자주성을 잃고 중국에 예속된다거나 지배를 받는 것을 의미하지는 않는다. 손승철, 「전근대 동아시아 국제질서와 조선−조공·책봉 문제를 중심으로−」, 『2010년도 한일역사 쟁점논집』, 동북아역사재단, 2010, 397~402쪽.

202 국내에서 통치자의 권위와 지위는 ① 중국 왕조의 책봉에 의해 보장된다든가 ② 병존하는 군소 제국 간에 어느 나라가 중국으로부터 책봉되었는가 ③ 근린 국가 간의 경합 관계에 있어 중국 왕조로부터 비호받기를 원하는가 등 세 가지 패턴에 의해 책봉 받으며 보장되었다. 이런 가운데 히데요시가 일·명 강화교섭을 통해서 책봉을 받으려 했던 것은 세 번째 패턴에 해당된다는 주장이 있다. 손승철, 위의 논문, 403쪽.

가 형성되었다.

한편 일본이 역대 중국 왕조와 책봉 관계를 맺은 사례는 15회 정도이다. 고대에는 나노쿠니奴國 왕과 야마타이국의 히미코卑彌呼, 왜 5왕이 책봉을 받았다. 이후 중세시대 남조의 가네요시 친왕懷良親王을 비롯해서 무로마치室町 막부의 6명 쇼군과 히데요시가 책봉을 받았다.203 특히 1392년 남북조를 통일한 아시카가 요시미쓰足利義滿는 무역을 통해서 부를 축적하려는 목적에서 중국 및 조선과 통교 관계를 수립하려고 했다. 그 결과 1403년 영락제로부터 '日本國王之印'의 금인과 조서를 가진 책봉사가 일본에 파견되었다. 이후 6번에 걸쳐 책봉사의 왕래가 이루어졌다. 당시 일본에서는 책봉이 명에 굴복한 것이라는 비판이 있어서 중단된 적도 있었다.204 명과 책봉 관계를 맺은 무로마치 막부의 쇼군은 조선 국왕 앞으로 1401년에 국서를 보냄으로써 양국 간의 국교가 600년 만에 성립되었다.

여기서 주목할 점은 막부가 명과 책봉 관계를 맺었지만 자신들의 필요에 따라 제4대 쇼군이었던 요시모치義持처럼 외교관계를 단절한 경우도 있었다는 점이다. 이것은 조선을 비롯해서 중국과 책봉 관계를 맺은 주변국들이 그 왕조가 멸망하기 전까지 유지해왔던 것과는 다른 것이다.

203 명은 건국 후 조공을 요구하기 위해 일본에 사신을 파견하였다. 일본 국내사정을 제대로 파악하지 못한 명은 南朝의 가네요시 친왕懷良親王을 정식 외교권자로 보고 사신을 파견하였다. 그러나 일본은 명이 파견한 사자를 참수하면서 통교를 거부하였다. 그럼에도 불구하고 명은 친황을 '일본 국왕'으로 임명하였다. 이후 무로마치 막부는 명과 통교하려 했으나 상표문이 빠졌다는 이유로 거부당하자 정식 국교가 성립되지 않았다. 그러다가 아시카가 요시미쓰 시기에 정식 통교가 이루어진 것이다. 요시노 마코토 저·한철호 역, 『동아시아 속의 한일2천년사』, 책과함께, 2005, 160~161쪽 참조. 6명의 쇼군은 요시미쓰義滿, 요시모치義持, 요시노리義教, 요시마사義政, 요시즈미義澄, 요시하루義晴 등이다.

204 아시카가 요시미츠가 죽은 뒤 제4대 장군이었던 요시모치義持는 1411년 쇼군이 명 황제의 책봉을 받았다고 해서 명과의 외교를 단절하였으나 그 다음 쇼군인 요시노리義教 때 국교가 부활되었다.

즉 일본은 쇼군이라는 실권자가 자신들의 필요에 따라 책봉을 받기도 하고, 때로는 단절을 하기도 했다. 그런 의미에서 일본의 경우는 중국과의 관계가 상대적인 문제였다.[205] 다시 말하면 조선은 명과의 관계가 절대적인 의미가 있었지만 일본은 그것이 극히 제한적이었고 선택의 여지가 있었다.[206]

또한 일본의 경우 책봉 당사자는 천황이 아니라 막부의 쇼군이었다. 전술한 것처럼 일본은 책봉 관계를 선택적으로 맺었고, 실리와 편의에 따라 접근하는 경우가 많았다.[207] 조선의 경우에는 책봉을 통해서 정치적으로 중국에 종속되었지만,[208] 일본은 감합무역이라는 경제적인 이익을 위해서 조공·책봉을 선택한 경우가 적지 않았다. 다시 말하면 조선은 경제문제보다는 정치적인 관계에서 명의 책봉체제에 편입되었고,[209] 명 황제의 책봉이 정권의 정통성과 불가분의 관계에 있었다는 점에서 일본과 차이를 보인다.

2. 책봉사 파견과 삼국의 강화교섭

1592년 7월 명은 평양에서 패전하자 대국으로서의 위신이 크게 떨어졌

205 이삼성, 『동아시아의 전쟁과 평화』 1, 한길사, 2009, 419~441쪽.
206 도쿠가와 이에야스는 강력하게 명에게 책봉을 요구했으나 명이 끝까지 거부하였다. 여기서 선택적이라고 한 것은 적어도 책봉체제에 편입하지 않고 독단적인 행동도 가능했다는 의미이다.
207 이삼성, 앞의 책, 429~430쪽.
208 계승범, 「임진왜란의 현재성 전쟁 중 조명관계의 실상과 조공책봉의 본질」, 한국학중앙연구원 주최 국제학술대회 『국제전쟁으로서의 임진왜란』 발표문, 2012, 132~141쪽. 임진전쟁기는 위기상황에 처해 있었기 때문에 사실상 자주적인 실리외교는 어려웠다. 오히려 일반적인 조공 책봉 관계로 파악하기 의심스러울 정도로 명의 조선에 대한 내정간섭은 심했었다.
209 계승범, 「조선왕조의 長久性과 한중관계」, 『明淸史硏究』 38, 2012.

다. 그에 따라 외교적인 교섭을 통해 일본군의 북진을 지연시킨 뒤, 격퇴한다는 방침 아래 심유경을 일본 진영으로 파견하였다. 유키나가도 평양성 전투에서 승전하였으나 더 이상 공격하지 못한 상태였다. 그리고 심유경이 강화교섭을 요구하자 유키나가는 그를 9월 평양에서 만났던 것이다. 이것이 일·명 강화교섭의 시작이었다.

이 교섭에서 유키나가는 가도입명 요구 중에서 '입명'이란 명과의 전쟁이 아니라 명에게 '봉공'을 하기 위한 것이라고 변명한다. 이에 대해서 심유경은 히데요시를 일본 국왕으로 책봉하고, 일본의 조공을 받아들일 수 있도록 50일간의 잠정적인 휴전을 제의하였다.[210] 이는 명의 원군 파병을 위한 지연작전이었다. 유키나가도 의병들의 저항과 전쟁물자가 부족한 상태였기 때문에 명의 제의를 받아들였다.

여기서 처음으로 '히데요시를 일본 국왕으로 책봉한다'는 제안이 나온 것이다. 이것은 일본이 명에게 '조공'하겠다고 하였기 때문에 그 전제 조건으로 심유경이 제안한 것이며, 유키나가도 동의했던 것이다. 심유경은 다시 유키나가를 만나 1593년 1월 15일까지 휴전 기간을 연장하였다. 심유경은 명이 봉공을 허락해 주는 조건으로 일본군의 한강 이남 철수를 요구하였고, 일본은 책봉사를 일본에 파견해 줄 것을 청하였다.[211] 이처럼 회담 초기부터 히데요시의 일본 국왕 책봉이 논의되었다.

明은 1593년 1월 평양성을 수복하였으나 2월 벽제관에서 일본에 대패하자 일본과 전략적으로 교섭하지 않을 수 없었다. 그 배경에는 명군의 전력 약화와 조선에 출전한 군인들이 약속된 급료를 받지 못한 불만도 있었다. 특히 명은 '일본은 명국을 침략한 것이 아니므로 일본군과 끝까지 결전할 필요는 없다'[212]는 것이었다. 따라서 1593년부터 명은 강화교섭에 집중했다.

210 『선조실록』 권32, 25년 11월 癸酉(17일)조.
211 『선조수정실록』 권26, 25년 11월.
212 한명기, 「임진왜란기 明·日의 협상에 관한 연구－명의 강화집착과 조선과의 갈등

한편 일본군도 벽제관 전투에서 승리했으나 행주산성에서 조선에 패한 후에는 대륙의 한기寒氣, 병량 부족과 의병들의 저항에 의해 전의가 점차 상실되어 갔다. 그리고 출병 시 1만 1천 명이었던 유키나가의 병력은 6천여 명으로 감소하였고, 기요마사의 경우에도 1만 명에서 5490명으로 격감하였다.[213] 일본군의 소모율은 약 40퍼센트에 가까웠다. 따라서 히데요시도 유키나가의 제의를 받아들여 강화교섭을 진행할 수밖에 없었다.

결국 명은 공식적으로 일본과 교섭을 재개한다는 방침을 세우고 일본의 한성 철수를 요구하였다. 또한 명은 히데요시가 황제에게 사죄하는 글을 올리면 그를 일본 국왕으로 책봉한다는 조건을 제시하였다. 이에 대해서 일본은 "명군이 강화사를 보내면 억류 중인 조선의 두 왕자를 송환할 것이며, 자신들은 4월 8일부로 한성에서 철수한다"[214]고 회답하였다. 이후 명 사령관이었던 송응창은 부하인 사용재와 서일관을 강화사로 위장시켜 일본 진영에 보냈고, 일본도 4월 18일 한성에서 철수하여 경상도 해안지역으로 남하하였다.

명은 일본군이 한성에서 철수하자 조선이 거의 회복된 것으로 파악하고 일본의 요구를 적당히 들어주면서 히데요시의 항복문서關白降表를 받아내려고 하였다. 일본도 군수물자의 부족으로 히데요시의 승인 하에 조선의 남부지역까지 후퇴했다. 이때부터 약 5년간 일명 강화교섭이 본격적으로 전개되었다.

강화사로 갔던 사용재와 서일관은 히데요시의 7개 조건을 본국에 전하지 못하고 오히려 "히데요시는 자신을 일본 국왕으로 임명하여 무역을 부활시켜 줄 것을 요구한다"[215]는 허위보고를 하였다. 명 측은 강화의 전제 조건

을 중심으로-」, 『국사관논총』 98, 2002, 247~253쪽.

213 北島萬次, 『加藤清正』, 吉川弘文館, 2007, 50~51쪽.

214 『新訂 黑田家譜』, 川添昭二, 福岡古文書を讀む會校訂, 文獻出版, 1982~1987.

215 7개 조건이란 명 측을 상대로 ① 明皇女와 일본 천황과의 혼인 ② 일명 무역의

으로 히데요시의 항복문을 요구하였다. 명의 강화사 파견에 대한 답례 겸 가짜 항복문서를 지참한 유키나가의 심복 고니시 조안 일행 30여 명은 1593년 9월 중순 요동에 도착하였다. 이들은 송응창과 대면하고 히데요시의 거짓 항복문서인 '관백항표'를 제출하였다.

1594년 12월 북경에 도착한 고니시 조안은 신종을 알현하였고 명의 병부상서였던 석성과 만났다. 그는 히데요시의 7개 조건은 언급도 하지 않았고, 오히려 책봉을 희망하는 일본 무장들의 리스트를 제출하였다.[216] 당시 명 내부에서는 병부를 중심으로 하는 강화론자들과 예부를 중심으로 하는 전수론자戰守論者들 사이에 격론이 있었다.[217] 다만 책봉만 이루어지면 일본군이 완전히 철수할 것으로 믿었던 석성은 일본을 책봉체제에 편입시키면 문제는 쉽게 해결할 수 있다는 단순한 생각을 했다.

즉 명 조정에서도 일본의 봉공에 대해서 찬반이 엇갈렸지만, 조선이 봉공을 주청하였기 때문에 승인하기로 했다.[218] 다만 공도貢道가 영파寧波로

재개(일명 감합무역) ③ 일본과 명의 大官들이 서로 우호를 서약하는 문서를 교환하는 것이다. 조선 측을 상대로는 ④ 조선의 4도를 조선 국왕에게 줄 것 ⑤ 포로가 된 두 왕자와 대신을 송환할 것 ⑥ 조선 왕자와 대신을 다시 일본으로 보낼 것 ⑦ 조선의 대관들은 영원히 일본에 항복을 서약할 것 등이다. 특히 강화사들은 ①번 조건 때문에 허위보고를 하지 않을 수 없었다.

216 히데요시 측근들의 授職 순위와 관련해서 명의 '명 실록 자료'와 일본의 '江雲隨筆' 자료를 비교 분석한 연구에 의하면 양국의 입장에 따라 수직 순위가 뒤바뀌어 있다. 일본 자료에서는 최종 순위가 국내 다이묘 사이에서 현실적인 정치력 순위를 반영하였는데, 이것 또한 심유경 일행에 의한 조작이 아닐까 하는 흥미로운 지적이 있다. 이런 점으로 보아 이 시기의 문서 위조 또는 개찬改竄이 에도막부 초기에 한정하지 않고 빈번하게 있었음을 짐작할 수 있다. 米谷均, 「豊臣秀吉의 '日本國王' 冊封을 둘러싼 인식의 격차」, 『임진왜란과 동아시아世界의 變動』, 경인문화사, 2010, 353~356쪽.

217 岡野昌子, 「秀吉の朝鮮侵略と中國」, 『中山八郎教授頌壽紀念明淸史論叢』, 燎原書店, 1977.

218 선조는 1593년 7월부터 1594년 5월까지 1년여 동안 명 조정에 강화회담 반대 요구를 55차례에 걸쳐 제기했지만, 결국 봉공 주청을 하였다. 劉寶全, 『壬辰倭亂期

결정되면 鄕郡에 변이 발생할 수 있다는 염려 때문에 貢事는 '비책非策'이라 하여 貢은 허락하지 않고 封만 허락하였다.[219] 이미 '영파의 난'을 경험했던 명은 무역은 일본을 증장시키고, 결국은 명 상인층의 세력을 증대시키는 결과를 낳을 것이라는 판단하에 공시貢市·개시開市는 인정하지 않았다.

신종도 일본을 기미羈縻하는 것이 마땅하다고 하여 봉공의 방안에 동의하였던 것이었다.[220] 석성은 12월 13일 책봉사를 파견하기 전에 다음과 같은 요구사항을 제시하였다. 첫째 일본은 조선에서 철수하여 귀국할 것, 둘째 히데요시를 일본 국왕으로 임명은 하지만 별도로 공시는 요구하지 말 것, 셋째로 조선과 수호함과 동시에 함부로 침략하지 않을 것 등이었다.[221] 이후 30일 신종은 히데요시를 책봉하기 위한 문서인 고명(임명장·조서·칙유)과 금인(日本國王之印), 물품(관복 한 벌) 작성을 하명하고, 이종성과 양방형을 책봉 정·부사로 임명하였다.[222]

결국 명 조정은 일본의 가짜 답례사를 맞이하고 그들의 요청을 받아 들였던 것이다. 그 결과 히데요시를 '일본 국왕'으로 책봉하고 그의 처를 비, 아들 히데요리를 신동세자神童世子로 봉하는 결정을 내리게 되었다. 그리고 유키나가에게는 도독 벼슬과 홍록저사 2필, 은 20냥, 관대와 의복도 하사하였다.[223] 여기서 주목되는 것은 명은 '일본군의 전원 철수'를 전제 조건으로 책봉사를 파견하려 했던 것이다. 이후 책봉사는 1595년 1월 30일 북경을 출발해서 4월 조선에 도착하였다.[224]

朝·明 關係史硏究』, 성균관대학교 박사학위논문, 2003, 95쪽.

219 『明史紀事本末』 권62, 「援朝鮮」 만력22년 9월, 三民書局, 1969.

220 『國榷』 권76, 萬曆22년 9월 丁亥, 中華書局, 1988.

221 신종은 20일 아시카가 요시미츠에게 하사한 금인의 존부 등 20개 조항에 대해 문의를 하면서 일본이 봉공을 어느 정도 열망하고 있는지 심문하였다.

222 『명신종실록』 萬曆 23년 1월 癸卯조.

223 申靈, 「再造藩邦志」 朝鮮古書刊行會, 『大東野乘』 卷35, 1909~1911.

224 4월 6일 조선에 입국한 책봉사 일행은 27일에 한양에 도착한 후, 11월 말 부산에

유키나가는 책봉사가 일본군의 완전 철수를 요구하면서 도일渡日을 거부하자 이를 해결하기 위해 잠시 귀국하여 히데요시를 만났다. 이때 유키나가는 히데요시로부터 '大明朝鮮과 日本和平之條目'이라는 새로운 3가지 조건을 받았다. 즉 ① 조선 왕자를 자신의 거처로 보내면 조선 8도 전체가 아니라 남부 4도만 일본이 소유한다. ② 유키나가의 진영이었던 웅천까지 조선 왕자가 오면 일본 진영의 3분의 2를 소각시키고 일본군은 철수한다. ③ 자신은 명의 요구대로 조선을 사면하는 대신 명 칙사의 파견과 무역 재개를 바란다는 것이다.[225]

특히 여기서 주목되는 것은 일본군의 부분 철수를 인정한 것과 히데요시 자신이 일본 국왕으로 책봉된다는 것을 분명히 알고 있었다는 점이다. 또한 책봉사에게 '명과 일본의 관선과 상선이 왕래할 때는 금인 감합金印勘合으로 조험照驗(확인)해야 한다'고 한 부분이다. 히데요시는 금인 감합을 통행증으로 생각하여 무로마치 막부 시기의 일명 감합무역을 부활해서 무역을 확대하려 했던 것으로 보인다.[226]

결국 유키나가는 히데요시의 승낙을 받고 부산지역에 있는 일본 진영 3분의 2를 태우고 철수했다.[227] 그러나 명 책봉사는 일본군이 전부 철수한

도착하였다.

225 '大明朝鮮과 日本和平之條目'이라는 이 3가지 조건은 그 제목에서 알 수 있듯이 이전과 달리 조선을 교섭 대상으로 삼고 있다. 감합의 의미에 대해서 최근 여러 가지 의견이 나오고 있다. 위의 3가지 조건에서 '조공(감합무역)을 할 때 금인으로 그 증거로 삼자'고 한 점에서 히데요시는 감합을 통행증이라 생각한 것으로 보인다. 전쟁이 장기전으로 접어들고 영토 확보도 불투명한 상황에서 일명 감합무역을 부활해 교역을 확대하려 했던 것으로 생각된다. 「江雲隨筆」 文祿 4년 5월 22일자 동경대학 사료편찬소 소장.

226 히데요시의 주변에는 외교를 담당해 온 오선승五禪僧이 있었기 때문에 외교적인 관례에 대해 당연히 숙지하고 있었다고 보여 진다. 도요토미 정권에서 오선승이 했던 역할에 대해서는 北島万次, 「豊臣政權の外交折衝と五禪僧」, 『豊臣政權の對外認識と朝鮮侵略』, 校倉書房, 1990, 195~201쪽 참조.

것이 아니었으므로 도일을 거부하였다. 다급해진 유키나가와 심유경은 히데요시에게 책봉사의 일본행이 지연되는 사유를 해명하기 위해 다시 일본으로 건너갔다. 바로 이때 책봉 정사였던 이종성이 1595년 4월 일본 진영에서 도망가는 사건이 일어나 책봉사의 도일은 지연되었고 그 파장은 컸다.[228]

이와 같은 우여곡절을 겪고서 5월에는 책봉 정사에 양방형, 부사에는 심유경이 임명되어 오사카에 도착했다. 책봉사가 본국을 떠난 지 1년 8개월이 지난 후였다. 책봉사보다 먼저 오사카에 도착한 심유경은 1596년 6월 27일 후시미성에서 히데요시를 만났다.[229]

흥미로운 것은 6월 19일부터 25일 사이 심유경의 일행이 후시미까지 행렬하는 모습과 300명이나 되는 사람들이 싣고 온 물건 등이 일반인들에게 널리 알려졌다는 것이다. 프로이스도 당시의 상황을 오사카에서 보낸 신부의 서신을 근거로 전하고 있다. 그는 오사카 성으로 가고 있는 명사 일행의 퍼레이드를 보고하였다. 이 행렬 가운데 악대와 깃발들이 조화를 이루면서 "명제明帝가 히데요시를 일본 국왕으로 임명한다는 커다란 판자를 높이 들

227 5월 22일 '大明朝鮮과 日本和平之條目'을 발표한 히데요시는 조선에 주둔하고 있는 대명들에게 주둔지의 소각·파괴 등 철수 명령을 내렸다. 1차로 부산·동래 지역에 주둔하고 있었던 모리 테루모토·깃카와 히로이에의 군대가 철군 명령을 받았다. 2차로는 서생포 기장 지역의 가토 기요마사·구로다 나가마사의 군대, 3차로는 나머지 주둔군 전부를 철수하라는 명령을 내렸다. 『士林証文』, 동경대학 사료편찬소 소장. 中等野, 앞의 책, 『秀吉の軍令と大陸侵略』, 278~281쪽 재인용.

228 책봉사 이종성의 도주 사건은 히데요시가 명 책봉사를 거부할 것이라는 정보때문에 일본군 진영에서 도주했다고 보는 시각이 많았다. 그러나 책봉사 일행의 도일을 조속히 실현시킬 수 있는 계기가 되었기 때문에 환영할만한 사태였고, 오히려 이 사건을 막후에서 조장했다는 시각도 있다. 佐島顯子, 「日明講和交渉における朝鮮撤退問題: 册封正使の脫出をめぐって」 中村質編, 『鎖國과 國際關係』, 吉川弘文館, 1997 참조.

229 이 때 상황을 「義演准后日記」에서는 "6월 19일 오사카에 있었던 심유경이 후시미성에 있는 히데요시를 만나러 온다고 하자 일본 측은 이를 위하여 대명들에게 청소를 시키고 성심성의껏 접대 준비를 하였다"고 전하고 있다.

고 가는 것을 보았다"[230]고 하였다. 따라서 히데요시 자신이 일본 국왕으로 책봉된 것을 알지 못했다는 것은 사실이 아니다.

당시 교토에서는 명이 '귀복歸伏'하는 칙사가 상경할지 모른다는 풍문과 명 사신이 히데요시에게 주었던 단자나 당관唐冠 등이 '하사품'이라는 인식이 있었다. 또한 조선의 사면을 요구한 명 황제의 요구를 히데요시가 승인하자 답례 차원에서 책봉사가 왔다는 인식도 있었다.[231] 이와 같이 일본에서 히데요시의 책봉은 이미 알려졌고, 히데요시도 이 사실을 인정했다는 점이다.

히데요시는 국서와 관복·금인을 받았고, 대명들에게도 '일본 국왕의 신하'로 임명한다는 명의 임명장과 관복이 전해졌다. 다시 말하면 다이묘들도 각각 명 왕조의 관을 받아 명 황제의 신하가 된 것이다.[232] 우에스기 가게카쓰上杉景勝나 모리 테루모토毛利輝元에게 주어진 차부의 글에 '관백 이미 황상의 석봉을 받았다. 유키나가 등은 천자의 신하가 되는 것이다'라고 한 것처럼 히데요시를 일본 국왕으로 봉한 것이 언급되어 있었다.[233] 이처럼 책봉사가 임명된 지 1년 9개월이 지나서 히데요시를 일본 국왕으로 책봉하였다.

230 松田毅一監譯, 『16·7世紀イエズス會日本報告集』 제 I 期第2卷, 同朋舍, 1987, 318쪽.
231 「左大史孝亮記」, 『改訂史籍集覽』 25, 文祿5년 9월 4일 조, 近藤出版部, 1902~1926 ; 跡部 信, 「豊臣政權の對外構想と秩序觀」, 『日本史研究』 585, 2011, 70~72쪽.
232 역대 중국 왕조는 책봉하는 왕의 배신陪臣까지도 사례하는 경우가 있었다. 예를 들어 1596년 히데요시의 배신인 도쿠가와 이에야스를 비롯한 17명에게 우도독·도독동지·도독 등의 관직을 수여했다.
233 니시지마 사다오 지음, 이성시 엮음, 송완범 옮김, 『일본의 고대사 인식 '동아시아 세계론'과 일본』, 역사비평사, 2008, 228~241쪽.

3. 히데요시의 책봉과 파장

1596년 9월 2일 오사카 성에서 대명들이 참례한 가운데 심유경과 명 책봉사는 히데요시를 대면하였다. 당시 상황을 몇 가지 기록을 통해 살펴보자.

우선 『센소고仙巢稿』에는 "히데요시는 금인을 받고 명복明服을 입고 만세 삼창을 했다"[234]고 서술되어 있다. 또한 프로이스도 "히데요시와 책봉사는 다다미 위에 앉아서 양자가 대등한 형태로 알현하였다. 출석자는 이에야스, 치구젠筑前, 에치고越後, 츄나곤中納言, 긴고도노金吾殿, 모리毛利 등이었다. 관백은 주연 후에 영에 있는 서책, 즉 커다란 황금 서판인 금인을 수리하고, 이를 머리위로 추대하고, 관면도 수령해서 착용하기 위해 별실로 갔다"[235]고 기록하고 있다.

그리고 당시 조선의 기록에도 위와 같은 내용이 있다.[236] 『日本往還日記』를 보면 "히데요시는 책봉을 받았고, 다이묘 40명도 관대를 착용하고 수직授職하였다"[237]고 되어 있다. 군관 조덕수는 자신은 '봉왕례'를 직접 보지는 못했으나 명의 파총인 왕귀가 황신에게 전한 내용을 중심으로 선조에게 전하고 있다. 즉 "윤8월 29일에 관백(히데요시)이 오사카에 오자 9월 1일 부사(심유경)가 먼저 찾아갔으나 만나주지 않았다. 2일에 서로 만나서 受封하기로 했고 3일에 향연례를 거행했다. 연향 때 부사가 군사 철수에 관한 말을 하였으나 관백은 답하지 않았다. 그러자 명사들은 관소로 돌아왔다"[238]

234 西笑承兌, 「仙巢稿」, 『大日本史料』 第12編3, 東京大學史料編纂所編纂, 1928~2002.
235 松田毅一監譯, 앞의 책, 참조.
236 황신은 히데요시의 책봉 절차가 끝나자 일본이 재침할 것이라는 사태 변화를 신속하게 전달하기 위해서 자신의 군관을 조선에 비밀리에 파견했다. 이때 이들은 야나가와 시게노부의 군관인 왜인과 잠행하여 절영도에서 떨어진 곳에 상륙하였다. 조선 조정은 이들의 보고 내용을 바탕으로 명 정부에 일본군이 재침할 것이라는 주문을 보냈다. 『선조실록』 권82, 29년 11월 戊戌(6일)조.
237 黃愼, 『日本往還日記』, 京都大學所藏, 河合文庫.

고 전하였다. 또한 "봉왕할 때 적장 40여 명은 다 당복을 입었으나 관백만은 의관을 갖추지 않았다"[239]고도 하였다.

선조는 명에 보낸 주문에 다음과 같이 언급했다. 책봉 의례가 끝난 6일 야나가와 시게노부가 황신에게 '심유경이 철병과 통호通好에 관한 일을 상의하려 하자 관백이 "천조가 사신을 보내어 자신을 책봉하였으므로 내가 우선 참겠으나 조선과는 결코 화친을 허락할 수 없으므로 전쟁을 바란다(생략)"고 전하였다'[240]고 했다. 또한 조선 피로인이 전한 내용을 근거로 "관백이 책사를 청하여 잔치를 베풀었을 때 심부사가 철병 등의 일에 언급하니 관백은 화를 내고 들어주려 하지 않자 두 책사가 곧 파하고 돌아왔다"고 보고하였다.

12월 21일 선조는 황신을 인견하고 책봉과 관련된 상황을 문의하였다. 황신은 "봉작례가 행해졌으며, 관백이 뜰에 서서 오배삼고두의 예를 행하고 경건한 태도로 내려주는 의복을 받았으며, 그의 신하 40여 명이 모두 황제의 하사품을 받았다"[241]고 진술하였다.

명의 책봉식에 관한 사료는 심유경이 병부에 올린 품첩[242]과 책봉 부사인 양방형이 병부에 전한 내용이 있다.[243] 심유경과 양방형의 보고는 책봉이 성공했다는 것을 강조하기 위해 과장된 내용이 많아서 신빙성이 떨어진다.

이상에서 히데요시의 책봉을 둘러싼 삼국의 기록을 살펴보았다. 각국의 입장에 따라 차이는 있으나 일치되는 부분이 있다. 그것은 히데요시의 책봉은 9월 2일 예정대로 행해졌으며, 그가 당복을 입고 서책과 금인, 고명 등을 받았다는 점이다. 또한 이에 대한 답례로 연회가 열렸고, 명에게 보낼 답

238 『선조실록』 권82, 29년 11월 戊戌(6일)조.
239 상동
240 『선조실록』 권83, 29년 11월 壬寅(10일)조.
241 『선조실록』 권83, 29년 12월 癸未(21일)조.
242 『선조실록』 권83, 29년 12월 己巳(7일)조.
243 『선조실록』 권84, 30년 1월 丙辰(25일)조.

서 작성을 위해서 히데요시와 심유경이 다시 만난 사실이다. 이 과정에서 조선에서의 철수 문제가 불거지면서 일·명 강화교섭이 결렬되었던 점이 히데요시의 책봉 거부로 왜곡되었다.

즉 책봉 의식 이후 심유경이 히데요시에게 "일본군이 조선에서 완전히 철수하지 않으면 일본과의 통교는 없다"고 하면서 완전 철수를 요구하였고, 히데요시는 "명이 사절을 보내 자신을 책봉한 것까지는 참을 수 있었는데 조선의 (완전 철수)는 결코 허락할 수 없다. 명사는 내일 돌아가고 자신은 다시 병마를 갖추어서 조선을 공격할 것이다"[244]라고 언급한 부분에 방점을 두고 이해해야 할 것이다.

결국 일본군의 완전 철수 문제가 화근이 되어 히데요시는 명사를 귀국하라고 명하였고, 다시 조선을 공격하라는 조치를 취했다. 다시 말해서 심유경은 책봉 의례가 끝나자 일본군의 완전 철수를 요구했다. 따라서 이를 수용할 수 없었던 히데요시는 재침 명령을 내렸다. 바로 이 점이 일명 강화교섭의 파탄 원인이었다. 그리고 책봉 의례가 제대로 이루어지지 않았다면 굳이 일본에서 사은표문을 작성할 필요가 있었는지 의문이 간다.[245]

244 『선조실록』 권82, 29년 11월 壬寅(10일)조.

245 이때 관백의 사은 표문을 테라사와 마사나리寺澤正成가 나고야까지 와서 전달하였다. 그 내용은 다음과 같다. "일본 국왕 신臣 풍신수길은 진실로 황공한 마음으로 머리를 조아립니다. 삼가 생각건대, 해와 달이 비추니 대명大明을 만국에서 우러러 보고 강과 바다처럼 흠뻑 적셔주니 성화聖化를 한없이 유지하실 것입니다. 천자의 운수를 높이 받드니 황제의 은혜가 널리 미치셨습니다. 공손히 생각건대, 조종祖宗의 덕을 밝혀서 인민의 마음을 안정시키시니, 원근遠近과 대소大小가 은혜를 입은 것이 요순堯舜의 성세聖世보다 못하지 않으며 위의威儀와 진퇴가 예절에 합한 것이 주周·하夏의 융성한 기풍보다 넘치는데 어찌 동해의 소신小臣이 직접 중화의 성전을 받을 것을 생각이나 했겠습니까 고명·금인과 예악·의관에 모두 은총이 담겨져 있습니다. 신은 일일이 감격스럽고 지극한 은혜에 보답하기 위하여 날을 택해 반드시 방물方物을 갖추어 구중궁궐에 감사함을 표하겠습니다. 삼가 충심에서 우러나는 정성을 다하겠으니 원하건대 어리석은 정성을 굽어 살펴 주소서. 천사天使가 먼저 돌아가는 편에 우선 삼가 표문을 올립니다." 이 표문은 1595년 12월 말에 고

그런데 지금까지 명이 히데요시의 요구(화의 7개조)를 무시하고 일본 국왕으로 책봉하고자 한 것에 대한 '히데요시의 격노' 때문에 히요시가 책봉을 거부하면서 강화 협상이 깨졌다고 본 것이 통설이었다. 이러한 배경에는 오사카 성에서 발생한 히데요시와 책봉사와의 화의 파탄 모습을 전하는 사료가 반세기가 지난 에도시대 유학·병학자들이 날조해서 만들어 냈다고는 점을 들고 있다.[246]

그들은 히데요시의 국왕 칭호 자체가 중국 황제의 신하를 의미하므로 천황의 신하인 히데요시가 명 황제에게 臣從했다는 것은 굴욕적인 것이라 보았다. 따라서 이들은 사실을 은폐 날조하면서 부정하려 했다. 근대 들어서 히데요시의 조선 침략이 일본의 국위 선양으로 찬양되면서 왜곡된 사실이 정설로 굳어지게 되었다.

그러나 히데요시를 일본 국왕으로 임명한 '고명=임명장'이 아닌 가장 실질적인 교섭 내용이 적혀 있는 '칙유勅諭'에 주목하면 영토문제와 관련해서 강화교섭이 결렬되었다는 것을 확인할 수 있다.[247] 즉 히데요시에게 책봉을 허락한 이유 등을 명기한 칙유 내용을 보면 ① 고니시 조안이 히데요시 대신에 '표장表章', '표문表文'을 받치면서 명의 번속국이 되어 책봉을 받으려 했다는 점 ② 명이 제시한 三事를 고시니 조안이 동의했다는 점이 적혀있다.[248] 특히 '부산의 일본진영은 빠짐없이 철귀撤歸하고 다시는 한 사람도 머물지 않을 것이며, 기봉旣封한 뒤에는 감히 따로 공시貢市를 구함으로써

시니 조안이 명 황제를 만나기 위해서 유키나가와 심유경이 함께 작성했던 것과 줄친 부분이 매우 유사하다. 따라서 이 표문도 심유경이 관여하여 작성했을 가능성이 크다. 『선조실록』 권83, 29년, 12월 己巳(7일)조

246 山室忝子, 앞의 책, 154쪽. 예를 들어 유학자들이 출간한 『豊臣秀吉譜』, 『武家事紀』가 대표적이다.

247 김문자, 앞의 논문, 60~68쪽 ; 中村榮孝, 「豊臣秀吉 日本國王册封に關する誥命, 勅諭と金印にいて」, 『日本歷史』 300, 1973.

248 『兩朝平壤錄』 권4, 萬歷 23년 1월 23일, 동경대학 동양문화연구소 소장.

사단을 벌이지 않을 것이다(후략)'라고 한 부분과 '封한 후로는 그대는 그 삼약三約을 지키고 길이 一心을 굳게 하여 충성으로 天朝를 보필하고 신의로써 諸國과 화목하며 부근의 이중夷衆에게 힘써 엄즙嚴戢을 가하여 沿海에 일이 생기기 말게 할지어다(후략)'라고 적힌 부분은 주목할 만하다.[249]

즉 칙유의 구체적인 내용에는 일관되게 조선에 있는 일본군의 완전 철수를 요구하고 있으며 명이 제시한 三事를 받아들이라는 것이다. 이런 점에서 일·명 강화교섭의 파탄과 재침 원인은 히데요시가 명의 책봉을 거부했기 때문이 아니라, 일본군의 완전 철수에 따른 조선 남부 지역 지배가 부정된 것에 대한 거부라 보는 것이 타당하다.

4. '조선 왕자의 일본 파견' 문제에 대한 비판

결국 일·명 강화교섭은 결렬되고, 히데요시는 전쟁을 재개했다. 정유재란의 원인에 대해서 다양한 견해가 있으나 여기서는 '조선 왕자의 일본 파견' 문제를 중심으로 기존 연구를 재검토하고자 한다.[250]

아토베 마고토跡部信는 정유재란의 원인을 '조선 왕자의 일본 불참'에서 찾고 있다. 그는 "히데요시가 명목상의 해외영토가 아니라 조선 왕자 자체를 중요시했다"[251]고 보았다. 즉 히데요시는 명 사절을 항복 사절로 인식하

249 상동

250 김경태, 「임진전쟁기 강화교섭의 결렬 원인에 대한 연구」, 『대동문화연구』 87, 2014 ; 김문자, 「임진왜란기 강화교섭과 정유재침의 배경」, 『정유재란사』, 범우사, 2018, 41~61쪽. 1990년 이후부터 주류를 이루었던 정유재란의 원인으로 '히데요시의 일본국왕' 임명에 반발했다는 점, 조선 왕자가 일본에 오지 않았다는 점, 일본군의 완전 철수 요구와 관련된 조선영토 할양문제 등을 들 수 있다.

251 跡部信, 「豊臣政權 對外構想 秩序觀」, 『日本史研究』 585, 2011. 김경태도 그의 논문(「정유재란 직전 조선의 정보수집과 재침 대응책」, 『한일관계사연구』 59, 2018,

여 책봉을 받아들였고, 受封이야말로 자신이 크게 양보한 것이었는데, 조선 왕자가 일본에 오지 않았기 때문에 강화교섭이 결렬되었다고 보았다.

이와 관련해서 나가노 히도시中野等도 "히데요시는 강화 조건을 점차 축소하면서 1595년에 제시했던 조선 왕자를 인질로 보내면 조선의 남부 4도를 왕자한테 준다는 데까지 합의한 것으로 보았다"[252]고 이해했다. 즉 그는 히데요시가 일본에 온 왕자를 '도요토미 다이묘豊臣大名'화 시키고, 조선이 복속했다는 증거로 조선 남부를 왕자에게 위임하려 했다고 주장하였다.

양자의 견해는 교섭 결렬의 책임을 조선에 전가하면서, '항복의 증거'인 '조선 왕자'가 일본에 오지 않은 것이야말로 재침략의 중요한 원인으로 파악한 것이다. 그렇다면 과연 '조선 왕자의 일본 파견' 문제가 화의 결렬의 주된 원인이었을까?

1596년 9월 6일 『日本往還日記』의 기록을 보면 시게노부가 책봉사보다 먼저 일본에 도착하여 히데요시를 만난 내용이 언급되어 있다. 즉 8월 19일 히데요시가 조선 왕자의 파견 여부에 대해 물어보자 시게노부는 "조선 왕자가 어리고 멀리 유배 중이라 올 수 없다"[253]고 답하고 있다. 이에 대해서 히데요시는 웃음으로 화답하면서 특별한 반응을 보이지 않았고, 오히려 명과 조선 사절이 머물 숙소에 대해 배려하는 태도를 보였다는 부분이 있다. 이 대목은 책봉사를 만나기 직전 히데요시의 입장과 정황을 알 수 있는 중요한 부분이다. 만일 조선 왕자의 파견이 가장 중요한 문제였다면 히데요시는 시게노부의 보고를 받고 이 점을 문제 삼았을 것이다.

게다가 1596년 정월, 조선은 왕자의 파견문제와 관련해서 사전에 시게노

233~245쪽)에서 '조선 왕자의 일본 파견' 문제를 화의 결렬 배경으로 보았다.

252 中野等, 「講和交渉の推移」, 『秀吉の軍令と大陸侵攻』, 吉川弘文館, 2006, 278~297쪽 ; 津野倫明, 「丁酉再亂時の日本の目的と日本側の軍事行動」, 『한일관계사연구』 57, 2017, 91~92쪽.

253 黃愼, 앞의 책, 참조.

부와 논의한 적이 있다. 그때 시게노부는 "그럴 필요가 없고 조선의 대신 중에서 2, 3명만 보내면 된다"[254]고 조언하고 있다.

한편 유키나가는 명 책봉사 이종성이 도망가는 사건이 발생하기 직전인 1596년 6월까지 일본에 머물고 있었다. 그는 히데요시에게 책봉사가 오랫동안 부산에 머물고 있는 상황과 조선도 곧 통신할 것이라는 사실을 전달하였다. 히데요시가 크게 기뻐하면서 "소원하는 일이 끝났다. 어찌 다시 싸움을 일으켜 혼란을 만들겠는가. 네가 빨리 부산 진영에 가서 철병하고 천사의 일행 및 조선의 배신과 함께 바다를 건너라"[255]고 하였다.

결국 유키나가와 시게노부, 히데요시에게 '조선 왕자의 일본 파견' 문제는 큰 비중을 차지하지 않았다. 오히려 일본군의 부분 철수와 명의 책봉사 및 조선 배신들의 내일이 긴박하고 중요한 문제였다. 아마 히데요시는 조선 왕자가 일본에 오지 않는다는 것을 사전에 알고 있었다고 짐작된다. 바로 이 점 때문에 왕자의 불참이 강화교섭 파탄의 결정적인 이유가 아니라는 점을 분명히 알 수 있다. 다시 말하면 일본군의 철병이라는 명의 요구로 강화교섭이 결렬되자, 히데요시는 조선 왕자의 파견문제를 핑계로 대신했다.[256]

이를 통해 강화교섭의 결렬 원인은 일본군의 '완전 철수' 요구 때문이라 보는 것이 타당하다.[257] 즉 히데요시는 명에게 신속臣屬하는 입장을 취하고 이에야스를 필두로 한 다이묘에게도 명의 관직을 수여받게 하면서까지 책봉을 실현시켰다. 그리고 조선 남부 지역의 일본 할양을 명이 공인할 것이라고 생각했다. 그러나 책봉사가 일본군의 완전철수를 요구하자 교섭이 결정적으로 결렬되었다.

254 『선조실록』 권71, 29년 정월 乙亥(8일)조.
255 상동
256 「島津家文書」 984, 985호, 『大日本古文書』 家わけ16-2.
257 김문자, 「풍신수길의 책봉문제와 임란기의 강화교섭－정유재란의 원인을 중심으로－」, 『중앙사론』 36, 2012, 274~282쪽.

결론적으로 히데요시의 의도는 명의 책봉사를 정치적으로 선전하면서 자신의 위세를 높이고, 동시에 조선에서 철수하지 않은 나머지 3분의 1의 군사를 조선 남부 지역에 주둔시킬 계획이었다. 그와 동시에 무역을 통해서 경제적인 이익을 얻으려 했던 것으로 추측된다.

한편 정유재란이 전라도 지역을 정복하기 위해 발발한 전쟁이라는 기존의 연구는 재검토할 필요가 있다. 이것은 히데요시가 경상도 지역을 이미 차지했다는 것을 전제로 공격 대상을 전라도 지역으로 단정한 것이다. 그 증거로 1597년 1월 선발부대를 보내고, 2월 21일 도해한 장수들에게 "선봉은 전라도(赤國)를 남김없이 평정하고 충청도(靑國)와 그 지역은 가능한 범위 안에서 침공하라"[258]는 내용을 들고 있다.

하지만 당시 전세를 살펴보면 히데요시의 목표는 전라도 지역이 아니라 오히려 부산과 서생포를 중심으로 한 경상도의 해안지역 일대였다고 보는 것이 타당하다. 당시 일본의 전력으로 전라도 지역을 확보하는 것은 무리였다. 즉 그는 1595년 4월 자신이 제시했던 세 가지 조건 중에서 명과 일본이 무역을 할 경우 '금인'을 갖고서 '감합무역'을 부활하자고 하였다. 히데요시는 조선에서 전쟁이 장기화되고 국내의 정세마저 불안해지자 명으로부터 책봉을 받아 감합무역을 통한 경제적인 이익을 획득하려 했던 것으로 짐작된다. 이처럼 무역과 통교에 높은 관심을 갖고 있었던 히데요시가 최종적으로는 조선의 경상도, 부산지역을 발판으로 동아시아 무역을 주도하려 했던 가능성은 높아 보인다. 이를 임진전쟁을 전후로 한 일본 열도의 해외무역 상황을 함께 살펴보자.

1580년대부터 히젠·사쓰마 지역은 중국 남부와 류큐·동남아시아로부터 상선이 내항하였고, 시마즈씨의 영역을 경위해서 타국으로 통항하는 일본인들이 급증하였다. 특히 명의 해금 정책이 완화된 이후에는 복건성 상인들

258 「島津家文書」 402호, 『大日本古文書』 家わけ16-1.

의 왕래가 빈번했으며, 루손(呂宋, 필리핀)을 향한 일본 상인들의 도항도 두드러지게 나타났다. 당시 사쓰마 지역은 후쿠겐福建－사쓰마－루손이라는 삼각 무역 항로가 있었으며 후쿠겐－사쓰마, 사쓰마－루손 사이에는 거의 자유무역 상태였다. 흥미로운 것은 사쓰마 지역에 明人 2천여 명 정도가 거주하고 있었고, 이들이 전쟁에 동원되어 조선 전선에서 명군과의 통역을 하는 경우도 적지 않았다고 한다.[259]

이와 같은 상황에서 16세기말 규슈와 동남아시아 지역에서 활발한 무역이 진행되었다. 특히 루손 지역 무역은 다른 지역에 비해서 이익이 커서 사쓰마를 중심으로 교역하였다. 강항은 당시 사쓰마의 모습에 대해 "대당 및 류큐, 루손과도 가까운 지역이며 당선唐船과 만선蠻船이 끊임없이 왕래하고 있다. 왜인 중에서 명조와 남만지역을 왕래하려는 자는 이곳을 지나야 한다. 당화와 남화가 가게마다 넘치고 당인 및 남인 가게가 즐비하게 늘어져 있다"[260]고 묘사하였다.

히데요시는 전쟁을 지속적으로 수행하기 위해서는 군수물자·및 경제적인 이익 확보가 필요했다. 따라서 이 문제를 해결하기 위해서는 무역문제에 관심을 가질 수밖에 없었다. 그래서 부산과 항구 도시는 전략 요충지였던 것이다.[261] 히데요시는 병력 확보와 국내 최대의 은 광산이 확보되어서 재침

259 일본에 오는 명 무역선이 일본 정보를 명국에 전달하는 스파이 선으로 둔갑할 수 있다고 판단한 히데요시는 사쓰마에서 명선 출항금지령을 내렸다. 上垣外憲, 『鎖國前夜ラプソディ』, 講談社選書メチエ, 2018, 71~78쪽, 160쪽.

260 上垣外憲, 위의 책, 158쪽.

261 이와 관련해서 히데요시가 잇단 패전과 휴전 상태가 지속됨에도 불구하고 조선에 일본군을 주둔시키고 전쟁을 지속적으로 끌고 간 것은, 일본열도 전역의 지배를 강화할 목적과 자신의 지휘 하에 군단을 편성하기 위해서라는 시각이 있다. 즉 전쟁이 장기화되면 일본군은 많은 군수물자를 일본열도에서 조선으로 공급해야 한다. 조선과 규슈지방을 잇는 물류 보급로로 오사카·후시미가 선정되었다. 이때 후시미 성 건설과 군수물자의 공급 명령을 받은 것은 조선에 주둔하지 않았던 동쪽 지역의 다이묘들이었다. 히데요시는 전쟁을 통해 후시미와 오사카 도시를 정비하

략을 했던 것이다. 그러면 히데요시가 중시했던 필리핀과의 교역상황을 검토해보자.

1591년 9월 히데요시는 필리핀(루손) 諸島長官에게 서한을 보낸다.[262] 그 내용은 "필리핀이 아직까지도 빙례聘禮를 행하지 않았기 때문에 정복해야 하지만, 내년 봄에 나고야에 와서 복종의 의사를 밝히면 정벌하지 않겠다"[263]는 것이었다. 히데요시는 이듬해 봄 전쟁을 개시하고 3월 1일 조선으로 건너갈 예정이었다. 이런 상황에서 히데요시는 필리핀과 교역을 맺으려 했던 것이다.

1592년 7월 21일 히데요시는 필리핀 諸島長官에게 다시 서한을 보내 매년 일본에 와서 무역入貢하라고 명하고 있다. 그리고 상선의 왕래는 방해하지 않지만 만일 불복종하면 군대를 파병하겠다고 위협하였다.[264] 또한 "자신이 세계를 정복하는 것은 천명이며, 명을 정복하려 하는데 조선이 협조하

면서 군수물자 공급 시스템을 구축하고, 동쪽 지역 지배를 강화하여 일본 열도 전역에 자신의 지배 강화를 도모하려 했다고 생각된다. 曾根勇二, 「임진왜란기의 일본 열도 동향－군사대국 일본으로의 길」, 『임진왜란 제 7주갑 국제학술대회 국제전쟁으로서의 임진왜란』, 한국학 중앙연구원 동아시아역사연구소, 2012, 246~248쪽.

262 (전략)今也欲征大明國, 蓋非吾所爲, 天所授也. 如其國者, 未通聘禮. 故先雖欲使群卒討其地, 原田孫七郎, 以商船之便時來往此. 故紹介近臣曰, 某早々到其國, 而備可説本朝發船之趣. 然則可解弁憲筐云々. 不出帷幄而決勝千里者, 古人至言也. 故聽褐夫言而暫不命浮士. 來春可營九州肥前, 不移時日可偃降幡而來服. 若匍匐遂行於遲延者, 速可加征伐者必矣. 勿悔. 不宣.(天正十九年 季秋十五日. 日本國關白) 中野等, 위의 책, 『秀吉の軍令と大陸侵攻』, 26~27쪽, 재인용.

263 히데요시는 필리핀을 대상으로 전쟁 전후 4번에 걸쳐 외교문서를 보낸다. 기본적인 사료는 北島万次, 「外交文書にみる對外認識」, 『豊臣政權の對外認識と朝鮮侵略』, 校倉書房, 1990, 98~112쪽의 것을 재인용하였다. 村井章介, 앞의 논문, 38~44쪽, 재인용. 실질적으로 히데요시의 조선 개전 명령이 사쓰마의 시마즈씨에게 전달된 것도 1591년 9월이었다.

264 北島万次, 위의 책, 「外交文書にみる對外認識」, 103쪽. 이와 관련하여 1592년 마닐라를 출발해 사쓰마의 京迫－名護屋에서 히데요시를 만난 필리핀 사절단의 상황은 『프로이스 日本史』에 상세하게 나와 있다. 松田毅一·川崎桃太譯, 앞의 책, 172~183쪽.

지 않아서 조선을 벌하고 있다"면서 통상을 요구하였다.

1593년 2월 세 번째로 히데요시는 필리핀 諸島長官에게 서한을 보낸다. 그 내용은 ① 자신은 '日輪(태양)의 子'로서 단기간에 일본을 평정했다는 점 ② 명 사절은 조선이 일본 지배하에 있다고 보고 있으며, 명과 일본은 맹약을 맺을 것이라는 점 ③ 조선에 성채를 구축해서 군사들을 주둔시키고 있으며, 일본의 의도대로 강화교섭이 진행되지 않으면 다시 전쟁을 개시할 것이라는 점 ④ 자신은 명을 정복했고 루손은 무지拇指하에 두며 일본과 영구히 친교하면서 교우할 것 ⑤ 상국인 에스파냐에 자신의 뜻을 전할 것과 복속 사절이 올 것을 기대한다는 것 등이었다.[265]

이와 같이 히데요시의 서한은 반복적으로 복속과 입공을 강조하면서, 일본은 신국이므로 기리시탄(기독교)은 금지하지만 무역은 허락한다는 내용

265 (전략)予や誕辰に当たり, 則ち日輪照覽す, 天下の靈異なり, 故に本朝は數年間にして, しばしば隣境を麾下とす, 小島海上に粟散するもの, 款せず門を塞げば, 則ち悉くこれを征す, 基の國の如くはまた, 諸將航海してこれを伐たんと欲す, 原田, 宗仁法眼を介して, 懇求して曰く, 年々商船の往來有り, 命ぜず謂うと雖も, 猛將樓船を泛べて, 大守必ず來享すれば, 故を以て, 先ず干戈を止む, 夫れ朝鮮國は, 則ち反謀を以て, 去る歲三月三十万の精兵をして, 城中に入得せしめ, 國城すでに灰燼となるなり, 此の時に際し, 大明良將·謀臣に命じて, 本朝の兵を禦ぐと雖も, 一戰して數万の將士を誅す, 茲に於いて伎倆盡く, 故に大明皇帝の勅使, 本邦肥の前州名護屋に到る, 其の言, 慇懃にして日本兵を收むるを乞いて曰く, 朝鮮は本朝の指揮に屬すべし, 大明は世々和親の盟を結ぶと云々, しばしば明朝の勅諭に応じ, 慶尙道に數十の城郭を築き, 數万の良兵を留め, 大明の回報を待つ, 若し是,予の宣說する所を容れざれば, 再び朝鮮を征伐し, しかじて直ちに大明へ赴くべし, しかれば則ち, 其の地また隣邦をなすに, 何ぞ遠近異同の思いをなさんや, 予の指示するところ, これを干糸蠟(スペインカスティリア王)に告ぐべし, 干糸蠟また海路雲水の遠きを以て, 予の言を輕んずなかれ, 大守ついに未だ此の地に到らず, 徒に使者の往還を見るのみ, 大明たると雖も, これを征伐せんと慾す, 其の國早く本朝に服すば, 智慮の深きなり, 贈らるる所の土宜, 書翰の如く領受, 它時, 交盟の渝らざれば, 則ち海路·陸地舟車の到る所, 賊難あるべからず, 商賣おのおの枕を安んずべきなり, 余事は宗仁の口舌に付在するなり, 不備(文祿二年龍集癸巳十一月二日, 日本國, 前關白, 小琉球あて) 中野等, 위의 책, 『秀吉の軍令と大陸侵攻』, 250~254쪽, 재인용.

이 주요한 골자였다. 여기서 주목되는 것은 히데요시가 필리핀을 상대로 '교역 전진'에 역점을 두면서 무역 관계 구축을 강조하고 있다는 점이다. 다시 말해서 히데요시는 조선에서의 군수물자의 부족, 강화교섭에 대한 불확실 등이 높아지면서 전쟁을 지속하기 어렵다는 사실을 알고 있었다. 따라서 무역 관계의 구축이 긴요한 문제로 부상한 것이라 생각된다.

히데요시는 1597년 7월 27일 필리핀 諸島長官에게 네 번째 서한을 보낸다.[266] 이 서한에서 히데요시는 기독교 금지를 요구하면서도 자신이 날인한 면허장을 소지한 경우에는 철저하게 보호한다는 것과, 일본인이 법률을 어기면 처벌할 것이라는 점을 강조하였다.[267]

즉 히데요시는 정유재란 당시 무역 활성화를 염두에 두었다는 것이다. 이 부분은 필자가 정유재란의 발발 배경으로 일관되게 주장해 왔던 무역 재개 문제와 맥을 같이 한다고 볼 수 있다.

히데요시는 조선과의 전쟁 재개를 선언하면서 동아시아 주변국이나 필리핀에 대해 복속과 입공을 강조했다. 기요마사가 필리핀 무역에 주력했던 것은 교역을 통해 탄약의 원료가 되는 화약 및 군수품을 확보하기 위해서였

266 此時本邦土州之海上有漂迫之破船, 不散舟中貨財, 合付與之, 其國既違法令, 故不得保全之出乎. 爾者反乎. 爾也今也, 爲修舊交, 命使介遙凌風波之嶮, 只與本朝欲堅交義, 則不說異端法, 須作商買往還. 他時異日, 商買之舟, 可持予押印之一書, 然則海陸不可有小難. 雖有本邦往來之輩, 於其地惑人民不用規繩, 則縛縲紲入籠獄, 決是非可加刑罰. 去歲之舟, 不留此地而歸國, 舟人船子亦不害焉, 是猶不忘舊交也 (중략) (慶長貳年龍集丁酉秋七月廿七日) 北島万次, 위의 책, 「外交文書にみる對外認識」, 110쪽. 이 서한은 앞에서 언급한 3개의 서한과는 달리 산페리오 사건에 대한 항의로 몰수한 재산과 선교사들의 유해를 반환해 달라는 필리핀 요구에 회답한 것이다.

267 마닐라에 주재하고 있는 중국인들의 반란을 경계하면서도 이들의 내항을 금지하지 못했던 상황을 알고서 히데요시는 이와 같은 발언을 한 것으로 보인다. 上垣外憲, 위의 책, 185쪽. 위의 내용에 주목한 村井章介는 필리핀 諸島長官에게 보낸 히데요시의 서한 형식이 家康時代의 朱印船 무역과 거의 동일하다고 지적하였다. 村井章介, 「秀吉の世界征服構想と「女の領域」」, 『立正史學』 125, 2019, 38쪽.

다. 히데요시도 기요마사와 같은 입장에서 필리핀 무역에 주력하려 했던 것으로 보인다. 다시 말하면 히데요시는 오사카-후시미-나고야-조선-필리핀이라는 경제 네트워크를 구축해 전쟁을 지탱하면서 정권의 안정을 도모하려 했다. 이와 같은 상황에서 경상도 남부 지역을 확보해야 했다.

한편 히데요시는 정유재란 발발 직후 7월 조선으로 건너갈 것이며 명까지도 공략하라는 명령을 내린다.[268] 그리고 1598년 3월 무장들이 요구한 전선 축소안을 무시하고 한성 침공 계획을 세우라는 명을 내리기도 한다.[269] 그러나 조선의 전황은 녹록치 않았다. 히데요시의 호언과는 달리 그의 병사 풍문과 유언비어가 난무하였다. 1597년 10월에는 근위筋違에 한 통증으로 발병이 자주 일어났다.[270] 그럼에도 불구하고 히데요시는 오히려 전라도 지역은 물론 명까지 공격할 것이라고 주장했다.

히데요시는 '히데쓰구 사건'과 후시미 지진으로 인한 국내 혼란과 일본군의 전원 철수를 요구하는 명의 압박 때문에 혼란에 빠져 있었다.[271] 따라서 히데요시는 정치적 위기상황을 돌파하기 위해서 부산 지역만이라도 확보하여 교역의 장을 마련해서 해외영토를 확보한다는 명목으로 전쟁을 지속할 수밖에 없었다.

결국 '조선 왕자의 일본 파견' 문제는 그야말로 명분에 지나지 않는 구호에 불과했다. 정유재란의 발발 배경에는 조선 남부 경상도 지역의 영토 확보와 무역 재개라는 목적이 있었다.

268 「旧記雜錄後編」 3, 『薩摩兒島縣史料』 권42-115호, 薩摩兒島縣維新史料編纂所, 1983 ;「毛利家文書」908호, 『大日本古文書』 家わけ8-3.

269 「立花家文書」357호, 『福岡縣史, 近世初期史料編 柳川藩初期上』, 福岡縣, 1986.

270 『鹿苑日錄』 2권, 慶長2년 10월 27, 28, 29일조., 辻善之助編, 太陽社, 1935.

271 김문자, 「豊臣政權末期의 자연재해와 정치적 상황-文祿5년(1596)의 지진발생을 중심으로-」, 『동양사학연구』 99, 2007, 209~210쪽.

소결小結

명은 1593년 1월에 평양성을 수복하였으나 2월 벽제관에서 일본에 대패하자 일본과 강화교섭을 재개하면서 전쟁을 조속히 종결지으려했다. 명은 히데요시가 황제에게 사죄하는 글을 올리면 그를 일본 국왕으로 책봉한다는 조건을 제시하면서 압박하였다. 명에서는 일본의 봉공에 대해서 의견이 분분했다. 하지만 조선이 봉공을 주청하자 책봉만 이루어지면 일본군이 완전히 철수할 것으로 믿고 있었다.

일본의 경우도 대륙의 한기·병량 부족과 의병들의 저항 등에 직면해서 군의 전의는 상실되었다. 그래서 히데요시도 유키나가의 제의를 받아들여 강화교섭에 응했다. 일본군의 부분 철수를 인정한 히데요시는 자신이 일본 국왕으로 책봉된다는 것을 숙지하고 명과의 강화교섭을 진행했던 것이다. 그리고 히데요시는 명의 책봉 절차를 받아들여 서책과 금인, 고명 등을 받았다. 다만 히데요시와 심유경이 다시 만났을 때 조선에서의 철수 문제가 불거지면서 일·명 강화교섭이 결렬되었다. 그럼에도 불구하고 히데요시가 책봉을 거부한 것으로 왜곡되어 전해졌다고 볼 수 있다.

히데요시는 불리한 전황을 벗어나기 위해 일명 강화교섭이라는 외교적 수단을 통해서 경상도 지역을 확보하고, 무역을 통해 실리를 얻고자 했다.[272] 따라서 지금까지 통설로 알려져 온 정유재란의 발발 원인이 '히데요

272 16세기 말 규슈와 동남아시아 지역에서는 무역이 활발하게 진행되었다. 규슈지역의 영주들은 장기화된 전쟁 동원에 의해 부족한 군비와 군수품을 동남아시아에서 조달하려 했다. 즉 이들은 탄약의 원료였던 동남아시아산의 연과 초석을 확보하며 교역을 전개하려 했고, 조선에서 은을 확보하여 군비를 조달하려 했던 것이다. 기요마사의 경우에도 군비조달을 위해서 동남아 지역, 특히 필리핀의 루손에 1593, 1596년에 唐船을 파견한 적이 있다. 이러한 정황을 통해 히데요시는 규수와 조선 지역을 거점으로 무역상의 경제적인 이익과 군자금을 확보하려 하였고, 이를 위해 조선의 남부 지역의 확보가 절실했던 것은 아닌가 한다. 中島樂章, 「16世紀末の九

시의 일본 국왕 임명' 거부설이나 '조선 왕자의 일본 파견' 문제 때문이라고 보는 것은 재고되어야 한다.

州一東南アジア貿易－加藤清正のルソン貿易をめぐって－」,『史學雜誌』118-8호, 2009, 11~27쪽. 김문자,「임진왜란기의 강화교섭과 加藤清正－조선왕자의 送還문제를 중심으로－」,『한일관계사연구』42, 2012, 404~405쪽.

제2부
자연재해와 정유재란

제1장 도요토미 정권기의 자연재해와 대외관계

일본열도는 자연재해가 많은 지역으로 지진·홍수·태풍에 의한 피해가 크다. 특히 지진의 경우에는 지구상의 총 에너지의 15%를 차지하고 있다. 20세기에 발생한 큰 지진으로서는 사상자만 14만 명 이상을 낸 간토關東 대지진(1923년)과 사망자 6500명을 낸 한신阪神·아와지淡路 대지진(1995년), 사망자와 실종자 2만 5000명이 발생한 동일본 대지진(2011년)이 있다.

일본에서는 지진에 대한 관심과 경각심이 높아지는 가운데 최근 일본 역사학 분야, 특히 전근대 시기 재해사·장원사·촌락사의 관점에서 지진 연구가 활발하게 진행되었다.[1]

본장에서는 '전쟁과 자연재해'라는 주제로 도요토미 정권기에 발생한 지

1 高木德郞, 「日本中世史研究と環境史」, 『歷史評論』 630, 2002, 15~27쪽. 재해사 관점에서 본 환경사 연구로는 峰岸純夫의 일련의 연구를 들 수 있다. 그는 1108년에 일어난 아사마야마淺間山 분화와 재해를 복구하는 과정에서 지역의 재개발 문제로 장원의 성립을 논하면서 자연재해가 역사 발전에 미친 영향과 이것을 극복해 가는 인간의 행위를 추적하였다. 자연과 인간 역사와의 상호 규정성을 중시하는 주장으로 이는 환경사를 생각할 때도 중요한 점이라 하지 않을 수 없다. 峰岸純夫, 「淺間山の噴火と莊園の成立」, 『中世の東國』, 東京大學出版會, 1989 ; 田芳實, 「山野貴族的領有中世初期의 村落」 뒤에 『日本領主制成立史の研究』, 岩波書店, 1967. 이외에도 재해사의 연구성과를 토대로 기상환경, 즉 고환경의 복원 연구가 활발하게 논의되었고 1990년대 들어와서는 기후변동론이 환경문제의 중요한 테마로 대두되었다. 磯貝富士男, 「中世日本史研究と氣候變動論」, 『中世の農業と氣候』, 吉川弘文館, 2002 ; 西谷地晴美, 「中世前期溫暖化と慢性適農業の危機」, 『民衆史研究』 55, 1998 ; 宮瀧交二, 「今なぜ環境史·災害史の視點か－日本古代史の立場から－」, 『新しい歷史學のために』 259号, 京都民科歷史部會, 2005, 32쪽 ; 橋本政良編著, 『環境歷史學の研究』, 岩田書院, 2005, 5~53쪽.

진이 정유재란에 미친 영향에 대해서 검토하고자 한다.

도요토미 정권기의 대표적인 지진은 1586년 기나이畿內에서 도카이東海·호쿠리쿠北陸에 걸친 M7.6의 지진, 1589년 스루가駿河·도우토미遠江 지역에서 발생한 M6.7의 지진, 1596년 분고豊後와 교토京都·후시미伏見 지역에 발생한 M.7.0의 지진, 1598년 시모후사下總 지역의 M6.7의 지진 등이 있다.

1596년 潤 7월 13일에 발생한 후시미 대지진은 교토 지역에서 500~700명의 사망자가 발생하였고, 국내에서 전체적으로는 수만 명이 죽었다는 풍문도 끊이지 않았다. 이 지진은 히데요시 신변에 위기적 상황을 초래한 재해였으며 민중에게도 막대한 피해와 혼란을 가져다주었다. 당시는 임진전쟁이 교착상태에 빠져 있었고, 국내에서는 '히데쓰구 사건秀次事件'이 일어나는 등 정치적으로 중대한 고비였다.[2]

기존의 연구에서는 지진 발생이라는 위기상황에서 사회 각 계층의 대응과 피해 규모에 관한 것이 주요 관심사였다.[3] 본장에서는 근세 이전 일본인들의 지진 인식과 후시미 지진의 피해지역과 규모, 지진 발생을 전후로 한 국내외 정세에 대해 살펴보고자 한다. 그리고 후시미 대지진이 일·명 강화교섭의 결렬 및 정유재란에 어떠한 영향을 주었는지 주목하고자 한다.

2 히데쓰구 사건은 1595년 7월 히데요시가 자신의 조카이면서 제2의 실권자였던 히데쓰구를 고야산으로 추방하고 자결시킨 일이다. 히데요시는 조선에 출진한 여러 무장들이 이 사건으로 동요하거나 허언이 나돌지 않게 주의를 기울였다. 지진이 발생하기 1년 전에 일어난 이 사건은 국내 정치의 동요뿐만 아니라 조선까지 파장이 확대되는 현상을 보였다. 「吉川家文書」 781, 『大日本古文書』 家わけ 9-2 ; 藤田恒春, 『豊臣秀次研究』, 文獻出版, 2003.

3 西山昭仁, 「文祿5年の伏見地震直後の動靜1－公家·寺社·朝廷を中心として－」, 『歷史地震』 10号, 1994, 1~17쪽 ; 同, 「文祿5年の伏見地震直後の動靜2－武家·民家を中心として－」, 『歷史地震』 11, 1995, 1~14쪽 ; 萩原尊禮, 「慶長元年の伏見桃山の地震－新史料による檢討－」, 『古地震－歷史資 活斷層』, 東京大學出版會, 1982, 175~185쪽.

1. 근세 이전 지진에 대한 인식

일본 고대에는 지진과 같은 자연재해를 '신神이 행한 일'이라고 인식했다. 그러나 6세기경 중국으로부터 음양오행 사상과 천인 상관 사상天人相關思想 및 재이 상서 사상災異祥瑞思想이 도입되면서, 재해 현상이 국정과 관련해서 음양이기陰陽二氣의 조화를 잃어버리면 발생하는 것으로 이해되었다. 그리고 음양이기의 조화는 군주의 덕을 반영하는 것이라고 인식했다.

나라·헤이안 시대에는 참위관계 서적이 음양오행설과 함께 유행했다. 특히 '오행지五行志'에는 군과 신 본연의 자세에 의해서 음양의 조화, 부조화(현상으로서 풍수해, 지진, 한해, 병충해, 역병)가 일어나며, 신하의 인품이 주군의 인덕 내지 역량과 관련되어 있다고 파악했다.

한편 일본 고유의 신인 '히로다·이쿠다 대신廣田生田大神'의 노여움을 받아서 재해가 발생한다고 보는 시각도 있었다.[4] 즉 천황과 국가를 보호하고 있는 신들이 배려하는 마음을 늦추고 있을 때 재해가 일어나며, 이는 제사에 대한 마음이 느슨해졌기 때문이라고 보았다. 따라서 지진을 방지하기 위해서는 군주의 덕성 함양과 지신을 모시고 제사諸社에 봉납하여 천하의 평안을 기도하거나, 불교의 대반야경전독으로 재기를 진압시켜야 한다는 소위 신神·유儒·불佛 혼합의 지진대책도 있었다.[5]

또한 지진이 발생하면 지진 점占과 개원改元을 통해서 해결하려고 했다. 주로 음양료陰陽寮에서 이와 같은 역할을 담당했는데,[6] 지진 및 자연재해로

4 廣田·生田大神은 영험이 있는 신으로 『일본서기』 神功王后 攝政前記에 의하면 廣田·住田·長田·生田의 祭神과 함께 황후의 옥체를 보호하였다고 한다.

5 지진 발생과 관련해서 神·儒·佛의 힘으로 위기상황을 극복하려는 노력은 전 시대를 통해서 이루어졌다. 당시의 사람들이 지진을 자연현상으로 보는 인식이 확대되어 갔지만, 地熱에 의한 것이라고 생각하는 경우도 많았다. 萩原尊禮, 「史料吟味の必要性」, 『古地震一歴史資料活斷層からさぐる－』, 東京大學出版會, 1982, 47~51쪽.

6 음양료는 중무성에 속한 관청으로 천문을 관찰해서 曆을 만들고, 이상異常이 있으면

인해 개원이 이루어진 경우는 역사상 8차례 있었다.[7]

오행지와 참위서는 지진 발생을 위정자의 권력 구조에 변화가 생길 수 있는 변수로 기록했다. 이는 에도시대에 지진을 자연현상으로 파악한 것과는 차이가 있었다.[8] 지진 피해를 경험한 에도시대에는 피해를 줄이고 합리적으로 대처하기 위해 지진과 관련된 사료를 모으고 발간했다. 즉 막부와 번藩에 의해서 지지地誌가 편찬되었다. 개인이나 사사寺社에서도 비방록覺書을 발간하면서 지진 사료가 늘어났고 이를 토대로 지진 예방책을 세웠다. 따라서 근세 이후가 되면 지진을 자연현상으로 인식하고 자료 모집과 난서蘭書의 번역을 통해서 일부 지식자들 사이에서 지진에 대한 인식이 크게 변화해 갔다.

2. 지진 발생과 대외관계

1) 1596년(文祿 5) 이전의 지진 발생

교토·후시미 지역은 정치의 중심으로 '보이기 위한 정치'를 위한 다양한

길흉을 점쳐서 보고하는 일을 하였다. 10세기 이후 음양료의 우두머리는 아베씨의 자손이었던 스치미가도게土御門家, 가모우지賀茂씨의 자손인 교우도쿠이게行德井家가 세습하였다. 특히 오우노미카도게王御門家가 대대적으로 음양도의 우두머리로서 전성을 맞이하였고 이는 근세까지 이어졌다. 음양사는 바로 음양료에 소속된 직원으로서 천문 역수를 산정함과 동시에 길흉을 치는 주술사이다. 繁田信一, 『陰陽師の貴族社會』, 吉川弘文館, 2004, 1~7쪽 ; 林淳, 『近世陰陽道の硏究』, 吉川弘文館, 2005, 72~90쪽.

7 承平(938), 天延(973), 貞元(976), 永長(1096), 文治(1185), 慶長(1596), 天保(1830), 安政(1854) 등을 들 수 있다.

8 向井元升은 1940년대 서구의 지진 원인설을 소개하고 서양 천문학 보급에 노력하였다. 「乾坤弁說」, 國書刊行會編, 『文明源流叢書』 2, 泰山社, 1940.

이벤트가 개최되었던 중요한 공간이다. 원래 히데요시의 정치 중심은 오사카 지역이었으나, 1594년 교토에 후시미성이 완공되면서 말년 정치는 이곳에서 행했다.[9] 따라서 이 지역에서 발생한 자연재해는 정치적인 파장이 컸다.[10]

히데요시가 관백으로 임명된 1585년에는 소위 '덴쇼지진天正地震'이 미가와三河·도카이東海·호쿠리구北陸·미노美濃·오와리尾張·에가와江川·이세伊勢·오우미近江 지역에서 발생했다. 미가와 지역의 지진은 백 년 만에 발생하였고, 도카이·호쿠리구 지역의 지진은 12일 동안 여진이 있는 가운데 다음 해 2월까지도 계속되었다. 특히 미노·오와리·에가와 지역의 인명 피해는 상당하였다.[11] 한편 7월 미가와 지역의 대지진이 일어나기 전 기리시마야마霧島山가 진동하여 분화하는 사태도 발생하였고, 그 이전부터 천상에 이변이 있어서 여러 신사에서 기도를 올릴 정도였다.[12] 히데요시는 이와 같은 상황에서 7월 관백에 취임했다.

또한 1589년 스루가駿河·엔쿠니遠國에 M6.7의 강진이 일어나 다수의 희생자가 발생했고, 1590년에는 간토지역의 아와노安房·가즈사上總·시모우사下總·히다치常陸에 지진과 홍수가 동시에 발생하여 피해가 상당하였다.[13]

9 「多聞院日記」 文祿 3년 8월 20일조, 『續史料大成』, 竹內理三編, 臨川書店, 1978. 히데요시가 은거용으로 착공하려 했던 후시미성은 아들 히데요리가 태어나자 취락제聚樂城에 있는 히데쓰구를 견제하기 위한 공간으로 바뀌었다. 후시미성을 웅장하게 건설하려 했던 이유는 강화 교섭을 하러 온 명 책봉사를 접견하기 위한 것 이외에도 히데쓰구를 견제하기 위한 목적이 컸다. 성 주변에 다이묘들의 거처지가 만들어지게 되면서 규모가 확대되기 시작했고 정치의 중심지역이 되었다.

10 仁木宏, 「都市京都と秀吉」, 『日本史硏究』 420, 1997, 93쪽.

11 「梵舜日記」 天正13년 11월 29일조, 『史料纂集』, 鎌田純一校訂, 續群書類從完成會, 1970~1999. 이 일기는 神龍院의 住職으로서 神道家인 梵舜의 기록이다.

12 일본의 경우에는 여러 재해를 위정자의 부덕에 근거한 천견天譴으로 보는 한편, 神과 靈의 숭앙과 노여움으로 보려는 관념이 강했다. 따라서 빈번하게 신사에 봉폐함과 동시에 여러 가지 호국 경전을 독송함으로써 이를 제거하려 하였다. 전 근대시기 災異가 발생하면 천황이 책임을 가지고 도덕적으로 대응함과 동시에 군신을 총동원해서 신불에게 재이 소복消伏을 기도하는 것으로 정치비판을 피하려 했다.

1592년 8월 야마토 지역의 홍수와 9월 시모우사 상대上代 지역에 M6.7 강진이 에도 지역을 강타하자 히데요시는 '덴쇼天正'라는 연호 대신에 '분로쿠文祿'로 개원했다.[14] 개원을 하는 것은 지진 발생에 의한 민심을 수습하는 방법이었다. 그해 9월에도 시모우사를 중심으로 한 에도 지역에 M6.7 강진이 발생하였다.[15]

이상과 같이 도요토미 정권 초기 8년 동안 '덴쇼지진天正地震'으로 대표되는 대지진에 3번 정도 있었다. 발생한 지역은 미가와 지역과 도카이·호쿠리구·미노·오와리·에가와·이세·오우미 등지로 정치권력의 중심지였던 교토·오사카 지역과는 거리가 있었다. 따라서 위의 지진은 국내외에 미친 영향이 상대적으로 적었다.

당시 자연재해는 주군의 인덕·역량과 관련되어 인간계의 질서도 통치하는 정치적인 문제로 인식되었다. 따라서 이를 방지하기 위해 민감하게 반응할 수박에 없었다. 히데요시의 경우도 정권 초기의 자연재해는 비교적 큰 피해를 주지는 않았지만 통치와 정권 유지라는 차원에서 정치적인 문제로 인식했다.

2) 1596년(文祿 5) 후시미 대지진

1596년 윤 7월 13일 새벽 교토 남부를 중심으로 발생한 후시미 지진은 피해지역이 후시미·교토·오사카·사카이·효고 등 광범위하였다. 특히 산조

13 「增補家關忠日記」 天正17년 2월 5일조, 「八州古戰錄」 天正18년 庚寅 2월 16일조, 文部省震災豫防評議會編, 『增訂 大日本地震史料』 재인용. 이 시기는 히데요시가 2월 관동지역 정벌을 계획하여 8월에 호조씨北條氏를 항복시켰고, 오슈奧州까지 정복했던 때이다.

14 12월 8일 改元을 했는데 이것은 1587년부터 발생한 아소산의 분화나 2년 전에 있었던 關東의 安房·上總·下總·常陸 지역의 지진 피해가 영향을 주었다.

15 「增補家關忠記」 文祿元년 9월 3일조, 앞의 책, 참조.

三條 이남에서 하경下京 동서지역에 걸쳐서 큰 피해가 발생했다. 「본순일기梵舜日記」를 통해 당시 피해 상황을 보자.

> 12일(윤 7월) 子剋에 대지진이 일어나서 수 만인이 죽었고, 京中의 절들이 여기저기 파괴되었다. 우선 후시미성이 쓰러졌고 대불 축지본존이 裂破되었다. 北野經堂, 東寺의 금당 이하가 쓰러졌다고 한다. 13일 이에야스의 안부를 위해서 후시미에 참상하였다. 가는 도중에 町屋은 파손되고 쓰러져 있었으며 도중에도 몇 번에 걸친 여진이 있었다. 京中의 남녀에 이르기까지 한 사람도 남김없이 屋外에서 자고 있었다.[16]

여기에는 과장된 표현도 있으나 지진에 의해 수만 명이 사망하였고 사찰과 교토 도심의 피해 상황이 심각하게 적혀있다. 또한 「도키쓰네교기言經卿記」에는 후시미 지진의 구체적인 상황이 언급되어 있다.

> 1. 어제 밤 자시에 대지진이 있었다. 근래 이 정도의 지진은 없었다고 古老가 말했다. 작은 진동이 그치지 않았고 주야로 그 횟수를 알 수 없을 정도였다.
> 1. 지진에 의해서 여러 곳이 파손되었고, 私宅(山科言卿)이 기울어졌기 때문에 정원으로 나와서 밤을 새웠다. (생략)
> 1. 지나이쵸寺內町에서는 혼간지本源寺의 미도御堂·고소지興正寺의 미도御堂 등이 전도되었고 이 두 곳에서 2~3인이 사망했다. 그 외에도 지나이쵸의 집들 대부분은 거의 무너지고 死者는 3백 명 정도 달하고 무사한 집은 한 채도 없었다.
> 1. 上京은 조금 피해가 있었다. 下京은 四條町에서 예상치 못한 피해가 있었다. 이상에서 상경과 하경 합쳐서 3백 팔십인 정도가 죽었다고 한다.
> 1. 천황의 거소禁中는 조금 파손되었다고 한다.
> 1. 후시미성은 천수각이 붕괴하였다. 다이묘들의 집도 심하게 붕괴되었다.

16 「梵舜日記」 文祿5년 윤7월 13일조, 앞의 책, 참조.

> 이에야스의 나가쿠라長倉가 붕괴하였다. 가가츠메 마사나오加加爪政尙(이에야스 가신)는 죽었다. 雜人 10여 명이 죽었다. 추나곤도노中納言殿(이에야스)의 집은 사무라이들이 있었지만 죽지는 않았고 다만, 집안이 60~70명 죽었다고 한다. 그 외의 거리 사람들의 집은 모두 붕괴되어 죽은 자가 천 명 남짓이라고 한다(중략)
>
> 1. 兵庫(攝津) 곳곳은 붕괴되었고 때마침 화재도 일어나 모두 소실되었다. 죽은 자는 부지기수였다.
> 1. 和泉·堺는 심하게 파손되었다. 죽은 자가 너무 많았다.
> 1. 오사카 성은 무사하였는데 거리의 가옥은 대체로 붕괴되었고, 죽은 자는 부지기수였다.[17]

「본슌일기梵舜日記」는 교토 후시미 주변 지역의 피해를 언급하고 있고, 「도키쓰네교기言經卿記」는 셋츠와 이즈미, 사카이 지역 등 폭넓은 지역의 피해 상황을 적고 있다. 천황의 거소 및 후시미성, 오사카 성의 구체적인 상황과 죽은 자가 너무 많다고 기록하고 있다. 당시 교토의 인구는 정확하게 알 수 없으나 1661년에는 41만 명의 대도시였다고 한다. 니시진西陣을 중심으로 낙중낙외洛中洛外(교토 시가와 교외 지역)를 합친 인구가 마치가타町方에 약 36만 명과 공가·무가·사사 약 5만 명이 거주했다고 한다.[18]

교토의 인구는 후시미 지진이 발생하기 약 70년 전이라는 시기적인 차이와 사회 구조의 변화라는 변수를 감안해도 30만 명 정도는 되었다고 추측된다. 따라서 지진 규모와 피해 현상으로 짐작해 보면 교토와 후시미·사카이 등에서 수만 명이 죽었다는 사실이 허언만은 아닌 듯하다.

> 오늘 밤 丑剋에 대지진이 일어났다. 禁中(황거, 궁중) 御車寄의 복도가 쓰러졌고 남쪽 정원으로 자리를 마련해서 주상(고요제이천황後陽成天皇)이 行幸

17 「言經卿記」, 『大日本古記錄』 7. 동경대학 사료편찬소편찬, 岩波書店, 1971.
18 京都市編, 『京都の歷史5, 近世の展開』, 學藝書林, 1972, 640쪽.

하였다. 교토의 在家들은 전부 파괴되었으며 죽은 자의 수를 알 수 없을 정도이다. 도리베야鳥部野=鳥邊山에 연기가 끊이지가 않았다.19

「기엔주고일기義演准后日記」는 교토 시가지보다는 宮中의 피해 상황을 구체적으로 언급하고 있다. 당시 천황은 정원으로 피난하였고 죽은 자를 화장하는 연기가 끊이지 않았다고 한 점을 보아 궁중에서조차 심각한 상황이었다고 추측된다.

예수회의 선교사들과 통신사로서 파견되었던 조선 사신들을 통해서도 후시미 지진과 관련된 피해 규모를 짐작할 수 있다. 『16·17世紀イエズス會日本報告集』에 의하면 "지진에 의해 이 도시의 3백 명의 인명이 죽었고 그 외에 로구조六條라고 하는 남부 경계지역에서는 2백 명 정도가 사망했다고 한다.(중략) 테라마치寺町라고 불리는 지역은 15~20개의 사원과 여러 승방僧坊이 도괴倒壞해서 다수의 사람들이 압사했다"20고 하였다. 이는 「도키쓰네교기」에서 전한 사망자 수와 피해지역이 거의 일치하는 것으로 신빙성이 있다.

이에 비해서 조선 통신사의 군관이 언급한 피해 규모는 훨씬 크다. 군관은 "20여 일이나 머물렀습니다. 지진이 일어난 것이 대단하지는 않았으나,

19 고요제이 천황은 당시 26세였다. 鳥部野는 鳥邊山으로 현재 京都市 東山區 阿弥陀峰의 기슭에 있고 예부터 화장터가 있었으며 묘지가 많았던 곳이다. 「義演后日記」는 醐醍醐寺의 80대 座主였던 義演이 1596년부터 1626년 4월까지 적은 기록이다. 근세 초기 변혁기 교토를 중심으로 정치적 추이 및 도요토미 정권에 대한 寺社 정책 등을 구체적으로 알 수 있는 자료가 많이 포함되어 있다. 특히 정유재란이 일어나기 직전 일본 내부사정을 알 수 있는 기사가 많다. 「義演准后日記」 文祿5년 7월 14~17일조, 『史料纂集』, 群書類從完成會, 1976~1985.

20 松田毅一監譯, 『16·17世紀イエズス會日本報告集』, 同朋舍出版, 1987~1998년의 기록에도 "지진이 일어나자 히데요시의 시첩侍妾 7백 명 정도가 후시미성에 압사 당하였으며, 당일 히데요시는 아들 히데요리를 안고 밖으로 나오자마자 성이 무너졌다"고 하였다. 또한 "성에 남겨둔 武具와 財寶의 손실이 컸는데 그 액수가 3억 만금에 해당된다"고 말하고 있다.

하루에 두세 번씩 없는 날이 없었습니다. 처음에는 집이 무너지는 것으로 의심하여 사람들이 다 피하여 나갔으나 얼마 지나서는 평상으로 돌아가고 집도 무너지지 않았습니다. 교토兵古關는 관백의 구도舊都인데 그 主山이 무너지고 큰 집이 다 땅에 쓰러졌고, 또 땅이 갈라져서 검은 물이 솟아나므로 사람들이 놀라 달아나다가 갈라진 땅으로 빠져들어가 죽은 자가 거의 1만여 명이었으며, 전일 무너진 집은 이제야 비로소 수리 하였습니다"[21]라고 보고하였다.

이 보고는 지진이 발생한 뒤 3개월 정도가 지난 후로 어느 정도 복구 작업이 이루어진 후였다. 전쟁 상대국의 관점에서 피해 상황을 사실과는 달리 과장되게 보고했을 가능성이 높다. 12월에 귀국한 통신정사인 황신도 "일본에 가기 전 8월에 큰 지진이 일어나 沙浦(사카이)·五沙浦(오사카)·山城州의 건물이 붕괴되었다"든가, "효고 지방은 산이 내려앉아 호수가 되었고, 분고豊後 지방은 인가 4~5천 호가 모두 지진에 매몰되고 단지가 높은 언덕만 남아 나무 끝이 곳곳에 들쭉날쭉 하였습니다"[22]라고 하였다. 또한 일본에 도착한 후에는 "8월부터 9월까지 사카이에 머무른 20여 일 동안 지진이 없는 날이 없었는데, (생략) 기타 소소한 지진이 어떤 때에는 하루 동안에도 두세 번 있었다. 더욱이 사포 근처 인가의 벽은 완전한 곳이 전혀 없었다"[23]고 보고하고 있다.

「再造藩邦志」에 의하면 "지난 달 8월에 일본국도의 가까운 곳의 여러 郡 지역에 지진이 일어나 하루도 그치는 날이 없었다. 관백이 거처하였던 곳도

21 『선조실록』 권83, 29년, 11월 戊戌(6일)조. 통신정사 황신이 귀국하기 전에 그의 군관이었던 조덕수가 먼저 선조를 만나 일본의 국내 사정을 보고하였다. 이때 선조는 지진 발생에 대해 강한 호기심을 나타냈으며 이에 따른 治兵의 동향에 대해 문의했다.

22 『선조실록』 권83, 29년, 12월 癸未(21일)조. 분고 지역은 현재 오이타大分지역으로, 후시미 지진 발생과 마찬가지로 같은 달 7월 12일에 대지진이 일어나 7백여 명의 死者를 냈다. 조선과 명의 曆으로 8월 8일은 日本歷으로 윤 7월 13일이다.

23 『선조실록』 권83, 29년, 12월 癸未(21일)조.

전부 파괴되었다. 관백은 그때 5층 누상에 있었는데 예기치 못한 지진으로 엉망이 되었다. 그 성안에 있었던 중궁의 여자 4백여 명이 전부 압사당하였고 관백은 가까스로 빠져나왔다. 두 명사天使가 머물렀던 곳도 또한 파괴되었다. 천사들은 겨우 빠져나갈 수 있었는데 천사의 천총 김가金嘉와 심유경의 표하에 있었던 주화朱華 및 가정 4명이 모두 죽었다(후략)"[24]고 하였다.

한편 지진의 피해상황을 정리한 『理科年表』에 의하면 "진역震域은 교토 및 기나이, 산조에서 후시미 사이가 가장 피해가 많았으며 후시미성의 천수각이 대파되어 약 600명이 압사하였다. 또한 여러 절과 민가가 철저하게 파괴되었으며 오사카~고베까지도 파괴된 가옥이 많고 사카이에서 죽은 사람만도 600여 명 정도였다. 의외로 나라 지역과 히에잔比教山의 피해는 없었다. 여진은 다음해에도 계속되었다"[25]고 하였다.

이상 피해지역의 규모를 종합해 보면 같은 교토 지역이라 해도 下京을 중심으로 후시미·교토·오사카·사카이·효고 등 광범위하게 피해가 있었다. 피해 상황은 수만 명이라는 풍문도 있으나 "처음에는 집이 무너지는 것으로 의심하여 사람들이 다 피하여 나갔으나, 얼마 지나서는 평상으로 돌아갔다"고 한 점이나, 「도키쓰네교기」와 예수회 선교사들이 『16·17世紀イエズス會日本報告集』에서 당시의 정황을 비교적 제3자의 입장에서 객관적으로 서술하였던 것으로 봐서 피해자는 교토 지역에서만 600~700명 정도의 사망

24 申靈, 「再造藩邦志」 朝鮮古書刊行會, 『大東野乘』, 1909~1911. 두 天使란 揚方亨과 심유경을 가리킨다.

25 이와 관련해서 종래에는 나라 지역에 지진 피해가 없었다고 하였으나 최근 神社 자료를 통해서 나라 지역의 사원에도 적지 않은 피해가 있었음이 드러났다. 한신·아와지阪神淡路 대지진 직후 긴키 지방에 거주하는 젊은 고고학 연구자들이 전국의 방대한 대지진 흔적 데이터를 집약하는 작업을 하고 있다. 이런 추세 가운데 고지진의 역사자료가 발굴되고 이에 따른 새로운 사실들이 부각되고 있다. 宮瀧交二, 「今なぜ環境史·災害史の視點か－日本古代史の立場から－」, 『新しい歷史學のために』 259, 京都民科歷史部會, 2005, 65쪽.

자가 있었고 다수의 가옥·사사寺社 파괴와 특히 사카이 지역의 피해도 적지 않았음을 알 수 있다.[26]

여기서 주목할 점은 지진의 중심지가 '교토'라는 것이다.[27] 후시미성은 1594년에 완공되었고 히데요시가 8월에 입성하여 말년 정치를 행한 곳이다.[28] 후시미 성 부근에는 유력 대명들이 앞다투어서 자신들의 거처屋敷를 만들었고, 특히 같은 해 명의 책봉사를 후시미성에서 맞이할 준비를 서두르고 있었다.

히데요시가 후시미에 입성한 지 겨우 2년도 안 되서 지진이 발생하여 성이 붕괴되었다. 여진은 다음 해 1597년 4월까지 지속되었고, 통신사의 전언처럼 "8월부터 9월까지 20여 일 머무는 동안 지진이 없는 날이 없었고 소소한 지진이 어떤 때에는 하루 동안에도 두세 번 있었다"[29]고 한 점을 봐서 지진의 재발생에 대한 우려는 끊이지 않았다. 설상가상으로 지진 직후에도 비·혜성의 출현, 16일에는 또 다른 대지진이 일어난다는 소문과 유언 등이 끊이지 않았다.[30]

3) 지진 발생 전후의 국내외 상황

지진 발생 직후 사람들을 공포로 몰고 간 것은 계속되는 여진이었다. 14일 지진이 멈추지 않자 사람들은 집을 버리고 도로에서 기거하였다. 15일에

26 西角桂花編, 『泉大津市年代記』에 의하면 사카이의 民屋堂舍가 倒遺消失된 것만도 2만에 달하고 죽은 자만도 6백여 명에 달한다고 적고 있다. 당시 통신사는 사카이에 머물고 있었기 때문에 지진의 피해 현상을 나름 사실적으로 전달할 수 있었다고 본다. 泉大津市立 도서관 소장, 1952.
27 仁木宏, 앞의 논문, 93쪽.
28 「多聞院日記」 文祿3년 8월 20일조, 앞의 책, 참조.
29 『선조실록』 권83, 29년, 12월 癸未(21일)조.
30 「言經卿記」, 앞의 책, 참조.

도 지진이 멈추지 않았고 소문에는 천황이 임시 거처를 만들어서 지내고 있으며, 16일에는 어제보다 여진이 더 심각하다는 기록이 남아있다.[31] 여진은 다음 해까지도 계속되었는데 아사마야마淺間山의 분화와 7~8월 사이 토우·석우·모우의 변도 끊이지 않았다.[32]

특히 지진 직후에 일반인들이 집 앞 도로에서 기거하고 있다는 기사가 많이 등장한다. 이는 지진으로 인한 가옥 파괴에 이어 다시 여진이 올 것을 대비한 피난 행동이었다. 또 자신들의 가재도구가 도난당하지 않고 화재 발생을 미연에 막기 위한 조처였다. 따라서 지진 후 후시미 성 부근의 도시는 크게 혼잡한 상황이었으며, 도난과 약탈이 빈발하였을 것이라 짐작된다.

후시미성의 경우에는 지진으로 방위용 시설이 파괴적인 타격을 입었고, 성내에는 다양한 정보가 난무하고 성내의 야간경비체제는 제대로 이루어지기 힘든 상황이었다. 이는 후시미 성 내부뿐만 아니라 혼간지本源寺의 지나이쵸寺內町도 사정은 마찬가지였다.

「도키쓰네교기」에 의하면 "7월 15일에 지진이 발생하자 매일 혼간지의 지나이쵸에서는 지진과 관련해서 여러 가지 풍문雜說이 떠돌아 다녔고 여자·아이들이 다시 대지진이 일어날 것이라고 말하고 있다. 밤에는 도인盜人에게 주의하지 않으면 안 되어서 지나이쵸에서 자는 일은 드물었다"[33]고 전하고 있다. 이러한 사실로 봐서 지진 직후 여러 가지 유언비어가 떠돌고 치안이 악화되어서 사람들이 우왕좌왕하는 모습이 상상된다.

한편 지진 발생 후 교토에서는 지진 진압을 위한 라쿠슈落首=戱歌가 유포

31 「義演准后日記」 文祿5년 7월 14~17일조, 앞의 책, 참조.

32 「當代記」 慶長3년 7월 28일조, 『史籍雜纂』 권2, 續群書類從完成會, 1995 ; 『선조실록』 권83, 29년, 11월 戊戌(6일)조.

33 「言經卿記」에서 야마시나 도키쓰네山科言經는 河原者(천인)의 岩鶴을 야간경비를 위해 이용하거나, 쵸나이町內 야경을 위해 사람을 보내어 치안유지에 힘썼다. 西山昭仁, 앞의 논문, 「文祿5年の伏見地震直後の動靜1－公家·寺社·朝廷中心として－」, 7쪽 ; 前田多美子, 『三漢院 近衛信尹－殘された手紙から－』, 思文閣出版, 2006, 111쪽.

되고 있었다. 사람들은 그 라구슈가 적혀 있는 종이를 자신들의 문기둥에 붙여넣기도 하고, 여진으로 가옥이 쓰러질 것을 예방하기 위한 주부呪符가 유행하였다. 이는 지진에 의한 진재震災를 조금이라도 피하려는 행동으로 지진에 의한 피재被災와 여진으로 사회불안이 그만큼 컸기 때문으로 생각된다. 다음 해에도 지속된 여진 상황은 다음과 같다.

〈표 1〉 도요토미 정권 말기 지진 발생 지역 및 내용

연도	월	일	지역 및 내용
文祿4 (1595년)	1	4	京都 약한 地震
	4	23	武藏國지역 馬毛가 내림
	10	21	三宅噴火
文祿5/慶長元 (1596년)	3	3	紀伊國熊野에서 진흙이 내림
	4	4-8	淺間山噴火, 때때로 地震
	5	12	伊豆地震
	6	12	京都, 畿內 關東諸國에 흙과 毛가 내림
	6	27	재가 심하게 내림
	7	12	津輕强震. 이 지역에 毛가 내림
	7	26	淺間山噴火
	윤7	12	豊後大地震, 瓜生島沈下
	윤7	13	伏見大地震, 山城, 攝津, 和泉, 諸國大地震
	윤7	15	하늘에서 白毛, 괴이한 현상이 나타남
	윤7		淺間山噴火, 灰가 近江, 京伏見까지 미침
慶長2 (1597년)	1	4, 11	京都地震
	3	1	淺間山噴火, 많은 돌이 분출됨
	4	28	京都地震
	7	1	京都地震, 泥및 毛가 내림
	8	6, 15	京都地震
	윤	8	津輕强震
	10	3	京都地震
	12	1	津輕强震
	12	26	京都地震
慶長3 (1598년)			慶長3-5년까지 霧島噴火
	1	6	京都地震
	1	11, 14, 28,	京都地震
	2	3	京都地震

	4	8	淺間山噴火, 參詣者 800인 사망
	12	16	京都地震
	12		다음해까지 淺間山噴火, 砂礫 내림

* 본 도표는 文部省震災豫防評議會編, 『增訂 大日本地震史料』1권, 鳴鳳社, 1975, 552~657쪽을 참조하여 작성하였음.

「기요마사기淸正記」에 의하면 "히데요시와 히데요리는 무사하였고, 거처하고 있던 곳에서 바깥 정원으로 나와 깔개를 깔고 막과 병풍으로 주위를 막고 전등을 켜고 있었다. 히데요시는 여장차림女裝束으로 기타노 만도고로北政所(히데요시의 정실)·마츠마루松丸(측실)·고장주高藏主(히데요시近侍의 尼僧), 그 외의 上臘衆(女官들)과 섞여 있었다"[34]고 적고 있다. 지진 발생 당시 히데요시에게는 신변을 경비하는 무사가 주위에 없고 여장의 모습을 취하면서 자신의 신분을 감추려고 한 점이 주목된다. 이것은 혼란한 틈을 타서 모반이라는 만일의 사태를 상정한 행동이라 할 수 있겠다.

또한 후시미에 있었던 다이묘들의 행동을 보면 전술한 내용이 단순한 염려에 그치지 않는다는 것을 알 수 있다. 이에야스의 측근이 남긴 기록에 의하면 "히데요시가 지진 발생이라는 비상상태에서 무방비로 있었으므로 히데요시를 살해할 수 있었던 절호의 기회였으며, 그렇게 된다면 오다 노부나가와 같은 제2의 혼노지本能寺 사건이 되었을 것이라"[35]고 하고 있다. 당시 히데요시의 아들 히데요리의 경비역을 맡았던 마에다 도시이에前田利家의 경우도 지진 발생 직후 히데요시의 안부를 물으러 갈 때 '모반이라는 의구심' 때문에 무사들을 동반하지 않고 혼자 후시미성에 갔다고 하였다.[36]

이처럼 히데요시의 신변이 거의 무방비 상태였고 치안도 악화되었다는

34 「淸正記」 2, 『續群書類從』 23, 상, 續群書類從完成會, 1958.
35 「東照宮御實紀附錄」 國史大系刊行會編, 『新訂增補國史大系』 38권, 吉川弘文館, 1965~1967 ; 木村高敦撰, 『武德編年集成』, 茨大도서관 소장 ; 西山昭仁, 앞의 논문, 「文祿5年の伏見地震直後の動靜2－武家·民家中心として－」, 4~5쪽.
36 「利家夜話」, 『改定史籍集覽』 3, 近藤出版部, 1902~1926.

것이다. 지진이 또 일어날 것이라는 풍문과 유언비언가 난무하자 히데요시는 모반이 일어날 가능성을 알고 이를 극도로 경계하였다. 주위의 다른 다이묘들도 이러한 소용돌이에 말려들지 않기 위해서 몸조심을 하고 있었음을 알 수 있다.

한편 지진 발생 후 히데요시가 모반의 가능성을 우려한 것은 지진 발생 1년 전에 일어났던 '히데쓰구 사건'과 무관하지 않다. 이것은 지진 발생과 더불어서 국내에서 일어난 중요한 정치적 사건이었다.[37] 1595년 7월에 히데요시는 관백 자리까지 물려주었던 자신의 조카 히데쓰구를 고야산으로 추방하여 자결시켰다. 이 사건은 히데요시의 아들 탄생과 히데쓰구의 무용론無用論에 의해서 빚어진 비극인데 모반사건으로 취급되어 정치 문제화되었다.

히데요시는 '關白不相晶子細'가 국내뿐 아니라 조선에 출진하고 있는 여러 무장들에게도 동요되거나 허언이 나돌지 않게 주의를 기울이고 있었다.[38] 이 사건을 통해서 충격을 받은 것은 일본 국내에 남아 있던 대명들이었다. 자신도 언제 히데쓰구와 같은 운명이 될지도 모른다는 불안감과 동요가 적지 않았다. 철저하게 보복하고 살해하는 공포정치는 히데요시의 명을 거역할 수 없는 상황으로 만들었고 따라서 제2의 조선 침략을 강행하는 도발도 주위에서는 막기 힘든 상태였다고 보인다.

특히 이 사건이 지진 발생의 원인과도 연결되어 인식되었다는 점이다. 히데요시의 후의를 받고 있었던 기엔義演조차도 "6월 27일에는 모래가 내리고 더욱이 윤 7월 14일 지진이 발생한 다음 날에는 毛雨가 내리는 불길한 천변天變이 있었다. 선례의 경우에 따른 백성들이 토지 조사와 토목 공사普請 등으로 고생했기 때문에 일어난 것이라 생각한다. 다이코가 조카를 살해한 것과 후시미 축성의 대공사를 강행했던 것도 하늘에서 毛雨가 내리는 원

37 秀次의 정치적 실각 및 사건의 배경에 대해서는 藤田恒春, 앞의 책, 201~221쪽 참조.
38 『鍋島直茂宛秀吉朱印狀』, 大阪城天守閣所藏文書.

인이다"[39]라고 말하고 있다.

이처럼 대지진과 히데쓰구 사건으로 인심은 동요했고 사람들 사이에서 선동적인 악선전이 유행하고 낙수가 퍼져 정치에 불만이 증폭되어 있었음을 알 수 있다. 이러한 사실은 조선 측의 기록에서도 확인될 수 있다.

일본인 요시라는 통신사 일행이었던 박대근에게 "지금 그가 아랫사람을 대하는 데 저토록 포악하고 남의 노고는 전혀 생각하지 않으므로 일본에서는 대 소인을 막론하고 모두 원한이 뼈에 사무쳤으니 결코 좋게 끝마칠 리가 없다. 그도 스스로 그런 점을 알고 있는지 항상 '내가 친조카를 자식으로 삼아 부유하고 귀하게 해주었는데 도리어 나를 해치려 했다. 내가 진실로 온 나라 대 소인이 모두 나를 죽이려는 것을 알고 있으니 가만히 앉아서 화를 당하기보다는 차라리 위세를 마음껏 부리다가 죽겠다'[40]고 하였다"고 전했다. 히데쓰구 사건이 대내외적인 관심사이고, 모반하려는 세력이 있음을 히데요시도 간파하고 있었음을 알 수 있다.

이 사건 직후 히데요시는 관백 자리를 비워 두고闕官, 자신은 공가 사회의 최고직인 태정대신 수좌에 앉아 다이묘들의 행동을 규제하고 질서유지를 위한 법령인 '오기테御掟', '오기테추가御掟追加'를 발표하였다.[41] 즉 히데요시는 히데쓰구를 할복시킨 다음에 숙로宿老와 여러 대명을 대상으로 아들 히데요리에 대한 충성을 다짐하는 기청문 전서起請文前書를 제출하게 하였

39 「義演准后日記」 文祿5년 윤7월 20일조, 앞의 책, 참조.

40 히데쓰구 사건에 대해 선조도 파악하고 있었던 점은 흥미롭다. 즉 선조는 황신에게 "平守宋(秀次)가 히데요시의 자리를 빼앗으려다 일이 발각되어 죽음을 당하였다거나 혹은 무고를 당해 살해되어 원통히 여기는 사람이 많다고도 하는데 어찌된 일인가"라고 물었다. 그는 "항간에는 히데쓰구가 살해당한 것을 원통히 여긴다 하지만 시게노부調信의 말에 의하면 그는 모반하다가 발각된 것이라 하였다"고 답하고 있다. 『선조실록』 권83, 29년, 12월 癸未(21일)조.

41 「淺野家文書」 265~266호, 『大日本古文書』 家わけ2 ; 三鬼清一郎, 「御掟·御掟追加をめぐって」, 尾藤正英先生還曆記念會編, 『日本近世史論叢 上』, 吉川弘文館, 1984.

다. 조선에 있는 기요마사 등 다이묘들에게도 기청문을 쓰게 함으로써 대명들을 통제하고 장악하려고 했다. 이 사건을 위기상황으로 보고 특단의 조치를 취하면서 국내외적으로 동조하는 세력을 사전에 막으려는 의도였다. 그만큼 이 사건이 미친 파장은 컸다고 할 수 있다.

한편 히데요시의 병사 풍문과 관련해서 여러 가지 유언비어가 1597년 10월부터 나돌기 시작했다. 실제로 히데요시는 이 시기 통증으로 치료를 받고 있었고 이후부터 발병이 자주 일어났다.[42] 이러한 소식은 조선 측에도 항왜와 피로인들을 통해서 급속하게 전달되었다. 유병설有病說은 병사설病死說로 오보되어 조선에 주둔하고 있는 일본군들을 동요시켰다.

이외에도 대외적으로는 4년간에 걸쳐서 교착상태에 빠져 있었던 일·명 강화교섭이 1596년 해결되려는 시기에 지진이 발생한 점을 들 수 있다. 지진이 발생하기 바로 직전 6월 21~25일 히데요시는 사카이에서 대기하고 있었던 심유경을 후시미성에 초빙하여서 자신의 위세를 과시하고 강화교섭을 타결하려고 하였다. 히데요시는 심유경을 인견함과 동시에 본격적인 명 책봉사의 도착을 맞이하기 위해 무사 행렬이라는 정치적인 이벤트도 준비하고 있었다. 그러나 지진에 의해서 그 행사는 중단되었고 후시미성이 무너지자 결국은 오사카 성에서 이들을 맞이하게 되었다.

이상과 같이 지진 발생이라는 자연재해가 히데쓰구 사건과 히데요시의 병사 풍문, 교착상태에 빠진 일·명 강화교섭의 파탄이라는 대내외적인 상황과 맞물려 있었다. 이러한 복잡한 국내외 위기 상황을 해결하기 위한 방편으로써 히데요시는 정유재란이라는 극단적인 수단을 택했던 것으로 생각된다.

42 『鹿苑日錄』 2권, 慶長2년 10월 27, 28, 29일조, 辻善之助編, 太陽社, 1935 ; 김문자, 「秀吉의 病死風聞과 朝日交涉－조선침략 전쟁 중의 정보전달 문제의 일례로－」, 『일본역사연구』 8, 1998, 27쪽.

3. 개원改元 단행과 전쟁 재개

히데요시는 지진 대책을 세웠고, 무너진 후시미성에 대해서는 재보수 명령을 내렸다. 특히 히데요시는 지진 발생 직후 이에야스와 함께 천황內裏의 상태를 보기 위해서 방문參內하였다.[43] 히데요시가 신속하게 이러한 행동을 취한 것은 천황을 정점으로 하는 고대 율령 시스템 속에서 자신의 권력을 유지해야 했던 히데요시의 입장에서는 어쩔 수 없었다.[44] 천황 방문은 자신의 위신을 높이는 것이었다. 16일 여러 대명들도 천황을 방문하였다.[45]

원래 히데요시는 천황의 대권을 의사적擬似的으로 부활시켜서 자신은 천황의 대관代官으로서 일본을 지배하고 있다는 논리를 가지고 있었다. 이것이 정이대장군을 단념하였던 히데요시의 논리였다. 특히 히데요시가 발급한 문서임에도 불구하고 천황의 '훈정訓定', '명命', '교려敎慮' 또는 천황의 뜻을 받든다는 '무명武命'이라는 형식으로 조선 침략을 정당화하였다. 히데요시는 전국戰國 다이묘를 상대로 사적추토논지私敵追討論旨, 또는 칙명강화勅命講和 등 천황의 권한을 대행한다는 논리로 전국을 통치하였다.

따라서 히데요시는 지진이 발생한 책임을 천황에게 돌리지 않고 국정을 쥐고 있었던 자신에게 그 과오가 돌아올 것이라고 생각했다. 이전의 무사정권과 상이하게 천황을 대신하여 실권을 장악하고 있었던 히데요시 입장에서 "지진은 천황의 박덕薄德에 의해서 생긴 것이 아니라 자신에게 그 책임이 있다"고 인식했을 것이다. 그렇기 때문에 지진 조짐豫徵에 관해서도 민감하게 반응할 수밖에 없었다.

43 「東照宮御實紀附錄」, 國史大系刊行會編, 『新訂增補國史大系』 38권, 吉川弘文館, 1964 ; 木村高敦撰, 『德編年集成』, 茨大도서관 소장 ; 西山昭仁, 앞의 논문, 「文祿5年の伏見地震直後の動靜 2－武家·民家中心として－」, 4~5쪽.

44 今谷明, 『武家と天皇－王權をめぐる相剋』, 岩波書店, 1993, 78~86쪽.

45 「孝亮宿齋日記」 文祿5년 7월 16일조, 『改定史籍集覽』 25, 近藤出版部, 1902~1926.

도요토미 정권은 7월 15일 지진 점을 쳤고 17일에는 지진 기도의 뜻을 내렸다. 이때 나온 지진 점의 점문을 살펴보면 "天文道의 奧義가 말하길 지진은 음이 성해서 양이 쇠퇴했을 때 일어나는 것이다. 불교의 경정內徑에서 말하기를 전쟁이 일어날 것을 경계해야 한다. 六甲에서 말하기를 참언에 의해서 현인이 물러가고 덕이 없는 사람이 승진한다. 또 말하기를 인민이 병들고 재앙이 난다. 또 말하기를 대소동이 일어날 것이다"[46]라는 것이다. 이와 같은 점문 내용은 히데요시 입장에서 진행 중인 조선과의 전쟁을 의식하지 않을 수 없고, 예언대로 정유재란을 감행한 듯한 인상을 지울 수 없다.

동시에 8월 9일에는 천황이 '改元沙法在之, 地震大入故也'라는 이유로 개원 명령을 내린다.[47] 이 역시 히데요시가 의도한 것으로 분로쿠文祿라는 연호를 게이초慶長로 개원함으로써 지진 발생 후 흩어진 민심과 정치를 쇄신하려는 수단으로 이용했다.[48] 히데요시가 지진으로 인해 지연되어왔던 명 책봉사를 만나기 위해 오사카 성의 재정비 보수 명령을 내린 것도 8월 9일 개원 명령을 내렸던 날과 일치한다. 이것은 대내외적인 위기를 벗어나려고 하는 시도의 출발점이 아닌가 한다. 9월 1일 히데요시는 명사를 오사카 성에서 만난 뒤, 명 측이 강화조건을 위약했다는 트집을 잡고 곧 조선 재침략 명령을 내린다.

히데요시는 후시미 지진 발생과 '히데쓰구 사건'의 여파로 자신의 정치적 입지에 손실이 있었다고 생각했다. 게다가 조선에서 전황이 회복되지 않는 상황과 염전厭戰 분위기가 높아지자 명과의 교섭을 통해서 최소한 조선 남부에서 무역권이라도 얻으려 했던 노력마저도 허사가 되었다. 그래서 조선에서 일본군을 전부 철수하라는 명의 요구에 반발하지 않을 수 없었다.

46 「義演准后日記」 文祿5년 윤7월 20일조, 앞의 책, 참조.

47 「義演准后日記」 文祿5년 8월 9일조, 위의 책, 참조.

48 改元의 儀禮는 10월 27일에 행해졌고, 이 날을 기준으로 연호가 文祿에서 慶長 元年으로 바뀌었다. 이날도 대지진과 大雨가 내렸다.

전쟁이 수포로 돌아가고, 국내외의 정세가 불안한 가운데 정권을 유지하기 위한 또 다른 돌파구로서 재침략을 감행하지 않을 수 없었다.

소결小結

도요토미 정권 초기에 발생한 지진이 대내외적인 정치 상황에 미친 영향은 그다지 크지 않았다. '텐쇼지진天正地震'이라 불릴 정도의 대지진이 있었으나, 발생한 지역이 미가와 지역과 도카이·호쿠리구·미노·오와리·에가와·이세·오우미 등지로 정치 권력의 중심지였던 교토·오사카 지역과는 거리가 있었으므로 크게 영향을 받지 않았다.

도요토미 정권 후기에 발생한 후시미 지진 피해는 교토라는 중앙 정치 중심 지역에서 발생했기 때문에 미친 파장은 컸다. 따라서 히데요시는 그만큼 정치적인 위기의식을 한층 더 느끼지 않을 수 없었을 것이다. 당시 사람들은 지진이 발생하면 병란이 일어날 가능성이 높다고 생각하였고, 또한 위정자의 권력 구조에 변화가 생길 수 있는 변수로서 이해했기 때문이다.

본장에서는 지진 발생이라는 자연재해가 '히데쓰구 사건'과 '히데요시의 병사 풍문', 교착상태에 빠진 '일·명 강화교섭의 파탄'이라는 대내외적인 상황과 맞물리면서 인심의 동요와 반란의 조짐, 사회 혼란 등을 야기했다고 보았다. 이런 상황에서 히데요시는 총동원하여 감행해왔던 침략전쟁이 수포로 돌아가고, 국내의 정세마저도 불안한 가운데 자신의 정권을 유지하기 위한 또 다른 돌파구로서 조선 재침략을 감행하였다.

제2장 전쟁 재개와 야나가와 시게노부柳川調信의 협상

1596년 9월 히데요시는 조선을 다시 침략하라는 명령을 내렸다. 이에 유키나가는 재침을 지연시키기 위해서 그해 11월부터 다음 해 6월까지 김응서와 심유경을 상대로 화의협상을 추진하였고, 시게노부를 히데요시가 있는 후시미성으로 보내 조선 사정을 전달하였다.

특히 유키나가는 시게노부를 통해서 히데요시가 전쟁 종결의 조건이었던 '조선 왕자의 일본 파견' 문제를 타결하려 했던 것이다.[49] 따라서 그의 활약은 정유재란 전후의 상황 및 전쟁 재개의 목적을 확인할 수 있는 중요한 의미를 갖는다. 하지만 기존의 연구에서는 시게노부의 역할과 히데요시가 진립서를 발표하고 대군을 파견했던 6월까지 일본 측의 동향에 대해서 주목하고 있지 않다.[50]

본장에서는 1596년 9월 오사카 회담 결렬 직후부터 전쟁이 재개되기 직전까지 시게노부가 조선과 히데요시를 상대로 어떠한 협상을 벌였는지 살펴보고자 한다. 그리고 히데요시가 전쟁을 다시 명령할 때 명분으로 주장했던 내용과 구체적으로 그가 일본군에게 재침 명령을 내린 시기가 언제인지 고찰해보고자 한다.

49 黃愼, 『日本往還日記』, 京都大學所藏, 河合文庫 ; 김문자, 『慶長元年の日明和議交涉破綻に關する一考察』, 『人間文化研究年報』 18, お茶の水女子大學人間文化研究科, 1994, 62~68쪽.
50 「淺野家文書」 제270·271호, 『大日本古文書』 家わけ2.

1. 시게노부의 일본 귀국

시게노부는 쓰시마 도주對馬島主 소 요시토시宗義智의 가로家老로서 조선과의 통교 무역 및 외교 문제를 전적으로 담당했다. 그는 1587년 조선 국왕을 복속시켜서 교섭하도록 명한 히데요시의 요구로 조선에 파견되었다. 이후부터 히데요시한테서 조선 침략 준비를 일임해서 진행하라는 명령을 받을 정도로 신임을 받았다.[51]

시게노부는 조선에서 헤이 시게노부平調信로 알려져 있고 수직인으로서 당상관까지 올랐다. 전쟁 재개 전후에는 조선과 실무적인 사항을 추진하는 등 외교적인 활동을 하였다. 특히 그는 유키나가의 지시로 조선과 일본을 왕래하면서 전국戰局 상황을 히데요시에게 보고하는 한편, 조선에 일본의 요청을 관철시키려 했다. 유키나가와 요시토시가 무장으로서 선두에 서서 군을 이끌고 있었기 때문에 자주 조선을 떠날 수 없었던 사정과는 달리, 시게노부는 아들 헤이 가게나오平景直와 함께 양국을 오가면서 정보수집 및 외교적 절충에 힘쓰는 등 강화교섭의 실무를 맡고 있었다.

1597년 3월 6일 접반사 김광정은 시게노부가 요시라 및 일본군 37명을 거느리고 밀양에서 심유경을 만났다는 장계를 올렸다. 보고 내용은 심유경과 시게노부가 '조선 왕자의 일본파견' 문제에 관한 협상 내용이었다.[52] 심유경은 명의 성지에 '王子決不可以送'이라 적혀 있는 것을 시게노부에게 전달하면서 일본의 요구를 거부했다.

51 中村榮孝, 『日鮮關係史の硏究』 中, 吉川弘文館, 1969, 92쪽 ; '諸兵船悉至對馬 可被指出之旨 堅被仰出候 則柳川殿 へ 直被成御察', 『新訂寬政重修諸家譜』 권501, 續群書類從完成會, 1964~1967, 平氏 宗義調 등 참조.

52 『선조실록』 권86, 30년 3월 丙申(6일)조. 김광정은 심유경의 접반사였다.

이에 대해서 시게노부는 왕자의 파견 문제가 결정되면 유키나가 또는 데라사와 히로타카寺澤廣高가 일본에 건너가서 히데요시에게 보고할 것이라고 했다. 시게노부가 심유경을 방문해서 협상을 벌인 배경은 첫째 조선이 왕자를 일본에 파견하는 문제를 명과 논의해서 2·3월까지 답신을 주기로 했으나 연락이 없기 때문이다. 둘째 히데요시가 2월 2일 발표했던 진립서가 3월 초 조선 내 일본 진영에 도착하기 전에 이 문제를 매듭짓기 위해서였다. 3월 8일 결국 심유경의 의사를 확인한 시게노부는 유키나가에게 이 사항을 전달하기 위해서 떠났다.[53]

김광정의 장계를 통해서 3월 초 유키나가는 심유경을 이용해서 왕자 파견 문제를 해결하려 했고, 성사되지 않으면 시게노부와 히로타카를 히데요시에게 파견해서 조선 사정을 전달하려고 했다. 결국 유키나가는 시게노부와 히로타카를 일본에 보냈다.

이들 일본행은 3월 30일 권율의 보고로 확인할 수 있다. 이 보고에는 시게노부의 서계 내용이 적혀 있는데 왕자파견 문제를 단념하는 대신 히데요시에게 공물 헌납을 요청하고 있다.

> (전략) 만일 일본 국왕이 왕자가 와서 사례하지는 않더라도 강화하기 위해 왕자가 오지 않는 대신 다른 조건으로 바꿀 것을 묻는다면, 노후는 조선 조정의 동의를 얻지는 못하지만 歲稅 약간 種數로써 답하여 일을 완성하고서 돌아오려 하니, 족하께서는 살펴주소서. 이 노후의 만일의 계획이 이루어지지 않으면 반드시 위기가 닥칠 것이니 모든 병무를 거행하여 날로 새롭게 조치하시기 바랍니다. (후략)[54]

53 『선조실록』 권86, 30년 3월 戊戌(8일)조. 이광정이 치계해서 전달한 내용이다.
54 『선조실록』 권86, 30년 3월 乙卯(25일)조·庚申(30일)조. 이 啓狀은 3월 25일 경상 우병사 김응서가 23일 요시라로부터 받은 행장(1통)·시게노부(2통)의 서계를 도원수 권율에게 전달한 내용이다. 이것을 30일 권율이 조정에 장계로 올린 것이다. 시게노부의 2통 서계 중에서 한 통은 날짜가 적혀있지 않았고 나머지 한 통은 3월 15일로

위 사료는 시게노부의 서계를 간략하게 정리한 것이다. 전략한 부분에 시게노부는 히로타카와 함께 일본으로 귀국했다는 것과 조선이 왕자를 일본에 보내지 않는다면 다시 전쟁에 휘말리게 될 것이라고 예견하고 있다.

여기서 주목할 부분은 시게노부가 조선의 동의 없이 왕자파견 대신에 공물 헌납을 히데요시에게 보고하려고 했던 점이다. 시게노부는 만일 이 조건에도 불응할 경우 전쟁이 다시 시작되므로 조선의 병무에 안전을 기하라는 '위협'을 하고 있다.

이와 같이 유키나가와 시게노부는 왕자의 파견 문제를 공물로 대체해서 문제를 해결하려고 했다. 이에 대해 히데요시가 처음에는 부정적인 태도를 보이지 않았다고 언급하고 있다. 후략한 부분에는 심유경이 일본 진영의 가까운 곳에 머물 수 있도록 조선에 의뢰한 내용이 적혀있다. 유키나가는 심유경이 북경으로 돌아가 버리면 화의를 주도할 인물이 없어져, 이후 왕자파견 문제가 순조롭게 진행되지 않을 것을 우려해서 시게노부를 통해 요청을 한 것이다.

이상과 같이 히데요시의 진립서가 발표된 직후인 3월 단계에서 유키나가와 시게노부는 심유경을 통해서 왕자파견 대신 공물 헌납으로 히데요시의 재침을 막으려 했던 것을 알 수 있다. 시게노부가 조선에게 매鷹를 부탁하는 내용도 언급하고 있는데 이것은 조선이 공물을 헌납했다고 히데요시에게 선전하기 위해서였다.

되어있다. 이날 시게노부는 '與正成今朝共帆而歸矣'라며 15일 아침에 귀국한다는 소식을 전하고 있다. 또한 요시라도 23일자 서계에 '正成·調信方爲渡海, 謀事(講和)兩間'이라고 말하고 있다. 이로써 15일 이후 시게노부가 일본으로 건너간 것을 알 수 있다.

2. 히데요시와 시게노부의 만남

시게노부가 다시 조선에 온 과정은 확인되지 않는다. 다만 유키나가가 김응서와 심유경에게 보낸 편지와 항왜·피로인에게서 입수한 간접적인 정보를 통해 짐작할 수 있다.

4월 25일 경상도 감사 이용순은 박계생의 비밀편지를 조정에 보고했다. 그 내용은 ① 일본군이 20만 명의 병력을 동원해서 5~6월에 부산에서 합류하고 6~7월에는 회전하기로 했다는 것 ② 히데요시가 진주·경주처럼 병력이 강건한 지역은 피하고 병력이 약한 곳부터 공략하라고 명령했다는 것이다.[55]

보고 내용 중에서 시게노부와 관련된 것은 "유키나가는 전투를 싫어하여 군사를 조발한다는 말을 듣자 곧바로 심안돈오沈安頓吾를 보내어 '조선이 앞으로 호피虎皮 1천 영領과 쌀 10만 곡斛에 왕제王弟를 볼모로 보낼 것이다.'고 거짓말을 만들어 군병을 막고자 하였다고 하니, 심안돈오가 돌아온 뒤에야 강화의 허락 여부가 결정될 것이다."[56]라는 부분이다. 심안돈오는 조선에서 원래 시마즈 요시히로島津義弘를 가리키나, 여기서는 조선 측의 착각으로 시게노부를 심안돈오라 기록했다. 즉 유키나가는 히데요시가 병력을 증발한다는 소식을 듣고 시게노부를 통해서 조선이 호피와 쌀, 왕제를 인질로 보낸다고 히데요시에게 거짓으로 보고해서 재침을 막으려 했다. 따라서 시게노부가 조선에 돌아온 후에야 강화의 가부可否가 결정될 것이라는 것이다.

박계생의 전언은 후일 일본군이 침략해 온 시기를 생각하면 정확한 정보였다. 특히 시게노부가 귀국한 이유에 대해서 서술한 부분은 앞에서 언급한

55 『선조실록』 권87, 30년 4월 乙酉(25일)조. 이 보고는 유키나가의 副長인 攝號와 朝鮮의 피로인 李文彧이 파견한 朴啓生의 비밀편지에 근거했다.

56 상동. '行長厭於戰鬪 聞調兵之言 卽遣沈安吾言曰 朝鮮將以虎皮一千令(領) 米十萬斛加以 王弟爲質 作爲以說 欲沮其兵云 沈安頓吾還來 然後許和與否決矣'

3월 30일 치보 내용과 부합하고 있다. 따라서 시게노부가 조선의 세세 납입과 왕제 파견을 히데요시에게 전달한 뒤 귀국했다는 것을 확인할 수 있다.

한편 5월 11일 유키나가가 심유경에게 보낸 편지가 조선에 전달되었다. 그 내용에는 히로타카와 시게노부의 회답이 폭풍 때문에 늦어진 상황을 유키나가가 언급하면서, "시게노부에게 전달한 내용에 대해 히데요시가 승인한다면 조선은 예수禮數에 맞는 물품을 준비해서 왕제가 사자로서 일본에 가야 한다"[57]고 했다. 그리고 심유경에게 일본의 요구사항을 조선 국왕에게 전달해 달라고 요구하고 있다.

5월 18일에는 권율이 군관 조개와 전사 정승헌이 부산의 일본인을 통해서 얻은 정보를 조정에 보고했다. 여기서 주목할 점은 4월 29일 시게노부가 유키나가에게 연락을 했다는 사실과 보고 내용이다. 즉 시게노부는 "조선 왕자의 파견은 불가능하나 大臣이 서폐를 가지고서 온다는 소식을 히데요시에게 전달하자 그가 만족했다"[58]는 것이었다. 이것은 시게노부의 아들 가게나오景直가 부친이 곧 귀국할 것이며 전쟁이 일어나지 않는 것은 아비의 공적이라고 언급한 부분에서도 확인할 수 있다. 만약 이것이 사실이라면 적어도 4월 29일까지는 시게노부의 협상 내용이 히데요시에게 긍정적으로 수용된 것을 알 수 있다.[59]

그런데 6월 14일 권율은 조정에 장계를 올린다. 장계 내용에는 시게노부가 조선에 도착했다는 소식과 앞으로의 전황에 대한 것이 포함되었다. 먼저 "시게노부가 조선으로 돌아왔기 때문에 유키나가는 요시라를 통해서 일본에서 일어났던 일들을 김응서에게 전부 보고한다"[60]고 되어 있다. 특히 주

57 『선조실록』 권88, 30년 5월 辛丑(11일)조. 이것은 4월 24일자로 유키나가가 심유경에게 보낸 것인데 5월 11일 조선에 전달되었다.

58 『선조실록』 권88, 30년 5월 戊申(18일)조.

59 상동. '我父今明當還來 則好不好間 卽通爲料矣 然此時兵馬不來 吾父之歸 必好議而然也 自此有好事, 解兩國之兵, 其幸何可勝言 云云'

목하고 싶은 곳은 "일본군이 머지않아 닥쳐온다"고 한 부분이다. 유키나가의 발언은 히데요시의 대조선책에 변화가 있었음을 전달한 정확한 내용이었다. 이것은 4월 29일 자 시게노부가 언급했던 것과는 상당한 차이가 있다. 그렇다면 약 두 달 사이에 어떤 일이 발생했던 것일까? 유키나가가 조선 진영에 보낸 요시라의 발언을 통해 살펴보도록 하자.

> A. 慶尙右兵使金応瑞馳啓曰. 本月初六日 要時羅出來宜寧, 求見臣. 臣七日自山城下去, 問其來由. 則答曰, 平調信初二日, 來至釜山. 奇別內, 調信入歸, 則關白云, 朝鮮王子送否, 調信答曰, 王子決不可致. 關白曰, 然則以何事請和乎. 調信曰, 若以歲弊大臣通好. 則事可成矣. 關白初以爲然, 後日更問曰, 朝鮮已許汝來言乎. 調信未知朝鮮之肯從 恐有後患, 以實答之. 關白則大怒曰, 如此不實之事 棄陣來問於我, 汝當罪斬. 卽命諸將, 速爲渡海 (後略)[61]

6월 7일 김응서는 요시라를 만나 시게노부가 부산에 도착했다는 소식을 들었다. 김응서는 요시라를 통해서 시게노부가 히데요시와 나누었던 이야기를 들었는데 그 내용을 요약하면 다음과 같다. ① 시게노부로부터 왕자 내일은 불가능하다는 것을 전해 들은 히데요시가 그 대안으로 대신과 서폐 파송에 찬동했다는 것 ② 히데요시는 시게노부의 보고를 신뢰했지만 그가 거짓으로 자신에게 ①의 내용을 전달했던 것에 대해서 크게 노했다는 것 ③ 상술한 문제를 조선과 타협도 하지 않은 상태에서 시게노부가 귀국해서 히데요시가 분개하여 다시 전쟁 재개의 명을 내렸다는 것 등이었다.

위의 내용을 전적으로 신뢰할 수는 없지만 6월 2일 시게노부가 부산에 도착했다는 사실과 왕자파견이 불가능하다는 것을 히데요시에게 분명하게 전한 것은 확인된다. 요시라의 발언은 히데요시의 재침 원인을 알 수 있는

60 『선조실록』 권89, 30년 6월 癸酉(14일)조. 이것은 6월 3일 날짜로 유키나가가 김응서에게 보낸 서장을 근거로 보고한 것이다.

61 상동.

중요한 단서이다. 즉 원인이 조선 왕자의 일본 파견문제가 아님을 재확인할 수 있다. 이것은 조선에게 전쟁 책임을 돌리기 위한 수단에 불과했다.

한편, 시게노부와 히데요시의 만남에 대해서 「薩藩舊記雜錄」에는 다음과 같이 전하고 있다.

> B. 慶長二年五月, 淸正·行長遣柳川調信于京師, 六月, 調信到京師謁 秀吉, 秀吉曰, 朝鮮不聽我言者, 依全羅忠淸二道猶完也, 諸軍進入全羅, 多聚粮米屠拔諸城, 長驅大進, 事若難成, 則先歸慶尙而經固城入西生浦, 屢進兵于敬地, 竭力而戰, 我兵雖多死而不顧, 必可建大功矣, 若不從我言, 則汝等妻子皆 在日本, 我磔裂之耳. (中略)62

위 내용에서 히데요시와 시게노부가 나눈 대화는 다음과 같다. 첫째 조선이 일본의 강화 요청을 거부한 이유는 전라·충청지역이 완전하게 보존되어 있기 때문이다. 그러므로 히데요시는 우선 이 두 지역을 공격해 병량을 저장하라고 했다. 둘째 장기전이 불가능할 경우 경상도 지역에서 수시로 공격할 것을 명령했다. 셋째 만일 명령을 위배하면 일본에 있는 '조선의 제장군처자在陣諸將軍妻子'는 처벌하겠다는 내용이다.

(B)의 내용은 (A)에서 히데요시가 발언(후략)한 부분과 거의 동일하다. 따라서 앞에서 김응서가 7일 요시라로부터 전해 들은 것은 정확한 정보였다. 여기서 흥미로운 것은 경상도 지역으로 되돌아 와서 공격할 것을 명한 부분이다. 때문에 정유재란기의 공격 목표가 전라도 지역이 아닌 것을 재확인할 수 있다. 당시 일본군은 전라도 지역을 계속 공격할 수 있는 군사적인 여력이 없었다. 오히려 부산 지역에 거점을 확보하고 철수하기도 힘에 부친 상황이었다.

이상에서 시게노부가 일본으로 건너간 배경을 짐작할 수 있다. 그것은

62 「薩藩舊記雜錄」後篇 3, 권39, 244호, 『鹿兒島縣史料』, 鹿兒島縣維新史料編纂所, 1983.

왕자파견에 대해 조선의 답장을 더 이상 기다릴 수 없었던 점과 히데요시가 재정군再征軍의 부서를 정한 진립서를 발표해서 재침을 서두르고 있다는 점이다. 그래서 유키나가는 시게노부를 일본에 파견하여 히데요시의 재침을 늦추려고 했던 것이다. 시게노부는 히데요시가 원하는 대로 조선이 강화를 원한다는 거짓 정보로 재침을 지연시키려고 했다.

6월 2일 유키나가는 지금까지의 경위를 심유경에게 설명하려고 시게노부를 그의 처소에 보냈다.[63] 그러나 만남은 심유경이 체포당함으로써 실현되지 못했다. 다만 유키나가의 서장을 통해서 시게노부를 심유경에게 보낸 목적과 조선을 재침하려 했던 배경의 일면을 알 수 있다.[64]

그 내용에는 첫째, 히데요시는 조선이 왕자를 파견하지 않은 실례를 범했으나 '명국明國의 命'이 있었기 때문에 교린하려 했다는 점이다. 둘째, 조선이 먼저 거제도에 있는 함선을 공격했기 때문에 히데요시가 조선에 보복하기 위해 명의 처분을 기다리고 있다는 점이다.[65] 셋째, 조선과 일전을 겨룰 준비를 하고 있다는 점이다. 이 서장에서 유키나가는 심유경을 의식해서 '明의 처분을 기다린다' 또는 '조선과 교린하려고 했다'고 말하고 있다.

결국은 조선이 거제도에 있는 일본군을 공격했기 때문에 전쟁이 재개되었다고 말하면서 전쟁 재발의 책임을 조선에 전가했음을 알 수 있다. 거제도 공격은 1595년 12월 거제 현령인 안위가 부산 일본 진영의 화약창·병기·병량 2만 5천석 및 전선 20여 척을 태웠던 것을 의미한다. 유키나가는 반년 전에 발생한 이 사건을 구실로 해서 전쟁재개 책임을 조선에 전가하고 있다. 정유재란이 발발하자 시게노부의 활동은 보이지 않다가 1598년 5월 7일 예조 앞으로 서계를 보내면서 다시 등장한다.

63 『선조실록』 권89, 30년 6월 丁丑(18일)조.
64 상동. 이 사실은 6월 18일 조선 조정에도 알려졌다.
65 『선조실록』 권84, 30년 정월 壬辰(1일)조·癸卯(12일)조 참조.

3. 일본군의 재침략 개시 시기

히데요시는 1597년 2월에 진립서를 발표했지만 정작 조선을 침략한 것은 6월 중순에서 7월경이었다.[66] 히데요시의 재침이 늦어진 것은 쓰시마에서 순풍을 기다리기 위해, 또는 조선이 다수의 전선으로 수군을 증강하고 수륙을 차단하고 있기 때문이다.[67]

그렇다면 2월에 진립서를 발표한 히데요시가 본격적으로 전쟁 개시를 명령한 시기는 언제일까? 결론부터 말하면 시게노부가 조선과 일본을 왕복했던 시기와 연관해서 보면 4월 초순이었다고 생각된다. 즉 3월 15일 시게노부는 조선 앞으로 서장을 보내고 일본으로 귀국했다. 그리고 4월 29일 히데요시가 시게노부의 보고 내용에 호의를 표했다는 정보가 5월 18일 부산의 일본인들을 통해 전해졌다. 여기서 29일 자로 시게노부의 전언을 받았다고 하는 것은 당시 부산과 오사카까지 소요되었던 기간을 25일 전후로 생각한다면 시게노부의 발신은 4월 초순이 된다.[68]

한편, 히데요시는 4월 12일 전국에 맥麥 연공을 1/3로 정해 급인給人(소영주)에게 저장토록 명함으로써 전쟁에 필요한 군량을 준비하고 있다.[69] 따라서 히데요시가 재침 재개를 명령한 시기는 시게노부가 일본에 도착한 4월 5일 전후부터 12일 사이로 추측된다. 그리고 같은 달 중순에는 군대 파견을

66 「島津家文書」402, 403호, 『大日本古文書』 家わけ16-1.

67 『선조실록』 권87, 30년 4월 辛巳(21일)조 ; 同, 권88, 30년 5월 戊申(18일)조.

68 1597년 7월 16일 일본 수군 도도 다카토라藤堂高虎가 칠천량에서 조선 수군을 격파시켰다는 소식은 8월 9일 히데요시에게 전달되었다. 또한 같은 해 12월 22일부터 시작된 울산성의 전투도 다음 해 정월 17일 히데요시에게 알려졌다. 이를 통해 오사카와 부산을 왕래하는데 걸리는 시간은 25일 전후였다고 추측된다.

69 히데요시는 중세 이후 不課의 원칙이었던 麥의 수확고 1/3을 징수해서 병량미를 확보하려는 비상수단을 취하였다. 그러나 그가 다음 해 8월에 죽자 이 법령은 철회되었다. 三鬼淸一郎, 「田麥年貢三分一徵收と荒田對策一豊臣政權末期の動向をめぐって」, 『名古屋大學文學部硏究論集』 史學 18, 1971.

염두해 두었다. 4월 19일 일자 「기엔주고일기義演准后日記」에 '高麗國成敗として, 十萬騎近日海被仰云云'[70]라고 서술되어 있는 것에서 확인된다.

시게노부가 일본에서 돌아온 후 조선에서는 일본군이 6~7월에 공격한다는 소문이 퍼져 있었다. 6월 14일 권율은 김응서의 보고를 인용하면서 죽도의 왜장 나베시마 나오시게鍋島直茂가 "히데요시는 제장에게 조선과 교전할 것을 명하면서, 6·7월에는 대병이 건너와서 경상·전라도를 공격한 후 다시 연해에 주둔하면서 제주도를 점령하라고 명했다"[71]고 전했다. 동시에 히데요시가 조선과의 강화를 바라고 있다는 점도 전달하였다. 히데요시가 끝까지 조선과의 강화를 포기하지 않은 점은 주목할 만하다.

6월 29일 경상도 제찰사 이원익이 조정에 보낸 장계에는 "요즈음 중적衆賊이 쓰시마에 많이 모여 있는데 그들이 바다를 건너는 것은 반드시 6~7월 동남풍이 부는 때를 벗어나지 않을 것입니다"[72]라 하며 일본군의 공격이 급박했음을 보고하고 있다.

이상과 같이 조선은 6~7월에 일본군이 재침한다는 것을 알고 있었다. 이것은 지쿠젠筑前(福岡縣) 나지마名島의 고바야가와 히데아키小早川秀秋가 5월 22일 오사카를 떠나 6월 27일 나고야, 7월 6일 쓰시마의 도요사키豊崎를 거쳐 14일에 죽도에 도착했던 것과 관련이 있다.[73] 또한 6월 24일 나고야를 떠나 7월 7일에 오타 가즈요시太田一吉·조소카베 모토치카長宗我部元親와 함께 부산진에 도착한 모리 히데모토毛利秀元 등 일본 제장들의 조선 도착 정보가 나돌았기 때문이다.[74]

70 「義演准后日記」 慶長2년 4월 19일, 『史料纂集』, 群書類從完成會, 1976~1985.
71 『선조실록』 권89, 30년 6월 癸酉(14일)조. 鍋島直茂는 4월 6일에 귀국해서 大坂城에서 히데요시를 만났다. 그리고 5월 1일에는 조선에 출정한다. '關白已命諸將交戰 朝鮮以決勝否 六七月間大兵渡海 先擊慶尙全羅等道後 還駐沿海 浴奪濟州'
72 『선조실록』 권89, 30년 6월 戊子(29일)조.
73 大河內秀元, 「朝鮮物語」, 『通俗日本全史』 早稻田大學出版部, 1914, 4~7쪽.
74 慶念, 「朝鮮日々記」, 『改訂史籍集覽』 25, 近藤出版部, 1902~1926 ; 是水幹夫, 「慶念

7월 14일 이원익은 "이달 8일에 왜선 6백여 척이 일본에서 건너와 부산 앞바다에 정박하였는데"[75]라고 보고하였고, 21일에도 "왜적의 선박이 이미 바다를 건넜는데 그 수가 매우 많습니다"[76]라 하면서 본격적으로 일본군의 재침을 전하고 있다.

히데요시는 1597년 2월에 진립서를 정했으면서도 조선이 먼저 강화를 요청해 올 것을 기대하여 일시적으로 재침을 늦추었다. 그러나 시게노부로부터 왕자파견 불가 등 조선의 강경한 입장을 확인한 후 4월 5~12일 사이에 재침 명령을 내렸고 일본군은 6월 말에서 7월 초 사이에 조선에 도착하였다.

소결小結

본장에서는 오사카 회담 결렬 직후부터 1597년 6월 전쟁이 재개되기 직전까지 시게노부가 조선과 히데요시를 상대로 한 협상과 히데요시의 전쟁 재발 배경 및 일본군에게 전쟁 개시 명령을 내린 구체적인 시기를 검토하였다.

시게노부는 유키나가의 명령으로 왕자파견 문제에 대해 심유경과 조선을 상대로 교섭을 시도했다. 시게노부는 명의 힘을 빌려서 왕자파견 문제를 해결하려고 했다. 그러나 조선이 불응하자 교섭조건을 대신·왕제의 인질파견과 공물 헌납 문제로 바꾸어서 히데요시의 요구를 만족시키려 했다.

이에 대해서 히데요시는 조선 측의 인질이 내일하는 것을 기대했다. 이것은 히데요시가 조선이 강화를 요청한다고 국내에 인식시킴으로써 전쟁 상황이 유리하다는 것을 알리기 위한 책략이었다. 이것은 국내정권의 안정

『朝鮮日日記』の研究」, 『青兵學術論集』 3, 1993.

75 『선조실록』 권90, 30년 7월 癸卯(14일)조.

76 『선조실록』 권90, 30년 7월 庚戌(21일)조.

을 도모하려 했던 히데요시의 의도와도 일치하는 것이었다. 그러나 히데요시는 조선이 강화할 의사가 없음을 확인하고 재침의 명령을 내렸다.

기존의 연구에서는 히데요시의 재침이 임진전쟁 때에 점령하지 못한 전라도 지역을 점령하기 위한 것이라고 이해하고 있다.[77] 하지만 당시 일본의 병력이나 군량 면에서 조선 남부의 4도를 점령할 군사력은 부족했으며, 이 점을 누구보다도 히데요시가 숙지하고 있었다. 그래서 히데요시는 조선에 먼저 강화요청을 하도록 유인하고, 일본이 승전국의 입장에서 강화조건을 내세우고, 국내에는 이를 선전함으로써 전쟁을 종결시키려 했을 것이다. 이는 1597년 전쟁 직후부터 히데요시와 유키나가, 기요마사 등이 '全羅道亦無留住之意'라는 생각을 갖고 있었던 사실을 보더라도 전라도 지역의 확보는 무리였다.[78]

시게노부의 협상 과정을 보면 전쟁 재개의 배경에는 조선의 강화를 전제로 한 인질 파견보다는 공물 요구를 통해 전쟁 지연을 목표로 했던 것을 알 수 있다.

77 北島万次, 『豊臣秀吉の朝鮮侵略』, 吉川弘文館, 1995, 180~183쪽.

78 『선조실록』 권93, 30년 10월 庚申(3일)조. 당시 히데요시가 "서울은 침범하지 말고 9월까지 닥치는 대로 무찔러 죽이고 10월 안으로 서생포나 부산 등의 소굴로 돌아오라"고 명령한 부분은 주목할 만하다.

제3장 히데요시의 사망과 조·일 교섭

임진전쟁 기간 동안 삼국은 전세를 유리하게 이끌어가기 위해 상대국 사정을 정탐하려는 움직임이 치열했으며, 그 와중에 각종 유언비어·풍문 등이 난무했다. 정보를 통해 상대방의 취약점을 알아내는 것은 전투 이상으로 중요한 의미를 가지고 있었다.

1592년 5월 26일 경상도 성주에 있었던 모리 테루모토毛利輝元는 고향에 보낸 서장에서 "조선의 크기가 일본보다 넓기 때문에 일본의 병력으로 조선을 지배한다는 것은 일부분에 지나지 않을 것이다. 게다가 말이 통하지 않으니 통사通事(통역) 나 조선 사정에 밝은 사람(物しり)이 많이 필요해서 조선을 통치하는 것은 곤란할 것이다"[79]라고 언급하고 있다. 이것은 전쟁이 시작된 지 한 달도 안 된 상황에서 나온 것으로 전쟁이 순조롭지 않을 것을 예견한 점에서 주목된다. 모리의 예견대로 일본은 6월 평양전투를 이후 50일간 정전협정을 맺고 남쪽으로 후퇴하기 시작했고 이때부터 강화교섭이 1598년까지 조·일, 일·명 사이에 진행되었다.

이와 같이 강화교섭이 진행되는 상황에서 1598년 8월 18일 '히데요시의 병사'는 큰 변화를 초래했다. 일본은 일부 군사를 철수시키기 위한 방법으로 강화교섭을 행하여 왔다. 그러나 히데요시가 죽자 그들은 일본군의 완전 철수를 목적으로 교섭에 임하게 되었다. 히데요시의 사망 풍문은 그가 죽기 6개월 전부터 조선에 끊임없이 유포되어 있었다. 본장에서는 히데요시의 병사 풍문에 대한 조선의 대응과 히데요시의 죽음이 강화교섭에 미친 영향에

79 天正 20年 6月 8日付 覺隆宛 毛利輝元書狀, 「嚴島文書」, 동경대학 사료편찬소 소장.

대해서 검토하고자 한다.

1. 히데요시의 병사 풍문과 조선의 반응

조선에서 히데요시가 죽었다는 풍문은 1598년 2월 24일경부터 흘러나왔다. 당시 경상도 양산 군수는 "平秀吉이 이미 죽었으므로 각 왜추倭酋들이 일시에 싸움征役을 정지하고, 일본으로부터 정병들이 오기를 기다려 바다를 건너가려 한다"[80]는 급보를 명의 경략 양호에게 보고했다.

그러나 위의 사실과 다르게 히데요시는 같은 해 3월 13일 전선 축소의 요구를 거부하고, 내년에는 직접 조선 수도까지 진격할 것이라고 호언하고 있었다.[81] 오히려 15일에는 교토 다이고醍醐의 꽃구경을 즐기고 있었다.[82] 그렇다면 왜 이 시기에 '平秀吉已故'설과 '일본군의 철병' 소식이 전해졌던 것일까.

1597년 히데요시는 잠시 병을 앓은 적이 있다. 「鹿苑日錄」 10월 27일 자에는 "太閤(秀吉)이 大津宰相殿華第에 왔었는데 차를 조금 마시던 중 근위筋痿에 의한 통증으로 인해 돌아갔다"[83]라는 기록이 있다. 히데요시의 병은 수일 간 지속되었으나 28일 자에는 "사이료齊了가 히데요시의 처소에 도착하여 병 상태를 물으니 조금씩 효험이 있다"라고 언급하고 있다. 그리고 29일 자에 '태합의 갑작스러운 변고'라는 제목으로 되어있는 것을 보면, 히데요시의 발병은 갑작스럽게 일어난 것으로 생각된다.[84] 따라서 조선에서 이

80 『선조실록』 권97, 31년 2월 己卯(24일)조.
81 「島津家文書」 434호, 『大日本古文書』 家わけ16-1.
82 慶応義塾大學附屬研究所 斯道文庫編, 『大かうさまくんのうち』, 汲古書院, 1975, 64쪽.
83 「鹿苑日錄」 제2권, 慶長 2년 10월 27일조, 辻善之助編, 太陽社, 1935.
84 「鹿苑日錄」 제2권, 慶長 2년 10월 28·29일조, 위의 책, 참조.

듬해 2월에 히데요시가 죽었다고 하는 풍문은 이 사실과 관련이 크다. 전술한 양산 군수의 보고는 부산에 있던 모리 테루모토의 부하 시시토 모토즈키宍戶元次가 1598년 정월 29일 일부 군사들을 이끌고 철수한 이유를 히데요시의 죽음과 연관지었던 것이다.

히데요시의 병사 풍문이 나온 또 다른 이유는 유키나가와 기요마사가 1598년 정월 울산 성 전투에서 고전했던 것을 계기로 2월 11일, 13일에 조선과 명에 접근해서 화의 교섭을 재개하려 했던 것과 관련이 있다. 즉 이들은 고의로 히데요시가 죽었고 일본군이 철수한다는 것을 누설함으로써 조선과 명에게 교섭을 재개하고, 명군의 움직임을 지연시키려고 했다.

한편 히데요시의 병사 풍문이 대부분 항왜나 피로인을 통해서 전달되었지만 조선은 처음부터 이것을 부정적으로 인식했다. 예를 들면 선조는 "설사 평수길이 죽었다고 하더라도 또 다른 히데요시가 많으니 히데요시가 죽었다고 죽은 것으로 보아서는 안 된다. (중략) 만일 히데요시가 정말 죽었다면 저들은 반드시 굳게 숨길 것이다. 적국으로 하여금 그 사실을 듣게 하겠는가. 지금 고의로 그런 말을 퍼뜨리는 것은 바로 명군을 해이하게 만든 다음 그 틈을 타서 계책을 부리려는 것이다"**85**라고 말했다. 또한 선조는 명과 강화교섭을 요청하는 일본을 경계해야 한다면서 교섭을 염두에 두지 않았다. 결국 2월에 있었던 히데요시의 병사 풍문은 기요마사와 유키나가가 울산전투 이후 일본군을 재정비하고 명의 공격을 사전에 막기 위한 작업의 일환이었다고 보여진다.

85 『선조실록』 권97, 31년 2월 己卯(24일)조.

2. 히데요시 사후死後 일본군의 철수와 조선의 대응

1598년 8월 5일, 전라 병사 이광악은 의병장 임환으로부터 얻은 정보를 바탕으로 조정에 다음과 같은 보고를 한다.

> 예교에서 포로가 된 정성근이 처자를 거느리고 와서 말하기를 "포로가 된 사람들이 (왜진영에서) 요즈음 모두 나오려고 한다. 그 이유는 대체로 전하는 소문이 '일본에 싸움이 일어나 심지어는 히데요시가 이미 죽었고, 유키나가는 일이 있어 사천으로 건너갔는데 유키나가가 진영에 돌아온 뒤 예교의 진영을 철수할 것이다'라고 하기 때문이다"[86]

위의 보고는 유키나가의 진영에 있었던 피로인이 전달한 것으로 일본 국내에 전란이 있어 히데요시가 죽었고, 유키나가의 진영도 곧 철수할 것이라는 것이 주된 내용이다. 같은 달 20일에도 경상좌병사 성윤문이 치계를 올렸는데 그 내용은 다음과 같다.

> 포로가 되었던 사람들이 돌아와서 말하기를 "관백의 병이 위중하므로 흉적들이 철수하여 돌아갈 계획을 세우고 있다"고 합니다. 현재 서생포의 적들은 소굴을 모두 불사르고 철수해 돌아가려 하고 있으며 부산과 동래의 적들도 소굴을 불사르고 서생포로 향하고 있는데 흉모를 헤아릴 수 없기 때문에 군대를 정비하여 전란에 대비하고 있습니다.[87]

히데요시가 중병을 앓고 있기 때문에 일본군이 철수할 계획을 세우고 있고, 서생포의 기요마사군도 진영을 소각하고 철수한다는 것이다. 같은 날

86 『선조실록』 권103, 31년 8월 戊午(5일)조.
87 『선조실록』 권103, 31년 8월 癸酉(20일)조.

전라 수사 이순신李純信도 "일본에서 도망 나온 사람들이 와서 말하기를 히데요시가 7월 초에 병사했으므로 일본군이 철수해 돌아가려 하고 있다"[88]고 보고하고 있다.

또한 경상 관찰사 정경세는 8월 23일 "관백의 병이 중태라느니 이미 죽었다느니 하는 말이 너무 허탄하기에 보고를 안했다"고 하면서 "일본군에 변화가 있는 것은 확실하다"[89]고 판단하고 있다. 사실 히데요시는 8월 18일에 죽었으므로 23일경 히데요시가 병사했다는 정보가 조선에 전해지기는 어렵다. 그럼에도 불구하고 8월 초부터 중순에 걸쳐 히데요시의 병사설은 조선 측에 전달되었다.

이처럼 8월에 들어와서 히데요시의 병사 풍문이 나온 것은 어떤 근거에서 비롯된 것인가. 먼저 히데요시는 1598년 봄 다이고의 꽃구경이 끝난 직후 6월 병이 악화되었다. 그리고 같은 달 하순부터 히데요시의 쾌유를 비는 기도가 일본 각지에서 행해졌다.[90] 그 때문에 7월이 되는 시점에서 히데요시의 와병 풍문이 국내에 퍼졌다고 이해하는 것이 타당하다.

「조선 이야기朝鮮物語」에 의하면 "7월 상순 이 때부터 大相國公(秀吉)이 어째서인지 병(御違例)을 앓고 있다는 풍문이다. …병중(御違例)이라고 듣고서 천하가 웃음을 멈추고 상하 모두 슬퍼하지 않은 자가 없었다"[91]고 기록되어 있다. 이처럼 7월경부터 히데요시의 와병 소식이 널리 퍼져 있었기 때문에 일본에서 도망쳐 온 피로인들이 이 소식을 조선에 전달한 것이다. 이순신이 7월 초에 히데요시가 병사했다는 「조선 이야기」의 내용을 언급한

88 상동

89 『선조실록』 권103, 31년 8월 丙子(23일)조.

90 6월 27일, 7월 1·7·8·11·15일에는 大神官 및 畿內의 神社·佛寺를 중심으로 기도가 행해졌다. 히데요시가 死期를 맞으면서 다이묘들에게 아들 히데요리한테 충성할 것을 부탁한 이후에도 기도는 끊이지 않았다. 「義演准后日記」 慶長3년 6월 27일, 7월 1·7·8·11·15일조, 『史料纂集』, 群書類従完成會, 1976~1985.

91 大河内秀元, 「朝鮮物語」, 『通俗日本全史』, 早稲田大學出版部, 1914, 62쪽.

것과 7월 상순부터 와병 소문이 시기적으로 일치하는 점도 주목된다. 이런 상황하에서 7월 말 히데요시의 와병설이 8월에 병사설로 확대되었다고 볼 수 있다.

한편 조선은 일본군이 철수하려는 움직임에 대해서 '日本有戰伐之変'이라든가 '南蠻來戰 故撤軍入歸'라는 보고를 통해서[92] 히데요시의 죽음으로 일본에 내전이 발생하여 철수한다고 이해했던 점에 주목하고 싶다. 여기서 말하는 '유전有戰'이라는 것은 후시미에서 일어났던 소요와 관련이 있다.

다이고산보인醍醐三宝院의 기엔義演이 남긴 『기엔주고일기義演准后日記』에 의하면 "7월 17일 후시미에 소요가 있었다고 하는데 여러 사람들이 여기저기 모여들었다"[93]고 하면서 히데요시의 신변에 변화가 생기자 불순한 무리들의 소란이 있었다고 적고 있다. 이 소요의 규모는 알 수 없지만 며칠 동안 계속된 것은 확실하다. 그리고 8월 17일 오봉행五奉行은 다음과 같은 명을 내리고 있다.

> 이번에 여러 사람들이 雜說하는 것은 누를 수 없는 소요였으므로 어쩔 수 없다. 人特衆의 家中은 앞으로 兵具를 갖고서 主家에 모이는 것을 강력하게 금지시킨다. 거듭해서 이러한 자가 있는지 분명히 잘 살펴보고 (이것을 위반하면) 그 자신을 처벌하는 것은 물론 그 주인까지 그 과실로 본다.[94]

이와 같은 국내소요가 조선에는 일본에 변란이 있다든가, 남쪽 오랑캐南蠻가 침입했다고 전해진 것 같다. 여기서 남만은 당시 일본에서는 에스파니아·포르투갈을 지칭한 데 비해, 조선에서는 류큐를 제외한 동아시아 제국

92 『선조실록』 권103, 31년 8월 庚辰(27일)조.

93 「義演准后日記」 慶長3년 7월, 앞의 책, 참조.

94 慶長 3年 8月 17日付 分部左京宛, 長束正家 外 4명 連署狀, 「中田文書」, 동경대학 사료편찬소 소장.

(예를 들어 타이·인도)을 지칭했다. 그래서 조선은 일본이 타국과의 전쟁 때문에 철수하기 시작했다고 추측했던 것으로 보인다.[95]

한편 9월이 되면 항왜나 피로인들로부터 히데요시가 병사했다는 구체적인 날짜와 일본 국내의 정세 변화까지도 전해졌다. 예를 들면 9월 6일 경상 관찰사 정경세는 다음과 같이 보고하고 있다.

> 항복한 왜적의 말에 의하면 "관백이 7월 7일 병으로 죽은 것이 분명하며 왜장들이 한창 철수하여 돌아가려는 즈음에 일본으로부터 기별이 왔다. 관백이 죽었으나 그 아들이 벌써 즉위하였고 좌·우·중 三納言이 국사를 섭정하여 조금도 이의가 없이 諸將에게 撤還하지 말라고 명령하였다"[96]

히데요시는 8월 18일에 죽었으므로 항왜의 전언이 사실과는 차이가 있고, 일본군의 철수를 금지하는 명령도 오보이다. 그러나 히데요시의 사후 국사를 삼납언三納言(이에야스)이 전관專管하고 있다는 정보는 비교적 설득력이 있다. 그래서 히데요시의 죽음을 반증할 만한 증거로서 조선에 받아들여졌다.[97]

또한 9월 15일 경상 우병사 정기룡은 "(전략) 요사이 적에게 붙었다가 나온 자가 전후 2000여 명인데 모두들 '관백은 이미 죽었고 또 남방에 변고가 있어서 히데요시의 어린 자식이 즉위하였으나 모두 그 자리를 빼앗을 계획

95 이현종, 「壬辰の倭亂と東南アジア人の來援」, 『アジア公論』, 特集 國際聯合と韓國の平和, 2월호, 1975.
96 『선조실록』 권104, 31년 9월 戊子(6일)조.
97 정경세는 다음 8월에도 "도망하여 돌아온 사람의 말에 의하면, 관백이 7월 초 사냥을 하다가 더위를 먹었는데 그의 측근에 이르기를 '小子를 세우도록 하라, 또 조선 및 천조와 속히 강화하고 곧바로 철수하도록 하라' 하였다"고 보고하였다. 히데요시의 死因에 대해서 부정확한 면도 있으나 그의 아들 히데요리가 승계 받았다는 것과 7월 초에 병을 얻었다는 점이 진술한 내용과 일치한다. 『宣祖實錄』 권104, 31년 9월 庚寅(8일)조.

을 세워 현재 철수하여 돌아가려고 한다' (중략) 아마 적의 철수는 헛소문이 아닌 듯 합니다"[98]라고 치계하였다.

여기서 주목하고 싶은 것은 일본 진영에 있던 2000여 명 모두가 히데요시는 이미 죽었다고 한 점이다. 즉 9월경이 되면 ① 히데요시의 병사는 기정사실로서 조선에 전달되었고 ② 히데요시의 병사 시기가 7월 초라는 소문이 끊이지 않았다는 것 ③ 사실과는 차이가 있으나 일본 국내에 정치적 변화가 있었다는 점이 전달되었다.

①에 대한 정보는 히데요시가 죽고 한 달 정도 지난 시기지만 일본 국내에서 이미 풍문이 떠돌았던 사실과 관련이 있다. 즉 「조선 이야기」에는 "이시다 미츠나리石田三成 등이 히데요시의 죽음을 잠시 숨기려고 사체를 금패시회金貝蒔繪의 상자에 봉납했었는데, 사실을 숨길 수가 없어서 9월 상순에는 교토의 동쪽 산봉우리에 유골을 봉납했다"[99]고 기술하고 있다. 다시 말해서 이시다 등은 히데요시의 죽음을 세간에 더 이상 숨길 수가 없어 9월 상순에 유체가 든 상자를 산봉우리에 봉납했다는 것이다. 그리고 이 사실이 일본 내에 널리 퍼져 있었기 때문에 조선에는 히데요시의 사망일까지도 포함해서 나돌았다.

히데요시의 병사 날짜가 조선에 7월 모某일이라고 전해진 것은 일본에서 히데요시의 병상 관련 서장이 다이묘들에게 7월에 보내진 것과 관련이 있다고 본다. 예를 들면 마에다 겐이前田玄以 등이 7월 8일과 15일에 시마즈 요시히로島津義弘에게 "大閤이 霍亂(여름철에 급격한 토사를 일으키는 위장병)에 걸려서 먹지도 못할 정도이다. (중략) 국내에서는 여러 가지 풍문이 나돌고 있지만 조선에 있는 제장들은 여기에 동요하지 말고 마음의 준비를 하고 있으라. 또한 조선에서의 강화 교섭無事은 기요마사에게 전부 위임하

98 『선조실록』 권104, 31년 9월 丁酉(15일)조.
99 大河內秀元, 앞의 책, 63쪽.

니 기요마사와 잘 논의해서 결정할 것이며 추후에 사람을 파견할 것이므로 그 뜻에 따라서 결정하라"[100]는 내용의 서장을 보낸다.

이 서장을 통해서 7월 말 조선에 있는 일본군들에게 이미 히데요시의 병상이 알려졌으며, 히데요시의 죽음에 대비해서 강화 교섭에 대한 대책을 기요마사에게 위임했다는 것도 알 수 있다. 그런데 15일 날짜로 마에다 등이 요시히로에게 보낸 서장에는 "히데요시의 병은 완쾌하였으므로 걱정할 필요가 없다"며 8일 자 서장과는 상반된 내용으로 되어 있다.[101] 그러면 조선에 주둔하고 있던 일본 장수들이 히데요시의 병사 소식을 전해들은 시기는 언제쯤일까?

1598년 8월 18일에 히데요시가 죽자 이 사실을 조선에 있는 제장에게 알리기 위한 어사御使로 도쿠나가 나가마사德永壽昌와 미야키 토요모리宮木豊盛를 조선에 파견한다.[102] 두 사람은 22일 임무를 확실히 마치고 온다는 서약起請文을 한 후 조선으로 향했다. 여기서 임무라는 것은 조선과 화의를 강구해서 일본군을 무사히 철수할 수 있도록 명령을 전달하는 것이었다.[103]

8월 25일 날짜로 발송된 연서장(5봉행이 여러 다이묘 앞으로 보낸 것)을 가지고 두 사람은 조선으로 향하였다. 이 연서장에는 조선에 있는 일본군에게 치하와 함께 태합은 쾌기하고 있으므로 걱정하지 말라는 것 등이 언급되어 있다.[104] 여기에 히데요시의 죽음에 관한 언급은 일체 없었다. 그러나 두 사람이 구두로 히데요시의 죽음과 철군명령을 전달했을 것임은 충분히 짐작할 수 있다.

나가마사와 토요모리는 10월 1일 부산포에 도착하였고[105] 8일에는 요시

100 「旧記雜錄後編」 3, 『薩摩兒島縣史料』 권42, 428호, 薩摩兒島縣維新史料編纂所, 1983.
101 상동
102 「島津家文書」 983호, 『大日本古文書』 家わけ16-2.
103 「島津家文書」 982호, 『大日本古文書』 家わけ16-2.
104 「島津家文書」 986호, 『大日本古文書』 家わけ16-2.
105 『鍋島直茂譜考補』 9, 國立公文書館 內閣文庫 所藏.

히로의 숙소인 사천성에 도착하여 조선과의 화의 조건과 공물 문제 등을 전달하였다.[106] 따라서 일본군은 10월 8일 이후부터 히데요시의 죽음을 알고 있었다고 생각된다.

여기서 히데요시가 병사한 지 50일이 지나 일본군이 그 소식을 접했다는 것에는 의문이 간다. 히데요시는 죽기 6개월 전부터 병상에 있었기 때문에 조선에 주둔하고 있던 다이묘들은 본국의 가신들을 통해 숙지했을 것이다.

예를 들면 「기요마사고려진각서淸正高麗陣覺書」에 의하면 "태합이 죽은 사실을(御遠行) 감추려 해도 (조선에 있었던) 모든 여러 다이묘가 이 사실을 알게 되었기 때문에 이국에서 오랫동안 머물면서 교전을 해도 적을 처부수지 못하므로 각각 歸朝하려고 하였다. 이 때 히데요시가 이번 달 8월 18일에 죽었다고 하므로 고려를 버리고 각각 귀조하라는 명령과 일제히 부산까지 되돌아서 일본으로 돌아가라"[107]고 적혀있다. 즉 히데요시의 죽음을 비밀로 했음에도 불구하고 '當 8월 18일'이라고 적힌 것을 통해서 일본군은 히데요시의 죽음을 알게 되었다.

한편 1598년 2월부터 8월에 걸쳐서 히데요시의 병사 풍문이 널리 퍼져 있었지만, 다른 한편에서는 6월 히데요시가 명을 공격한다는 설과 8월에는 히데요시가 조선에 온다는 풍문도 끊이지 않았다는 점이 주목된다. 같은 해 6월 29일 선조는 정원에 전교하는 내용 중에 "지난번 平秀吉이 '바다를 건너가 조선을 격파하고 곧바로 중원을 침범할 것이다'라고 하였다 하니 이 내용을 군문(형개)에 보고하였는가? 이 말은 고하지 않을 수 없다"[108]고 하였다. 또한 7월 1일경에도 내년에 히데요시가 대군을 이끌고 와서 遼左 地方으로 진격한다는 정보가 있었다.[109] 즉 선조는 히데요시가 재침해 올 것

106 「征韓錄」 6, 『島津史料集』, 北川鐵三校注, 戰國史料叢書, 人物往來社, 1966.
107 「淸正高麗陣覺書」, 『續々群書類從』 4, 史傳部3, 國書刊行會編, 1906~1909.
108 『선조실록』 권101, 31년 6월 壬午(29일)조.
109 『선조실록』 권102, 31년 7월 甲申(1일)조.

이라고 명에 강조하면서 병사설에 대해서는 언급하고 있지 않다.

오히려 선조는 "흉적이 7년 동안 하늘의 뜻을 거역하고, 흉악한 짓을 하여 우리나라를 짓밟게 된 것은 기미羈縻한다는 설이 저들의 계략에 적중하여 여러 번 사기를 그르친 탓입니다. 이제 와서 정형情形은 더욱 드러나 신의 허약함은 어느 때보다 심한데 천조에서 다시 그들과 강화하려 한다면 이는 목전의 일을 그르칠 뿐 아니라 온 천하가 저들의 화를 입게 될 것입니다"[110]라 하며 명측이 일본과 강화하려는 움직임에 제동을 걸었던 것이다. 선조는 일본군이 철수하고 있다는 정보를 듣고 강화를 도모하는 명의 태도도 비판하고 있다.

그러면 선조가 히데요시의 병사설을 믿지 않고 강화의 움직임을 사전에 막으려 한 이유는 무엇이었을까. 이것은 6월 14일 조정에서 일어난 '정응태의 무고사건'과 관련하여 살펴볼 필요가 있다. 이 사건은 울산성 전투에 대해 경략 양호가 조정에 제출한 보고서에 불만을 품은 정응태가 상주上奏한 일이다.

이것은 조·명간의 강화교섭에 대한 서로의 입장 차이, 명 조정 내부에 있어서 주전·강화파 등이 얽힌 중요한 외교 문제였다.[111] 정응태의 상주를 받은 명 조정은 주전파인 양호를 경질시키고 명 병사의 징발과 군량의 조달을 삭감하려 했다. 이에 대해서 선조는 명 조정과 장수들을 상대로 히데요시가 명까지 공격하려 한다는 정보를 강조했다. 선조의 전략이 적중했던지 명 유정은 "히데요시가 기요마사와 유키나가에게 명하여 8월 중에는 경기도 지방을 침략한다는 유언을 들었다. 그 허실은 잘 모르겠으나 일본군의 재침에 태세를 갖추어야 한다"[112]고 강화교섭보다는 일본군와 전투할 의지

110 상동

111 李啓煌, 「丁應泰誣奏事件と日明將らの講和交涉」, 『文祿·慶長の役と東アジア』, 臨川書店, 1998, 22~35쪽.

112 『선조실록』 권102, 31년 7월 乙未(12일)조.

가 있음을 보여 주었다. 결국 조선 및 명의 강화 반대파에 의해서 정응태의 보고 내용은 무고로 판명되었다. 이와 같은 정황에서 10월 11일 사천·순천 전투가 벌어졌다.

한편, 조선에 히데요시의 사망 소식이 정확하게 전달된 것은 11월 28일 기요마사가 철수하면서 명장에게 보낸 격문에 의해서였다. 성 밖에다 꽂아 둔 격문 내용을 경상 관찰사 정경세가 조정에 보고하였다. 히데요시의 죽음과 관련된 부분을 살펴보면 다음과 같다.

> (전략) "너희가 만약 화친하고자 한다면 내가 비록 일본으로 돌아간다 해도 통신하는 것을 어찌 방해하겠는가. 또 우리 테합 전하가 지난 8월에 하찮은 질병으로 세상을 떴지만, 아들 秀賴 殿下가 있고, 또 고굉과 같은 家康公이 있는데 문무 겸비하여 주 무왕을 보좌하던 태공과 조식을 돌보던 정영과 공손저구와 흡사하니, 이로 인하여 우리 일본의 사직은 편하다. 이러므로 다시 조선을 공격하는 것은 손바닥을 보듯 명백하니 이렇게 된다면 화친하는 것만 못할 것이다. 이만 줄인다" (후략)[113]

여기에서 주목되는 것은 기요마사에게서 직접 히데요시가 8월에 병사했다는 소식을 전해들은 점이다. 11월이면 히데요시가 죽은 지 석 달이 되었고 일본군의 거의 철수한 시기였으나 조선에서는 기요마사의 격문을 통해 일본군의 철수 정보를 입수하고 대책에 부심했다. 기요마사가 격문을 보낸 것은 무사히 철수하기 위해 조선과 화친하려 했음을 보여주는 것이다. 그렇다면 이에야스는 일본군을 무사하게 철수시키기 위해 도쿠나가 나가마사德永壽昌와 미야키 토요모리宮木豊盛에게 어떤 내용의 강화조건을 제시하였을까.

113 『선조실록』 권106, 31년 11월 己酉(28일)조. 이것은 기요마사가 명의 장수들에게 고한 *榜文*의 일종이었다.

> 조선 왕자를 인질로 일본에 파견시키는 것이 제일 좋은 방법이지만, 그것이 순조롭지 못할 경우에는 調物(貢物) 헌납이라도 상관이 없다. 단 조물은 일본 국내용으로 체면을 유지하기 위한 것이므로 그 양은 상관없이 (조선이) 헌상에 응할 수 있도록만 하라.[114]

즉 이에야스가 조선에 요구한 강화조건은 '조선 왕자의 일본 파견' 내지 '공물의 헌납'이었다. 다시 말해서 왕자의 일본파견이 불가능하면 공물 헌납으로 조건을 바꾸어서라도 화의를 성립시켜 병사들을 철수시키려 했다. 특히 조선이 먼저 일본에 헌상하는 형태로 화의를 신청할 수 있도록 명령한 점이 주목된다. 즉 이에야스는 일본 국내에 조선이 먼저 항복해서 공물을 보내왔다고 선전함으로써 전쟁을 종결시키고, 일본이 승전했다는 인식을 심어주려 한 것으로 생각된다. 그렇기 때문에 공물의 수량은 별로 중요하지 않았던 것이다.

일본이 요구한 '조선 왕자의 일본 파견' 문제는 히데요시가 1596년 '조선 왕자의 일본 불참' 등을 이유로 재침략을 감행한 방법과 비슷하다. 따라서 '조선 왕자의 파견' 문제는 일본이 위기상황에서 사용하는 일종의 '상투적인 외교수단'에 지나지 않았다.

한편 유키나가는 조선을 상대로 교섭 활동을 벌이고 있었다. 그는 '조선 왕자의 일본 파견' 문제 대신에 인질을 파견해 줄 것과 후계자가 바뀔 때마다 예로써 칙사와 조물을 보내 주면 자신들은 철수할 것이라고 8월 중순부터 언급해 왔다.[115] 유키나가의 이와 같은 요구는 자신이 지난 5년간에 걸쳐 조선과 명을 상대로 강화교섭을 행해 온 결과 '조선 왕자의 일본 파견'은 불가능하다고 확신했기 때문이다. 그러므로 그는 왕자 대신 다른 사람을 인질로 파견해 줄 것을 요구한 것이다.

114 「淺野家文書」 91호, 『大日本古文書』 家わけ2.
115 『宇都宮高麗歸陣物語』, 동경대학 사료편찬소 소장.

조선은 교섭에는 응하지 않고 일본군이 11월 18일 노량해전을 끝으로 철수하자 일본의 재침략 대비에 분주하였다. 당시 조정에서는 11월 23일 "유키나가의 진영에 들어가 보니 조선인 3명과 우마 4필 정도가 남아 있었다"[116]는 이덕형의 보고와 함께 25일에는 명장 마귀의 접반사 이광정을 통해서 "18일에 기요마사군의 진영에 들어와 보니 이미 전부 철수하고 없다"[117]는 보고를 받는다. 이로써 조선은 11월 말부터 일본군이 전부 철수했다는 것을 확인했다.

선조는 26일 부산의 일본 진영을 군문 형개가 전부 불태웠다는 소식과[118] 28일에는 부산에 있는 선발대가 이미 일본으로 건너가서 50~60인 정도밖에 남아 있지 않다는 보고를 받는다.[119] 선조는 29일 다음과 같은 전교를 내린다.

> 왜적이 명국과의 전투에서 승리한 뒤 까닭 없이 일시에 물러나고 있으니 시세로 헤아려 보건대 그럴 리가 없다. 실제로 명군이 두려워서 그런 것이 아니라 반드시 천장天將이 감언이설로 화친하고자 꾀어 물러가게 한 것인데 우리나라가 그간 사정을 모두 알 수 없지만 반드시 꾀가 드러날 것이다. (중략) 하루아침에 견고한 성과 험한 소굴을 모두 버리고 스스로 물러가면서 성채도 그대로 놓아두고 식량도 남겨두고 갔으니 그들이 깔보는 형상을 쉽게 알 수 있다.[120]

다시 말해서 선조는 "전투에 승리한 뒤 까닭 없이 일시에 물러나고 있으니"라고 말한 것처럼 히데요시의 죽음으로 인해 일본군이 철수하고 있는 사실에 대해서 의구심을 가지고 있었다. 선조는 일본이 명과 화친한 뒤에

116 『선조실록』 권106, 31년 11월 甲辰(23일)조.
117 『선조실록』 권106, 31년 11월 丙午(25일)조.
118 『선조실록』 권106, 31년 11월 丁未(26일)조.
119 『선조실록』 권106, 31년 11월 己酉(28일)조.
120 『선조실록』 권106, 31년 11월 庚戌(29일)조.

철수하고 있다고 인식했다.

결국 조선과 명이 일본군 철수의 정확한 이유를 알게 된 것은 1599년 정월 9일이다. 명 제독 마귀는 부산과 울산을 관찰하고 돌아와 한성에서 국왕을 만났다. 그는 "이번에 왜적이 물러간 것은 관백의 죽음으로 말미암은 듯합니다"[121]라고 언급했다. 이로써 조선은 일본군의 철수가 히데요시의 죽음에 의한 것임을 확인하게 된다.

소결小結

본장에서는 1598년 조선에 유포된 히데요시의 병사에 대해 일본의 국내 사정과 조선의 대응에 대해서 검토했다. 결론적으로 말하면 히데요시의 병사설은 울산성 전투 후 전쟁을 수행하기 힘들었던 유키나가와 기요마사가 고의로 퍼뜨린 것으로 이해된다. 조선은 유키나가와 기요마사가 명과의 강화교섭을 염두에 두고 의도적으로 누설한 것으로 판단하고, 강화교섭에 응하지 않고 변방 방비에 주력하였다.

한편 히데요시가 병사한 후에는 이에야스가 일본군을 무사히 철수시키기 위해 사망 사실을 비밀로 하고, 명목상 '조선 왕자의 일본 파견'을 내세워 조·일교섭에 나섰다. 반면 조선에서는 일본군의 철수를 히데요시의 죽음과 연관시키지 않고, 내전에 동원하기 위한 것이라 인식했다. 그러나 이후 조선은 명 제독을 통해서 히데요시의 사망으로 일본군이 철수했다는 판단을 내린다.

121 『선조실록』 권108, 32년 1월 庚寅(9일)조.

[보론] 전쟁 중의 정보수집과 전달

전쟁이라는 급박한 상황 속에서 정보수집과 전달은 적의 동태를 전략적으로 파악할 수 있다는 점에서 매우 중요한 문제이다. 그렇다면 조선은 임진전쟁 시기 일본에 대한 정보를 어떠한 방법으로 획득하고 활용했을까.

정보수집과 그 전달에 관한 당시 기록을 보면 "우리나라 사람들은 왜변이 있을 때부터 정탐을 제대로 하지 못하고 허위로 보고하는 일이 많았다"[122]든지, "왜변과 오랑캐의 침입에 앞서서 정탐과 간첩은 병가에서 없을 수 없는 일인데 우리나라 사람들은 적의 실정을 정탐할 때에 으레 실상을 정확히 파악하지 못하고 오랑캐가 보고하는 말 또한 황당하여 거짓말이 십중팔구입니다"[123] 등의 내용이 자주 보인다. 후자의 경우는 전쟁이 끝난 지 10여 년이 지났지만 정보·전달 기능이 원활하게 작동하지 않았음을 보여준다.

> (전략) 적병이 박두해 와도 조정에서는 정보를 얻을 길이 없고 단지 장황한 당보塘報에만 의지하기 때문에 인심만 더욱 놀라 의혹을 사고 있습니다. 아무리 무신을 보내 정탐한다 해도 전파된 소문만 전해오기 때문에 상세한 내용을 알 수 없으니 매우 한심스러운 일입니다. 선전관 중에서 계략과 담력이 있는 자를 엄밀히 가려 계속 급마給馬하여 내려 보내되 성화같이 왕래하면서 기필코 적진을 직접 살펴보고 그 실정을 보고하도록 하소서. (후략)[124]

122 『선조실록』 권192, 38년 10월 丁卯(26일)조.
123 『선조실록』 권219, 40년 12월 丙子(18일)조.
124 『선조실록』 권91, 30년 8월 乙酉(27일)조.

위의 내용은 남원 전투에서 조선이 패한 상황을 사헌부가 선조에게 전달한 것이다. 이것은 당보에만 의지해서 정보를 입수하기 때문에 체계적인 정보 전달이 기능하지 않아 척후할 선전관 파견이 필요하다고 건의한 내용이다. 이와 같이 전쟁 기간 중에 조선의 첩보 기능은 원활하지 못했다.

한편 일본의 경우 히데요시는 요시토시·유키나가가 부산성과 동래를 함락시켰다는 소식을 4월 22일에 접하고, 후속 조치를 여러 다이묘에게 명하였다.[125] 5월 16일에는 서울이 함락되어 선조가 도주했다는 보고가 5월 2일자 기요마사의 주진장注進狀을 통해 나고야에 전달되었다.[126] 이때 히데요시는 규슈의 나고야에 머물러 있었기 때문에 일본군과 통신하고 명령을 전달하는데 8~15일 정도의 시일이 걸렸다.

하지만 1592년 말부터 조선의 반격으로 일본군 간에 연락이 원활하지 못했고, 히데요시도 교토에 머물러 있었기 때문에 다이묘들과 소통하는데 70~100일 기간이 걸렸다. 이처럼 조선과 일본 양국에서 통신하는데 걸리는 시간은 전세에 따라 큰 차이가 있었다.

임진전쟁에 관한 연구에서 정보·통신문제를 다룬 연구는 소수에 불과하다. 한국에서는 조선 전기에 국한해 개설적으로 교통과 통신·정보활동에 관한 연구가 있고,[127] 군령·군사지휘권을 중심으로 임진전쟁의 상황을 고찰

125 「鍋島家文書」 32, 『佐賀縣史料集成』 3. 佐賀縣史編纂委員會編, 佐賀縣史料集成刊行會刊, 1958.

126 「加藤文書」, 동경대학 사료편찬소 소장.

127 이상백, 『한국사 근세 전기편』, 진단학회, 을유문화사, 1962, 488~519쪽 ; 육군본부, 『한국군제사』, 근세조선 전기 편, 1968, 486~559쪽 ; 『한국사론』 4, 국사편찬위원회, 1976, 111~118쪽 ; 남도영, 「조선시대 군사통신조직의 발달」, 『한국사론』 9, 국사편찬위원회, 1981, 73~141쪽 ; 김홍, 「壬辰倭亂中의 軍事活動－作戰·情報를 중심으로－」, 『3사 논문집』 제33집, 1991 ; 同, 「壬辰倭亂期의 情報活動」, 『3사 논문집』 제36집, 1993 ; 조병로, 「조선 후기 교통발달에 관한 연구－교통수단으로서의 驛馬확보를 중심으로－」, 『국사관논총』 57, 1994.

한 것이 전부라고 할 수 있다.[128] 일본에서는 16세기 쓰시마에 의해 일본의 정보가 조선에 의도적으로 은폐되었던 상황과 임진전쟁 초기 히데요시가 한성 철수에 관한 명령·전달과정을 밝힌 연구 등 단편적인 것이 있다.[129]

본장에서는 임진전쟁 당시의 봉수烽燧·파발擺撥과 역참驛站의 실태를 포괄적으로 살펴보고, 아울러서 역참과 파발을 통해서 조보朝報가 어떻게 전달되었는지 검토하고자 한다. 조보는 전쟁 중이나 파천 시에도 발행했던 정보 전달의 중요한 수단으로서 관료는 물론이고 일반 백성에까지 유포되었다. 그리고 조선이 적정賊情을 풍문이 아닌 공식적인 루트를 통해서 수집했는가에 대해서도 검토하고자 한다. 이와 함께 일본군의 주둔지에 출입하는 잠상인潛商人에 의한 정보 습득 과정도 검토하고자 한다.

1. 봉수烽燧와 파발擺撥의 역할

조선시대 교통·통신수단으로서 중요한 역할을 했던 것은 봉수와 역참이다. 이것은 조선이 지방 통치를 원활하게 하기 위해 명령을 하달하는 통치수단이었으며, 외적 침입과 변경의 군정을 중앙에 보고하는 기능도 가지고 있었다.[130]

조선 전기 왜구들이 침입했지만 봉수는 이를 알리지 않았다. 당시 상황

128 차문섭, 「朝鮮中期 壬亂期의 軍令·軍事指揮權 研究－都體察使·都元帥를 중심으로－」, 『한국사학』 5, 한국정신문화연구원, 5~6쪽.

129 米谷 均, 「漂流民送還と情報傳達からみた十六世紀の朝日關係」, 『歷史評論』 572, 1997 ; 國重顯子, 「豊臣政權の情報傳達について－文祿二年初頭の前線後退をめぐって－」, 『九州史學』, 96号, 1989 ; 김문자, 「秀吉의 病死風聞과 朝日交涉－조선침략 전쟁 중의 정보 전달 문제의 일례로－」, 『일본역사연구』, 제8집, 1998, 25~40쪽.

130 조선시대의 전반적인 교통·운수·통신에 관한 개설적인 내용은 육군본부, 『한국군제사』, 근세조선 전기 편, 1968을 참고.

에 대해 "지금의 봉수는 비록 1개월이 걸려도 결코 통할 수 없다"라든가 "봉수는 다만 서로 가까운 곳에서는 통하나 서울에는 도달하지 못한다"[131] 고 한 사실을 통해서도 임진전쟁 전부터 봉수가 본래의 기능을 하지 못한 것을 알 수 있다.

봉수는 왜구들의 잦은 침입으로 그 중요성이 인식되기는 하였지만 거의 기능을 상실하고 있었다. 선조대에 들어와 1583년 니탕개가 주동한 반란으로 경원부가 함락되었을 때도 봉수가 신속하게 전달되지 못했다.[132] 이런 상황에서 조선은 일본군의 침략을 받았다.

임진전쟁 시기 봉수에 관한 언급은 1593년 9월에 보인다. 선조는 서울로 돌아가기 직전 "호위하는 제반 일과 봉수·후망候望 등을 더욱 엄밀하게 하고 군사를 선발 연습시켜 날마다 훈련시키는 일을 소홀히 하지 말라"[133]는 명을 내렸다. 10월 3일 환도한 선조는 각처의 봉수를 평상시처럼 운영하고, 불비했던 곳은 팔도에 이문移文해서 각별히 신칙할 것을 명하였다.[134]

이처럼 선조는 봉수에 대해 각별히 지시를 내리고 정비 태세를 갖추도록 하고 있다. 이는 봉수 체제가 붕괴되어 아무리 급박한 경보警報가 있어도 전달되지 않음을 우려했기 때문이다.[135] 또한 일본군이 경상도 남부 지역으로 철수하자 그들의 동태를 보다 빠르고 정확하게 파악할 필요가 있었다. 그 결과 유성룡이 제시한 건의안이 검토되었다.[136] 봉수군은 평상시에도 열악한 환경 속에서 천민과 같은 처지에 있었다. 그래서 봉수에 필요한 연대를 설치하고 봉수군이 가족과 함께 생활하도록 문제점을 보완하려 했다. 그러나 봉수 자체에 한계가 있어서 이 제안이 제대로 실행되지 못했다.

131 『중종실록』 권73, 27년 9월 庚午(25일)조 ; 『명종실록』 권18, 10년 5月 己酉(16일)조.
132 『선조실록』 권85, 30년 2월 丙戌(25일)조.
133 『선조실록』 권42, 26년 9월 壬戌(11일)조.
134 『선조실록』 권43, 26년 10월 癸未(3일)조.
135 『선조실록』 권47, 27년 1월 己丑(10일)조.
136 『선조실록』 권65, 28년 7월 己卯(8일)조·乙酉(14일)조.

1597년 2월 일본군이 재침입했을 때도 봉화가 올려지지 않았다.

결국 선조는 봉수 대신 이에 상응할 수 있는 정보 전달 시스템에 관심을 두게 되었다. 특히 봉졸에게 군령을 시행해도 잘 이행되지 않는 점과 봉대가 구름과 안개 때문에 판별할 수 없는 한계가 있다는 점을 인식하고 있었다.[137] 그 결과 채택된 것이 파발제였다.

파발제 성립은 일반적으로 1597년으로 보고 있다. 같은 해 1월 기요마사와 유키나가가 다대포와 웅천에 침입했을 때 급보가 전달되지 않자, 이것이 계기가 되어 봉수제의 대비책으로서 파발제가 도입되었다. 사실 봉수는 파발보다 신속하고 경비가 덜 드는 정점은 있으나 변방의 사정을 구체적으로 알릴 수 없다는 단점이 있다.

1炬~5炬라는 단순한 방법으로는 적의 병력 수나 장비, 이동상황, 또는 아군의 피해 상황이나 대치 상태 등을 상세하게 전달할 수 없었다. 특히 일본군이 재침한 상황에서 이들의 움직임을 상세하게 파악해서 전략과 전술을 고안하는데 단순히 적의 침입만을 알리는 봉수로는 불충분하였다. 게다가 봉수는 운무雲霧로 봉화가 중도에 두절되는 한계도 있었다.

이러한 이유로 조선은 정유재란을 계기로 봉수제 대신 명의 파발제를 도입해서 군사통신에 적극 이용하게 된다. 명의 파발이 임진전쟁 때 처음으로 사용된 것은 부총병 도지휘 동양정佟養正이 조선에 도착했을 무렵이다. 그는 일본군의 상황을 명에 신속하게 보고하기 위해 1백리마다 파발을 두고 義州에서 평양까지 다섯 파발로 나누어 설치하도록 했다.[138] 도독 유정도 서울로 돌아오면서 군사 1천여 명을 머무르게 하고, 파발을 설치하여 변보

137 『선조실록』 권85, 30년 2월 丙戌(25일)조. 이러한 한계성을 극복하기 위해 명의 봉수제도를 적용하여 봉화제를 없애고 파발군을 세우려 했다. 강화도 같은 섬 안에서는 소규모의 장대를 만들어 그 위에 간지를 세워, 낮에는 깃발로 밤에는 등燈으로 서로 상응하게 하여, 급보가 있을 때 신속하게 전달하자는 견해들이 나왔다.

138 『선조실록』 권27, 25년 6월 己亥(11일)조.

邊報를 전하게 하였다.[139]

즉, 명군은 파발을 설치하여 파발아擺撥兒 혹은 파발병擺撥將·파발당인擺撥唐人·파발왜관擺撥委官을 일본군 주둔지역과 자국의 요양·북경 등에 보냄으로써 순찰과 정탐, 군대의 보충과 진격 여부 등을 결정했다.[140] 파발군의 왕복 기간은 요양의 경우에는 6~7일 정도, 북경까지는 10일 이내였다.

제독 이여송은 선조에게 군사 훈련과 무기 수리, 양초糧草 저축 등을 통해서 요해지를 지키고, 파발을 보내어 정탐을 시켜, 유수留守하는 군사와 명군이 힘을 합쳐 방수할 것을 제의하였다.[141] 명군은 파발을 통해서 일본군 주둔지역을 정탐하고 파발아를 통해 명의 수뇌부－통사－접반사－조선 조정 순으로 정보를 전달하였다. 이를 통해서 조선은 봉수와 달리 파발의 효율이 높다는 것을 인식했다. 그러나 조선 각처에서 도적 무리가 폐해를 일으켜 명군 파발아는 물론이고, 파발아가 가지고 있었던 공문까지 강탈당하는 일이 생겼다. 이렇게 되자 조선은 명군에 의존한 파발보다는 자체적으로 파발제를 도입하려는 움직임을 보였다.[142]

선조는 파발아가 거주하는 곳에 목책 2~3간을 설치하여 도적을 피할 수 있도록 계책을 세우도록 했다. 이는 파발아의 문제가 명·조선간의 외교 문제로까지 비약될 가능성이 있기 때문이다.[143] 또한 명의 파발아가 조선에 주둔하여 파발마를 공급하는 과정에서 폭리와 실리를 챙기는 문제도 발생했다.[144] 대부분 지역에서 인마 수송·양식 공급 등의 접대로 모두 피해를

139 『선조수정실록』 권28, 27년 8월 丙午(1일)조.
140 『선조실록』 권48, 27년 2월 丙寅(17일)조.
141 『선조실록』 권40, 26년 7월 辛未(19일)조.
142 『선조실록』 권45, 26년 윤 11월 戊子(8일)조.
143 이외에도 명의 파발아들은 선조가 무예를 친시하고 환궁할 때 자신들의 불만과 불평을 피력했다. 예를 들면 연서延曙·벽제碧蹄 파발아 5명은 추운 날씨에 옷을 주지 않는다고 항의하였고 이런 행동은 여러 차례 반복되었다.
144 『선조실록』 권78, 29년 8월 丙辰(21일)조. 명군의 파발아와 관련해서 말 확보와 파

보고 있었다.[145]

이렇게 되자 조선은 명에게 보고할 내용을 파발아에게 전적으로 맡기지 않고, 젊고 문자를 아는 무신을 채용해서 군문에 비보하는 일을 거론하기도 하였다. 그 결과 1597년 5월 조선은 명이 설치한 곳을 토대로 기발騎撥은 매 20리에 1참을, 보발步撥은 매 30리에 1참으로 파발을 설치하여 변경 지역의 문서를 전할 수 있도록 하였다.[146] 조선은 파발제를 도입함으로써 급보를 문서로 접수하였고, 파발 시행을 위해 각도에 파발 규정을 설정하여 정보를 얻으려 했다.[147]

한편 파발제의 시행과 함께 봉수제도 운영하려는 움직임을 보였다. 당시 흠차부도어사 형개는 "성보城堡로써 안보를 돕고, 돈대墩臺로써 봉화를 전하도록 하며 장정을 뽑아 훈련시킴으로써 방어에 대비하자"[148]고 제의하면서 봉수제도를 소홀히 하지 말 것을 당부하였다.

1600년 선조는 이산해·이항복과 남방 대비책을 의논하는 가운데 봉수를

발군의 충원, 도로 보수 등 해결해야 할 점이 많았고 역관 문제도 간단하지 않았다. 역관 중 지식 있고 품계가 높은 관리 이외에는 모두가 저잣거리의 무리였고 시골 천인이었다. 이들은 명나라 장수를 따라 다니면서 비행을 저지르고 있었고, 장수들을 부추겨서 말값을 재촉하고 백성들의 재물을 약탈하기도 했다. 접반사로 있는 관리들도 역관들이 하는 대로 맡겨둘 뿐 감히 건드리지 못하고 있는 실정이었다. 이에 대해 조선 조정 신료들은 개탄하였다. 『선조실록』 권103, 31년 8월 丙辰(3일)조.

145 『선조실록』 권71, 29년 1월 壬辰(25일)조.

146 『增補文獻備考』 兵考18. 驛馬站條, 하우봉·홍성덕 역, 민족문화추진위원회, 1997.

147 그러나 조선 측의 파발은 느릴 뿐 아니라 명의 파발에 의지하는 점이 많았기 때문에 이에 대한 개선책을 강구하였다. 예를 들어 파발을 정상적이고 효율적으로 시행하기 위해서 파발군의 잡부역 면제, 당번교체, 상벌제도를 도입하려 했다. 여기에 일본군과 접전지역인 영남과 호남지역에는 각 참마다 5명씩을 더 배정해 밤낮으로 대령하게 하여 명령과 정보를 신속하게 전송하게 하려 했다. 『선조실록』 권93, 30년 10월 庚辰(23일)조 ; 同, 권95, 30년 12월 壬申(16일)조.

148 『선조실록』 권92, 30년 9월 丁未(20일)조.

폐지하지 말고 고쳐서 다시 시행하려 했다. 울산에서 보성까지 봉화는 기능을 하고 있었기 때문에 동래에서 서울까지 봉수를 사용하려 했다. 이 시기는 전쟁이 끝난 후였지만 봉수를 보완해서 보다 철저하게 실행하려 했던 점은 주목된다. 그 배경에는 일본군이 재침할 우려가 있었기 때문이다.

이상에서 살펴본 것처럼 임진전쟁 이전 봉화는 군사·통신의 역할을 충분히 하고 있지 못하였다. 그러나 선조가 서울로 돌아온 후 남부 지역에 일본군이 주둔하고 있는 상황에서 그 어느 때보다도 적군에 대한 첩보 기능이 요구되었다. 그런 가운데 봉수의 중요성이 대두되고 복구 개선책이 논의되었던 것이다. 조선은 봉수와 달리 파발의 효율이 높다고 인식했고 일본군의 재침을 계기로 봉수제 대신 명의 파발제를 도입해서 정식으로 군사통신에 적극 이용하게 되었다.

2. 역참驛站의 실태와 역할

봉수와 함께 조선시대 교통·통신수단으로 중요한 역할을 한 것은 역참(역)이었다. 역은 관館·참站·합배合排라 별칭되었다. 역참의 기능은 지방의 통치와 외적의 침략에 대한 방비를 강화한다는 성격이 강했다. 따라서 조선은 국왕이 즉위한 후 항상 역로의 정비와 확충에 주력하였다.

역의 행정과 그 구성을 살펴보면 역참을 총괄하는 중앙의 최고기관은 병조이고, 병조 내의 승여사乘輿司가 실제로 우역郵驛사무를 총괄하였다. 역의 통제는 각 역도에 관역사나 찰방(종6)·역승(종9)·역리·참리·관군·일수·서원·역노비 등이 배치되어 있다. 그 이하의 각 역에는 역리 중에서 선출된 역장(2~3명)을 두어 관리했으며 실무는 역리가 담당하였다. 이 중에 서원驛丁이 공문서 발행·문서전달·역마관리·사행관원 들의 수행 등을 맡았지만, 역에 소속된 역원은 향·소·부곡민과 함께 천민시 되었다.

한편 주요 도로에는 약 30리마다 역을 두었고 마필과 역정을 갖추어 중앙과 지방의 공문서, 명령은 역참을 이용하고, 일반 문서의 경우에는 경주인을 통하여 전달되기도 하였다.[149] 중앙과 지방의 문서 연락 및 공물의 납입을 담당한 경주인은 1178년 이전에 설치되었다가, 1603년 경재소가 없어질 때까지 유지되었다.[150] 역은 공무 수행자에게 마필을 제공하고 그 숙식을 알선하며, 영접과 숙박까지도 담당하였다. 때문에 갈수록 역참의 임무가 물자수송에 치중되어 통신 기능보다는 교통 운송에 비중을 두게 되었다.

임진전쟁 기간 역참은 크게 기능을 발휘하지 못했다. 그 원인은 역마의 공급이 전쟁 중이라 원활하지 못했기 때문이다. 역마는 주로 여러 도의 목장에서 공급되었지만, 때로는 무주마無主馬, 몰수마를 통해 공급되기도 했다. 수시로 사복사 말이나 민간에게서 제공된 쇄마, 협마 등을 대용하였기 때문에 많은 역마를 공급하기에 불충분하였다. 입마立馬는 역리를 비롯한 역속驛屬에게 구하였고 때로는 강제로 입마 시킨 대가로 지방의 유력자가 일정량의 말값을 보상받았다. 따라서 역리나 찰방들이 마주馬主와 내통하여 사리를 취하는 경우가 있어서 문제가 많았다.

이와 같은 상황에서 전쟁 중에 역마를 확보하는 문제는 용이하지 않았다. 게다가 명군이 조선에 참전하면서 빈번하게 말을 요구하였고, 식량 운송문제와도 복잡하게 얽혀서 역참의 기능은 거의 그 실효를 보지 못했다고 해도 과언이 아니다.

> 역을 두어 命을 전달하는 것은 나라에 반드시 있어야 하는 것이다. 그런데 변란이 일어난 뒤로 역로가 폐절되어 명을 전달할 즈음에는 금군을 시키거나 혹은 파발을 보내곤 하는데, 중간에서 지체되어 전달되지 못하니 적잖은 걱정거리이다. 이러한 뜻을 지난번 도체찰사가 내려갈 때에 친히 말했었

149 이광린, 「京主人 硏究」, 『연세대인문과학』 7, 1962, 251~254쪽.
150 상동

다. 중국 군대가 여기에 주둔해 있을 때에는 그들의 침탈이 심했기 때문에 이를 말할 수 없었으나 지금은 철병하여 돌아간 후이니 시행할 수 있을 것이다. 아무쪼록 이 일에 대해 지침을 마련하여 각역을 속히 복구하라는 뜻으로 병조에 말하라. (후략)[151]

위의 내용은 선조가 임진전쟁 중에 역로가 폐절되어서 명령을 전달하기 어려웠고, 또한 명군이 주둔하여 약탈이 심해서 역로를 제대로 복구할 수 없는 상황을 언급하고 있다. 또한 비변사 낭청이 도체찰사 이덕형에게 다음과 같이 보고했다.

각 역이 형편없이 탕패하여 변방 급보를 전보할 길이 없다. 지금 전라·경상 두 대로의 전일 중국군이 파발막을 설치했던 곳에다 파발막을 다시 설치하고, 파발군 6~7명을 선정하여 세공 면제의 첩문을 주고 길가의 전답을 경작하게 하는 한편, 일로의 각 고을로 하여금 중국군 주둔 당시 마필을 보조하던 규례대로 입마하고 식량도 공급하면서 대기하도록 하고 있다. 변방 보고를 전통할 때마다 작은 홍기·황기로 표식을 하게 하면 변지의 보고가 막힘이 없이 전달될 것이니 병조로 하여금 이문하여 시행하도록 하는 것이 어떻겠습니까.[152]

이 내용을 보면 각 역들이 형편없이 탕패하여 복구하기 어려운 상황에 있으며 이에 대한 대비책으로 명군이 사용했던 것을 활용해서 파발군을 배치하자는 것이다. 조선은 전쟁이 끝난 지 2년이 지났어도 역을 제대로 복구할 수 없는 상황이었다. 따라서 전쟁 중의 역참은 제대로 기능을 발휘하지 못했을 것이다.

또한 역참이 기능을 하지 못한 배경으로 마정 문제를 들 수 있다. 목장의

151 『선조실록』 권130, 33년 10월 癸酉(3일)조.
152 『선조실록』 권133, 34년 1월 甲寅(15일)조.

말 수효가 평상시에는 2만 4천여 필이었으나, 전쟁 후에는 1만 2백여 필만 남았고, 그것마저도 부실하다고 했다.[153] 여기에 우마 모두 명군에게 빼앗긴 백성들이 더 이상 쇄마의 역을 수행하기 어렵다고 호소하였다.[154] 게다가 차사원들이 청탁에 동요되거나 뇌물을 탐하여 사적으로 말을 방송放送하였다. 그래서 말을 준비하려면 지나가는 말들을 강제로 빼앗아 그 수를 채워 놓아 말을 잃은 사람들의 원성을 샀다.[155]

전쟁이 끝난 후에 역참과 관련된 마정의 개선이 논의 되었으나 마정의 정비는 생각만큼 진전되지 않았던 것 같다. 예를 들면 경기지역에 병조가 입마하도록 독촉하는 상황인데도, 경기의 각 역이 탕패되었다고만 핑계대고 전혀 役에 응하지 않았다. 남아 있는 역졸들도 산골짜기로 달아나 위전만 축내고 있을 뿐이었고, 다른 道의 말이 서울까지 차출당함으로써 그 괴로움을 대신 받게 되는 실정이었다.[156] 게다가 역마를 함부로 타고 다니는 폐단이 극심하여 징계하여 다스리지 않을 수 없다는 내용도 보인다.[157]

153 『선조실록』 권142, 34년 10월 壬辰(28일)조. 이항복은 "국초에는 목장이 2백여 군데나 되었고 말이 7만 필, 중종 시기에는 3만 필, 명종 시기에는 1만 필이었다"고 보고하고 있다. 또한 "감목관을 처음 설치할 때에는 1만 8천여 필이었다"고 했다. 『선조실록』 권121, 33년 1월 甲戌(29일)조.

154 『선조실록』 권37, 26년 4월 庚寅(6일)조.

155 마정 문제가 원활하게 이루어지지 않았던 가장 큰 문제는 남부 지역의 목장이 일본군에게 빼앗겨 말의 공급이 순조롭지 못한 점을 들 수 있다. 명군에 의한 말의 약탈, 아문의 통사, 명의 장수를 접반하는 관원, 소통사나 무뢰배의 농간 등도 심각했다. 이에 대해 역을 담당하는 자들에 대한 개선책과 말 숫자를 국적에 올리고, 말을 사육해 군마를 늘일 것 등이 건의되었다. 또한 역마의 이용자를 제한함으로써 명령 전달이 원활하고 신속하게 될 수 있도록 했다. 도감당상 중 한 사람에게 쇄마 검사하는 일을 전적으로 위임하고, 낭청 한 사람을 뽑아 함께 관리하도록 했다. 이처럼 조선은 쇄마의 용도를 정확하게 파악하고, 명군과 결탁한 통사들의 폐단도 방지하려 했다. 『선조실록』 권41, 26년 8월 甲辰(23일)조.; 同, 권50, 27년 4월 辛酉(13일)조 ; 同, 권65, 28년 7월 癸酉(2일)조.

156 『선조실록』 권176, 37년 7월 癸亥(14일)조.

157 『선조실록』 권176, 37년 7월 戊辰(19일)조.

1607년 사간원이 건의한 내용을 보면 마정이 제대로 이행되지 않아 역참의 복구가 더욱더 어려웠던 것을 알 수 있다. 즉 흉년과 말 확보문제 때문에 봉수제를 다시 도입해서 이를 적극 활용할 필요가 있었다. 마정이 안정되면 봉수와 파발을 함께 이용하려 했던 것이다. 다만 임진전쟁을 계기로 역참이 붕괴되었고 이를 통한 정보·통신 기능은 기대하기 어려웠던 것으로 보인다.

3. 『쇄미록瑣尾錄』을 통해 본 조보朝報의 역할

조보는 당시 국왕의 동정·처결·인사 내용은 물론 지방관리가 보고한 장계까지 게재되어 있다. 이것은 군주의 동정과 조정의 공식적인 행정 사항에 대해 중앙 관서는 물론 지방의 소읍에까지 알릴 목적으로 승정원에서 주관하였다. 조보는 필사·발포하였기 때문에 정보 전달의 기능과 함께 행정 체제를 강화하려는 목적이 반영되었다.[158]

조보가 조정의 관료는 물론이고 일반 백성에까지 유포되었기 때문에 임진전쟁 시기에 일반민들이 풍문이 아니라 '공식적인' 루트를 통해 전쟁 상황을 알 수 있었다. 하지만 현존하는 조보가 대부분 조선 후기와 근대의 것으로 임진 전쟁 당시의 것은 드문 상태이다. 다만 『쇄미록』 등에 기재되어 있는 소수의 조보 내용을 통해서 전쟁 중의 정보 통신의 상황을 파악할 수 있다.[159]

158 조보는 정부의 결정 및 지시 사항을 전달하는 것에 그치지 않고, 집권 지배층의 유교적 윤리관과 사회관을 파급시키는 역할도 담당하였다. 또한 관리의 임면·이동·승급 등 인사 관계 소식과 국왕의 동정·건강상태·경연·기타 국가행사·과거제·관리의 사망 사실을 수록하여, 관보보다 광범위한 내용을 다루었다. 김경수, 「'조보'의 발행과 그 성격」, 『사학연구』 58·59합본, 한국사학회, 1999, 724~725쪽, 743쪽.

조보는 왕실이나 중앙 관서의 경우에는 기별 군사를 통하여 즉시 전달되었지만, 지방이나 하부 관청에서는 대체로 5일 분을 모아서 배포되었다. 이것은 40여 개의 역을 통해서 전달되었는데 외관과 찰방이 파견된 곳을 대상으로 전달되어 약 300곳 이상에 보내졌다고 한다. 물론 며칠 분 씩 모아서 전달되었기 때문에 정보의 신속성이 떨어지기는 했지만, 일반 백성에게 당시의 戰況과 정부의 방침을 알릴 수 있는 유일한 방법이었다. 조보는 "난리 때나 파월 중에도 일찍이 잠시라도 폐한 적이 없었다"고 한 점이나 행사직에 있었던 이호민의 상소문에 "사람들이 다 보고 있는 조보"[160]라고 말한 것을 보면 조보의 효율성은 나름대로 컸다고 짐작된다.

『쇄미록』은 오희문이 임진전쟁 당시 장수현감 중에 홍주·임천·아산 등지로 피난하면서 9년 3개월 동안 일상을 기록한 것이다. 오희문은 조보를 받아 보기 전부터 자신의 종과 중을 봉수가 있는 곳으로 보내 적군의 소식을 탐문하고 있다.[161] 또한 관청에 사람을 보내 소식을 탐지하고 있다. 오희문은 사적인 방법으로 당시의 상황을 살펴보고 있었다. 그래서 전쟁 초기 조보에 관한 기사는 거의 없다.

다만 1592년 11월 23일 오희문은 조보에 실린 내용이라 하면서 "평양의 적이 중화로 나와서 약탈하다가 순변사 이일에 패하여 4백 7십여 급을 베어 죽였고 13명의 적만이 도망했다"[162]고 하는 소식을 전해 듣는다. 이것은 조보가 조선의 승전소식을 의도적으로 알리기 위해서 이용되었고, 그것이 지방까지 전달된 것으로 생각된다.

159 조보는 사초와 같은 성격을 가지고 있어서 중앙에서 발행하였다. 각 관청이나 지방으로 보냈던 관부官府 문서의 일종이었으나, 개인·가문의 위업을 높일 수 있는 문서가 아니었기 때문에 보존이 제대로 되어있지 않다.

160 『선조실록』 권89, 30년 6월 辛未(12일)조 ; 同, 권60, 28년 2월 甲寅(11일)조.

161 『쇄미록』 임진 7월 8일조, 오희문 저, 이민수 역.

162 상동, 임진 11월 23일조, 참조.

한편 오희문이 받아 본 조보는 9개의 간선 도로망 중에서 서울에서 통영을 잇는 제6로를 통해서 전달된 것으로 추측된다. 즉, 서울 – 동작나루 – 과천 – 수원 – 천안 – 공주 – 노성 – 은진 – 여산 – 삼례 – 전주 – 웅치 – 진안 – 장수 순이다.[163] 역참에는 찰방·역승역리驛丞驛吏 등과 서원·역노비 등이 배치되어 있는데 그 가운데 서원이 공문서 발착發着 등의 사무를 담당하였다. 그러므로 찰방을 통해서 조보를 비롯한 공문서 내용이 지방에 전달된 것이다. 『쇄미록』에는 찰방을 통해서 조정소식과 일본군 정세를 전해 듣기도 하고, 그들에게 경제적인 도움도 받고 있는 기사가 자주 나온다.

a. (전략) 적들은 밤에 도망쳐서 내려갔고, 명나라 장수는 이미 조령을 넘어서 상주에 들어가서 진을 쳤고 제독 이여송은 비록 뒤따라가기는 했지만 실제로는 뒤에서 공격하려고 하지는 않았으니 일이 잘못될까 두려워한 것이라 한다. 그리고 명나라 군사는 겨우 3만인데 전염병에 걸려 누워 앓는 자가 많다고 한다.[164]

b. (전략) 어떤 사람은 왜적이 지금 창원 아래의 여러 고을에 있다고도 하고, 어떤 사람은 혹은 동래·부산·웅천 등지에 조금씩 있고, 나머지는 모두 바다를 건넜으며, 우리나라 장수들은 양산으로 가서 진을 쳤다고 한다. 하지만 자세한 상황은 알 수 없다. 다만 여러 장수들이 적이 갔는지 있는지를 정탐하지도 않고 여러 고을에 알렸기 때문에 조정에서도 모른다고 한하니 탄식할 일이다.[165]

(a)는 1593년 5월 20일 자 조보 기사로 일본군이 한성을 철수하자 이를 추격하고 있는 명군의 실태를 적은 것이다. (b)는 같은 해 6월 9일 기사로

163 『한국사』 24, 조선 초기의 경제구조, 국사편찬위원회, 별표, 1994, 497쪽.
164 『쇄미록』 계사 5월 20일조, 앞의 책, 참조.
165 상동, 계사 6월 9일조, 참조.

찰방한테서 이여송과 이여백의 군사 이동상황 및 일본군의 상황을 전해 듣고 있다. "왜적이 조금 남아 있고 모두 바다를 건넜다"고 한 것은 일본군이 밀양 이남으로 철수한 후 책봉사와 함께 일본으로 귀국한 하치스카 이에마사蜂須賀家政·도다 가쓰타카戶田勝隆·마시타 나가모리增田長盛 등의 동향을 말하는 것으로 추측된다. 오희문이 조보를 통해서 일본군의 내부 상황을 간접적으로 파악하고 있음을 알 수 있다. 또한 정탐이 제대로 되고 있지 않는 첩보시스템의 문제점도 지적하고 있다.

1594년 접어들면 일·명간의 강화회담이 본격적으로 진행되었고, 1월은 심유경이 히데요시의 가짜 항복문서를 만든 시기였다. 『쇄미록』에 수록된 조보에는 강화교섭에 관한 내용이 많이 실려 있다. 1월 22일 자와 4월 7일 자를 보자.[166]

> c. 이제 조보를 보니 왜적이 천조와 강화했기 때문에 가까운 시일에 마땅히 제 나라로 돌아갈 것이라 한다. 또 명나라 사신이 3월쯤에 올 터인데 하나는 왜국을 봉해주기 위해서이고, 다른 하나는 왕세자를 책봉하기 위해서라고 한다.

> d. 또 조보를 보니 심유격이 지난달 12일에 강을 건너 근래 남쪽으로 내려왔다고 왜를 봉해 주는 명나라 사신 또한 이미 요동遼東에 도착했다고 한다.

6월에 들어와서는 유키나가가 강화교섭과 관련해서 일본을 왕래하고 있는 사실도 구체적으로 나타나고 있다.[167]

166 상동, 을미 1월 22일조, 4월 7일조, 참조.
167 상동, 을미 6월 7일조, 6월 28일조, 7월 14일조, 참조.

(1) 조보를 보니 (중략) 적장賊將 유키나가가 자기 나라로 돌아간 뒤 아직 돌아오지 않았다. 그러므로 명나라 사신이 한양에 머물면서 유키나가가 돌아와서 보고하기를 기다린 뒤에 남쪽으로 내려온다고 한다. 그러나 우도右道의 영등포永登浦에 성 쌓는 일을 중지하지 않고, 기요마사의 진중에서 지금 한창 배를 만들고 있다 하니, 반드시 까닭이 있는 것이다. 몹시 걱정스럽다.

(2) 적장 유키나가가 본국에 있으면서 사람先來人을 보냈는데, 그가 이미 진중에 도착해서 말하기를 "유키나가는 지난 5월 26일에 본국을 떠나 돌아왔으니, 이달 15·6일에 웅천에 도착할 것입니다. 관백이 군대를 철수하라는 명령을 유키나가에게 위임했으니, 유키나가가 오는 대로 즉시 철수해서 돌아간다고 합니다. 또 빈 배 2백여 척도 이미 정박했는데, 그중 30척은 쇠조각으로 장식되어 있으니 바로 명나라 사신을 영접할 배입니다."라고 했다.(후략)

(3) 오늘 조보를 보니, 적장 유키나가平行長가 지난달 26일에 본진으로 돌아왔는데, 관백의 명령으로 여러 진의 군대를 차례로 철수시키고 자신이 머물고 있던 집假을 다 불태우고 헐은 뒤 부산의 진중에 머물면서 명나라 사신이 오기를 기다린다고 했다.

먼저 위의 조보와 관련해서 사실관계를 살펴보면, 명의 책봉사는 일본의 철수상황을 부산에 가서 확인한 후 도일渡日한다는 것이 기본 방침이었다. 따라서 유격장 진운홍과 천총 심가왕을 파견하여 일본군의 철수상황을 확인하도록 했다. 이러한 명군의 '先撤兵 後講和' 주장과 일본 측의 '선강화 후철병' 주장이 맞서 양측의 의견이 쉽사리 조정되지 않자 유키나가는 이것을 처리하기 위해 1595년 5월 8일경 일본으로 건너갔다.[168] 그 후 유키나가

168 유키나가가 일본으로 귀국한 사실은 접대도감의 보고에 의해 알 수 있었다. 일본 통사는 유키나가가 책봉 정사에게 바친 품첩을 근거로 여러 사실을 전달했다. 그

한테서 조선의 사정을 들은 히데요시는 5월 22일에 '大明朝鮮과 日本和平之條目'을 제시하였다. 즉 일본군의 일부를 철수하게 하고, 데라사와 히로타카寺澤廣高와 마시다 나가모리增田長盛를 파견하여 소영燒營의 감독과 칙사 영접을 담당시켰다.[169] 이후 유키나가는 예정보다 늦은 6월 4일 교토를 떠나 12일에 나고야에 도착한다.[170] 이와 같은 사실이 6월 22일 자의 유근수 치계에 의해서 보고되었다.

정황을 살펴보면 (2)의 조보 내용에는 당시 일본군의 철수 소식이 정확하게 전달되었고, 일반 백성들도 철수 소식을 기정사실로 받아들여, 책봉사가 회담 종결을 맺고 귀국할 것이라는 기대가 있었다.

한편 1596년이 되면 『쇄미록』에는 더 이상 조보 기사가 나오지 않는다. 이것은 당시 조정에서 "조보가 군기를 누설하고 있다"는 우려가 반영된 것으로 생각된다. 즉 1595년 선조는 "근래 조보가 돌기 전에 비밀 장계가 거리에 먼저 알려졌다고 하는데, 이는 반드시 우리나라 사람이 중간에서 누설했기 때문이다"[171]라고 우려하고 있다. 또한 사헌부가 "군국의 기밀사항을 일절 밖에 누설할 수 없는데, 근일 정원政院에서 자세히 살피지 않고 본초를 내 주어 조보에 전파되기까지 하였으니 매우 놀랍다"[172]고 하면서 사헌

내용을 보면 "유키나가는 명이 '선철병 후강화'를 주장하면서 일에 진척이 없자 '이번 명사는 서일관과 사용재의 행차와는 같지 않기 때문에 반드시 접대하는 절차가 있어야 하므로 먼저 이에 대한 것을 의논하여 결정해야 한다'고 하면서 일본에 직접 들어가서 이 달 24~25일 경에 돌아온다"고 적혀 있었다. 『선조실록』 권63, 28년 5월 정축(5일)조 ; 佐島顯子, 「日明講和交渉における朝鮮撤退問題－冊封正史の脫出問題をめぐって－」, 『鎖國と國際關係』, 吉川弘文館, 1998, 110쪽.

169 『江雲隨筆』, 文祿 4년 5월 22일자, 동경대학 사료편찬소 소장.

170 『선조실록』 권64, 28년 6월 癸亥(22일)조. 유키나가의 소식은 6월 16일, 야나가와 시게노부의 아들이 황신에게 알려 주었다. 그 내용은 "관백이 이미 철병을 허락하였고, 두 장관을 차출하여 진영의 소각을 관장하고, 명 사신의 영접을 관장하게 했다는 소식과 유키나가가 곧 도착한다"는 것이었다.

171 『선조실록』 권89, 30년 6월 丁卯(8일조)

부 관리의 직무유기에 대해 정죄를 청하고 있다.

이와 같은 상황 속에서 조보는 큰 관부에서만 등서하는 것이 허락되었고, 1597년에는 선조가 조보의 발행을 금지하는 전교도 일시적으로 내린다. 선조는 현재 누구나 조보를 등서하고 있는데 이러한 일이 조종祖宗 조에서는 없었기 때문에 관부를 제외하고는 함부로 등사하지 말 것을 명했다. 이와 같은 배경에는 명 관원들이 도성 안에 계속 주둔하고 있는 점도 작용하였다.[173] 조보로 인해 군기를 누설할지도 모른다는 의구심 때문에 의정부와 육조·삼사 이외에는 조보를 정지하라고 명했다.[174] 때문에 1596년 『쇄미록』에는 인사 관련을 제외하고 조보 기사가 현격하게 줄어든다.

1598년이 되면 『쇄미록』에 조보 기사가 4군데 보인다.[175] 즉 7월 30일, 1월 13일, 12월 3일, 12월 16일의 기사가 그것이다. 내용을 보면 1598년 전쟁이 끝나가는 상황에서 일본군 철수에 관한 것들이다. 이것은 당시 조선에서는 일본군의 철수 여부가 가장 중요한 관심사였기 때문이다. 또한 조보를 통해서 일본군이 철수한 것을 확인한 오희문은 "흉적이 와서 소굴을 이룬 지 7년 만에 이제 비로소 돌아가는데 장수 한 명도 베이지 못하고 우리 장사壯士가 죽은 자는 전후에 그 수를 알 수가 없으니 그 통분함을 어찌 말할 수 있으랴"고 하면서 전쟁의 참담함에 대해 말하고 있다.

172 『선조실록』 권65, 28년 7월 乙酉(14일)조·丙戌(15일)조.

173 『선조실록』 권83, 29년 12월 辛卯(29일)조 : 同, 권89, 30년 6월 丁卯(8일)조. 이와 관련해서 오희문은 "정유재란이 발발해서 조정의 소식은 명 장수가 한양에 있기 때문에 비밀로 하고 발표하지 않아서, 비록 조정에 있는 관원이라도 역시 자세히 알지 못한다"고 하였다. 『쇄미록』 정유, 7월 29일조.

174 『선조실록』 권89, 30년 6월 丁卯(8일)조. 이러한 선조의 조치에 대해 남이신은 "조보를 발행하지 않으면 명 사신들이 오히려 의심할 것이고, 조보가 발행되지 않을 경우에는 사무처리가 불가능하다"고 하여 제한적으로 조보 발행규제를 금하지 말 것을 주장하였다. 이것이 받아들여지기는 했으나 이전과 같이 조보가 제약 없이 발행되기는 쉽지 않았다. 『선조실록』 권89, 30년 6월 辛未(12일)조.

175 『쇄미록』 정유 7월 30일조, 11월 13일조, 12월 3일조, 12월 16일조, 앞의 책, 참조.

이상에서 조보에 대해서 살펴보았다. 전세에 분기점이 되었던 전투나 상황이 비교적 신속하게 전달되었고, 특히 조정의 공식적인 입장이 담겨져 있었던 조보가 유일하게 일반인들에게 전달되어 전세를 알리고 정보를 전달하는 역할을 한 것으로 보여진다. 다만 명군과의 군사기밀 문제로 조보의 역할이 원활하지 못한 면도 있었다. 그러나 전쟁이 끝난 뒤에도 조보가 국가 회복과 재건을 위한 조정의 역할을 전달하는데 활용되었다.

4. 잠상인潛商人의 정보와 첩보 활동

앞에서는 제도적인 측면에서 봉수·파발과 역참의 실태 및 조보를 통해 전쟁 중의 정보·전달 기능에 대해 살펴보았다. 여기서는 인적 측면에서 전쟁 중 정보가 어떻게 전달되었는지 검토하고자 한다. 전쟁 기간 동안 피로인과 항왜·잠상인은 조선과 일본 양국을 오가면서 정보를 전달했다. 그래서 이들이 당시의 전황과 전세에 적지 않은 영향을 미쳤다. 피로인과 항왜는 제4부에서 살펴볼 예정이므로 여기서는 잠상인의 첩보 활동에 주목하고자 한다.

조선인 중에서 일본에 동조하거나 투항했던 부왜附倭·부적인附賊人도 적지 않았다. 『선조실록』에는 "근래에 적에게 붙어 내통하는 사람이 중외에 한둘이 아니며 심지어 간첩間諜이 되거나 탐후探候하는 일을 마음대로 하고 있으니 매우 한심하다"[176]는 언급이 있다. 이와 같이 이들에 의해서 조선의 정보가 유출되거나 역이용 되는 경우도 있었다.

(전략) 지금은 왜적이 변경에 머물러 있은 지가 오래되었고 세월도 많이

176 『선조실록』 권31, 25년 10월 戊子(2일)조.

> 흘렀습니다. 살륙이 약간 중지된 데다 또한 거짓으로 온화한 체하면서 서로 침포侵暴하지 말자 하고 먹을 것을 주니, 본성을 잃고 기아에 시달리던 어리석은 백성들이 분분히 서로 이끌고 그들에게로 돌아감을 금할 수도 없습니다. 왜적을 위하여 농사를 지어 조세를 바치고 그들의 노역에 이바지하면서도 부끄러운 줄을 모르며 세월이 갈수록 거의 그들과 동화하여 서로 간의 관계를 잊고 있습니다. 전해 들으니, 동래·부산·김해 등지에는 밭 가는 자들이 들녘에 가득한데 3분의 2가 모두 우리나라 백성들이며 그들 중에는 이따금 머리를 깎고 이를 물들이는 등 그들의 풍속을 따른 자들도 있다고 하고, 또한 먼 지방의 장사꾼들이 각각 그들의 물건을 가지고 왕래하며 적진 속에서 장사를 하는데도 조금도 금지시키지 않는다 하니 이보다 더 한심한 일이 없습니다. 왜적이 여러 해 동안 미적거리면서 군사를 수습하고 힘을 기르는 것은 그 간계가 어디에 있는 것인지 역시 짐작할 수 있으니, 지금 왜적이 비록 퇴병(退兵)을 한다고 떠벌이고 있으나 그 말을 어찌 믿을 수가 있겠습니까. (후략)177

위의 내용은 전쟁 개시 3년이 지난 1595년 상황으로, 기아에 허덕이던 조선인들이 일본군에게 조세와 노역을 바치면서 동화해 나가는 과정을 적고 있다. 이러한 상황은 그 이후에도 변함이 없었고 "도성의 백성만이 간첩의 일을 하는 것이 아니라 남쪽 사람들도 왜적이 원수임을 알지 못하고 사사로이 왕래하면서 마치 이웃처럼 지내는 자가 있습니다"178라고 할 정도였다.

여기에 "먼 지방의 장사꾼들이 각각 그들의 물건을 가지고 왕래하며 적진 속에서 장사를 하는데도, 조금도 금지 시키지 않는다"고 한 부분에서 잠상인들이 양국을 드나들면서 정보를 전달한 경우도 적지 않았음을 짐작할 수 있다. 1595년 5월 기사에도 "변경에서는 적들과 통하여 왕래하면서 물건을 매매하니 마음에 익숙해져 마치 동류同類처럼 여기고 있고, 심지어는 적

177 『선조실록』 권61, 28년 3월 甲戌(1일)조.
178 『선조실록』 권83, 29년 12월 癸未(21일)조.

의 무리가 와서 진중에 있는데도 방백은 까마득히 알지 못하고 수령들도 괴이하게 생각하지 않는다"[179]고 하였다.

이러한 상황 속에서 자연스럽게 정보가 누설되거나 또는 정보가 제공되는 분위기가 생겨난 것이다. 또한 일본군이 철수해 갔다는 소식과 더불어 그들의 병력배치를 알아보는 가운데 일본군이 새롭게 수축한 성 주위가 6~7리이고, 또 시장을 개설하여 왜적의 남녀 및 조선의 백성들이 날마다 물화를 교역하고 있었다는 사실도 보고된다.[180]

이에 대해서 사헌부는 "근래에 시중의 잠상배潛商輩들이 적진 가운데를 드나들면서 군사 기밀을 누설하는 자가 적도들과 몰래 결탁하고 있으나 종적을 찾기가 어려워 여론이 통분해 한 지 오래다"[181]라고 하면서 신분의 고하를 막론하고 군기를 누설하는 자는 엄하게 처단할 것을 명하였다. 비변사는 거듭 잠상인의 폐해를 언급하면서 다음과 같은 조처를 취했다.

> 비변사가 아뢰기를 "(전략) ... 그리고 이 적들이 간첩間諜을 잘하는데 이는 필시 우리나라의 간세奸細한 무리들을 통하여 그렇게 하는 것입니다. 지난해에 여러 장수에게 엄히 신칙하여 출입하는 모든 잠상인을 일체 금단하도록 하였고, 만일 금단을 어기는 자가 있으면 적과 내통하는 죄로 논하여 처단하라고 하였는데도 우리나라의 동정을 적진에서 모르는 것이 없으니 매우 통분합니다. 적로賊路의 출입처에 별도로 장관을 차정해서 십분 기찰譏察하게 하고, 오 총병의 군정이 내려간 후에 협동해서 막는 것이 마땅합니다. 이 두 가지 조항을 자세히 살펴 거행하라는 일로 도체찰사와 도원수에게 밀유하는 것이 어떻겠습니까?"[182]

179 『선조실록』 권63, 28년 5월 戊寅(6일)조.
180 『선조실록』 권69, 28년, 11월 庚午(2일)조.
181 『선조실록』 권84, 30년 1월 乙未(4일)조.
182 『선조실록』 권89, 30년 6월 己卯(20일)조.

비변사는 일본인이 간첩을 하는 것도 문제이지만 이들과 내통하는 자들을 문제 삼으면서 특히 잠상인의 출입을 일체 금하도록 하였다. 이는 잠상인의 정보 누출이 심각한 상황이었음을 짐작하게 한다. 또한 "적로賊路의 출입처에 별도로 장관將官을 차정하여 십분 기찰譏察하게 하였던 점"에서도 정보 유출을 막으려는 움직임을 확인할 수 있다.[183]

한편 잠상인 중에는 밀무역과 조선 정보 누설, 부왜하여 조선인을 살인하는 경우도 있었다. 하지만 전쟁이 끝난 후에는 피로인과 쓰시마 일본인과의 언어소통, 또는 쓰시마의 입장을 피로인들에게 선전하는 존재로서 쓰시마 측에 중용되었던 인물도 있었다.

박수영이라는 잠상인을 통해서 전쟁 기간 중에 이들의 활동영역을 짐작할 수 있다.[184] 즉 그는 예빈사의 노비였으나 평소 동평관을 출입하면서 잠상을 직업으로 삼아 한양에 체류하던 일본인들과 친밀해서 조선의 사정을 많이 누설했다. 그는 전쟁이 일어나자 평소에 원한을 가진 자를 보복 살해하였으며 특히 성중의 주민들을 의병이나 관군에 내응한다고 무고하여 죽게 하였다.[185]

박수영의 경우처럼 잠상인은 상거래를 위해서 일본인들과 친밀했고 일본어도 구사할 수 있었기 때문에 일본인에게 조선의 사정을 누설하였다. 따라서 조선은 이들의 행위가 정보 유출 면에서 심각한 영향을 끼칠 수 있다고 판단하였기 때문에 단속과 처벌을 엄하게 했다. 그럼에도 불구하고 이들이 전달한 정보가 전세를 파악하는데 중요한 사항이었고, 특히 전쟁이 끝난 후

183 김문자, 앞의 논문, 28쪽.

184 민덕기, 「임진왜란에 납치된 조선인과 정보의 교류」, 『사학연구』 74, 2004, 213~218쪽.

185 박수영에 대해 민덕기는 "조선 조정에서 그를 노비로 표현하고 있지만, 잠상 행위나 일본어 습득의 기회가 일개 노비에게 주어질 리가 없다"고 주장하였다. 그가 강화교섭에도 관여하였고 조선에 한문 문서를 작성해서 보낼 수 있었던 것은 신분이 서리였기 때문에 가능한 것이 아닌가 추정하였다. 민덕기, 위의 논문, 216쪽.

에는 일본어에 능통한 점이 인정되어 일본의 동태를 알아보는데 중용되었던 것이다.

소결小結

전쟁이라는 급박한 상황 속에서 정보수집과 전달이라는 기능은 적의 동태와 전황을 판단할 수 있는 중요한 역할을 했다. 본장에서는 봉수·파발과 역참의 운영실태, 정보 전달 매체였던 조보, 그리고 잠상인을 통해 개인의 첩보 활동에 대해서 살펴보았다.

봉화는 본래의 기능을 충분히 수행한 것은 아니었다. 그러나 선조가 한성환도 후 남부 지역에 일본군이 주둔하고 있는 상황에서 적군에 대한 첩보 기능은 중요했다. 따라서 봉수의 복구 개선책 등이 논의되었다.

역참도 본래 기능을 다하지 못했는데 그 이유는 역마의 공급이 원활하지 못했기 때문이다. 이것은 일본군의 약탈로 말의 공급이 어려웠고, 명군이 말을 요구하여 식량 운송문제와도 복잡하게 얽혀있었기 때문이다. 게다가 수령들이 공물을 횡령하여 불법으로 많은 쇄마를 징발하여 물건을 옮기다가 죽이거나 잃는 경우가 많았다. 또한 명 장수가 있는 각 아문의 통역관이나 명의 장수를 접반하는 관원, 소통사나 무뢰배 등의 농간에 의해서 쇄마의 피해가 심각하여 역참운영이 제대로 되지 않았다.

조보는 일반 백성에게 당시의 전황과 정부의 방침을 알릴 수 있는 유일한 방법이었다. 조보에는 당시의 전황과 강화교섭 내용, 조정 내부의 움직임 등이 실려 있어 '공식적인' 루트를 통해서 어떻게 확인하고 이해하였는지 알 수 있었다.

그러나 명군이 한성에 주둔해 있고, 일본군에게 군기가 누설될 염려가 있다고 조보 발행을 금지하려는 움직임도 있었다. 그 결과 정유년을 전후로 공식적인 정보 전달 루트가 축소화 되는 경향이 있었다. 그렇기 때문에 봉수와 파발로 입수할 수 없었던 정보를 피로인이나 항왜를 통해 확보할 필요가 있었다.

특히 잠상인은 조선에 주둔하고 있는 일본군의 형세와 병력배치, 본국의 상황을 파악하는데 도움이 되어 조선에 중용되었다. 다만 이들이 적과 내통할지 모른다는 불안감과 항왜처럼 언제든지 소요를 일으킬 가능성이 있었기 때문에 조선은 이들이 전달한 정보를 신중하게 수용했다.

제3부
전쟁 종결과 국교 재개

제1장 조·일 국교 재개와 에도막부江戶幕府

조선은 1607년 1월 일본에 '회답겸쇄환사回答兼刷還使'를 파견하고 국교를 재개하였다. 1609년 6월에는 '기유약조己酉約條'를 맺어 조선과 일본의 기본적인 외교체제를 규정하였다. 기존의 연구에서는 양국의 국교 재개 배경이 초점이 되었다.[1] 한국에서는 일반적으로 쓰시마의 요구에 따른 시혜적인 입장에서 강화교섭 및 국교 재개가 진행되었다고 이해했다.[2] 조선이 쓰시마와 기미羈縻 및 적례적 교린敵禮的交隣 관계를 재편성하려는 과정 속에서 국교 문제를 해결했다는 것이다.

또한 강화교섭 과정에서 이에야스의 '국서문제'를 재검토하여 국서의 진위眞僞 및 양국의 인식 차이에 관심이 집중되었다.[3] 강화교섭의 주체를 둘러싼 논의는 이에야스뿐만 아니라 히데요시의 추종 세력들이 다양한 형태로 관여했다는 연구도 있다.[4] 최근에는 당시 영의정 유영경의 역할을 통해서 대일 정책의 전환부터 국교 재개를 위한 명분화 작업이 어떻게 진행되

1 민덕기, 「壬辰倭亂 以後의 朝日講和交涉과 對馬島」 1-2, 『史學雜硏究』 39~40집, 1987, 1989 ; 同, 「韓日 國交 재개 교섭에 나타난 韓·明·日의 입장과 대응」, 『동아시아세계의 변동』, 경인문화사, 2010 ; 同, 「임진왜란의 '戰後처리'와 동아시아 국제질서의 변동」, 『한일관계사 연구』 36, 2010 ; 홍성덕, 「壬辰倭亂 직후 日本의 對朝鮮 講和交涉」, 『한일관계사 연구』 3, 1995.

2 孫承喆, 『朝鮮時代 韓日關係史硏究』, 지성의 샘, 1994, 119~155쪽 ; 민덕기, 『前近代東アジアのなかの韓日關係』, 早稻田大學出版部, 1994, 97~204쪽.

3 김경태, 「임진왜란 후 강화교섭기 국서 문제의 재검토」, 『韓國史學報』 36, 2009, 43~80쪽 ; 민덕기, 「도쿠가와 이에야스의 1606년 조선에 보낸 '국서'에 대한 위조설 검토-요네타니說에 대한 비판을 중심으로-」, 『한일관계사연구』 52, 2015, 91~128쪽.

4 홍성덕, 앞의 논문, 60~61쪽.

었는지 검토한 연구가 발표되었다.[5] 이와 같이 한국 측 연구는 1598년부터 기유약조가 체결된 1609년까지 강화교섭에 대한 조선의 입장과 당시 국내외 사정에 대해 연구가 집중되어 있다.

한편 일본에서는 강화교섭에 쓰시마의 독자성을 강조하거나 또는 이에야스의 개입 여부에 관심을 가지고 궁극적인 강화목표가 조선이 아니라 명이라는 해석을 내놓았다.[6] 따라서 기유약조가 조일 교섭체계의 근간이 아니라는 시각과 이에야스의 국서에 대한 진위문제에 관련된 연구가 다수 발표되었다.[7]

이와 같이 기존의 연구에서는 조·일 양국의 입장과 국서위조 문제 등에 초점을 맞추어 전개되어왔다. 여기에 통신사 파견 시기를 이에야스가 정이대장군으로 취임한 후 아들에게 장군직을 세습한 시기로 이해하고 있다. 그러나 당시 이에야스의 권력은 절대적인 것이 아니었다.[8] 그래서 그가 통신사 파견을 요구한 배경과 의도에 대해서도 새로운 의문이 제기되는 것이다.

본장에서는 쓰시마의 교섭 실무자들과 이에야스와의 접촉 과정, 일본의 국내 상황을 중심으로 조·일 국교 문제가 조속히 타결된 이유에 대해 살펴보고자 한다. 여기서는 1607년 '회답겸쇄환사'가 파견될 때까지 일본이 강화교섭을 요구한 시기를 다음과 같이 나누어서 살펴보고자 한다. ① 히데요

5 김경태, 「임진왜란 직후, 대일 강화정책의 성격연구」, 『韓國史研究』 138, 2007, 39~71쪽.

6 紙屋敦之, 『大君外交と東アジア』, 吉川弘文館, 1997, 263~270쪽 ; 加藤榮一, 『幕藩制國家の成立と對外關係』, 思文閣出版, 1998, 114쪽.

7 高橋公明, 「慶長12年の回答兼刷還使の來日についての一考察－近藤守重說の再檢討－」, 『名古屋大學文學部研究論集』 史學Ⅴ31, 1985 ; 田代和生, 『書き替えられた國書』, 中央公論社, 1988 ; 永積洋子, 『近世初期の外交』, 創文社, 1990 ; 米谷均, 「近世初期日朝關係における外交文書の僞造と改竄」, 『早稻田大學大學院文學研究科紀要』 41-4, 1995 ; 池内敏, 『大君外交と「武威」－近世日本の國際秩序と朝鮮觀』, 名古屋大學出版會, 2006.

8 堀越祐一, 『豊臣政權の權力構造』, 吉川弘文館, 2016, 234~246쪽.

시의 사후부터 1600년 8월 세키가하라(關ヵ原) 전투 이전까지 5회(서계 송부와 사절 도항 모두 포함) ② 그 이후부터 이에야스가 쇼군將軍에 즉위하는 1603년 1월까지 6회 ③ 이에야스의 쇼군 즉위에서 아들 히데타다秀忠에게 세습하는 1605년 3월까지 5회 ④ 히데타다의 쇼군 즉위에서 1607년 1차 회답겸쇄환사 파견까지 6회 등이다.[9] 이와 같이 단계를 나누어 조선이 단기간에 일본과 국교를 재개하게 된 배경을 구체적으로 검토하고자 한다.

1. 히데요시 사후 정국과 이에야스의 입장 (1598.8~1600.8)

1598년 8월 18일 히데요시는 62세의 나이로 후시미 성에서 생을 마감했다. 그가 죽자 유언遺命도 있었고, 정치적인 파장과 일본군의 동요를 막기 위해서 히데요시의 죽음은 그해 12월 말까지 비밀에 부쳐졌다.[10] 그리고 일본 국내는 오대로五大老와 오봉행五奉行 체제로 강화되었고 이에야스가 그 필두에 있었다. 당시 이에야스의 최우선 과제는 일본군의 철수 문제였다.

이에야스는 이 문제를 해결하기 위해서 도쿠나가 나가마사德永壽昌와 미야키 토요모리宮木豊盛를 조선에 파견하였다.[11] 이들은 오봉행들이 다이묘들 앞으로 보낸 연서장을 가지고 10월 1일 부산에 도착했다. 연서장의 주요

9 일본 측은 총 22회에 걸쳐 조선과 국교 재개를 위해 교섭을 벌였다. 반면 조선은 1600년 6월 김달·박희근 파견, 1602년 12월 전계신·손문욱 파견, 1604년 7월 유정의 파견, 1606년 8월 전계신 파견 등 4번에 그쳤다. 홍성덕, 앞의 논문, 55~56쪽 참조.

10 히데요시의 '豊臣秀吉遺言覺書案'에 대해 이에야스가 추후에 수정한 흔적이 있다는 최근의 연구 결과가 있다. 矢部健太郎, 『關ヵ原合戰と石田三成』, 敗者の日本史12, 吉川弘文館, 2014, 210~136쪽 참고.

11 「鍋島家文書」 131호, 『佐賀縣史料集成』 古文書編3, 佐賀縣史編輯委員會編·佐賀縣史料集成刊行會刊, 1958.

한 내용은 "조선에 있는 일본 무장들이 조선과 和議해서 일본 군사들을 무사히 철수시키라는 것"이었다. 이것은 히데요시가 죽은 후에 작성된 것이지만 죽음에 관한 언급은 없었다. 일본 무장들은 두 사람한테서 '구두'로 자세한 내용을 들었기 때문에 10월 중순이 되어서야 공개적인 히데요시의 사망 소식을 보고 받았다.[12]

한편 이에야스는 강화조건으로 '조선왕자의 일본 파견' 혹은 '공물의 헌납' 등을 요구했다.[13] 그는 왕자를 인질로 일본에 파견하라는 요구를 하는 한편, 불가능할 경우에는 쌀과 호피·표피·약 종류 등 공물 헌납으로 조건을 변경해서라도 화의를 성립시키려 했다. 특히 이에야스는 조선 측이 먼저 일본에 헌상하는 형태로 화의를 진행하도록 명령하였다.

그러나 이것은 조선이 패전을 인정하고 일본과 군신君臣 관계로 들어간다는 것을 의미하기 때문에 실현 가능성이 전혀 없는 것이었다. 그럼에도 불구하고 이와 같은 주장을 한 것은 일본 국내에 '조선이 먼저 항복하기 위해 공물을 보내왔다'고 선전함으로써 일본이 승전했다는 인식을 심어주려는 의도였다. 때문에 공물의 수량은 별로 중요하지 않았다. 이에야스는 교토에 있으면서 일본군 철수 문제를 진두지휘하였다.[14]

12 히데요시의 사망 및 철수와 관련해서 시마즈씨는 10월 15일 경 가토 요시아키加藤喜明를 통해서 직접 듣게 된다. 반면 가토 기요마사와 구로다 나가마사는 10월 후반 이에야스를 통해서 부산포로 조속히 철수하라는 명령을 받는다. 「毛利家文書」 963호, 『大日本古文書』 家わけ8-3 ; 「淺野家文書」 1068호, 『大日本古文書』 家わけ2 ; 「黑田家文書」 25호, 제1권, 福岡市博物館, 1998 ; 中野等, 『秀吉の軍令と大陸侵攻』, 吉川弘文館, 2007, 357~371쪽.

13 「島津家文書」 984·985호, 『大日本古文書』 家わけ16-2.

14 당시는 이에야스가 조선에서 귀국한 서국 다이묘들과 합심해서 히데요리를 모반할지도 모른다는 분위기가 팽배했다. 세키가하라 전투 이전부터 대규모 전쟁이 발생할 것이라는 풍문도 만연했다. 이런 이유로 이에야스는 교토에 있으면서 규슈로 이동하는 것을 자제하는 대신, 아사노 나가마사淺野長政와 이시다 미쓰나리石田三成를 하카다에 파견했다. 한편 오대로들은 조선에 주둔하고 있는 무장들에게 나가마사와

일본군은 11월 17~19일 사이에 대부분 철수하였다. 12월 9일 도도 다카토라藤堂高虎의 '일본군 완전 철수' 보고로 전쟁은 종결되었다.**15** 1598년 12월 말 히데요시의 죽음과 유언이 공개되어 히데요리와 마에다 도시이에前田利家는 후시미에서 오사카로 이주하였다. 그때 인질이었던 다이묘들의 처자식도 함께 이동하였다.**16**

쓰시마의 소씨宗氏는 조선에서 철수한 직후부터 1600년 9월 세키가하라(關カ原) 전투가 발발하기 직전까지 5회(서계포함)에 걸쳐 조선에 사절을 보냈다. 즉 ① 1598년 12월 가케하시 시치다유梯七太夫 외 명 질관質官 3명 송환 ② 1599년 3월 요시조에 사콘吉副左近 외 10인의 강화요청 ③ 1599년 6월 유타니 야스케柚谷彌助 등 9인이 명 질관 5명과 피로인 15명을 송환 ④ 1600년 2월에는 사자 파견 없이 강화요청과 피로인 217명 송환 ⑤ 1600년 4월에는 이시다 간자에몽石田甚左衛門 외 明 質官 40명과 피로인 20명 등이 그것이다.**17**

여기서 주목하고 싶은 것은 이 시기 쓰시마의 교섭 요구에 조선은 대부분 불응했고, 쓰시마도 교섭 대상을 명으로 삼았다는 점이다. 이것은 일본에 있는 명의 인질을 우선적으로 송환시켜야 했기 때문이다. 명군은 일본군

미쓰나리가 규슈에 파견될 것이라는 사실을 알리는 동시에, 수군을 인솔하고 있는 구기九鬼와 구루시마來島에게는 철병용撤兵用 배를 준비하도록 명했다. 中村孝也, 「堀內文書」, 『新訂德川家康文書の硏究』 中劵, 日本學術振興會, 1980, 348~349쪽.

15 「高山公實錄 7」, 『淸文堂史料叢書』 98, 上野市古文獻刊行會編, 淸文堂, 1998, 131~132쪽. '上關よりの書狀, 披見申し侯, 仍って高麗表御無事に相濟み, 何れも歸朝の儀, 大慶に侯, 猶面を以て申すべく候間, 具さ能わず候, 恐々謹言'

16 1599년 3월 5일 쇼시다이所司代였던 마에다 겐이前田玄以는 朝廷에 히데요시의 유명遺命을 전달함과 동시에 그가 바라던 '新八幡' 신호 칙허를 요구하였다. 그러나 히데요시는 고요제이천황으로부터 정1위의 신위와 도요쿠니 대명신豊國大明神이라는 신호 神號를 받아 신으로 모셔졌다. 宮本義己, 「豊臣政權運營－「秀吉遺言覺書」體制の分析を通じて」, 『大日光』 74, 2004.

17 홍성덕, 앞의 논문, 49~54쪽.

이 철수한 지 2년이 지난 후에도 포로 및 인질 문제가 해결되지 못해서 일본과 계속 교섭을 했다.[18]

1600년 4월 접어들어 명 질관 40여 명과 피로인 20명이 송환되어 인질 문제가 마무리되자 일본은 조선과 강화교섭을 하기 시작했다. 조선도 이미 3월부터 명군의 철수를 알고 있었기 때문에 일본의 교섭 요구에 반대할 수 있는 입장은 아니었다.[19] 1600년 8~9월 명군의 철수가 본격적으로 시작되자 조선도 쓰시마의 교섭 요구에 긍정적인 태도를 보이기 시작했다.

한편 이에야스는 히데요시의 조선 침략으로 동아시아 사회에서 고립된 국제관계를 회복하고, 조선·명과의 국교 정상화를 서둘렀다. 이에야스는 무역을 통해서 경제적 이익을 확보하는 것이 급선무였기 때문에 규슈지역 다이묘들의 무역 활동을 견제하는 동시에, 류큐 왕국의 중개로 일명 무역을 재개하려고 노력하였다.

이에야스는 1599년 4월 타이 남부 지역大泥國에서 사절이 서한을 갖고 오자 히데요시는 죽고 그의 아들인 도요토미 히데요리를 자신이 보좌하고 있다는 내용과 함께 상선의 왕래를 요구하는 회답을 보냈다.[20] 10월에는 이에야스의 파견 사절이 마닐라에 도착하는 등 히데요시가 장악했던 외교권을 자신이 계승하고 있음을 강조하였다. 당시 히젠, 사쓰마 지역에는 중국 남부와 류큐, 동남아시아로부터 상선이 내항하였고, 시마즈씨의 영역을 경유해서 타국으로 도항하는 경우가 빈번했다.[21] 필리핀 등 동남아시아에서 무역하는 사람들 중에는 해적과 용병으로 활동하는 일본인도 적지 않았다.

1599년 8월 복건성 상선이 사쓰마로 가는 도중에 일본인에게 약탈당하는

18 김경태, 「임진왜란 후, 明주둔군 문제와 조선대응」, 『東方學志』 147, 2009, 359~362쪽.
19 『선조실록』 권123, 33년 3월 癸丑(10일)조·甲寅(11일)조·己未(16일)조.
20 荒野泰典, 『江戸幕府と東アジア』, 日本時代史14, 吉川弘文館, 2003, 24쪽.
21 中島樂章, 「16世紀末の九州－東南アジア貿易－加藤清正のルソン貿易をめぐって－」, 『史學雜誌』 118~8, 2009.

사건이 발생했다. 이에 대해서 상인들이 시마즈 요시히로에게 항의하자 그는 이에야스에게 사건보고를 한 뒤 범인을 연행하고 모두 처형시켰다.[22] 흥미로운 것은 시마즈씨가 자신의 영내 문제임에도 불구하고 사건 처리를 이에야스에게 문의하고 결정을 내렸다는 것이다.[23] 따라서 히데요시 사후 일본에서 외교·무역에 관한 최고 책임자는 이에야스였다는 것을 알 수 있다.[24]

그러면 당시 이에야스의 권력 기반은 어느 정도였을까? 세키가하라 전투가 발발하기 2개월 전, 미쓰나리를 중심으로 이에야스를 타도하려는 움직임이 있었다. 히데요시가 유언했던 정책과 법령을 이에야스가 위배했다며 비난하는 기청문이 발급되는 등 반발 세력도 적지 않았다.[25] 이에야스는 오봉행五奉行 등이 규슈에 내려가 기나이 지방을 비운 사이에 자기 세력을 확대하려 했지만 현실은 만만치 않았다.[26] 그는 오대로五大老의 필두였지만 히데요리의 의사를 다이묘에게 전달하는 역할을 하고 있었다. 다이묘들은 자신의 영지를 히데요시로부터 인정받은 것이어서 이에야스에게 쉽게 복종하지 않았다. 오대로의 필두였던 이에야스에게 권력이 집중되어 있지 않았다.[27]

결국 이에야스는 히데요시 사후 확실한 지배권을 확립하지 못했다. 오히

22 「旧記雜錄後編」3, 『鹿兒島縣史料』, 鹿兒島縣, 鹿兒島縣維新史料編纂所, 1981~ ; 本多博之, 『天下統一とシルバーラッシュ－銀と戰國の流通革命－』, 歷史文化ライブラリ, 2015, 178~182쪽.

23 이러한 배경에는 1599년 4월과 8월 五大老가 해적행위를 금지하는 명을 내렸던 것과 무관하지 않다. 「島津家文書」 1090·1091호, 『大日本古文書』 家わけ16-2.

24 上原兼善, 「初期德川政權の貿易統制と島津氏の動向」, 『사회경제사학』 71-5, 2006, 506쪽 참고.

25 矢部健太郎, 앞의 책, 173~176쪽.

26 오대로인 마에다 도시이에가 1599년 윤 3월 지병으로 사망하고, '미쓰나리 습격 사건'을 계기로 이에야스가 패권을 잡는 듯 하였으나, 전국적인 주도권을 장악하기까지 시일이 소요되었다. 津野倫明, 「蔚山の戰いと秀吉死後の政局」, 『ヒストリア』 180, 2002 ; 北島万次, 『加藤清正』, 吉川弘文館, 2007, 198~211쪽.

27 堀越祐一, 앞의 책, 124~159쪽 ; 山本博文外, 「豊臣五大老の實像」, 『豊臣政權の實體』, 柏書房, 2014, 293~328쪽.

려 히데요리의 후견인 역할을 하면서 그와의 주종관계가 상당히 지속되었다. 이에야스는 현실적으로 히데요리의 가신에 지나지 않았다. 또한 그의 영향력도 전국적인 범위가 아니라 기나이와 교토 근처에 한정되어 있었다. 여전히 히데요리와 유력 다이묘들 그리고 교토에 있는 천황을 비롯한 조정·공가 세력 등은 건재했다.

쓰시마의 경우도 임진전쟁은 끝났지만 히데요시를 통해서 영지 승인安堵을 받았기 때문에 이에야스와 직접적으로 종속된 관계는 아니었다.[28] 따라서 쓰시마가 조선에 요구했던 강화교섭 요구는 명·일 양국의 인질 교환 작업의 일환이었고 이에야스의 영향력은 크게 미치지 못했다. 세키가하라 전투가 발발하기 전까지 이에야스는 동아시아 무역에 관심도 많았고 외교권을 장악하려 했지만, 히데요리의 추종 세력이 건재한 상황에서 그것이 용납되지 않았다. 그래서 조선과의 강화교섭에도 큰 관심을 보이지 않았다.

2. 세키가하라 전투와 쓰시마의 입장 (1600.9~1603.1)

1600년 9월부터 이에야스가 쇼군에 즉위하기 전인 1603년 1월까지 약 6회에 걸쳐서 조선과 일본 간에 교섭이 이루어졌다. 즉 ① 1601년 6월 다치바나 도시마사橘智正 외 8명의 250명 피로인 송환 및 강화요청 ② 1601년 11월 다치바나의 강화요청 ③ 1602년 왜인 2인의 강화요청, ④ 1602년 6월 다치바나 외 9명의 피로인 104명 송환 ⑤ 1602년 8월 왜인 14명의 피로인

28 후일 쓰시마는 1605년 유정 사행과의 교섭을 성공시킨 功으로 이에야스로부터 2만 8천 석을 가증 받았고, 참근 교대도 2년에 한 번에서 3년에 한 번으로 실행하라는 특전을 받았다.

229명 송환 ⑥ 1602년 11월 다치바나 등 20인의 피로인 129명 송환이 그것이다.

세키가하라 전투라는 내전이 발발하자 조선과의 강화교섭은 소강상태로 들어갔지만, 쓰시마는 지속적으로 교섭을 시도했다. 이 시기 강화교섭의 특징은 교섭의 실무를 쓰시마가 담당하였고 이에야스의 존재가 점차 부각 된 점이다. 이와 같은 상황을 쓰시마가 조선에 전달하면서 처음으로 공식적인 통신사 요구가 있었다.

한편 조선은 피로인들의 귀국문제가 최우선의 과제였을 뿐만 아니라 쓰시마의 재침과 여진족의 심상치 않은 동태로 일본과 강화교섭을 서두를 필요가 있었다. 하지만 누구를 외교상대로 설정할 것인가 하는 점에서 신중해야 했다. 때문에 쓰시마를 강화교섭의 창구로 삼을 수밖에 없었다. 이와 같은 상황은 이항복이 "오늘날 강화하는 일은 전과 달라서 존망과 성패가 달린 것이 아니라, 다만 변방에서 도발하는 것을 막으려는 것일 뿐입니다"[29]라고 한 점에서도 입증된다.

1601년 6월 28일 쓰시마의 다치바나가 송환 포로 250인과 함께 강화를 요청하는 서계를 조선에 전달함으로써 본격적인 강화교섭이 시작되었다. 쓰시마는 피로인 송환 대책에 고민하는 조선 내부사정을 잘 알고 있었다. 특히 6차례의 강화교섭 중 다치바나가 4번이나 등장하면서 양국 교섭의 중요한 역할을 했다. 피로인들의 송환 숫자도 이전에 비해 많았는데 이는 강화교섭에 대한 쓰시마의 절박함이 있었기 때문이다. 여기에서 당시 일본의 국내 상황과 이에야스의 입장, 이에야스와 쓰시마와의 관계에 대해 검토해 보자.

29 『선조실록』 권139, 34년 7월 乙卯(20일)조. 당시 1601년부터 대일 정책을 담당하였던 인물은 이항복이었다. 그는 세키가하라 전투 이후부터 일본 측이 빈번하게 교섭을 요청하자, 명군이 상주하고 있다는 '차중지계借重之計', '기미책羈縻策'으로 일본의 침략 위협을 막아냈다.

세키가하라 전투는 1600년 9월 전국의 다이묘들이 두 세력으로 편성되어 다툰 내전으로 이에야스가 에도막부를 세우는 기반이 되었다.[30] 이후 오사카로 입성한 이에야스는 히데요시 측 다이묘들의 영지를 몰수하거나 축소하는 처분을 내렸다. 그 결과 이에야스는 일본 전체 1,850만 석의 약 40%에 해당하는 789만 석의 영지를 소유하게 되었고, 히데요리는 셋츠攝津·가와치河內·이즈미和泉 등 3개 지역의 65만 석 영지를 보유한 일개 대명으로 전락하였다.[31] 이와 함께 도요토미 일가가 세습했던 관백 직위도 몰수하여 오섭가五攝家에 되돌려 주었다.[32]

이때 영지를 증액받은 다이묘가 100여 명에 달했으나 토자마外樣 다이묘가 대다수를 차지하는 의외의 결과가 나왔다. 즉 도요토미씨의 영지는 대폭 감소했지만, 이 집안과 인연이 깊은 아사노淺野·이케다池田·후쿠시마福島·야마우치山內·구로다黑田 등이 2배 가까이 영지가 늘어났다. 히데요리 세력과 천황 및 조정세력이 건재해 있는 상황에서 오히려 불안한 형국으로 치닫게 된 것이다. 이와 같은 모순점을 해결하기 위한 일환으로 이에야스는 후술하지만 주인선朱印船 무역을 개시한다.

1601년 6월 다치바나는 피로인 250인과 함께 조선에 강화를 요청하는 헤이시게노부平調信·헤이요시토시平義智·마사나리正成의 서계를 지참하고 조선에 건너 왔다.[33] 이 서계는 세키가하라 전투 직후 처음으로 조선에 전달된 일본 측의 강화요구였다.[34] 또한 1602년 6월과 8월, 11월 2개월 간격으

30 이에야스는 '히데쓰구 사건'이 발생하자 기나이에 있으면서 2년 동안 에도에 가지 못했다. 고마키·나가구테小牧長久手 전투 이후 16년, 오다와라小田原 전투 이후 10년 만에 직접 참전하면서 세키가하라 전투를 승리로 이끌었다.

31 藤井讓治, 『天下人の時代』, 吉川弘文館, 2011, 151~154쪽.

32 구조 가네다카九條兼孝를 관백으로 임명하도록 조정에 건의한 결과 12월에 받아 들여졌다. 히데요리를 관백 정권의 정점에 올려서 권력 회복을 시도하려 했던 도요토미씨 입장에서는 큰 충격이었다.

33 『선조실록』 권138, 34년 6월 甲午(28일)조.

로 많은 조선 피로인을 보내면서 강화교섭에 적극성을 보였다. 당시 쓰시마는 이에야스와 밀접한 관계임을 한층 강조하면서 11월에는 정식으로 '통신사 파견'을 요구하기 시작했다. 그렇다면 이와 같은 쓰시마의 태도 변화에는 어떠한 배경이 있는지 검토해 보자.

이에야스는 1601년 3월부터 오사카에서 후시미로 거처를 옮겼고, 후시미를 '공의公儀(쇼군 세력)'의 중심지로 삼았다. 그는 1601~1608년 동안 에도와 오사카·후시미를 왕래하면서 권력 강화를 꾀했다.[35] 당시 이에야스는 천황을 위시한 공가 세력들에게 최고 권력자로서 인정받지 못했다. 때문에 히데요리가 천황·공가들과 친분관계 맺는 것을 극도로 꺼려했다.[36]

1602년 후시미로 돌아온 이에야스는 5월 '니죠 성二條城' 축성 명령을 내린다. 여기서 주목할 점은 축성의 명분을 '텐가후신天下普請(토목공사)'이라고 한 것이다. 당시 다이묘들이 축성할 때는 자신들의 집안 인력을 동원했다. '텐가후신'은 지금까지 최고의 권력자였던 히데요시만이 내릴 수 있었던 명령이었다. 그런데 이에야스가 군역을 부과하면서 전국의 여러 다이묘들에게 동원령을 내려서 축성을 명한 것이다. 이것은 이에야스가 히데요시의 후계자임을 나타내는 상징적인 일이었고, 이에야스의 쇼군 취임과 함께 정치적인 파장이 컸다.[37]

쓰시마가 '니죠 성' 축성 명령 소식 한 달 뒤인 1602년 6월과 8월, 11월

34 『선조실록』 권139, 34년 7월 己亥(4일)조 ; 『선조실록』 권163, 36년 6월 甲午(9일)조. 이후 1601년 11월과 1602년 5월에도 강화를 요청하는 쓰시마 측의 요구가 있었으나 그다지 주목할 것은 없다.

35 曾根勇二, 『秀吉·家康政權の政治經濟構造』, 校倉書店, 2008, 160쪽.

36 1602년 10월 이에야스는 에도로 돌아간 후 도쿠가와 집안의 계보 정리작업에 착수했다. '도요토미 셋칸가豊臣攝關家'에 臣從하고 있는 현상을 타파하고 도쿠가와씨에 의한 신정권 수립에 몰두한 것이다. 동시에 가마쿠라鎌倉 막부를 모델로 쇼군에 취임하려는 계획을 세웠다.

37 小和田哲男, 『北政所と淀殿』, 吉川弘文館, 2009, 160~164쪽.

2개월 간격으로 많은 조선 피로인을 보내면서 강화교섭에 적극성을 보인 것은 우연의 일치가 아니다. 11월에 정식으로 '통신사 파견'을 요구한 것도 이에야스의 위상 변화를 염두에 둔 것이다.

한편 1601년 이에야스는 동남아시아로 도항하는 상선에 대해서 주인장을 발급하면서 해외무역을 통제하였다.[38] 같은 해 10월 이에야스는 안남국安南國(베트남)의 도원수 서국공 원황都元帥瑞國公阮潢에게 주인장을 소지하지 않은 일본 상선이 안남에서 교역하는 것을 금지할 것을 요구했다.[39] 게다가 명과 일본의 해적 처벌과 세키가하라 전투의 종결을 알리는 필리핀 총독 서한에도 주인장을 소지하지 않은 상선의 교역 금지를 요구했다.[40]

1602년 8월과 10월에는 필리핀 총독에게 멕시코와의 통교를 위해 기항지를 관동지역에 설치할 것을 제안하기도 했다.[41] 왜냐하면 루손呂宋은 일본에서 수요가 높았던 필리핀산 금뿐만 아니라 중국산 생사 및 견직물, 은·식량·무기 등을 교환할 수 있는 매력적인 교역 상대였기 때문이다. 따라서 사쓰마를 비롯한 서국 다이묘들은 총독부에 사신을 파견하고 통상관계를 확립해서 무역에 참가하려 했다. 이와 같은 움직임에 대해 이에야스는 우려할 수밖에 없었다. 그래서 무역의 독점뿐만 아니라 정치적 효과를 고려해서 이에야스는 무역통제 문제에 집중했다.

이후 이에야스는 동남아시아의 타이, 캄보디아, 太泥國(타이) 등 여러 나라에 국서를 보내면서 친선관계를 수립했다. 그 결과 게이초慶長(1596~1618)년 간에 출항한 주인선은 167척에 이른다. 결국 그의 목적은 주인장을 통해 일본의 무역 상인을 장악하고 새로운 무역시스템을 구축하는 것이었다.

38 本多博之, 앞의 책, 194~197쪽.
39 藤井譲治, 앞의 책, 155~157쪽.
40 상동
41 安野久, 「關ケ原前役前における徳川家康とフィリヒンとの交渉ーローマイェズス會文書によるー」, 『キリスト教史學』 28, 1974, 48쪽.

이처럼 이에야스는 동아시아 교역 루트에 대해 높은 관심을 갖고 있었다. 이와 같은 상황 속에서 이에야스는 조선과의 국교 재개를 적극적으로 검토하였다. 명과의 감합무역 성사를 위해서도 조선의 도움이 필요하다고 판단한 것이다. 결국 동아시아 지역의 무역에 지대한 관심이 있었던 이에야스의 입장에서 조선과의 국교회복은 당면 문제였다. 그래서 쓰시마를 통해 실무를 담당하게 한 것으로 보인다. 그러면 이에야스와 쓰시마의 접촉은 언제쯤 이루어졌을까?

1603년 1월 이시발은 손문욱과 다치바나가 문답한 장계를 올린다. 그 내용에는 "일본에 있었던 피로인들이 '시게노부調信가 지난(1602년) 6월경 오사카에 가서 이에야스를 만나고 돌아왔다'고 하고, 또 '사쓰마의 요시히로平義弘가 이미 이에야스와 화합했다'"[42]고 적혀있다. 또한 1602년 6월 21일에는 경상좌도 수군 절도사 이운룡이 치계한 헤이 가게나오平景直의 서계 중에 "저의 아비 평조신은 이달 말에 반드시 왕경(교토)에서 돌아오게 될 것입니다"[43]라고 한 부분이 있다.

위의 내용은 약 5개월 시차는 있으나 시게노부는 쓰시마의 중신으로 이에야스와 만났고, 조선과의 교섭 관련 제반 사항을 논의하고 있다는 것을 알 수 있다. 흥미로운 것은 이 시기가 6월 전후라는 점이다. 이미 5월에는 이에야스가 '텐가후신' 명목으로 '니죠 성'을 축성하고 있었고, 서국 지역의 최대 다이묘였던 시마즈 요시히로도 이에야스에게 항복한 상황이었다.[44]

42 『선조실록』 권158, 36년 1월 己未(2일)조.

43 『선조실록』 권163, 36년 6월 甲午(9일)조. 이 내용은 1603년 6월에 올린 보고지만 1602년 것이 다수 언급되어 있다.

44 시마즈씨는 세키가하라 전투에서 패했지만 끝까지 저항했다. 이에야스는 규슈의 가토 기요마사, 나베시마 나오시게를 주축으로 한 토벌군을 사쓰마에 보냈지만 번번이 패하자 장기전이 우려되어 철수 명령을 내렸다. 1602년 시마즈 가문의 처분을 불문으로 하고 아들 시마즈 다다쓰네島津忠恒에게 전권을 양도하는 조건으로 영지와 가문을 보전해 주었다.

『선조실록』에는 이외에도 "헤이 시게노부平調信가 왕경에서 돌아올 것이다", "헤이 시게노부平調信가 신정 하례를 하러 왕경에 갔고, 편지 내용을 이에야스에게 보여줬다"[45]라는 언급도 있어서 이에야스와 쓰시마와의 실질적인 왕래가 이때부터였다고 짐작할 수 있다.

이후 이에야스는 시게노부에게 "12월경에는 '통신사'를 차임하라"는 명을 내리기도 하고, "쓰시마 도주가 강화에 관한 일은 전적으로 책임지라"[46]는 명도 내린다. 따라서 쓰시마가 독단적으로 조선과의 교섭을 진행했다는 일본 연구자들의 지적은 재고될 필요가 있다.

전술한 것처럼 쓰시마는 이에야스가 '텐가후신'을 단행할 정도로 정치력이 강화되었다고 인식하고 조선과의 교섭에 적극성을 보였다. 동시에 조선에 요구한 조건이 '평인平人', '차인差人'에서 '통신사' 파견으로 변경된 것은 주목할 만하다. 통신사는 조선 국왕이 일본의 주권자에게 보내는 사절로 양국의 공식적인 우호의 상징이다. 따라서 쓰시마는 이에야스를 일본 최고의 주권자로 인식하여 조선에 통신사 파견을 요구했다.

이에 대해 조선은 1602년 12월 전계신과 손문욱을 쓰시마에 파견하여 일본 정세를 정탐했다.[47] 일본 측과 부득이하게 화약和約하게 된다면 관원 신분이 아닌 승 유정을 파견해서 일본 사정을 알아볼 계획을 세웠던 점도 주목된다.[48] 이때부터 조선에서는 강화에 대한 분위기가 조성되었다고 할 수 있다.

45 『선조실록』 권158, 36년 1월 2일 己未(2일)조 ; 同, 권160, 36년 3월 庚辰(24일)조.
46 특히 이에야스가 도요토미 마사나리豊臣正成를 통해서 쓰시마와 중계역할을 시킨 점이 주목된다. 그는 1599년부터 나가사키 부교長崎奉行로서 해적 행위 금지와 규슈지역의 외교와 무역에 대한 처리를 담당하고 있었던 인물이기도 하다. 岡田章雄, 『キリシタン大名』, 吉川弘文館, 2015, 179~182쪽 ; 『선조실록』 권163, 36년 6월 甲午(9일)조.
47 『선조실록』 권152, 35년 7월 己卯(20일)조.
48 『선조실록』 권145, 35년 1월 庚戌(17일)조.

3. 이에야스의 쇼군 취임과 유정 사행惟政使行 (1603.2~1605.3)

이에야스가 쇼군으로 취임한 후부터 아들 히데타다秀忠에게 쇼군직을 양도한 시기까지 조선과 교섭이 이루어진 것은 1603년 3월, 6월, 10월과 1604년 3월, 1605년 4월 등 5회이다. 이 시기에도 다치바나는 일본과 조선의 외교 실무를 담당하고 있었다.

1603년 3월 소 요시토시가 예조에 보낸 서계를 보면, 피로인 85명을 다치바나가 송환했다는 것과 조속히 화호의 일을 정하여 통신사를 차견해 달라는 내용이다.[49] 6월에는 "본인은 양국의 화호에 관한 일을 맡았고 명에 시급히 신사信使를 차출하여 화호 하는 증명을 보이는 게 좋겠다"[50]고 전했다. 그러나 10월에는 "일본이 '재침'할지도 모른다"는 위협수단도 동원하고 있다. 이는 쓰시마가 강화교섭을 서두르기 위한 술책이라 할 수 있다.

한편 1603년 2월 이에야스는 쇼군으로 취임했지만 대량의 낭인牢人과 무사의 길이 단절된 지자무라이地侍, 봉행인奉行人 층의 불평불만이 산적해 있었다. 이와 같은 상황이 지속되면 다시 전란으로 발전될 가능성도 적지 않았다.

3월 이에야스는 1차로 에도 성의 시가지 조성 및 확장공사를 명한다. 장군의 거성을 '텐가후신天下(公儀)普請' 명목으로 공사하면서 일본 전국의 노동력을 동원했다. 여기에는 이치몬一門·후다이譜代 다이묘뿐 아니라 가토 기요마사를 필두로 70여 명 정도의 토자마外様 다이묘까지 동원되었다. 이것은 막부정치의 중심이라는 에도 성이 갖는 상징성이 필요했기 때문이었다.[51]

49 『선조실록』 권160, 36년 3월 庚辰(24일)조.

50 『선조실록』 권163, 36년 6월 己亥(14일)조.

51 池上裕子, 『織豊政権と江戸幕府－日本の歴史』, 講談社, 2002, 357쪽. 시타마치 무라城下村를 만들기 위한 기초 공사를 시작하고, 간다神田·니혼바시日本橋·교바시京橋

다음 해 이에야스는 전국의 다이묘들에게 토목공사 명을 내리면서, 절대적인 권력을 과시했다. 이처럼 이에야스는 관백(히데요리)을 대신하는 무가의 동량이며, 영토의 영주권을 장악하고 있다는 사실을 1603년 3월 이후에 노골적으로 드러냈다.[52]

1604년 1월 에도막부는 마쓰마에 요시히로松前慶廣에게 에조치(홋카이도) 교역의 특권을 인정한다. 이전부터 이 지역을 관할했던 마쓰마에씨에게 일임된 것이다. 이것은 쓰시마의 소씨 입장에서 볼 때 시사하는 바가 컸다. 이것은 시마즈씨에 의한 류큐와 중국무역, 쓰시마 소씨에게는 조선 무역을 일임하는 기본구상을 에도막부가 가지고 있었다는 것을 의미한다.

한편 1603년 이에야스가 쇼군으로 취임한 이후 조선은 명과의 외교에 있어서 중요한 변화가 있었다. 즉 명이 1604년 5월 이후부터 조일교섭에 간섭하지 않고, 조선이 자주적으로 처리한다는 '선행 후보先行後報' 방침을 전달했다. 조선이 '통왜通倭'한다는 의구심을 받지 않고 독자적으로 대일 강화를 할 수 있는 계기가 되었다는 점에서 획기적 조치였다고 할 수 있다.[53] 이것이 조·일 양국의 국교 재개가 신속하게 진행될 수 있는 중요한 배경이 되었다. 이 부분은 조·일간의 강화교섭을 논의할 때 간과해서는 안 되는 중요한 문제이다.[54]

등에 쵸닝치町人地를 조성하였다.

52 당시 도카이 이서東海 以西 지역의 다이묘에 대해서는 이에야스가, 고신에츠甲信越의 以東지역에는 히데타다가 영향력을 갖고 있는 상태였지만, 규슈지역의 서국 다이묘에 대해서는 둘 다 절대적인 권력과 영향력을 갖지 못했다. 7월에 히데요리를 정치적으로 고립시키고 유폐할 목적으로 히데타다의 딸 千姬와 결혼시킨 일은, 이에야스가 쇼군직에 취임하였지만 불안정한 위치에 있었음을 반증해 주는 것이었다. 「當代記」 慶長 8년 7월 3일조, 『史籍雜纂』 권2, 續群書類從完成會. 1995.

53 이러한 정책 변화는 흠차순무 요동어사 조즙이 조선에 보낸 자문을 통해 확인할 수 있다. 『선조실록』 권174, 37년 5월 辛未(21일)조.

54 『선조실록』 권202, 39년 8월 己未(23일)조. 1606년 8월 선조와 유영경은 '회답겸쇄환사'를 파견하기 직전, 병부의 이자移咨를 인용하면서 "일본에 사신을 보내고 난

조선은 명의 '선행후보' 방침은 전달받았으나 여전히 이에야스와 막부의 외교방침을 명확하게 파악하지 못했다. 따라서 쓰시마에게 개시開市를 통보하고 일본 내부의 정세 탐색을 위해 1604년 8월 20일 유정 일행을 일본으로 보냈다. 이들은 12월 교토에 도착한다. 쇼코쿠지相國寺와 로쿠온지鹿苑院에서 사이쇼 쇼타이西笑承兌·우세츠 즈이호有節瑞保를 만났고 1605년 3월 후시미에서 이에야스와 접견했다.[55] 이에야스가 "자신은 임진년에 관동에 있었으며 자신의 군사는 한 명도 동원되지 않았다"[56]고 하면서 유정 사행을 예우하고 화호를 요구했다. 원래 惟政의 입장에서는 정식 사절단이 아니었기 때문에 국서를 지참하거나 답서를 받아올 수 없는 상황이었다. 하지만 쓰시마가 아닌 일본의 최고 권력자 이에야스가 조선과 국교할 의사가 분명히 있다는 것을 확인한 것이다. 임진전쟁 이후 조일 간의 국교 문제를 풀어나가는데 커다란 전환점이 되는 순간이었다.

특히 이에야스는 조선·명과 국교 정상화를 이루어서 정권의 국제적 위상을 회복하고, 무역을 통해 재정을 확보하는 것이 당면 과제였다. 따라서 조선에 대해 '무위武威'를 동원해서 재침략한다는 위협은 무용한 방법이며 조선과 국교를 재개한 후 조선·명과의 통교, 통상관계를 복구하는 것이 현실적인 방안이라는 것을 파악한 것 같다. 이에야스가 주인선 무역제도를 실시하면서 열정을 보인 것도 이 시기였음을 고려한다면 조선과의 국교 재개는 자연스러운 것이었다.

다시 말해서 이에야스에게는 무역 독점 및 정권의 정당화를 어필하는데

후에 중국에 보고해도 무방할 것이다"라고 논의하고 있다. 명의 '先行後報' 방침이 조·일 국교 재개에 영향을 미쳤음을 알 수 있다.

55 『선조실록』 권174, 37년 6월 丁亥(8일)조. 당시 조선 조정에서는 유정이 일본에 파견되더라도 僧 신분이고, 국서도 지참하지 않았으므로 공식 사절이 아니라고 인식하려 했다. 일본의 정세를 잘 살피고 응변 한다면 오히려 사신 파견에 도움이 될 것이라는 긍정적인 태도를 보였다.

56 仲尾宏, 『朝鮮通信使をよみなおす－「鎖國」史觀を越えて』, 明石書店, 2006, 34쪽.

조선의 사신 파견 및 국교 재개는 정치적인 입지를 강화시킬 수 있는 절호의 기회였던 것이다. 따라서 쓰시마를 통해서 선제적으로 조선과의 국교 재개를 재촉했다.

한편 유정의 일본 파견과 관련해서 다양한 평가가 있지만, 이에야스에게 강화교섭 의사가 있다는 것을 확인한 것은 평가할 만하다. 유정은 10개월 만에 귀국한 후, 이에야스와의 교섭에 신중론이 우세했던 조선 국내 상황을 반전시켜 국교를 재개할 수 있는 여건을 마련해 주었다. 이에야스로부터 재차 통신사 파견 요청이 확인되자 선조는 조속한 전쟁 종결과 승전의 명분을 갖춘 상태에서 강화를 이루는 것이 권력 강화를 위해서도 도움이 된다고 판단했다.

4. 히데타다의 쇼군 취임과 회답겸쇄환사回答兼刷還使 (1605.4~1607.7)

이에야스는 1605년 4월 아들 히데타다에게 쇼군직을 물려준다. 이는 쇼군직이란 도쿠가와 집안이 세습하는 것이고, 도요토미씨에게 정권을 되돌릴 생각이 없음을 천하에 알리는 것이었다. 쇼군직 양위라는 치밀한 계획을 세워 권력 계승을 공식화하려 했다.

구체적으로 보면 쇼군직을 양보하기 2개월 전, 1605년 2월 24일 히데타다는 쇼군선하將軍宣下(의식)를 받기 위해 동국 지역의 다이묘들을 대거 이끌고 에도를 떠나 3월 21일 후시미에 도착했다. 그 군세는 기소지木曾路를 돌아 시나노信濃·가이甲斐 지역의 병력을 합쳐 10만 명 정도로 연도와 京中의 관람인을 압도하면서 대대적인 행렬을 보여줬다. 지금까지 이에야스와 히데타다가 에도와 후시미를 왕복할 때 소수의 인원만 대동했던 것과는 대조적이었다.57 조선의 유정 일행도 히데타다의 행렬을 봤으며 이를 통해 이

에야스가 최고 실권자임을 확인했고, 이를 조선에 보고했을 것이다.58

이후 4월 16일 히데타다는 쇼군선하를 받고 에도막부의 2대 쇼군으로 취임한다. 이와 같은 정치적인 퍼포먼스와 관련해서 기존 연구에서는 이에야스와 히데타다의 쇼군 즉위에 맞추어 통신사절의 내일來日을 요구했다는 주장이 있다.59 그러나 이에야스가 조선과의 국교 재개에 적극성을 보인 것은 오히려 유정 사행이 파견된 이후였다. 또한 히데타다가 쇼군으로 취임한 지 2년이나 지난 상황에서 취임 축하를 위해 1607년에 통신사 파견을 요구했다는 것은 시기적으로 공백이 너무 길다. 후술하겠지만 통신사 파견을 에도성이 완공되는 시기에 맞추어서 요구했던 것으로 보인다.

1605년 5월에 유정은 귀국하면서 피로인 1,390명을 송환했다. 이후 1607년 5월 회답겸쇄환사가 파견될 때까지 1605년 11월, 1606년 1월, 4월, 6월(2번), 11월 등 6번에 걸친 교섭 논의가 있었다. 이 과정에서 1606년 4월 조선은 본격적인 통신사 파견 논의를 하면서 '선위치서 범능적박송先爲致書, 犯陵賊縛送' 문제를 거론하였고, 진행 여부를 탐색하기 위해 8월에 전계신 일행을 쓰시마에 파견하였다.60 결국 1606년 11월 이에야스의 국서가 도착하고 범능적 소환이 성사되자, 1607년 '회답겸쇄환사' 파견을 전제로 한 국교

57 小和田哲男, 앞의 책, 164~172쪽.

58 유정 사행이 이 행렬을 봤으므로 히데타다가 2대 장군에 임관된다는 사실을 알았을 것이라 짐작되지만 이 사실에 대해 실록에는 취임 1년 뒤인 1606년 4월 피로인을 통해 알게 된 것으로 기록되어 있다. 즉 "어떤 자는 이에야스가 둘째 아들을 관백으로 봉하였다고 하고, 어떤 자는 히데요리가 연장자이기 때문에 이에야스가 히데요리에게 자리를 물려주려 한다고도 하여 전후 말한 것이 일치하지 않으니, 어찌 된 일인가? 두 나라가 화친하여 사신을 보내 통신하는 것은 사체가 지극히 중한 것인데, 어찌 너희 쓰시마가 중간에서 하는 말만 듣고 갑자기 사신을 보낼 수 있겠는가" 하는 부분에서 조선이 통신사 파견에 신중함을 보이고 있는 것을 알 수 있다. 『선조실록』 권98, 39년 4월 乙卯(17일)조.

59 민덕기, 앞의 논문, 114~119쪽.

60 『선조실록』 권203, 39년 9월 己卯(13일)조.

재개가 시작되었다. 그러면 회답사가 파견되기까지 일본 국내 사정은 어떠했을까?

우선 1606년 들어서면 이에야스는 두 가지 중요한 정치적인 결정을 내린다. 첫째는 후시미에 도착한 3월에 대대적인 2차 에도 성 증축 및 슨푸 성駿府城 축성 명을 내린다. 여기에는 서국 다이묘들이 대거 동원되었고, 그 결과 혼마루本丸 니노마루二の丸, 산노마루三の丸가 완성되었다. 다음 해에는 5층 천수각도 완성되었는데 이때 동원된 사람들은 간토關東·고신에츠甲信越·오슈奧州 지역의 다이묘들이었다. 이번에도 '텐가후신' 명분으로 진행되면서 1606년과 1607년 두 차례에 걸친 공사로 에도 성은 대성곽의 형태를 갖추었고, 쇼군의 권위를 나타내는 상징적인 장소로서 자리매김 되었다.

한편 이 시기 『선조실록』을 보면 쓰시마가 조선에 강화를 재촉하는 기사가 빈번하게 나타난다. 예를 들면 1606년 4월에서 8월 사이 조선 조정에 다음과 같은 기사가 보인다. "요시토시와 가게나오景直 등이 통신사를 요구하면서 심하게 재촉하고 공갈 협박까지 하고 있다"(4/5일) "이에야스가 다치바나에게 좋은 소식이 있는지 누차 물어본다"(4/24일) "쓰시마의 왜가 이에야스는 히데요시가 행한 것과는 반대되는 일을 했으니 화를 맺자고 독촉催迫이 심하다"(5/17일) "이에 '8월 며칠 날 화친 사신으로 하여금 바다를 통과하게 하겠다는 약속을 지시해 주기를 오로지 바란다'고 하면서 저들의 소망이 매우 급하고 간절함을 대개 상상할 수 있습니다"(7/4일) "쓰시마가 강화에 급급한데 그것은 이에야스에게 강화를 성사시켜 속죄하려는 것 같다"(8/23일) 등이다.[61] 이에야스가 쓰시마 측에 강화요청을 재촉하고 있다는 것을 알 수 있다. 이는 에도 성 공사 이후로 빈번하게 나타나고 있어서 통

61 『선조실록』 권198, 39년 4월 癸卯(5일)조 ; 同, 권198, 39년 4월 壬戌(24일)조 ; 同, 권199, 39년 5월 甲申(17일)조 ; 同, 권201, 39년 7월 辛未(4일)조 ; 同, 권202, 39년 8월 己未(23일)조.

신사 도일 문제가 에도 성 축성과 관련 있는 것으로 짐작된다.

에도 성 증축 공사가 끝나자 1607년 3월 14일 이에야스는 또 다시 '텐가후신'으로 슨푸 성 공사를 명령했고, 이를 위해서 다이묘들에게 '五百石夫'(생산량에 따라 500石 당 인부 한 사람)를 제공하도록 했다.[62] 이전에 에도 성 공사를 담당했던 다이묘들과 중소 영주를 제외한 기나이의 5개 지역, 그리고 단바丹波·빗추備中·오우미近江·이세伊勢·미노美濃 등 10개 지역에 직할지를 갖고 있는 자들을 대상으로 삼았다. 이후 윤 4월 에도 성에서 '회답겸쇄환사'와 빙례 및 국서 교환을 하면서 조·일간의 정식 국교가 성사되었다.[63]

여기서 주목하고 싶은 것은 에도 성의 완공과 통신사 파견 시기가 거의 일치한다는 것이다. 에도 성은 이에야스가 '천하의 부성府城'건설이라는 명분을 걸고 전국의 다이묘들에게 '텐가후신'으로 준공한 곳이며, 쇼군의 권위를 나타내는 상징적인 곳이다. 또한 이곳은 전국 통합의 중심지이고, 에도막부의 심장부인 곳이다. 그래서 대내외적인 선전 효과를 염두에 두고 이 시기에 통신사의 도래를 성사시키고자 했을 가능성이 크다.

둘째는 1606년 4월 교토에 참내한 이에야스는 고요제이천황後陽成天皇에게 무가의 관위는 에도막부의 추천 없이 승인해서는 안 된다고 주청하였다.[64] 이것은 히데요리 측근 인사가 무가의 관위에 마음대로 승진하는 것을 방지하고 에도막부에 권력을 집중시키려는 의도였다. 이것은 대단히 중용한 의미를 지닌다. 이 결정이 받아들여지면 에도막부와 조정(천황)과의 상호관계는 돈독해지고 무가의 관위 제도까지 장악하여 히데요리를 추종하는 다이머 세력들을 원천적으로 봉쇄할 수 있기 때문이다.

1607년 1월 '회답겸쇄환사'가 504명의 사절단을 이끌고 교토의 다이도쿠

62 「當代記」 慶長 12년 3월 25일 조, 『史籍雜纂』 권2, 續群書類從完成會, 1995.

63 이에야스는 7월 에도 성에서 슨푸 성으로 정치 무대를 옮겼다. 曾根勇二, 『大坂の陣と豊臣秀頼』, 敗者の日本史 13, 吉川弘文館, 2013, 18~20쪽.

64 池上裕子, 앞의 책, 358~359쪽.

지大德寺에 도착하였고, 이 행렬을 보러 나온 사람은 수만 명이었다고 한다.[65] 윤 4월 에도에서 회답쇄환사는 히데타다를 만나 국서를 전달하였고, 5월 20일 귀국 도중 슨푸 성에서 이에야스를 만났다. 그는 "우리 부자는 타국과 전쟁하지 않을 것이며 이후 모든 일은 쓰시마를 통해서 하겠다"[66]는 의사를 밝혔다. 회답사는 침략 의도가 없음을 인정하고 조선 정부에 보고하여 기유약조를 맺는 계기가 되었다. 이에야스는 조선을 통해서 명과 교역(進貢)할 수 있도록 협조를 요청하지만 조선 측은 거절하였고 회답사는 7월에 귀국하였다. 결국 '회답겸쇄환사'의 도일로 조·일 간의 국교 재개는 10년 만에 성사되었다.

소결小結

본장에서는 임진전쟁 이후 조선이 일본과 단기간에 국교를 재개하게 된 배경을 일본의 대내외 정세와 이에야스가 추진했던 정책들을 중심으로 살펴보았다.

이에야스는 히데요시 사후부터 전국의 패권을 장악하려 했다. 따라서 초기에는 히데요시의 정치를 계승하면서 도요토미 정권의 일개 다이묘에 지나지 않았으나 세키가하라 전투 이후 최고 권력자로 부상하였다. 그러나 그의 권력은 완전한 것이 아니었다. 1617년까지도 국내외적으로 인정받지 못한 불완전한 상황이었다.[67]

65 仲尾宏 외, 『朝鮮通信使とその時代』, 明石書店, 2001, 48~51쪽.

66 완공되지 않은 에도 성 大廣間에서 빙례가 이루어지고, 秀忠은 회답사 일행이 임진전쟁 이후 조·일간의 첫 공식방문이라 우호적인 태도를 보인다. 이는 1617년 통신사가 방문했을 때 의례적 행사로 형식만 갖춘 것과는 대조를 보인다. 鄭章植, 『使行録に見る朝鮮通信使の日本觀』, 明石書店, 2006, 38~42쪽.

당시 대외적으로 시마즈씨는 명과 류큐 무역, 가토는 루손 무역 등 西國 다이묘들을 중심으로 활발하게 교역이 이루어지고 있었다. 이에야스는 고립된 국제관계를 회복하고, 조선과 명의 국교 정상화를 꾀함으로써 국가 주권을 분명히 하고 무역이윤에 의한 재정을 확보하는 것이 급선무였다.

이러한 관점에서 이에야스는 조선과의 국교회복은 절대적인 문제였다. 그러나 조선에 대한 이에야스의 입장은 다중적이고 복잡했다. 당시 이에야스는 절대권력자도 아니었고, 철수하여 돌아온 일본 무장 사이에서는 전쟁 중의 공과功過 문제가 남아 있어서 조선과 화호를 맺는 것도 어려운 상황이었다. 그렇기 때문에 쓰시마를 통해서 선제적으로 통신사를 요구했던 것이다.

이와 같은 상황에서 이에야스는 1602년 니조 성을 시작으로 '텐가후신' 명목으로 에도 성·슨푸 성 축성을 단행하였다. 에도막부의 쇼군은 무가 권력의 계승자임을 강조하면서 국내를 장악해 나갔다. 정치 권력의 장악에 확고한 의지를 표명하기 위해 대내외적인 선전 효과를 염두에 둔 통신사행의 도래를 성사시키고자 했다.

한편 조선은 쓰시마에 대한 불신감이 있었고, 일본의 권력 변화에 대해 무지했었다. 그럼에도 불구하고 일본의 재침 위험성을 방지하고 국토 재건과 북방 방위에 전념하려 했다. 동시에 통신사 파견을 통해 일본 사정을 관찰했고 그들의 실정을 탐색하고자 했다.

무엇보다도 전쟁을 종결짓는 동시에, 선왕의 능 훼손과 같은 모든 전란의 허물을 벗어나 전쟁을 '승리'로 마무리 할 수 있었다. 때문에 '회답겸쇄

67 쇼군은 다이묘들의 정점에 서서 영주들을 동원할 수 있는 군사 지휘권과 그들의 영지를 인정하는 영지 상속권領地宛行權을 갖고 있어야 한다. 그런데 에도막부의 쇼군은 이에야스가 죽기 바로 직전까지도 이 상속권을 갖고 있지 못하고 히데요시의 것을 그대로 사용하였다. 1615년 오사카 전투가 끝나고 1617년이 돼서야 비로소 아들 히데타다가 다이묘들의 영지 상속권을 인정하는 권한을 가지게 되었다. 명실공히 도쿠가와 정권이 확립되었다고 볼 수 있다.

환사'를 보내서 국교를 재개하는 것은 상책이라고 판단했다. 여기에 1604년부터 명이 조·일교섭에 간섭하지 않고 조선이 자주적·능동적으로 판단해서 처리하라는 '先行後報' 방침도 조·일 국교재개에 촉매제가 되었다. 이와 같은 변화로 조선이 일본과 通倭한다는 의심을 받지 않고 '유정 일행'과 '회답겸쇄환사'를 일본에 파견할 수 있었다.

제2장 이에야스의 국서 문제와 동아시아

임진전쟁이 끝난 후 조선에서는 일본에 대한 적대감이 극에 달하여 강화 교섭이나 국교 재개를 진행할 상황이 아니었다. 그러나 후금의 압박이 심해졌고, 조·일 관계에 대한 명의 태도가 변화하자 양국의 관계는 새로운 국면으로 접어들었다. 조선은 전후처리를 신속하게 하지 않으면 민심의 이반과 왕권에 대한 불신으로 국가재건에 위협이 된다는 우려로 기존의 대일 정책을 전환하지 않을 수 없게 되었다.

에도막부도 조선 침략으로 인하여 동아시아 사회에서 고립될 위치에 처하자 국제관계를 회복하고, 조선과 명 간의 국교 정상화를 꾀함으로써 정권의 위상을 분명히 하고자 했다. 즉 에도막부는 규슈지역 다이묘들의 무역 활동을 견제하는 동시에, 류큐 왕국을 통하여 일·명 무역을 재개하면서 히데요시의 외교권과 무역권을 계승하려고 노력하였다. 이처럼 조·일 양국은 정권의 안정을 위해서 강화 및 국교 재개가 필요하다는 사실을 절실하게 인식했다.

그 결과 조선은 1607년 제1차 '회답겸쇄환사'를 일본에 보냈다. 이는 일본 정세를 탐색하고 국내 사정을 고려한 전략적 선택이었다. 조선은 '회답겸쇄환사'라 칭하여 이에야스의 국서 요청에 회답하면서 국내외 긴장을 완화시키고, '피로인의 쇄환'을 명분으로 전후처리와 국교회복을 단행하는데 목적이 있었다.

그럼에도 불구하고 조선은 양국의 '통신' 관계보다는 한시적이고 임시적인 성격의 사행이라는 것을 강조하려 했다.[68] 조선은 '회답겸쇄환사' 파견 문제와 관련해서 그 전제 조건으로 먼저 국서를 보내서 강화를 요청하라는 소위 '선위치서'를 요구하였다. 이것은 조·일간의 관계개선 및 국교회복을 위한 최우선의 조건이었다.

조·일 양국에서는 '회답겸쇄환사' 문제를 둘러싸고 다수의 국서를 두고 진위문제가 논란이 되었다. 즉 ① 1606년 8월 '내부서등內府(이에야스)書謄' ② 1606년 11월 이에야스의 국서 ③ 1607년 정월 선조의 국서 ④ 1607년 정월 오억령의 서계 ⑤ 1607년 6월 히데타다의 국서가 그것이다. 이 중에서 특히 논쟁되고 있는 것이 ①, ②의 이에야스 국서 문제이다.[69]

주지하다시피 쓰시마가 막부의 명령 없이 자의적으로 1606년 이에야스의 국서를 위조했다는 위조설이 일본학계에서는 지배적인 학설로 인식되어 왔다.[70] 그 국서는 쓰시마가 가짜로 만든 것이며 이에야스는 처음부터 국서 작성에 관여하지 않았다는 것이다.

한편 개작설改作說도 끊임없이 제기되고 있다. 이에야스가 '내부서등'을 작성하여 쓰시마에 전달하였는데, 조선 사신들이 이를 열람한 뒤 일부 내용의 수정을 요구하였다. 그래서 쓰시마가 의견을 받아들여 개작하였고, 11월

68 이훈, 「임란 이후 '회답겸쇄환사'로 본 대일본외교 전략－선조대를 중심으로－」, 『한일관계사연구』 49, 2014, 293쪽.

69 '내부등서內府(家康)書謄'는 엄밀히 말해서 이에야스가 소 요시토시宗義智에게 보낸 지시서 또는 국서의 초안 정도로 생각되지만, 본장에서는 이에야스의 국서범주에 넣어서 파악하기로 한다.

70 위조설의 발단은 막부의 서물봉행書物奉行이었던 곤도 쥬조近藤守重(重藏)가 쓰시마에 전해 내려오고 있는 선조의 국서(1607년)가 막부의 모미지야마문고紅葉山文庫에 보존되어 있는 것과 서로 다르다는 것을 발견한 직후부터였다. 田中健夫, 『日本對外關係史』, 東京大學出版會, 1975, 262~262쪽 ; 田代和生, 『書き替えられた國書』, 中央公論社, 1983 ; 米谷 均, 「近世初期日朝關係における外交文書の僞造と改竄」, 『早稻田大學大學院文學硏究科紀要』 41, 1996, 21쪽 ; 池內敏, 『大君外交と「武威」 : 近世日本の國際秩序と朝鮮觀』, 名古屋大學出版會, 2006 ; 田代和生·米谷 均, 「宗家舊藏 「圖書」と木印」, 『朝鮮學報』 156, 1995 ; 米谷 均, 「文書様式から見た一六世紀の日朝往復書契－」, 『九州史學』, 132, 2002.

초순 조선에 이 개작된 국서가 전달되었다고 보는 것이다.[71] 국서의 개작이 어디까지나 이에야스의 지시와 명령을 토대로 개작되었다고 이해하는 것이다.

위조설 입장은 이에야스의 8월, 11월 국서 전부가 위조된 것으로 본다. 반면, 개작설은 8월 조선 일행에게 보여준 '내부서등'이 이에야스나 그의 측근이 직접 관여한 것이고, 11월에 작성된 것은 이에야스의 의지와는 상관없이 쓰시마가 개작했다는 것이다. 또 다른 견해로는 1606년 8월과 11월에 보내온 국서 전부가 이에야스와 막부 측근들의 동의를 얻어서 쓰시마가 작성했다는 소위 진위眞書설이다.[72]

이와 같이 이에야스의 국서 문제는 위조설, 개작설 등 다양한 견해가 존재하고 있다. 이러한 견해의 기저에는 국서를 보내는 방식과 형식에 따라 항복과 굴욕, 멸시관, 우월관이라는 극단적인 개념이 내포되어 있다.[73]

본장에서는 이에야스의 국서 문제를 동아시아 삼국의 국제환경과 연관시켜서 재검토하고자 한다. 기존 연구에서는 일본의 국내 상황을 경시한 채 문서 자체의 형식과 쓰시마의 관여 여부에만 관심이 집중되었다. 그러나 당시 적극적인 외교와 무역 확대를 통해서 국내 권력을 장악하려 했던 이에야스가 조선과의 강화 및 국교 재개를 서두를 수밖에 없었던 국내 사정을

71 18세기에 아라이 하쿠세키新井白石이나 마츠우라 가쇼松浦霞沼 및 하야시 후쿠사이林復齋 등은 이에야스 국서의 존재를 긍정적으로 이해하고 있다. 高橋公明, 「慶長十二年の回答兼刷還使の來日についての一考察－近藤守重の再檢討」, 『名古屋大學文學部研究論集』, 史學, Ⅴ31, 1985 ; 유재춘, 「壬亂後 韓日國交 再開와 國書改作에 關한 硏究」, 『강원사학』 2, 1986 ; 仲尾宏, 『朝鮮通信使と德川家康』, 明石書店, 1997 ; 同, 「德川家康と朝鮮·試論」, 『朝鮮義僧將·松雲大師と德川家康』, 明石書店, 2002 ; 鶴田啓, 『對馬からみた日朝關係』, 山川出版社, 2006 ; 홍성덕, 「조선후기 한일외교체제와 쓰시마의 역할」, 『동북아역사논총』 41, 2013.

72 민덕기, 「도쿠가와 이에야스의 1606년 조선에 보낸 '국서'에 대한 위조설 검토－요네타니설에 대한 비판을 중심으로－」, 『한일관계사연구』 52, 2015, 95쪽.

73 김경태, 「임진왜란 후 강화교섭기 국서 문제의 재검토」, 『한국사학보』 36, 2009, 47~48쪽.

간과해서는 안 된다.

게다가 에도막부는 정권의 안정적인 계승을 위해서도 조선과의 관계회복이 절실했다. 따라서 조선이 요구한 '선위치서' 국서문제는 해결하지 않으면 안 되었다. 1606년 11월의 이에야스 국서는 이와 같은 절박한 사정을 배경으로 조선에 보내졌던 것이다. 따라서 쓰시마도 막부의 동의와 협조를 얻어 문서를 작성할 수밖에 없었던 상황이었던 것으로 보인다. 만일 쓰시마가 국서를 위조했다고 한다면 일부러 이에야스 측에 사람을 파견하거나 조선 사신들을 기다리게 하면서까지 많은 시간을 소비할 필요가 없었을 것이다.

본장에서는 ①~⑤의 국서 문제 가운데 그 실마리가 되었던 ①, ②문제에 초점을 맞추어서 살펴보고자 한다. 첫째 '선위치서', '범능적박송' 문제가 조선에서 어떻게 논의되고 결정되었는지 재검토한다. 둘째 당시 막후에서 활약했던 손문욱孫文彧을 통해서 조선과 명, 쓰시마의 입장에 대해 살펴본 후 이에야스가 조선에 보낸 국서의 위조, 개작과 관련한 문제를 동아시아 삼국 간의 국제적 환경이라는 새로운 시각에서 이해하고자 한다.

1. 손문욱孫文彧의 역할과 이에야스 국서 문제

조선은 1607년 1차 '회답겸쇄환사'를 파견하기 전까지 일본 탐색을 위해 4차례에 걸쳐 쓰시마에 관리를 파견하였다. 1600년 6월 김달·박희근 파견, 1602년 2월 전계신·손문욱 파견, 1604년 7월 유정·손문욱 파견, 1606년 8월 전계신·손문욱 파견이 그것이다.[74] 이들 중에서 손문욱은 3회에 걸쳐서

74 이에 비해 일본은 총 22회에 걸쳐서 조선과 국교를 재개하기 위해 교섭을 벌였다. 홍성덕, 「壬辰倭亂 직후 日本의 對朝鮮 講和交涉」, 『한일관계사 연구』 3, 1995, 55~56쪽.

일본을 왕복하였고, 유정과 함께 후시미에서 이에야스를 만난 인물이다.

그는 1606년 8월 '내부서등'이 쓰시마에 도착했을 당시, 전계신과 함께 이 국서의 일부 문구와 서식 등의 수정을 요구하기도 했다. 조선은 다치바나 도시마사橘智正를 상대로 하는 교섭에 일본어가 능통했던 손문욱을 등용했던 경우가 많았다. 따라서 이에야스의 국서 문제를 검토할 경우 그의 활약과 역할을 고찰하는 것은 매우 중요하다.

손문욱은 1592년 포로로 잡혀갔다가 1598년 귀환해 노량해전에 참가하였다. 이순신이 죽은 뒤에는 지휘관을 맡아서 조선과 명군을 승리로 이끈 인물이다.[75] 그는 일본에 억류 중일 때 지배층으로부터 대우를 받았지만 귀환했다.[76] 그는 일본 사정과 한어漢語, 왜어倭語에 능통하여 조선과 명 진영을 왕래하면서 일본 사정을 전달하기도 했다.[77] 아울러서 그는 조선과 명의 신임이 두터워서 전쟁 직후에는 양 진영을 왕래하면서 중개역할을 하였고, 쓰시마를 상대로 조선과 명의 창구 역할도 하였다.[78]

75 『선조실록』 권106, 31년 11월 戊申(27일)조.

76 일본 기록에 "손문욱은 일본에서 억류 중일 때 쓰시마 번의 중신이며 조선외교의 책임자였던 시게노부와 친밀한 관계를 맺어서 조선에 귀순할 수 있었고, 그 때문에 조·일 양국의 화평을 위해서 협력했다"는 내용이 보인다. 『朝鮮通交大記』 卷四, 万松院公, 田中健夫·田代和生校訂, 名著出版, 1978.

77 『선조실록』 권89, 선조 30년 6월 辛酉(2일)조·6월 丁丑(18일)조 ; 同, 권162, 36년 5월 癸亥(8일)조.

78 손문욱을 명의 군문으로 보냈다는 내용이 실록에 자주 보인다. 조선·일본·명 삼국을 왕래하면서 그가 풍부한 정보력과 어학 실력을 이용해서 삼국의 안정을 이끌어내는데 일조했다고 적혀있다. 『선조실록』 권107, 31년 12월 戊午(7일)조 : 同, 권158, 36년 1월 己未(2일)조 ; 同, 권160, 36년 3월 庚辰(24일)조 ; 同, 권160, 36년 3월 辛巳(25일)조 ; 同, 권161, 36년 4월 壬辰(6일)조 ; 同, 권162, 36년 5월 癸亥(8일)조 ; 同, 권171, 37년 2월 乙巳(24일)조 ; 同, 권172, 37년 3월 乙丑(15일)조 ; 貫井正之, 「孫文彧試論」, 『朝鮮通信使 地域史硏究』 創刊號, 2015, 20~22쪽.

1602년 2월 전후 이덕형이 쓰시마 탐색을 위해 파견했던 인물도 전계신과 손문욱이었다. 당시 조선은 피로인들의 귀국문제가 최우선 과제였기 때문에 쓰시마와 강화교섭은 필수였다. 이와 같은 상황에서 쓰시마로 건너간 손문욱은 이에야스의 강화 의사 여부를 탐색하였고, 요시토시로부터 확답을 듣고 올 수가 있었다.[79]

12월에는 손문욱이 일본을 다녀온 직후 명의 진영에 머물렀다. 그는 군문에 출입하는 관원으로 활약하는 동시에 다치바나를 접대하고 실정을 파악하는데 주력하였다. 이때 이에야스가 쓰시마 도주에게 강화교섭을 일임하였다는 소식과 통신사 파견을 요청하였다는 사실이 조선에 전해졌다.[80]

1603년 5월 명의 요동 군문으로 건씨蹇氏가 부임하자 조정에서는 손문욱을 파견해서 쓰시마와의 교섭 과정을 설명하도록 하였다.[81] 조선에서는 명과 일본의 교섭 문제에 손문욱을 활용하였다. 그의 활동 범위는 조·일 양국은 물론 명까지 포함하고 있었다.

1604년 6월 정사 유정과 부사 손문욱, 역관 이효순·박대근 등이 도일하였다. 이들의 파견 목적은 쓰시마에 대한 개시開市 통보와 일본 내부의 정세 탐색이었다. 당시 조선은 이에야스와 막부의 외교방침을 명확하게 파악하고 있지 않았다. 게다가 조선과 일본이 서로 '통왜'할지도 모른다는 명의 의구심 때문에 교섭에 신중한 태도를 취했다.

같은 해 8월 20일경 쓰시마를 떠난 유정 일행은 12월 교토에 도착하여 쇼코쿠지相國寺, 로쿠온지鹿苑院에서 사이쇼 쇼타이西笑承兌와 우세츠 즈이호

79 『通航一覽』 제1, 卷二十六朝鮮國部二, 國書刊行會, 1913. '慶長八癸卯年, 朝鮮の鄭同知僉·孫文彧對馬に來たり, 日本の御政道を尋ね問て, 和睦の事の信僞を, 慥に聞屆たき由申しければ, 義智和睦の御內意相違あるへからさる旨を兩人に申聞す'

80 『선조실록』 권157, 35년 12월 壬辰(5일)조.

81 『선조실록』 권162, 36년 5월 癸亥(8일)조. 비변사는 건군문蹇軍門이 새로 도착하였으나 왜적의 실정을 잘 모르고, 조선을 의심할지도 모르니 손문욱을 군문에게 보내자고 건의하였다.

有節瑞保를 만났다. 손문욱은 교토에 있는 유력자·지식인들과 시문을 교류하면서 신뢰 관계를 가졌기 때문에 유정에게 쇼타이를 소개시켜 주기도 했다.[82]

1605년 3월 후시미에서 두 사람은 이에야스를 만났다.[83] 유정 일행은 이에야스가 조선과 국교할 의사가 분명하다는 것을 확인하였다. 1605년 5월 유정 일행이 돌아온 뒤 조선은 11월, 1606년 1월, 4월, 6월(2번), 11월에 걸쳐 쓰시마 측과 6번의 교섭 논의를 했다. 선조는 에도막부의 통신사 파견 요청이 재차 확인되자 강화를 성립시키는 것이 자신의 권력 강화에 득이 된다고 판단했다. 이 과정에서 1606년 4월 통신사 파견 논의 전에 '선위치서, 범능적 박송' 문제가 거론되었고, 8월 손문욱·전계신 일행이 쓰시마에 파견된 것이다.[84]

그러면 손문욱이 '2개 조건'의 합의 과정을 도출해내는 상황을 살펴보자. 1606년 6월 쓰시마의 다치바나는 통신사 파견을 요구하기 위해 부산에 도착했고, 손문욱과 박대근이 이들을 대응하였다.[85] 이때 조선에서는 공식적으로 국교회복을 위한 '2개 조건'을 언급하였다. 당시 이들이 나누었던 대화내용을 보면 아래와 같다.

사료 1

(전략) 智正이 "우리의 사정을 아는 사람이 어찌하여 이런 말을 하는가. 신사信使가 아니면 백 명의 차관을 보내더라도 반드시 일이 발생할 것이다. 사정에 관계된 모든 것을 朴正에게 이미 다 말했는데 아직도 박정의 말을 듣지 못했는가. ⓐ어찌하여 신사를 보내지 않고 차관을 보내겠다는 것인가. 귀국은 무슨 主見으로 그러는 것인가?" 하였습니다. 文彧이 "과거 調信이 신

82 『相國寺藏 西笑和尙文案』 第七册, 1605년 2월 28일, 伊藤眞昭外編, 思文閣出版, 2007.
83 『鹿苑日記』 慶長 10年 3월 4일조, 辻善之助編, 太陽社, 1935.
84 『선조실록』 권203, 39년 9월 己卯(13일)조.
85 6월 10일 박대근과 다치바나는 부산에서 먼저 만나고 있었고, 손문욱은 발병하여 12일에 합류해 회담하였다.

사를 청하고서도 갑자기 임진 난을 일으켰고 行長이 책사를 빌었으면서도 곧 정유재란을 일으켰다. 일본은 온갖 변사를 부릴 뿐만이 아니라 한 하늘을 이고 살 수 없는 만세의 원수이니 화호에 대한 일을 절대로 거론할 수 없다. 지금은 秀吉이 이미 죽고 家康이 국정을 담당하였는가 하면 松雲의 사행을 예우하면서 화호를 요구했다 한다. 이에 조정에서는 비로소 家康은 秀吉이 하던 일을 모두 반대로 한다는 것을 알았다. 그래서 다시 사정을 조사한 다음 별도로 구처하기 위해 특별히 차관을 보내는 것이다" 하니, 智正이 "차관을 보내면 결단코 일을 그르칠 것이 틀림없는데 무엇 때문에 수고롭게 왕복하게 하는가. 그리고 朴正이 말한 2건은 모두가 극히 어려운 것이다" 하였습니다.

문욱이 거짓 모르는 체하면서 "어려운 일이란 것은 무엇인가." 하니, 지정이 "능을 범한 賊에 관한 것이 1건이고 家康의 서신에 대한 것이 1건이다" 하였습니다. 문욱이 "패역무도한 것은 천하가 다 같이 증오하는 것이다. 능을 범하고 古塚을 도굴한 것은 역시 秀吉의 명령이 아니었다. 調允 등의 賊輩 능침에 寶貝 있다는 말을 잘못 전해 듣고 사사로이 역당을 모아 능을 범하여 도굴해 갔으니, 이는 우리나라의 원수일 뿐만이 아니라 실로 천하의 적인 것이다. 家康이 진실로 통호(通好)할 것을 원한다면 어떻게 감히 하나의 적을 아껴 만대의 비웃음을 살 수가 있겠는가. 이번 기회는 또한 그대들 섬에서 충성을 바칠 수 있는 하나의 절목인 것이니, 천만 힘써 지연시키지 말라. 그리고 家康의 서신에 관한 1건은 더욱 없어서는 안 된다. (중략) 우리나라에서 어떻게 감히 천조를 거스리고 멋대로 일본 국왕이란 호칭을 쓸 수 있겠는가. 이것이 家康의 서신이 없어서는 안 된다는 한 가지 이유인 것이다. 家康이 우리나라의 원수가 아니라는 것은 분명하지만 그가 통호를 원한다는 말은 모두가 江上에서 전하는 것으로 빙고憑考할 수가 없다. 모름지기 家康의 본의로 된 서신을 우리나라에 보낸 다음에야 바야흐로 그에 의거하여 증험할 수가 있는 것이다. 이것이 家康의 서신이 없어서는 안 되는 또 하나의 이유인 것이다. ⓑ家康이 서신을 보내더라도 반드시 일본 국왕이라고 일컬은 뒤에야 우리나라의 회서에도 일본 국왕이라 호칭할 것이다. 이 일절은 없어서는 안 되는 것이다" 하니, 智正이 "경인년 사행 때에도 일본 국왕이란 칭호를 쓰지 않았는가?" 하였습니다. 문욱이 "그렇다. 그때 일본이 먼저 국왕전사를 보내어 우리나라에 서신을 보냈기 때문에 단지 회답한 것뿐이다. 이로 말미암아 살펴본다면 家康의 글은 더욱 없어서는 안 된다" 하니, 智正이 한참 동안 가만히 있다가 "令公의 말이 모두 사리에 닿는다. 그러니 속히 본도로 돌아가 경직과 함께 사세를 살펴보고 회보하겠다. 단, 차관을 보내는 것은 도리어 그의 노여움만 격하게 할 것이니 보내지 않는 것이 낫다" 하였습니다. 문욱이 "차관을 보내더라도 義智와 景直이 기미에 따라 잘 말한다면 걱정이 없을 수 있다" 하니, 지정이 "調信이 이미 죽어 事機가 크게 달라졌으니 신사가 아니면 결코 사태의 결말을 보기가 어려울 것이다" 하였습니다. 이상과 같이 이야기하고 파하였습니다.

만력(萬曆) 34년 6월 18일 절충 장군(折衝將軍) 손문욱(孫文彧), 사역원 정(司譯院正) 박대근(朴大根)."86

전반부는 박대근과 다치바나, 후반부는 손문욱과 다치바나의 교섭 문답 내용이다. 전반부에서는 조선이 국교회복을 위한 2개 조건과 신사파견 문제가 언급되고 있는데 양자의 주장은 평행선을 달리고 있다. 16일부터는 손문욱과 다치바나의 회담 내용이 기록되어 있다. 다소 긴 내용이지만 가장 중요한 부분은 손문욱이 설득하는 내용이다. 즉 수신자가 일본 국왕인 국서를 조선에서 보내려면 일본 국왕을 칭한 이에야스의 국서가 먼저 있어야 한다고 한 점과 범능적으로 쓰시마의 平調允을 구체적으로 거론하면서 합의를 이끌어 내려 했던 점이다.

조선에서는 ⓐ처럼 신사 파견이 아니라 차사差使 파견을 내세우고 있다. 이것은 쓰시마에 대한 불신감과 이에야스와 히데요리 중에서 누가 최고 권력자인지 확신할 수 없었기 때문이다. 따라서 조선은 공식적인 사절보다는 일본 정세를 탐방하기 위한 사신을 파견하려 했다.

조선에서는 2개월 전인 4월경 통신사 파견 문제와 관련해서 다각적인 논의가 있었다. 1600년부터 일본의 교섭 요구를 '통신사 파견'으로 정하긴 했

86 『선조실록』 권200, 39년 6월 癸亥(26일)조.

지만 확실한 결론은 못 내렸다. 쓰시마와 국교는 단절하지 않으면서 우호 관계를 유지하자는 의견도 다수였다.[87] 즉 '통신사'라는 명칭 대신에 다른 이름을 사용하면서 쓰시마의 요구를 수용해 주는 한편, 일본 사정을 탐지하는 것이 좋겠다는 의견도 적지 않았다.

다른 한편에서는 일본에서 국서를 요구해 올 것이라든지, 반대로 조선이 국서를 보낼 경우 누구에게 보내야 하는지, 어떤 내용을 보낼 것인지 등 논란이 있는 와중에 소위 '선위치서' 문제가 언급되었다. 여기에 이호민과 김수가 "선능을 파헤친 자들을 적발하여 명백하게 죄를 가해야만 2백 년 동안 우호 관계를 유지해 온 뜻이 사방에 밝게 드러날 것이라"[88]고 하면서 '범능적박송' 요구를 주장하였다.

5월 13일 비변사는 이에야스의 서계와 능침 발굴범을 요구하자는 제안을 하였다. 손문욱을 통해서 이에야스의 서계를 가지고 오면 화친을 성사시킬 수 있다는 점과 능을 범한 적의 죄를 다스리지 못하면 교섭하기 어렵다는 뜻을 전달하려 했다.[89] 그래서 6월 손문욱과 박대근이 다치바나를 만나서 '2개 조건'을 언급했던 것이다. 일본과의 국교 재개에 대해 부정적이었던 상황에서 영의정 유영경은 '2개 조건'이 성사될 가능성도 있다고 판단하여, 손문욱과 박대근을 부산에 보낸 것은 주목할 만하다.

사료 1의 ⓑ에서 언급한 것처럼 동년 6월 16일 손문욱은 이에야스의 서계가 필요한 이유와 일본 국왕이라는 명칭을 사용해야 하는 당위성을 강조했다. 이에 대해 다치바나는 "손문욱侖公의 말이 모두 사리에 닿으며 속히

87 통신사 파견 논의가 어쩔 수 없는 긴박한 상황에서 나오긴 했지만, 사람을 차견해서 적의 내부 사정을 사전에 파악한 뒤에 보내자는 의견이 있었다. 결국 이 시기에는 기미책의 일환으로 통신사를 파견하려 했음을 알 수 있다. 『선조실록』 권198, 39년 4월 癸卯(5일)조.

88 『선조실록』 권198, 39년 4월 癸卯(5일)조.

89 『선조실록』 권199, 39년 5월 庚辰(13일)조.

본도(쓰시마)로 돌아가 경직과 함께 사세를 살펴보고 회보하겠다"고 하고 있다. 또한 26일 비변사가 "다치바나는 差官에 대해서는 시종 부정하였고, 두 건의 일도 어렵다고 말했음에도 불구하고 문욱의 말에 대해서는 모두 사리가 맞으니 속히 본도에 들어가 경직 등과 함께 사세를 살펴보고 회신을 주겠다"고 한 부분을 보고하였다.

여기서 흥미로운 것은 다치바나를 비롯한 일본의 실무자들이 손문욱에 대해서 협조적인 태도를 보이고 있다는 점이다. "그의 말이 다 사리에 맞는다"고 동조하는 것이 눈에 띄는데, 이는 그가 명의 진영도 왕래하면서 쓰시마의 개시 문제에도 영향력을 보였기 때문이다. 이후 다치바나는 이에야스에게 보고를 마쳤고, 8월에는 통신사 파견을 조선에 요구했다.[90]

한편 7월경 선조가 보인 태도가 주목된다. 그는 '범능적박송'이 성사된다면 종사와 백성을 위해 통신을 거절할 이유가 없다고 했다. 그리고 전계신과 손문욱을 쓰시마에 파견해서 사태파악을 하도록 명을 내린 점은 흥미롭다.[91]

그 결과 위의 일행은 1606년 8월 17일 쓰시마 풍기에 도착하였다. 24일까지의 일정 및 쓰시마와의 교섭내용이 조선에 소상하게 보고되었다.[92] 8월 23일 이에야스의 서계가 도착하였다는 소식도 전달되었다. 이에 대해 선조

90 『선조실록』 권201, 39년 7월 辛未(4일)조.

91 상동. 선조는 "진짜 도적을 묶어 먼저 서계를 보낸다면 우리로서는 의당 통신사를 보내야 할 것이다. 어찌 거절만 하고 종사宗社와 백성을 위하는 계책을 세우지 않을 수 있겠는가. 다만 내 생각은 이 적들이 통신사 보내주기를 이처럼 몹시 다급해 하고, 협박하면서 앞으로 화란이 있을 것이라고 분명히 말한 의도에는 반드시 그 까닭이 있을 것이다. (중략) 그리고 전계신 등을 속히 파견하여 적의 형편을 염탐하게 하는 것이 좋을 것 같다"고 하였다. 여기서 주목하고 싶은 것은 선조가 1587년 '손죽도 사건'이 발생했을 때 처리했던 방법과 유사한 방식으로 통신사 파견을 염두해 두고 있는 점이다.

92 『선조실록』 권203, 39년 9월 己卯(13일)조.

와 신료들은 "이에야스의 서계는 믿을 수도 없고 능침을 범한 적이라는 것도 확실히 알 수 없다. 혹시 죄를 지은 사람을 능침을 범했다고 하여 잡아 보낼 수도 있으니, 헤아리기 어려운 것은 왜적의 꾀이다. 그러나 저들이 잡아 보낸 것이라면 우리나라가 어찌 그 진위를 따질 수 있겠는가? 그저 받을 따름이다"[93]라고 하면서 이에야스의 서계에 대해 의심을 품으면서도 결국은 받아들여야 한다는 자세를 보이고 있다.

사료 2

(전략) 일찍이 손문욱의 말을 들으니, 작년에 그들 무리가 일본에 갔을 때 家康이 서계를 써서 부치고자 하였으나 그들이 조정의 분부가 없다 하여 가지고 오지 않았다고 합니다. 또 橘賊이 박대근에게 한 말을 보면 "平調允 부자가 이미 죽었으나 어찌 餘黨이 없겠는가"라고 하였습니다. 그 뜻을 보면 쓰시마가 화호하기에 급하여 능을 범한 도적을 혹시 잡아 보낼지도 모릅니다. … 만약 능침의 한 움큼 흙이라도 훼손한 자를 찾아 죄를 따져 처형시키면 묘사廟社와 신인神人의 통한을 조금은 풀 수가 있을 것입니다. 만약 손문욱 같은 자가 귤지정에게 가서 도리를 밝혀 개유하고 적이 들어주면 우리의 처치에도 역시 근거를 얻게 됩니다. 참작하여 취사하는 것은 상께서 재량하여 처리하시기에 달려 있습니다. (후략)[94]

위의 내용에서 주목할 것은 1605년 3월 유정이 이에야스를 만났을 때 그들이 서계를 보낼 의사가 있다는 것을 확신하고 있는 점이다. 이를 근거로 '선위치서'와 '범능적박송' 조건이 해결될 수도 있다고 판단하여 전술한 것처럼 6월에 손문욱이 일본에 '2개 조건'을 제시했다.

8월 쓰시마로 돌아온 손문욱·전계신 일행은 다치바나와 문답한 내용을 조선에 치계하였다. 다만 이에야스의 국서 문제가 언급되어 있는데 대화 내

93 『선조실록』 권202, 39년 8월 己未(23일)조.
94 『선조실록』 권199, 39년 5월 甲申(17일)조. 유영경의 의논 내용 참고.

용이 장문이므로 중요한 부분만 발췌하도록 한다.

사료 3

(전략) 귤지정이 말하기를 "우리 사정을 알면서 번번이 이렇게 말하니 죽고 싶을 뿐이다. 우리들이 중간에서 속인 일은 없으나 다만 事體가 지연되어 일이 생기게 될까 염려된다. 또 지난번 內府(家康)의 글을 어렵게 얻어와 이 연유를 귀국에 飛報하였는데 귀국이 우리 사세가 급박한 것을 헤아리지 않고 세 분 족하를 또 보내어 지연시키려 하니, 이것은 또한 잘못된 생각으로 본디 장구한 방법이 아니다" 하기에, (중략) 귤지정이 말하기를 "지난번 內府의 글을 얻어낼 때 내부가 처음에는 허락하려 하지 않으면서 말하기를 '어찌 먼저 글을 보내어 구구하게 화친을 청할 수 있겠는가' 하고는 도리어 병세를 과장하므로 참으로 작은 염려가 아니었는데, 다행히 寵臣 政純의 도움에 힘입어 이 글을 얻어 냈으니, 그 다행함을 말할 수 있겠는가" (중략)

귤지정이 말하기를, "의지와 상의하더라도 내 말과 다를 것이 없을 것이다. 이것은 다 박첨지가 군이 이번 행차를 만들어 나를 死地에 빠뜨리려는 것이니, 또한 어쩔 수 없다. 죽는 것은 마찬가지이다" 하였습니다. 드디어 신들에게 가기를 청하므로, 신들이 곧 일어나서 밤새워 배를 타고 가서 19일 오시에야 비로소 부중府中에 이르니, 景直이 항구에 나와 맞이하여 배 위에서 문안하고 바라보며 읍하고 갔고, 의지는 문에서 기다렸다가 신들에게 慶雲寺에 오르도록 청하였습니다. 그런 뒤에 玄蘇·의지·경직이 한꺼번에 보러 와서 안부만 묻고 나가고는, 곧 신들을 의지의 집에 청하여 위로연을 베풀었습니다. (중략)

20일 아침에 귤지정이 한 장의 종이를 가져와서 신들에게 비밀히 말하기를 "이것은 내부의 글을 베껴 온 것인데, 본 뒤에 조정에 아뢰어서 빨리 사신을 보내게 하면 다행이겠다" 하기에, 신들이 그 글을 펴 보았더니 간혹 불손하고 또 도둑을 포박하여 보낸다는 말도 없었습니다. 신들은 이 일을 상관하지 않는 체하며 타이르기를 "우리들은 처음부터 이 글 때문에 오지 않았으므로 그대와 군이 따질 것 없으나, 사세로 말하면 이 글을 우리나라에 바치더라도 사신을 보낼 리가 만무하다. 그대들이 하는 것은 참으로 아이들 장난이라 하겠다" 하였습니다. (후략)[95]

사료 4

(전략) 玄蘇가 대답하기를 "… 일본 사람 중에는 글을 아는 자가 많지 않고 또 규례를 모른다. 혹 한마디 말이 불손하더라도 이것이 과연 무슨 방해가 되겠는가. 이 때문에 망설이지 말기 바란다" 하기에, 신들이 대답하기를 "… 貴島는 우리나라의 사체와 禮貌를 모르지 않는데, 경망하게 이 글을 가지고 일을 수행하려 하니, 우리 조정에 대하여 敬謹한 뜻이 전혀 없다는 것을 이에 의거하여 알 수 있다" 하였습니다. 의지가 겸손한 말로 대답하기를 "근일에 귤지정이 전한 말을 상세히 들었으므로 진실로 고치지 않을 수 없다는 뜻을 알기는 하지만, 내부가 고쳐주려 하지 않으니 말하지 않는 것만 못하다. 또 능을 범한 도둑은 우리가 처치하기에 달려 있으므로, 이 때문에 일본의 글 가운데에 말하지 않은 것이다" 하기에, 신들이 대답하기를 "글을 보내고 포박하여 보낸다는 것은 처음부터 우리나라가 바란 것이 아닌데, 다만 6~7년 이래로 귀도가 화친을 요구하여 마지않으므로 우리로서는 진실로 거절할 말이 없어서 우선 이 뜻으로 귤지정에게 타이른 것이다. 귀도가 하고 아니하는 것은 우리들이 알 바가 아니다" 하니, 의지·경직이 자못 언짢아하며 파하였습니다. (후략)[96]

사료 5

(전략) 22일 현소가 극진히 환대하고 결말을 듣기를 바랐으나 신들이 끝내 대답하여 주지 않고 배를 띄울 생각인 체하였더니, 귤지정이 또 장수의 뜻으로 와서 말하기를 "여러 해 동안 힘쓴 것을 하루아침에 헛되이 버릴 수 없으므로 내부가 허락할지 않을지 알 수 없더라도 내일 내부에 치보할 것이니, 가벼이 움직이지 말고 마음 편히 기다리기 바란다" 하기에, 신들이 대답하기를 "우리들은 이 일 때문에 온 것이 아닌데 어찌 그 글이 돌아오기를 기다릴 수 있겠는가" 하였습니다. (후략)[97]

95 『선조실록』 권203, 39년 9월 己卯(13일)조. 부사과 전계신, 역관(譯官) 사역원 판관(司譯院判官) 이언서(李彦瑞), 부사정 박대근(朴大根)이 치계한 내용 참조.
96 상동
97 상동

사료 6

(전략) 신들이 탄식하며 말하기를 "지금 일을 이루지 못하는 것은 平調信이 없기 때문이다. 우리나라가 늦춘다 하지 말고 스스로 일을 이루지 못하는 것을 뉘우치는 것이 옳을 것이다. 또 家康의 말은 우리가 친히 들은 것이 아닌데 어찌 그 진위를 알 수 있겠는가" 하니, 경직이 발연하여 낯빛을 바꾸고 말하기를 "이것이 무슨 말인가. 우리 섬이 중간에서 스스로 할 수 있다면 어찌 이제까지 이 일을 끝내지 못하였겠는가" 하고, 이어서 일본 衆將들의 뜻이 琉球에 있는 것과 家康이 홀로 승락하지 않는다는 말을 하여 넌지시 저들끼리도 따르기도 하고 거스르기도 한다는 것을 드러내어 알렸다. (후략)**98**

위의 사료들에서 주목되는 부분을 살펴보자. 우선 사료 3에서는 조선 사신들이 정보탐색을 위해서 갑자기 渡日한 것에 대해 쓰시마의 실무자들이 당혹감을 감추지 못하고 있다. 한편 이에야스의 국서(초안)을 받아오는 데 집정인 혼다 마사스미本多政純의 조력이 지대했다는 사실과 박대근에게 "예고 없는 쓰시마 방문을 주선하였다"며 불만을 표시하고 있다.

또한 쓰시마에 겐소玄蘇·요시토시義智 등이 당시 조선 일행을 접대하고 있는 점이다. 다치바나가 박대근에 대해 불신을 표하고 있는 점은 시게노부, 현소와 친분 관계가 있는 손문욱에 대해 협조적이고 긍정적인 반응을 보여준 것과는 대조적이라 하겠다. 그리고 다치바나가 '내부서등' 즉 이에야스의 문서 초안을 언급하면서 조선에 통신사 파견을 재촉하고 있는 점이 주목된다. 1606년 11월 조선에 전달된 '선위치서'가 바로 이 '내부서등'을 근거로 개작되었다고 보는 것이다.

사료 4에서는 현소가 이에야스 체제에서 외교문서에 깊숙이 관여하고 있음을 보여주고 있다. 요시토시는 "내부가 고쳐주려 하지 않으니 말하지 않는 것만 못하다"고 하여 이에야스의 국서 수정이 어렵다는 의견을 피력하

98 『선조실록』 권203, 39년 9월 16일 壬午(임오)조. 전계신이 치계한 내용 참조.

고 있다. 그러나 국서를 개작하려고 하는 의도가 엿보이기도 한다. 그리고 '범능적박송'과 관련해서는 쓰시마가 해결할 수 있음을 내비치고 있다.

사료 5에서는 다치바나가 "여러 해 동안 힘쓴 것을 하루아침에 헛되이 버릴 수 없으므로 내부가 허락할지 않을지 알 수 없더라도 내일은 치보할 것이다"라고 한 점은 주목할 만하다. 겐소와 다치바나는 이에야스의 의견을 충분히 반영한 상황에서 국서를 다시 검토하려 했다. 반면 요시토시는 국서를 개작해서라도 통신사를 조속히 파견하게 하려 했던 점을 추측할 수 있다.

다치바나는 임진전쟁이 끝난 직후부터 조선과 명 교섭에 관여했고, 1600년 세키가하라 전투가 끝난 이후부터는 조선 교섭을 전적으로 맡아왔다.[99] 이런 상황에서 조선의 요구를 최대한 받아들이고, 이에야스의 국서는 위조하지 않으면서 교섭을 추진하려 했다고 추측된다. 반면 요시토시의 경우에는 "이에야스가 고쳐주려 하지 않으니 말하지 않는 것만 못하다"한 것처럼 그의 승인을 받아 국서를 보내는 일은 힘들 것이라 판단했던 것 같다. 이와 같은 행동은 이미 임진전쟁 시기 유키나가, 시게노부 등과 함께 '관백항표(1595)'라는 히데요시의 복종문서를 위작한 경험이 있기 때문이다.[100]

사료 6에서는 시게노부가 사망한 후 조·일교섭이 순조롭게 진행되지 않음을 안타까워하면서 이에야스의 지원을 받아 타 지역의 피로인까지 쇄환했다는 사실을 말하고 있다. 시게노부는 명 정사인 이종성의 도주 사건이 발생하자 통사였던 이언서에게 거짓 사신을 보내서라도 이 위기사태를 수습하려 했던 인물로도 알려져 있다.[101]

99 홍성덕, 앞의 논문, 1995, 55쪽.

100 北島万次, 『朝鮮日々記·高麗日記 – 秀吉の朝鮮侵略と歷史的告發』, そしえて, 1982, 274~276쪽.

101 시게노부는 "부산 근처에 있는 조선 관원 한 사람을 통신사로 가칭하고 수일 내로 부산(일본) 진영에 들어오게 한다면 관백에게 보고할 것이다. 그러면 그가 반드시 믿어서 참소하는 말이 행해지지 못할 것이니, 진짜 통신사는 뒤따라 조용히 내려와도 무방할 것이다. 관원도 반드시 고관高官일 필요는 없고, 벼슬이 없는 자라도

시게노부는 항표를 위작하는데 관여했던 경험도 있었고, 전쟁 중인 상황에서도 통신사 내일을 성사시키기 위해서 활약했던 쓰시마의 중신이었다. 따라서 이러한 시게노부의 행동을 알고 있었던 요시토시는 '내부서등'을 토대로 국서를 개작하는 것은 큰 문제가 아니라고 판단했다.

이 대목에서 결국 "內附가 허락할지 않을지 알 수 없더라도 내일 內府에 치보할 것"이라든가 "우리 섬이 중간에서 스스로 할 수 있다면 어찌 이제까지 이 일을 끝내지 못하였겠는가"라는 주장을 음미해 볼 필요가 있다. 이것은 이에야스와 막부의 의중이 강하게 반영되면서 조선과 교섭을 진행하고 있음을 반증한 것으로 보인다.

왜냐하면 쓰시마가 국서를 위조했다면 기다릴 필요 없이 바로 국서위조를 해서 통신사 파견을 서둘렀을 것으로 보여지기 때문이다. 다시 말하면 쓰시마가 이에야스의 국서를 위작 혹은 개작을 하였다면 상당한 시일이 걸릴 필요가 없었다. 막부가 성립된 지 얼마 안 된 상황에서 이에야스가 어떤 인물이고 그의 의중 또한 어떠한지 판단도 서지 않은 상황에서 쓰시마가 과거처럼 막부의 외교 라인을 무시하거나 혹은 쓰시마가 일임하여 국서를 위조, 개작했다고 파악하는 것은 자연스럽지 못하다. 조선외교에 전권을 가진 시게노부가 1605년 사망한 상황에서 쓰시마의 야나가와씨와 소씨가 국서위조를 하는 것은 어려웠다고 생각된다.

따라서 1606년 11월 이에야스가 조선에 보내 온 국서는 8월 조선 일행에게 보여준 '내부서등'을 토대로 이에야스와 막부 측의 동의를 얻어서 작성한 것이 아닌가 한다. 결과적으로 쓰시마는 2개 조건이 성취되었음을 조선에 알렸고, 선조를 중심으로 이에야스의 국서에 대해 의구심을 품었지만 조건이 충족되었기 때문에 조선은 통신사(통유사)를 파견하는 방향으로 논의

거짓으로 사신을 삼을 수 있으니 반드시 빨리 와야 한다"고 구체적인 제언을 했다. 『선조실록』 권75, 29년 5월 戊辰(2일)조.

되었다.[102]

한편 앞에서 언급했지만 명의 '선행후보' 방침 또한 조일 국교 재개에 큰 변수로 영향을 미쳤다고 본다. 명은 명 인질이 전원 송환되자 1600년 9월 조선에서 철수하였고, 일본과의 강화협상은 조선에 위임한 상태였다. 1602년 새롭게 군문 총독으로 승진한 만세덕은 화친에 대한 모든 사항은 조선에 위임한다는 뜻을 전할 정도였다.[103] 명은 조·일 강화에 대해서 위임을 한 상황에서 개입하지 않겠다는 입장이었다.

1604년 5월 이후부터 명은 조·일 교섭에 간섭하지 않을 것이며, 조선이 자주적·능동적으로 판단해서 처리하라는 '선행후보' 방침을 전달하였다. 이러한 정책 변화로 부담 없이 일본의 교섭에 응할 수 있는 가능성이 높아졌던 것이다.

2. 이에야스의 정치적 입장과 국서 문제

1600년 9월 세키가하라 전투가 마무리되자 쓰시마는 적극적으로 조선과 교섭하려 하였다. 이 무렵부터 이에야스의 존재가 조선에 부각되었고, 쓰시마는 전쟁 종결 이후 처음으로 통신사 파견 요구를 했다.

1601년부터 이에야스는 <표 1>에서 본 것처럼 자신의 명의로 된 서한을 각국에 보내어 국교회복에 전력을 기울였다. 루손, 안남, 캄보디아, 太泥國(타이), 참파 등 아시아와 가까운 나라는 물론 스페인, 영국, 네덜란드에도 서한을 보내어 국교와 무역을 요구했다. 특히 1605~1607년에 왕래했던 국

102 『선조실록』 권202, 39년 8월 己未(23일)조 ; 이훈, 「임진왜란 이후 '통신사 외교'와 조일간의 평화구축－광해군대 제2차 '회답겸쇄환사' 파견(1617)을 중심으로－」, 『한일수교50년, 상호이해와 협력을 위한 역사적 재검토』, 경인문화사, 2017, 98쪽.

103 『선조실록』 권160, 36년 3월 甲子(8일)조.

서의 숫자를 보면 이에야스의 적극적인 외교정책을 엿볼 수 있다.

즉 1616년 이후 국서가 격감하고, 상대국은 한정되었다. 이것은 이에야스가 타국과의 외교 관계를 통해서 정권의 국제적 승인을 얻으려 노력했다는 것을 알 수 있다.[104] 이와 같은 상황에서 동아시아 지역에 관심이 높았던 이에야스가 조선과 국교회복을 최우선으로 생각한 것은 쉽게 짐작할 수 있다.

기존의 연구가 이에야스가 조선에 국서를 먼저 보낸 것이 항복이나 굴복을 의미하는 것으로 보는 견해는 재고할 여지가 있다.[105] 특히 이에야스는 임진 전쟁에 참여하지 않았다는 주장을 하고 있기 때문에 '선위치서' 문제를 쓰시마가 위작, 또는 개작했다는 지적에는 수긍하기 어렵다.

〈표 1〉 일본이 각국에 보낸 書簡수 일람

	太泥	安南	呂宋	柬埔寨	占城	暹羅	田彈	朝鮮	明	蘭	葡	英	合計	國數
1599	1(1)												1(1)	1
1600									1				1	1
1601		1(1)	2(1)										3(2)	2
1602	1(1)	1(1)	2(2)										4(4)	3
1603		1(1)	1	2(2)									4(3)	3
1604		1(1)											1(1)	1
1605		1(1)		3(3)						1(1)			5(5)	3
1606	1(1)	1(1)	1(1)	2(2)	1(1)	1(1)	1(1)						8(8)	7
1607					1			2(1)					3(1)	2
1608			5(4)	3(3)		1							9(7)	3
1609			3(3)							1(1)			4(4)	2
1610	1		1(1)	1(1)		2(1)			2				7(3)	5
1611			3(2)		1						4		8(2)	3
1612			6(3)							2(1)	7(2)		15(6)	3
1613			3(1)						1			1(1)	5(2)	3

* 荒野泰典, 「江戸幕府と東アジア」, 日本時代史14, 吉川弘文館, 2003, 27쪽 재인용.
* ( )안은 이에야스·히데타다 국서의 수

104 荒野泰典, 『江戸幕府と東アジア』, 日本時代史14, 吉川弘文館, 2003, 22~40쪽.
105 이는 김경태의 연구, 앞의 논문 55~56쪽에서 제기되었는데 시사하는 바가 크다.

또한 게에초·겐나慶長元和(1596~1623)년 간에 출항한 주인선은 195척에 달했다. 이에야스의 목표는 주인장을 통해 일본의 무역 상인을 장악하고 새로운 무역 국가와 통상하는 것이었다. 특히 1604~1607년 각국에 보낸 서간이 집중되어 있는 것은 주목할 만하다. 히데요시가 죽고 난 뒤 그가 루손·멕시코 등과 통교 관계를 맺으면서 관동지역에 스페인선을 유치하고 에도 근교를 외국무역의 거점으로 삼으려 했던 점은 잘 알려진 사실이다. 앞에서 살펴본 것처럼 게이쵸 시기에 루손을 상대로 막부가 가장 많은 서한을 보냈고, 이는 스페인을 의식해서 무역을 기대했기 때문이라고 짐작된다.

〈표 2〉 연차별 지방별 도항 주인선 선박수 표

	信州	昆耶宇	高砂	西洋	安南	東京	順化	交趾	迦知安	占城	東埔寨	田彈	暹羅	太泥	摩利伽	呂宋	密西耶	艾莱	摩陸	計
歲長 9年(1604)	2			1	4	3	1		1	1	5		4	3		4				29
10年(1605)				8	3	2				1	5			2		4	1	1		27
11年(1606)				1	2	1				1	3	1	4			3	1	1		18
12年(1607)				8	1					1	4	1	4		1	4				24
13年(1608)					1					1	1		1							4
14年(1609)						1		1			1		6			3				12
15年(1610)					1			3			1		3			2				10
16年(1611)					2			3					1			2				8
17年(1612)		1				1		3					2			1				8
18年(1613)						1		6			1		3	2		1				14
19年(1614)						1		7			2		3			4				17
元和元年(1615)			1					5			1		5			5				17
2年(1616)						1		4								1			1	7
小計	2	1	1	18	14	11	1	32	1	5	24	2	36	7	1	34	2	2	1	195

* 荒野泰典,「江戸幕府と東アジア」, 日本時代史14, 吉川弘文館, 2003, 30쪽 재인용.

한편 1602년 5월을 전후로 해서 이에야스는 조선과의 국교회복 문제를 쓰시마 도주 요시토시에게 "모든 일을 전적으로 책임지라"[106]는 명도 내린다. 이후 이에야스와 쓰시마 측근들 사이에 실질적인 왕래가 이루어지고 긴밀한 관계가 형성되면서 국교 문제가 논의되었다. 예를 들면 시게노부에게 "12월경에는 '통신사'를 차임하라"는 명을 내리기도 하고, 2월 조선에서 온 전계신과 손문욱의 파견 소식도 이에야스에게 보고했을 것으로 생각된다.

1603년 3월 이에야스는 정이대장군으로 취임하면서 에도 성의 시가지 조성 및 확장공사를 명한다. 막부가 개설된 이후 장군의 거성을 '텐가후신' 명목으로 공사하면서 일본 전국의 총력을 동원했다. 그는 다이묘의 영지 실태를 파악하여 전국 영토의 영주권을 장악하고 있다는 사실을 1603년 3월 이후에 노골적으로 드러냈다.[107]

1604년 12월 조선의 유정 일행이 교토에 도착하고 이듬해 3월 이에야스와의 만남이 이루어졌다. 전술한 것처럼 일행은 에도막부의 실권자 이에야스가 조선과 국교할 의사가 분명히 있음을 확인하였고, 국교 문제에서 커다란 전환점이 되었다.

일행이 귀국하자 이에야스는 요시토시에게 "유정은 조선을 대표하는 사자가 아니고 승려이므로 근년 중에 조선의 관인을 에도에 파견해 달라"[108]는 명령을 내린다. 이 만남에 대한 평가는 다양하지만 조·일 강화를 위한 막부의 공식적인 회담 자리였음에는 틀림이 없다. 또한 통신사 파견이 곧 실행될 것이라고 예측한 이에야스가 적극적으로 조선과 외교적 접촉을 시도하려 했던 것으로 보인다.[109]

여기서 손문욱에 대한 흥미로운 부분이 있다. 그는 교토의 유력자나 유식인有識人들과 시문을 나누면서 친목을 쌓고, 양국의 국교 회복이 성립될

106 '其許の様子, 懇ろに申越され候, 無事の儀, 彌相調え候よう, 精を入れらる可く候. はたまた大鷹二居, 虎皮二枚, 遠路祝著に候也' 仲尾宏·曺永祿, 『朝鮮義僧將·松雲大師と德川家康』, 明石書店, 2002, 381쪽 재인용.

107 「當代記」 慶長 8년 7월 3일조, 『史籍雜纂』 권2, 續群書類從完成會, 1995.

108 『通航一覽』 第1, 卷二十七 朝鮮國部三. 慶長十年, 國書刊行會, 1912~1913.

109 김영작, 「임진왜란 전후의 한일 교섭사를 통해서 본 전쟁과 평화의 변증법」, 『한국정치외교사논총』 21-1, 1999, 161~167쪽.

수 있도록 노력하였다. 특히 이에야스의 외교 고문이었던 쇼코쿠지 승려인 쇼타이承兌와는 돈독한 신뢰 관계를 유지하였다. 그는 손문욱의 행동력과 화친에 대한 자세를 높이 평가하였다.[110] 기존의 연구는 쇼타이가 조선에 대해 강경론을 주장했다고 하는 견해도 있다. 그러나 1600년 초부터 조선과 국교를 회복한 후에 명으로부터 금인과 감합을 받아서 통교권을 확보하려고 노력했던 인물이다.[111] 쇼타이는 명과의 관계회복을 위해 이에야스의 국서에 일본 국왕이나 명의 연호 사용까지도 인정하면서 외교문서를 작성하는데 관여했던 대표적인 측근이었다.

후시미에서 조선 일행을 만난 이에야스는 혼다 마사노부本多正信를 통해서 자신이 통상을 원한다는 사실을 분명히 전달하였고, 마사노부과 쇼타이에게 조일 국교회복의 실무교섭을 명했다.[112] 당시 조선의 담당자가 손문욱이었다. 이렇게 서로 친분이 있었던 인물들이 조·일간의 국교 교섭을 맡았다. 그 결과 1606년 6·8월 11월 이에야스 문서가 논의되었다.

이상에서 살펴본 것처럼 이에야스는 1604년 장군 계승 문제가 해결되자, 대내외적인 선전 효과를 염두에 두고 통신사행의 도래를 성사시키고자 했다. <표 1, 2>에서도 알 수 있듯이 1604~1607년 사이에 적극적으로 각국에 국서를 보내고 주인선 무역을 장려했다.

이와 같은 상황에서 조선으로부터 '선위치서', '범능적 박송'의 요구가 전달되었다. 이에야스는 이를 받아들여 1606년 8월 소위 말하는 '내부서등'을,

110 貫井正之, 앞의 논문, 32쪽 ; 『相國寺藏 西笑和尙文案』 第七册, 1605년 2월 28일, 伊藤眞昭外編, 思文閣出版, 2007. '折衝將軍 孫文彧曾滯留陋邦者數年, 能欲達倭語, 朝鮮於吾國也古今結義者交如兄弟, 比年以事已及干戈, 今也欲約和親, 從相遙踰滄溟到本邦, 日之昨促松雲大師扣予閑房, 把手遞笑, 實如舊識'

111 민덕기, 『조선시대의 일본의 대외교섭』, 경인문화사, 2010, 116~117쪽.

112 당시 이에야스의 측근으로 대외관계를 담당하고 있었던 쇼타이와 즈이호가 동석하였으며, 쓰시마 측에서는 겐소와 시게노부가 참여했다. 『鹿苑日記』 慶長 10年 3월 4일조, 辻善之助編, 太陽社, 1935.

11월에는 이에야스의 국서 즉 '일본국원가강日本國源家康의 서계書契'를 보냈던 것이다. 여기서 11월 이에야스가 보내 온 서계를 살펴보면 지금까지 논란이 되었던 과정이 자연스럽게 표현되어 있음을 알 수 있다.

사료 7

"수년 동안 義智와 調信 등에게 명하여 천고의 맹약을 다지도록 하였으나 그 일을 완수하지 못하고 조신이 죽었으므로 去年부터는 그의 아들 景直에게 명하여 그 일을 주선토록 하였습니다. 요전에 의지가 飛稟하기를 '여러 번 귀국에 화친을 청하였으나 귀국에서는 혐의를 풀지 못하여 지금까지 지연시키고 있으니, 친히 서계를 만들어 청하는 것이 옳다'고 하였으므로 이같이 통서하는 것입니다. 한 건의 일에 대해서는 다행히 죄인이 쓰시마에 있는 터이므로 의지에게 확고하게 명령하였으니 의지가 반드시 결박하여 보낼 것입니다. 또 누방이 전대의 잘못을 고치는 것에 대해서는 지난해 僧松雲과 孫僉知 등에게 모두 이야기하였으니 지금 다시 무슨 말을 하겠습니까. 바라건대, 전하께서는 속히 바다 건너 사신을 보내도록 쾌히 허락하여 우리 60여 주의 인민들이 화호의 실상을 알 수 있게 하여 주시면 피차에 다행일 것입니다. 계절에 따라 나라를 위해 자중하소서"[113]

이에야스의 국서 내용은 의외로 간단 명료하다. 1606년 6월부터 쓰시마 담당자들과 조선의 전계신, 손문욱 등이 협의했던 내용들이 그대로 적혀있다. 즉 시게노부가 외교면에서 중요한 역할을 해 오다가 사망했다는 점, 요시토시를 통해서 조선이 이에야스의 친필 서한을 요구하고 있다는 점, '범

113 『선조실록』 권205, 39년 11월 丁丑(12일)조. 일본국(日本國) 원가강(源家康)의 서계(書契) 참조. '累年命義智, 調信等, 求尋千古好盟, 未完其事, 而調信就鬼, 故去年以來, 繼命其子景直而求之矣. 義智頃日飛稟曰. 屢次請和于貴國, 貴國嫌疑未釋, 遲延至今, 親修書請之可也. 是以通書. 至于一件事, 則幸在對馬島, 是以因命義智, 義智必縛送之. 陋邦改前代非者, 去年說與松雲僧及孫僉知, 今更何言乎. 所望殿下, 快早許使過海, 俾六十餘州人民, 知和好之實, 則彼此大幸也. 餘順序爲國自珍'

능적박송'은 쓰시마가 실행할 것이라는 점, 끝으로 1605년 유정과 손문욱을 만났을 때 임진전쟁 관련 사과를 했다는 점 등이다.

이런 과정을 거쳐 당시 서신을 보내고 그의 서계에 응해서 조선은 통신사를 파견해 달라고 요청하고 있는 것이다. 이 국서에도 손문욱이 등장하고 있다. 지금까지 그가 취한 행동과 입장을 살펴보면, 조·명·일 삼국을 왕래하면서 교섭과 국교 재개에 전력한 그가 쓰시마의 소씨와 담합하여 국서를 위조 또는 개작하는데 동의했다고는 생각하기 어렵다.

한편 회답겸쇄환사의 부사로 쓰시마에 체류하고 있었던 경섬은 1607년 3월 15일 이에야스의 외교문서 담당이었던 승려 겐소에게 "전계신 등이 가지고 간 서계가 과연 이에야스의 서계인가"[114]하고 문의하였다. 이에 대해 겐소는 맞다고 답하면서도 왜 그러한 문의를 하는지 되물어 본다. 또한 경섬은 전명례傳命禮가 행해진 이후 히데타다가 혼다 마사노부本多正信를 통해 회답 국서를 전할 때도 다시 한 번 이에야스의 '선위치서'에 대해서도 문의한다.

즉 경섬은 "이에야스老將軍가 국권을 잡은 뒤에 여러 차례 강화를 청해오고, 먼저 서계를 보내어 '前代의 잘못을 뉘우쳤다' 해서 우리 국왕이 특별히 사신을 보내와서 勤念해 준 쇼군의 뜻에 답하려 했다. 그런데 이미 新將軍(히데타다)에게 전위를 하였으므로 사신들이 에도로 왔던 것이다(중략)"[115]라고 하였다. 이에 대해 혼다 마사노부는 "일본도 또한 다행스럽게 여기고 將軍(이에야스)도 극히 감사하고 기뻐한다"[116]고 답하고 있다. 이 대화에서도 경섬은 '이에야스가 먼저 보냈다는 국서'를 확인하려 했고, 측근인 마사노부는 이를 인정하는 답변을 하고 있다.

114 경섬, 『해사록』 3월 15일조, 海行摠載Ⅱ, 민족문화추진회, 1974.

115 경섬, 『해사록』 6월 11일조, 히데요시기에 조선을 침략한 부분에 대해 잘못을 인정했기에 통신사를 보냈다고 언급하고 있음

116 상동

이상에서 살펴본 것처럼 이에야스는 조선 침략에 의해서 동아시아 사회에서 고립된 국제관계를 회복하고, 조선과 명간의 국교 정상화를 꾀함으로써 국가 주권을 분명히 하고자 했다.

따라서 임진 전쟁에 참여하지 않았다는 명분과 유정 일행을 통해 통신의 의사를 분명히 밝힌 상황에서, 조선이 통신사 파견 전에 요청했던 2가지 조건 즉 '선위치서', '범능적박송'은 결코 이에야스가 수용하기 어려운 조건은 아니었다. 따라서 이에야스가 쓰시마 측근에게 모든 것을 위임하고 국서의 위작이나 개작이 이루어지도록 방관하였다고는 생각하기 어렵다.

소결小結

본장에서는 1607년 '회답겸쇄환사' 파견의 전제 조건으로 조선이 요청했던 '선위치서' 즉 이에야스의 국서 문제에 대해 살펴보았다. 이것은 임진전쟁 이후 조·일간의 관계개선 및 국교회복이 성립되는데 빼놓을 수 없는 핵심 사항이었다. 또한 국서 문제는 그동안 국서의 위조설, 개작설, 진서설 등 다양한 견해가 존재했다.

국서를 보내는 방식과 형식에 따라 항복과 굴욕, 멸시관과 우월관이라는 극단적인 개념 위에서 논쟁이 전개되었다. 여기서는 이 국서문제를 새로운 시각, 즉 손문욱의 역할 및 일본의 국내 사정, 당시 동아시아 삼국의 국제환경을 통해서 재검토하였다

우선 손문욱은 1607년 1차 '회답겸쇄환사'가 파견되기 전까지 3차례 일본에 파견되었다. 손문욱의 활약은 1604년 6월 유정과 함께 쓰시마에 파견되었을 때 두드러졌고, 1605년 3월 후시미에서 이에야스를 만났다. 여기서 이에야스가 조선과 국교할 의사가 분명하다는 것을 확인하였다.

선조는 막부 측의 통신사 파견 요청이 재차 확인되자 조속히 전쟁을 종

결하고 승전 명분을 갖춘 상태에서 강화를 이루는 것이 자신의 권력 강화에 도움이 된다고 판단했다. 또한 북방의 정세도 위험한 상황에서 일본과의 강화교섭을 회피하려 하지는 않았다. 조선은 '선위치서', '범능적박송'을 강화의 기본조건으로 일본에 요구했다.

이에야스는 1604년을 전후하여 에도막부의 장군 계승 문제가 마무리 되자, 정치 권력의 장악에 확고한 의지를 표명하기 위해 대내외적인 선전 효과를 염두에 둔 통신사행의 도래를 성사시키고자 했던 것이다. 따라서 조선 통신사 일행의 도일은 막부의 권위와 정통성을 인정하게 하는데 더할 나위 없는 기회였다.

이에야스는 임진 전쟁에 참여하지 않았다는 명분과 유정 일행을 통해 통신의 의사를 분명히 밝힌 상황에서 조선이 통신사 파견 전에 요청했던 '선위치서', '범능적박송'의 요구는 결코 수용하기 어려운 조건이 아니었던 것이다. 결국 국가의 기강과 안전을 되찾으려는 조선, 더 이상 조선과 일본의 강화교섭에 관련하고 싶지 않은 명, 막부정권의 계승과 안정을 국내적으로 과시할 필요가 있었던 일본 등 삼국이 처한 국내의 이해관계가 국교 재개의 동력으로 작용한 것이다.

제4부
전후 처리와 전쟁의 상처

제1장 피로인과 귀환문제

임진전쟁 중 조선이 입은 가장 큰 피해는 인적 손실이다. 수많은 조선 병사와 일반 백성들이 무차별적으로 살육당하고 강제 연행되었다. 특히 일본 상인들에 의해서 자행된 '人買い(ひとがい)=인신매매'와 일본 무장들에 의한 '鼻切り(はなきり)=코 베기'는 전쟁 당시의 처참한 실상을 드러내는 용어이다. 조선에서는 강제로 끌려간 포로를 '피로被虜', '피로조선인被虜朝鮮人', 부로俘虜', '부인俘人' 등으로 불렀다. 일본에서는 '生け捕り(いけとり)=생포, 포로'라 하였다. 이처럼 강제 연행되어 일본으로 건너간 사람 중에는 다이묘 영지에 배치되거나, 일본인 상인과 결탁한 포르투갈 상인에 의해서 동아시아와 유럽에 팔려간 사람들이 많았다.

조선은 전쟁이 끝난 후 피로인 문제를 '국가 체면'과 관련된 중대한 사항으로 여겼다. 일본도 조선과 관계회복을 위해서는 해결해야 하는 필수적인 문제로 생각했다. 그러면 지금까지 한국과 일본에서 연구되어 온 피로인 연구를 간략하게 살펴보도록 하자.

일본에서 '生け捕り=피로인' 연구는 전전戰前부터 이루어졌다. 당시연구의 대부분은 주로 문화적인 측면으로만 접근하였다. 예를 들면 조선 도공들이 근세 일본의 도자기 산업에 미친 영향, 활판 인쇄 등의 기술이 일본으로 전래되는 과정에 대한 연구가 그것이다.[1]

1 八代國治, 「文祿役における俘虜の待遇」, 『弘安文祿征戰偉業』, 史學會, 1905 ; 平井鑑二郎, 「文祿役の我が工藝に及ぼせる影響」, 『弘安文祿征戰偉業』, 史學會, 1905 ; 漁澄惣伍郎, 「文祿慶長の役が我が製陶業に及ぼせる影響」, 『歴史と地理』 1-6, 1915 ; 德富蘇峰, 『近世日本國民史』, 豊臣氏時代 朝鮮役 中篇, 1921.

전후戰後에는 스즈키 료이치鈴木良一의 『豊臣秀吉』이 발행된 이후 히데요시의 조선 침략에 대한 조선인들의 투쟁을 높이 평가하면서 피로인에 대한 관심이 높아졌다.[2]

풍부한 자료조사와 치밀한 고증을 통해 피로인 연구를 집대성한 것은 나이토 슌보內藤雋輔의 『文祿·慶長における被擄人の研究』이다.[3] 이 연구는 조선의 처참한 피해 사실을 명확하게 밝힌다는 관점에서 피랍된 포로의 숫자와 행방, 실상, 그리고 쇄환과 얽힌 통신사와의 협상 내용을 다루었다. 이와 같은 영향으로 조선 피로인의 거주 지역, 생업형태, 기술, 사상의 전파에 관한 연구가 주류를 이루게 되었다.

1989~1990년에는 일본의 전국 도부현립 도서관을 대상으로 '근세 초기 도래 조선인' 관련 자료의 잔존 유무에 관한 설문 조사가 이루어졌다.[4] 그 결과 최근에는 일본 지역사와 연관된 피로인 연구와 그들의 본국 귀환 과정을 다룬 내용들이 다수 발표되었다.[5]

한국에서 피로인 연구는 히데요시가 일으킨 임진전쟁의 성격을 명확하게 알 수 있는 주제임에도 불구하고 관심이 적었다고 할 수 있다. 최남선은 『임진란壬辰亂』에서 '日本의 工藝的 受益'과 '그 文教上 受益', '일본에 있는 우리 피로민被虜民의 효과'라는 부분에서 피로인에 대해 언급하였다. 그는

2 鈴木良一, 『豊臣秀吉』, 岩波書店, 1954.
3 內藤雋輔, 『文祿·慶長における被擄人の研究』, 東京大學出版會, 1976.
4 鶴園裕, 『90年度科學研究費補助金研究成果報告書 日本近世初期における渡來朝鮮人の研究－加賀藩を中心に－』, 研究代表者鶴園裕, 金澤大學教養部, 1991.
5 中村 質, 「壬辰丁酉倭亂の被虜人の軌跡－長崎在住者の場合－」, 『韓國史論』 22집, 국사편찬위원회, 1992 ; 本剖和昭, 「萩藩における朝鮮人捕虜と武士社會」, 『歷史評論』 593호, 1999 ; 米谷均, 「『朝鮮通信使』と被虜人刷還活動について」, 『對馬宗家文書 第Ⅰ期 朝鮮通信使記錄別册中』, ゆまに書房, 1999 ; 同, 「近世日朝關係における戰爭捕虜の送還」 『歷史評論』 595호, 1999 ; 同, 「17세기 日·朝關係에서의 朝鮮 被虜人의 送還－惟政의 在日 刷還활동을 중심으로－」, 『사명당 유정－그 인간과 사상과 활동－』, 사명당 기념사업회 편, 지식산업사, 2000.

피로인들이 문화적으로 일본에 어떤 영향을 주었는지에 대해 서술하는데 그쳤다.[6]

1960년대에 들어와서 조선의 입장에서 피로인을 재해석한 최서면의 「壬辰·丁酉七年戰役の被虜たち」와 김용기의 「임진왜란의 피로인쇄환관계－신자료해동기고－」가 발표되면서 피로인에 대한 관심을 불러 일으켰다.[7] 그러나 한국에서는 임진전쟁 연구가 의병사나 군제사 등 승전과 관련된 부분이 주류를 이루었기 때문에 피로인의 연구는 큰 진척을 보지 못하였다.

한편 이원순은 임진전쟁의 '노예 전쟁'적 성격을 부각시켰다. 즉 당시 피로인들의 국제적 매매 실태를 알리고 조선 정부의 쇄환 과정과 국제적인 구원대책이 어떻게 이루어졌는지를 논하였다. 이 연구는 피로인들이 동남아시아는 물론, 제3세계까지 팔려간 경위와 그들의 삶을 면밀하게 검토했다는 점에서 주목할 만하다.[8]

또한 피로인들을 소재로 한 문학 작품, 즉 『금계일기錦溪日記』, 『간양록看羊錄』, 『월봉해상록月峰海上錄』 등을 통해서 피로인들의 포로 체험 내용과 실체가 소개되었다. 역사 사료에서는 파악될 수 없는 사정들이 르포 실기문학 작품을 통해 그 실상이 알려졌다.

본장에서는 기존의 연구성과를 토대로 해서 ① 피로인의 분포지역 ② 피

6 최남선撰, 『壬辰亂』, 東明社, 1931, 60~70쪽.

7 崔書勉, 「壬辰·丁酉七年戰役の被虜たち」, 『韓日文化の後榮』 中, 韓國資料研究所, 1963 ; 김용기, 「壬辰倭亂의 被虜人刷還關係－新資料海東記考－」, 『大邱史學』 1, 1969 ; 이채연, 『壬辰倭亂捕虜實記研究』, 박이정, 1995, 9~10쪽. 이후 70~80년대에는 최서면, 「임진왜란의 볼모 '오다아 줄리아'에 관한 서적 고찰」, 『鷺山李殷相博士古稀記念 民族文化論叢』, 1973 ; 신일철, 「임란때 잡혀 간 조선 도공들－陶祖李參平碑를 찾아보고－」, 『문학사상』, 1976 ; 김옥희, 「壬辰때 拉致된 朝鮮女性들의 日本에서의 殉敎와 信仰生活」, 『史學研究』 36, 1983 등을 들 수 있다.

8 이원순, 「壬辰·丁酉倭亂時의 朝鮮俘虜奴隷問題」, 『邊太燮博士華甲記念 史學論叢』, 1985. (뒤에「倭亂과 朝鮮俘虜」 『조선시대사논집－안과 밖의 만남의 역사－』, 느티나무, 1992, 9~38쪽에 실림).

로인의 발생 배경 및 규모 ③ 피로인의 귀환문제에 대해서 살펴보고자 한다.

1. 피로인의 분포지역

조선에서 모든 계층의 남녀노소들이 일본으로 강제 연행되었다. 이들 중 일부는 나가사키長崎와 히라도平戶 지역에서 포르투갈 상인에 의해 동남아시아와 인도 방면까지 팔려갔다. 대부분은 규슈지역의 다이묘들에 의해 연행되어 분배되었다. 피로인 대다수가 규슈지역으로 연행된 것은 조선 침략의 선봉에 나선 일본 무장 가운데 규슈 출신이 많았기 때문이다.

그에 따라 피로인들은 이키壹岐·쓰시마對馬島·사쓰마薩摩·구마모토熊本·가라쓰唐津·후쿠오카福岡·고쿠라小倉·나가토長門·히로시마廣島·오카야마岡山 등의 지방에 많이 있었다. 그 외에 기슈紀州·오사카大坂·교토京都·나고야名古屋·시즈오카靜岡·에도江戶 등 정치와 교통의 요지에도 분포되어 있었다. 그들이 규슈지역에서 멀리 떨어진 곳까지 이동한 배경에는 규슈지역에 배치되었다가 다시 매매된 경우가 많았기 때문이다. 또한 피로인들 대부분이 사역 노복이었으므로 다이묘들이 타지로 나갈 때 동행했거나 도주했을 가능성도 배제할 수 없다.

특히 전술한 '近世初期 渡來朝鮮人' 관련 설문조사와 나이토 슌보의 연구성과를 기초로 작성한 '조선 피로인의 일람고'를 살펴보면 규슈에서는 가고시마鹿兒島·구마모토熊本지역, 교토京都와 도쿠시마德島 지역이 다른 지역보다도 피로인이 많이 정착해서 살았다. 이는 규슈지역의 다이묘들이 조선에서 철수하기 직전까지 많은 약탈과 만행을 자행했던 것과 무관하지 않다.

또한 나가오 히로시仲尾宏에 의하면 교토 및 나고야, 에도 지역의 피로인 중에는 서울 출신자가 두드러진다고 하였다.[9] 그 근거에 대해 구체적으로 언급하지는 않았지만, 상업과 교통이 발달한 도시에서 매매를 통해 이곳까지 전매되어 왔을 가능성이 크다고 생각된다.

당시 오사카를 중심으로 한 긴키 지방이 행정 중심이었기 때문에 포로를 과시하거나 전공을 올린 증거로서 피로인들을 데리고 상경했을 가능성도 있다. 에도시대에는 다이묘의 '참근교대제'와도 관련되어 피로인이 에도 주변에 많이 분포되었던 것으로 추측된다.

한편 당시 피로인 중에서는 전라도와 경상도 지역 출신자가 많았다. 이것은 히데요시가 정유년에 전라도 지역을 공격 목표로 삼았다는 점과 일본군들이 부산을 중심으로 하는 남부 지역에 장기간 주둔하고 있었던 것에 기인한다.

2. 피로인의 납치 목적 및 규모

1592년 부산과 동래성을 함락시킨 일본군은 많은 포로들을 잡았다. 피로인은 임진년부터 대량으로 발생하였다. 일본군은 피로인을 통해 길 안내를 받으면서 조선의 전세戰勢와 상황을 탐색하려고 했다. 또한 피로인은 일본군과 함께 후방에서 물자수송과 축성·토목공사 등 노역에 동원된 경우가 많았다.

임진년에 일본으로 끌려갔다가 정유년에는 일본 병사가 되어 조선으로 돌아온 경우도 있었다.[10] 그들은 조선에 투항하고 싶어도 죽임을 당할지 모른다는 두려움으로 다시 일본으로 돌아간 것이다. 이처럼 일본은 병사를 확보하기 위해 나이 어린 남자아이와 장년들을 피로인으로 연행해 갔다.

9 仲尾宏, 「壬辰·丁酉倭亂の朝鮮人被虜とその定住·歸國」, 『朝鮮通信使と壬辰倭亂』, 明石書店, 2000, 190쪽.

10 『선조실록』 권93, 30년 10월 丁丑(20일)조.

정희득은 『월봉해상록』에서 "임진·계사년에 우리나라 어린아이들이 많이 잡혀가서 장성한 나이로 정용情勇하고 강한强悍하기가 본시 일본군보다 낫다. 정유년 재침 때 이들 중에 적을 따라온 자가 무척 많았지만, 본국으로 오는 자는 적고 적국으로 도로 도망간 사람이 많았다"[11]고 하였다. 또한 "조선 남자로서 전후에 잡아온 자가 포 쏘기도 익히고, 칼 쓰기도 익히며, 배 부리는 것도 익히고, 달리기도 익혀서 강장强壯하고 용맹하기가 진짜 왜놈보다 낫다"[12]고 한 점은 이를 반증한다.

한편 여성 피로인 중에는 곡물 운송과 면화·화곡을 거두어들이는 단순노동에 동원된 경우가 많았다.[13] 당시 조선의 도로 사정이 나쁘고, 곡물 운송이 쉽지 않았다는 사실은 피로인 강항이 일본의 경우와 비교한 데서도 알 수 있다. 운송과 노동력 문제를 해결하기 위해 피로인들을 포획·연행한 것임을 엿볼 수 있다.[14] 강제 연행된 사람들의 납치 목적을 보면 대체로 다음과 같다.[15]

(1) 일본 내에서 부족한 노동력을 보충하기 위해
(2) 다도가 유행함에 따라 다도의 기술을 배우기 위하여 조선을 침략한 여러 다이묘들이 앞 다퉈 도공들을 연행해 왔다는 점
(3) 전지戰地에서 군량수송과 축성·잡역 담당의 노역 요원으로 사역하기 위해
(4) 여자와 동자들 중에서 미모와 재능이 뛰어난 자
(5) 전쟁 중에 일본에 협력한 자
(6) 전쟁 중 조선 여인을 아내로 삼았기 때문에 동반한 경우
(7) 미색을 탐하는 일본 장병의 호색적 요구

11 鄭希得, 「疏章」, 『月峯海上錄』 海行摠載Ⅷ, 민족문화추진회, 1977.
12 상동
13 『선조실록』 권93, 30년 10월 己卯(22일)조.
14 姜沆, 『看羊錄』, '왜국 팔도 육십육주도' 海行摠載Ⅱ, 민족문화추진회, 1974.
15 內藤雋輔, 앞의 책, 220~222쪽 ; 이원순, 앞의 책, 24쪽.

(8) 노예 매매를 목적으로 한 경우

(1)의 경우는 규슈 다이묘를 중심으로 노동력 부족을 보충하기 위해 피로인을 강제로 데려가 경작과 노역을 시킨 것이다. 가토 기요마사의 가신이었다가 조선의 포로가 된 후쿠다 간노스케福田勘介가 공술한 내용에는 "남녀노소를 막론하고 걸을 수 있는 자는 사로잡아 가고, 걷지 못하는 자는 모두 죽였으며, 조선에서 사로잡은 사람들은 일본에 보내서 농사를 짓게 하고, 일본에서 농사짓던 사람들을 군사로 바꾸어 해마다 침범하고 아울러 중국까지 침범하려 하고 있습니다"[16]라고 한 것에서도 충분히 짐작할 수 있다.

정유년에 쳐들어온 일본군은 임진년과 달리 비전투 요원이었던 농민들이 다수 포함되어 있었다. "일본에서 농사짓던 사람을 군사로 보낸다"라는 것은 진부역陣夫役 등의 부역·잡역에 동원했다는 의미이다. 실제로 일본군이 15~17만 명의 군사를 동원했지만 이 중에는 잡역인·식량과 무기를 운반하는 일반인들도 다수 포함되어 있었다. 이들을 대신해서 피로인들이 일본 농촌에서 사역했던 것이다.

그러나 최근에는 일본에서 농사를 지으면서 노동력을 제공한 피로인들이 '검지장檢地帳'과 '명기장名寄帳'에 나타나지 않아 일시적·보조적 노동을 하였던 '노복奴僕', '시역廝役'으로 보고 있다.[17]

(2)의 경우는 피로인이 일본 근세 산업 발전에 지대한 공헌을 한 부분으로 널리 회자되고 있다. 따라서 일본 교과서에도 자주 언급되고 있다. 예를 들면 "유학자·및 도공 등 2만 인의 조선인이 포로로 일본에 끌려왔으나, 조

16 『선조실록』 권93, 30년 10월 庚申(3일)조.

17 검지장은 토지조사를 하여 만든 장부로 경작자의 이름이 적혀 있고, 명기장은 경지 소유자별로 수확량과 논밭의 넓이를 경지마다 적어서 집계한 것이다. 鶴園裕, 『90年度科學研究費補助金硏究成果報告書 近世初期渡來朝鮮人世硏究序說－「少年捕虜」に關する覺え書き－』, 金澤大學敎養部, 1991 ; 仲尾宏, 앞의 책, 175쪽.

선의 발달한 유학 및 도자기 기법을 일본에 전했다. 그 중에서도 도자기 기법은 후에 하기야키萩燒·아리다야키有田燒·사쓰마야키薩摩燒 등의 기초가 되었다"[18]라는 것이다.

(3)은 피로인들이 조선에서 군량 수송과 축성을 담당하다가 일본으로 강제 연행당하여 잡역에 동원된 경우이다. 전술한 것처럼 그들은 다시 조선으로 돌아와 전투병으로 충원되었다.

(4)~(7)에 보이는 어린 소년들은 장기간 노동력으로 이용할 수 있기 때문에 대량으로 납치해 왔다고 생각된다.[19] 또한 "포로로 잡은 조선 남녀를 일본에 전매할 때 미녀는 30여 냥까지 받는다"[20]고 하여 구체적인 값이 정해져 있을 정도였다. "남녀노소를 막론하고 걸을 수 있는 자는 사로잡아 가고, 걷지 못하는 자는 모두 죽였다"는 정황을 봐서 어린 아이들을 납치해 간 것은 상인들에게 팔기 위한 목적이 더 컸으리라고 본다. 이는 "당시 일본에 보내진 부로浮虜 중에는 순수한 부로보다는 비전투원의 어린이나 부녀자가 많았던 듯하며, 이들은 포르투갈 상인이 가져온 조총 및 白絲의 대가로 다발로 묶여서 상인에게 건네진 듯하다"[21]는 사실을 통해서도 알 수 있다.

(8)의 경우는 임진년 초기부터 상인들의 인신매매가 행해졌고, 특히 정유년에는 상인들이 일본군과 함께 각지를 이동하면서 남녀노소 막론하고 조선인을 마구 사들였다. 이들 중 다수는 나가사키와 히라도로 옮겨져 포르투갈의 노예선에 실려 해외로 팔려갔다.

이상 피로인의 납치 목적에 대해 살펴보았다. 그 결과 (1)~(8)의 이유로 일본에 끌려간 피로인 대부분은 하층민이 되어서 일본군의 하인이 되거나 노복이 되는 경우가 대부분이었다. 그 가운데에서 학자·의사·중·도공·수공

18 『新中學歷史 日本の歷史と世界』 35, 清水歷史 705, 1980, 86~87쪽.
19 仲尾宏, 앞의 책, 173쪽.
20 『선조실록』 권60, 28년 2월 癸丑(10일)조.
21 山口正之, 「耶蘇會士の朝鮮俘虜救濟及教化」, 『青丘學叢』 4, 1931.

업 등 전문직에 종사해 일본의 산업 발달과 문화 증진에 기여한 피로인도 다수 있었다.

그렇다면 전쟁을 통해 끌려간 피로인들은 얼마나 될까? 이 문제에 관해서는 한국과 일본의 견해차가 크다. 나이토 슌보는 일본에 끌려간 피로인을 처음에는 5~6만 정도로 파악하였으나 나중에는 2~3만으로 축소 조정하였다.[22] 일본 교과서와 대중 역사 관계 출판물에는 이 숫자가 공식적인 조선 피로인의 숫자로 언급되어 있다.

한국에서는 김의환, 이원순이 10만 명으로 주장하고 있다.[23] 그 근거는 피로인 중 잡혀갔다가 돌아온 전이생全以生이라는 자가 "자신 이외의 30,700의 피로인들이 사쓰마 지역에서 무술을 연마하고 있어 이들을 쇄환하면 국가에 큰 힘이 될 수 있을 것이라"[24]고 한 것에 주목했기 때문이다.

또한 정희득이 『월봉해상록』에서 "우리나라 남자로 일본에 잡혀 와서 군사훈련을 받은 자를 모두 모으면 3~4만 명은 되겠고, 늙고 약한 여자는 그 수가 갑절이나 될 것입니다"[25]라고 했기 때문이다. 이 발언을 전적으로 믿을 수는 없지만 규슈의 한 지방인 사쓰마에서도 피로인이 3만 7천 명이 있다는 사실과 늙고 약한 여자는 6~8만 명이 될 것이라는 점에서 피로인의 숫자를 10만 정도로 보는 것이 자연스럽다고 본다. 아울러 일본에 파견된 포르투갈 선교사 프로이스는 1594년경 조선에서 일본군 전황을 다음과 같이 서술하고 있다.

> 이번 원정으로 얼마나 많은 일본인들이 조선에서 건너갔고, 그 가운데 얼마만큼의 사람들이 죽었는지를 알고 싶어 하는 것은 당연한 것이다. 그것을

22 內藤雋輔, 앞의 책, 216쪽.
23 김의환, 『조선 통신사의 발자취』, 정음문화사, 1985, 165쪽 ; 이원순, 앞의 책, 24쪽.
24 『광해군일기』 권114, 9년 4월 癸丑(19일)조.
25 鄭希得, 앞의 책, 참조

> 확인하려고 많은 조사를 해 보았는데, 가장 믿을 만하고 정확한 정보에 의하면 병사와 수송인 15만 명이 조선으로 건너갔다고 한다. 그 중에서 삼분의 일에 해당하는 5만 명이 사망하였다. (게다가) 적군에게 살해된 경우는 소수이고 그 대부분은 전적으로 과로·기아·추위 및 질병 등으로 사망하였던 것이다. 얼마나 많은 조선인이 죽었는가에 대해서는 알 길이 없지만, 죽은 자와 포로가 된 자를 포함해 (그 숫자는) 일본인의 그것과는 비교될 수 없을 정도로 많다. 왜냐하면 도시와 다른 곳으로 연행된 자를 제외하고 이 아래에 있는 (조선인) 포로 수는 셀 수 없을 정도로 많기 때문이다.[26]

위의 내용은 전쟁이 시작된 지 1년도 안 된 상황을 적은 것으로 어느 정도 객관성과 신빙성을 인정할 수 있다. 일본인의 피해자는 5만 명이 넘었는데 대부분 사람들이 조선군에 의해서 살해된 것이 아니라 고생과 기아·추위·질병에 의해서 사망하였다는 것이다. 이와 관련해서 조선의 사망자와 포로는 일본인의 피해와는 비교가 안 될 정도이며 특히 규슈지방에 있는 조선인 포로는 셀 수 없을 정도로 많다고 하였다. 여기서 주목되는 것은 정유년은 물론이고 임진년에도 상당수의 포로가 발생했다는 것이다. 이와 같은 상황을 고려하면 임진·정유년 기간의 포로인 수는 10만 명을 넘었다고 봐도 무리는 없다고 생각된다.

최호균은 1591년과 1598년 당시 조선의 인구를 각각 1,300만 명과 1,085만 명으로 산정하였다. 그리고 115만여 명의 인구가 감소된 점에 주목하여 100만 명 이상이 임진전쟁으로 인해 사망 내지는 피로인이 되었다고 주장하였다. 그 중에서 코베기 자료로 분석한 사망자 45만 명을 제외하고 15만 명 정도를 오차범위로 두면 결국 피로인은 40만 명 이상이라고 추정하였다.[27] 이 견해는 코베기를 당한 사람들이 전부 사망한 것은 아닌 점 등을

26 松田毅一·川崎桃太譯, 『프로이스 日本史』 2, 中央公論 9, 1977, 304쪽.
27 催豪鈞, 「壬辰·丁酉倭亂期 人名被害에 대한 계량적 연구」, 『국사관논총』 89, 2000.

고려하면 그럴 가능성이 충분히 인정된다.

한편 정유년 이후에 피로인 수가 많았던 것은 일본군이 조선에서 철수할 때 많은 병력 손실을 입어서 빈 배로 항해할 수 없게 되자 배의 균형을 잡기 위해 무고한 양민들을 닥치는 대로 붙잡아 태워 갔다는 주장도 있다.[28] 이와 관련해서 『히젠 도자사고肥前陶磁史考』도 당시 작은 배는 빈 배로 바다를 항해하는 것이 곤란했기 때문에 일본군 병사를 조선에 보낸 후 배에 물건 대신 피로인을 싣고 왔다고 기술하고 있다.[29] 이상과 같이 일본군에 의한 피로인 연행은 임진년부터 계획적이고 조직적으로 이루어졌다고 생각된다.

3. 피로인의 귀환

1) 회답겸쇄환사의 피로인 귀환 활동

임진전쟁 이후 조선은 에도막부 말기까지 12회에 걸쳐서 회답겸쇄환사(이후 쇄환사로 칭함)와 통신사를 보냈다. 쇄환사의 주요한 임무는 강제 연행된 피로인들을 귀환시키는 것이었다. 피로인 송환의 교섭은 6번에 걸쳐 1655년까지 진행되었다. 전쟁이 끝난 지 60년이 지났어도 조선 입장에서 이 문제는 국가의 명분과 관련된 중대한 사항이었기 때문이다.

처음 쇄환사가 일본에 건너간 것은 1607년 여우길 일행으로 당시 상황은 『해사록海槎錄』에 상세하게 기술되어 있다. 그들은 2월 부산을 출발해서 7월에 귀국했다. 쇄환사의 목적은 어디까지나 일본에 있는 피로인 전원을 귀환시키는 것이었다. 쇄환사 일행은 오사카에 머무는 동안 직접 피로인을 만

28 이채연, 앞의 책, 33쪽.
29 仲尾宏, 앞의 책, 176쪽.

났는데 그때의 상황을 다음과 같이 적고 있다.

> 사로잡혀간 남녀가 음식을 갖고 모여와 문밖을 메웠으므로 역관 박대근으로 하여금 돌아갈 때 데리고 가겠다는 뜻으로 타일러 위로해 보내게 하였다. 먼 곳에 있어 올 수 없는 사람은 많은 서찰을 보내어 그들이 머물고 있는 것을 아뢰었다. 그 가운데 두세 명의 사족출신 여자가 언문편지로 진정했기 때문에 역관으로 하여금 말을 만들어 답하게 하였다.[30]

피로인들이 직접 사절 일행을 찾아오거나 멀리 있는 경우에는 자신의 주소를 알려 귀환하고 싶은 의사를 직접 전하고 있음을 알 수 있다.

6월 20일 사절 일행은 에도에서 쇼군 도쿠가와 히데타다德川秀忠를 만나고 귀로 중에 슨푸駿府에 있는 이에야스를 만났다. 이때 그의 측근이었던 혼다 마사노부本多正信는 예조의 서신에 답례하는 서계에서 "장군의 엄명을 받고 피로인 반환에 힘쓸 것이다"[31]고 언급했다. 또한 "생포되어 온 귀국의 남녀들이 (일본의) 각 國郡에 흩어져서 생활한 지 20년이 된다. (중략) 그들이 귀국할 생각이 없으면 각각 생각대로 해 주고, 고향으로 돌아갈 뜻이 있는 자는 속히 돌아갈 준비를 해주라는 것이 국왕의 엄명입니다"[32]라는 내용

30 慶暹, 『海槎錄』 4월 9일조, 海行摠載 II, 민족문화추진회, 1974.

31 慶暹, 위의 책, 6월 20일조. '朝鮮國之奉行衆より本多佐州江書來ル, 其書中ニ, 先年虜御赦免之事申來ル, 右之狀 上樣被成 御一覽候, 則朝鮮虜男女共ニ悉彼國江可歸之旨, 彼仰出候也, 日本國中不可違亂之段, 本多佐州彼相触侯也', 『朝鮮國之勅使 紫野宿覺書』, 국사편찬위원회 소장. 해사록에 '혼다 마사노부의 나이는 60세 남짓으로 관백(막부)의 집정이 되어 가장 신임을 받고 있고, 일국의 일은 오로지 이 사람에게 위임하고 있다'고 적고 있다. 당시 일본의 상황을 보면 이에야스는 쇼군직을 물려주었지만 주요한 국사는 그가 결정하였다. 당시 혼다 마사노부는 예조로부터 받은 서계를 그의 아들인 혼다 마사스미本多正純를 통해 이에야스에게 보냈다. 이를 확인한 이에야스가 집정의 명의로 조선에 서계를 보낸 것으로 보인다. 米谷 均, 앞의 논문, 「『朝鮮通信使』と被虜人刷還活動について」 참조.

32 慶暹, 위의 책, 6월 20일조.

도 적혀 있었다.

이 서계가 일본 각 지방에 전달되어 피로인 쇄환에 어느 정도의 영향을 미칠지는 알 수 없다. 귀국을 얼마 남겨두지 않은 6월, 사절 일행이 교토에 체제하고 있을 때 귀국을 희망하는 남녀는 겨우 100여 명이었다. 사절 일행은 이들이 모두 빈손으로 왔기 때문에 미곡 지급과 유문諭文을 보내 피로인들을 불러 모았다고 한다. 그러나 귀환을 권유해도 희망자가 의외로 적었기 때문에 사절 일행은 일본 측을 의심하기 시작했다. 이와 같이 피로인 쇄환은 처음부터 순조롭지 못했다.[33]

결국 본국으로 귀환시켰던 피로인 남녀 숫자는 1,418명으로 예상보다는 적었다. 쇄환사가 데리고 온 피로인은 구우일모九牛一毛에 지나지 않았다.[34] 이는 이에야스의 명령이 있었음에도 불구하고 피로인의 주인들이 그들의 귀환을 원하지 않았기 때문이다. 피로인 자신도 일본 생활에 익숙해져 귀국을 원치 않는 자가 다수였던 까닭도 있다. 그 당시 이에야스의 권력이 절대적인 것은 아니었다. 특히 피로인이 많이 정주해 있었던 규슈지방은 더욱 그러했다. 따라서 그가 '엄명'을 내린다는 서계가 철저하게 다이묘에게 수용되지 못했다.

한편 조선은 쇄환사를 통해서 당시 피로인의 상황을 구체적으로 파악하는 계기가 되었다. 당시 귀국한 피로인에 대한 조치에 대해서는 불분명하지만 이들에게 열흘 분의 식량을 내주었다고 한다.[35] 1617년 7월 4일 두 번째

33 慶暹, 위의 책, 윤6월 7일조.

34 慶暹, 위의 책, 윤6월 26일조.

35 慶遇, 위의 책, 윤6월 26일조. 실록에 의하면 7월 19일 이 사행들이 일본에서 귀국했다는 기사가 보인다. 그러나 사신들과 함께 조선에 온 피로인들의 처우에 대한 논의는 보이지 않는다. 8월 30일부터 조정에서는 사신들이 지참한 일본 서계에 不恭之言이 허다하고 국방용 무기라 할지라도 무기구입을 핑계로 왜적과 교역하였다는 점을 문제시 하였다. 사헌부와 사간원에서 사신들의 논죄 주청이 있었다. 이후 9월 17일까지 하루도 거르지 않고 兩司에서 사신들 논죄문제가 있었고 나국拿鞫까지도

회답겸쇄환사가 출발했다. 일행은 정사 오윤겸·부사 박재·종사관 이경직 이하 428명이었다. 이때부터 피로인의 귀환문제는 이전과 다른 양상을 보인다. 즉 지금까지 적극적인 자세와 실무를 담당했던 쓰시마가 여러 이유를 들면서 소극적인 태도로 나오기 시작했다.

이 시기는 조·일 양국이 이미 국교(1609)를 맺은 후로 쓰시마 측은 어느 정도 통교 재개 목적이 달성된 셈이었다. 쇄환사는 일본에 도착하자마자 쓰시마 도주 소 요시나리宗義成·야나가와 시게오키柳川調興와 피로인 문제를 상의하였다. 시게오키는 후시미까지 상경해서 노중老中에게 피로인 전원이 귀국할 수 있도록 협조해 줄 것을 요청했다.

조선이 쓰시마 도주에게 이와 같은 부탁을 한 배경에는 호소카와 다다오키細川忠興가 피로인들을 귀환시켰지만 후회한다는 정보를 들었기 때문이었다.[36] 사절 일행은 쓰시마가 귀환문제에 소극적인 태도를 취하고 있다고 불만을 드러내면서 "임진·정유년에 포로가 된 우리나라 사람들이 아직 쇄환되지 못하고 있는 자가 얼마인지 모르니 貴島에서 모름지기 힘을 다하여 쇄환하되 한 사람도 빠짐이 없게 해야 한다. 귀도에서도 역시 쇄환할 사람이 없지 않을 것이니 조사해서 이 섬에 있는 우리나라 사람이 몇 명인지 알려주기 바란다"[37]고 주문하였다.

또한 조선은 "자신들이 교토의 행사를 마치고 돌아올 때 (피로인에 관한) 쇼군 명령이 내려지는 것은 (시간적으로) 맞지 않는다"고 주장하면서 일본이 서둘러서 피로인 쇄환과 관련된 서계를 발급해 줄 것을 재촉하였다. 이

주청하였다. 이러한 상황에서 사신들이 귀국 후 피로인의 처우 문제를 의논하기는 어려웠다고 보여진다. 『선조실록』 권214, 40년 7월 己酉(19일)조 ; 同, 권216, 40년 9월 甲午(4일)조·乙未(5일)조·丁酉(7일)조·甲辰(14일)조·乙巳(15일)조·丙午(16일)조·丁未(17일)조 참조.

36 吳允謙, 『東槎上日錄』 丁巳년 9월 5일, 9월 22일, 9월 25일조, 海行摠載Ⅱ, 민족문화추진회, 1974.

37 吳允謙, 위의 책, 丁巳년 7월 12일조.

런 배경에는 "본도 왜인들과 쓰시마의 왜인들이 서로 가로막아 만나지 못하도록 하여 그 거주와 성명을 묻고 싶었으나 또한 할 수 없다"[38]는 상황과도 관련이 있었다.

조선의 불만에 대해 쓰시마 측은 "다만 금년 사세가 그전과는 아주 다른데 젊은 사람은 이미 장성해서 남자는 장가들고 여자는 시집갔다. 늙은 사람은 이미 자손이 자랐으니, 비록 쇄환하는 영이 있더라도 반드시 좋아하지 않는 사람이 있기 때문이다"[39]라고 답하고 있다.

이와 같이 사절 일행이 피로인 모집을 재촉하자 쓰시마 측은 "쇄환하는 일은 자신들이 스스로 힘껏 할 것이며, 일행 중에서 먼저 가는 곳마다 (피로인)을 불러 보아 소요라도 있게 된다면 주인 왜 중에서 쇄환하는 것을 싫어하는 자가 혹 반간反間을 놓아 일을 그르칠 염려가 없지 않다"[40]는 이유를 들어 쇄환 문제에 신중을 요구하면서 소극적인 자세를 취하였다.

이에 불만을 품은 사절 일행이 계속해서 쇄환에 힘쓸 것을 강조하면 귀국하려는 사람을 아까워하는 것이 아니라 단지 본인이 원하지 않으므로 강압적으로 가게 할 수 없다는 점을 들어 강변하였다. 즉 쓰시마 측은 "금년 사세가 그전과 아주 다르다"든가 "쇄환의 명이 있어도 피로인의 개인 사정을 들어 쇄환하기가 어렵다"고 핑계를 대고 있다.

두 번째 쇄환 사절은 10월 18일 부산에 도착했는데 이때 귀환한 사람은 321명이었다. 첫 번째 쇄환사가 데려온 숫자와는 큰 차이가 있었다. 이는 피로인들의 귀국 의지가 약해진 점과, 실무를 맡고 있던 쓰시마가 국교회복이 성립되자 적극적으로 협조하지 않았기 때문이다.

1624년의 세 번째 사절은 정사 정립·부사 강홍중·종사관 신계영 등 이하 300명이었다. 이 사절은 쇼군 이에미쓰의 습봉 하사襲封賀使로, 피로인을 귀

38 李景稷, 『扶桑錄』 丁巳년 8월 3일조, 海行摠載III, 민족문화추진회, 1975.
39 李景稷, 위의 책, 丁巳년 7월 10일조.
40 李景稷, 위의 책, 丁巳년 8월 2일조.

환시키려는 목적을 가지고 있었다. 일행은 동년 9월 28일 부산을 출발해서 다음 해 3월 26일까지 일본에 체류하였다. 10월 15일 쓰시마 가이안지海晏寺에 머물고 있을 때 小童을 통해서 다음과 같은 말을 전해 듣는다.

> 50세 가량이 된 한 여인이 말하기를 … "자신은 전라도 玉果사람인데 사로 잡혀 이곳에 온 지 28년이 되었다. 본국으로 돌아가려고 해도 이곳의 법이 엄중하여 자유롭게 되지 못한다. 행차가 돌아갈 때에 동지 몇 사람과 더불어 몰래 나올 터이니, 이 말을 삼가 미리 전하지 말라"고 하였다.[41]

이를 보면 지금까지 쇄환 문제에 대해서 쓰시마조차도 법령이 엄해져서 자유롭게 이동할 수 없었음을 알 수 있다. 이와 같은 상황을 고려하면 규슈를 포함한 혼슈에서 피로인을 귀환시키는 것은 더욱 더 어려웠을 것이다. 11월 23일에 피로인 이성립과 이춘복이 대화한 내용에 주목해 보자.

> "조선이 사로잡혀 온 사람을 비록 쇄환하기는 하나 대우를 너무 박하게 한다 하는데, 사로잡혀 온 것이 본디 제 뜻이 아닌데 이미 쇄환했으면 어째서 이같이 박대하오"하고, 또 "자신들은 宦者로서 일찍이 北政殿에 있어 使令노릇을 했고, 남충원의 딸과 며느리도 또한 그 곳에 있었는데 모두 신임을 받았다. 그런데 지난 9월에 북정전이 작고하여 이제는 의탁할 곳이 없으니 마땅히 관백의 분부를 기다리며 거취를 정하겠다"고 하였다.[42]

41 姜弘重, 『東槎錄』 甲子年 10월 15일조. 海行摠載III, 민족문화추진회, 1975.
42 姜弘重, 위의 책, 甲子年 10월 23일조. 이성립은 무장 사람이고, 김춘복은 진주 사람으로 일찍이 사직동에 사는 내관의 양자로 있다가 임진전쟁 때 사로 잡혀 왔다고 한다. 기타노 만도고로北政殿는 히데요시의 정실인 고다이인高台院(ねね)을 가리키는데 그녀는 히데요시가 죽은 뒤 군사적·정치적으로 중립을 지키면서 이에야스의 보호를 받다가 1624년 9월 6일 76세의 나이로 죽었다. 따라서 그들이 진술한 내용은 신빙성이 높다고 하겠다. 山陽新聞社編 『ねねと木下家文書』, 山陽新聞社, 1982, 165쪽.

이를 보면 피로인들은 조선이 귀국한 피로인들을 우대하지 않는다는 사실을 이미 파악하고 있었음을 알 수 있다. 이전까지만 해도 피로인들은 귀국한 피로인의 처우문제나 실태에 대해 알 길이 없었다. 당시에는 피로인들 사이에서 귀국 후 조선의 대우가 중대한 관심사였다. 그런데 본국에서 피로인 대우가 좋지 않다는 사실을 알게 된 후 귀환을 주저하는 경우가 생겨나고 있었던 것이다. 예를 들면 사절 일행 중 역관通事 강우성이 파악했던 내용을 보면,

> 간밤에 오츠大津사람과 더불어 담화를 하였는데, 한 사람의 말이 "조선 사람 이문장이 왜경에서 점을 쳐주고 생계를 하고 있는데, 사로잡혀온 사람들을 공갈하여 말하기를 '조선의 법이 일본만 못하고 생계가 심히 어려워 살 수가 없으니, 본국으로 돌아가는 것이 조금도 이로울 것이 없다' 하며 망기지 좋지 않은 말로 두루 다니며 유세하여 본국을 흠모하는 마음을 끊어버리게 하므로 사로잡혀온 사람들이 모두 문장의 말에 유혹되어 나가려 하지 않는다(생략)"고 하였다.[43]

즉 일본에 있는 피로인들은 자신들의 모국인 조선이 귀국한 피로인들을 어떻게 대하는지 매우 궁금해 하고 있다. 그들은 귀국 후 불안한 생활문제로 귀국할 의사는 없지만 심적으로 갈등하였다. 그렇다면 이문장의 이야기는 실제로 어떠하였을까?

일본 진영에서 신역身役을 했거나 적지로 나간 죄 때문에 귀국을 꺼리는 자가 있다는 소식에 조선은 피로인 중에서 1605년 유정이 데리고 온 피로인에게 면죄·면천·면역의 특전을 내렸다. 또한 해당 관아에 개유문을 보내

43 姜弘重, 위의 책, 甲子年 12월 27일조. 강우성은 역관 출신으로 최의길과 마찬가지로 피로인 초모招募에 적극 활동하였다. 1612, 1624, 1636년 등 세 번에 걸친 쇄환사 파견 당시 사카이·하카다·가라쓰 등에서 피로인을 모아 쓰시마로 이송시키는데 큰 역할을 하였다.

서 유정한테 전달하도록 했다.[44] 이처럼 피로인에 대해 구체적인 처우책과 홍보를 했기 때문에 피로인들에게 호응을 얻었다.

그런데 20년이 지난 후에 피로인들은 귀국 후 처우 문제에 대한 불안감을 감추지 못하고 있었다. 1625년 3월 부산에 도착한 사신 일행은 "부산에 회박하는 날 상하 일행의 가족과 친척들로 해안에 기다리는 자가 인산인해를 이루고, 서로 만나 기뻐하기를 죽은 사람이 다시 살아온 듯하였다. 죽은 역인의 처자들도 또한 나와 모두 기다리고 있었는데, 땅을 두드리며 호곡하는 정경은 차마 볼 수 없었다"[45]고 하였다. 사신들이 부산을 떠나려 하자 피로인들이 따라오며 통곡하였다. 부산에서는 의지할 곳이 없고, 고향으로 가려해도 길 또한 알지 못하여서 울부짖고 따라오고 있었다. 그래서 行中의 나머지 양식을 덜어내어 각기 5일간의 양식을 주어 보내고, 그 살던 고을에 관문을 써서 부치는 조치를 취하였다고 했다.[46] 이는 1617년 쇄환사가 돌아와서 취했던 조치와 크게 다를 바가 없었다. 오히려 10일간의 양식이 5일간으로 줄어든 점을 알 수 있다.

이처럼 조선은 피로인이 귀국을 했어도 충분한 대책이 없었다. 식량도 5일분 밖에 줄 수 없는 상황이었다. 이문장이 말한 것은 어느 정도 사실에 가까웠다. 이런 사정이 일본에 있는 피로인들에게까지 전해진 것이라 생각된다. 『실록』이나 『동사록』을 통해서는 피로인이 귀환한 후 어떻게 생활했는지 파악하기 힘들다. 다만 철포 조종 능력이 있는 자는 우대하여 훈련도감에서 그 기술을 가르칠 것을 건의하는 정도이다.

이상 3회에 걸친 쇄환사의 활동을 통해서 피로인의 실태와 쇄환 과정에서 드러난 문제점 등을 살펴보았다. 이후 조선은 사절 명칭을 '회답겸쇄환사'에서 '통신사'로 변경하고 피로인 쇄환을 지속적으로 추진하였다.

44 『선조실록』 권188, 38년 6월 庚戌(7일)조.
45 姜弘重, 위의 책, 乙丑年 3월 5·7일조.
46 상동

2) 통신사의 피로인 귀환 활동

1636년 10월 6일 정사 임광·부사 김세렴·종사관 황호 등 통신사 일행 475명이 쓰시마를 향해 출발해서 다음해 2월 25일 귀국했다. 이들의 목적은 에도막부의 3대 쇼군인 이에미쓰의 계직繼職 축하와 피로인을 귀환시키는 것이었다. 그러나 전쟁이 끝난 지 38년이나 지나서 피로인 송환은 거의 없었다.

당시 조선은 청조의 성립과 명 왕조의 쇠망이라는 전환기 속에서 정묘·병자호란 등 2번에 걸친 청군의 침입을 받은 상태였다. 따라서 일본에 있는 피로인 쇄환문제보다 청에 잡혀간 피로인을 송환하는 문제가 더 급선무였다.[47] 그럼에도 불구하고 조선이 일본에 통신사를 보낸 것은 시시각각으로 변하는 긴박한 청의 움직임에 주목하면서 일본 정세를 파악할 필요가 있었기 때문이다. 이 시기 피로인에 관한 기사는 거의 보이지 않는다.

11월에 사절 일행이 입경했을 때 이를 보기 위해 많은 사람들이 거리로 몰려 나왔다. 그 가운데는 남녀를 막론하고 왕왕 손을 모아 축원하는 자, 몸을 굽혀 경례를 하는 자, 혹은 자꾸 눈물을 닦으며 번거로이 절을 하는 자 등이 있었다. 그들은 대부분 조선에서 잡혀온 사람들이었다고 한다. 이후 사절들이 쓰시마에서 순풍을 기다리고 있었으나 서해도에서 돌아온 통역관 강우성을 통해 귀환하고자 하는 피로인이 전무하다는 소식을 듣는다.[48] 전쟁이 끝나고 40여 년이 지나 피로인 자신들도 노령화되었고 이미 사망한 경우도 많았다. 피로인 2·3세대는 이미 일본 사회에 뿌리를 내리고 있었기 때문에 귀국을 희망하는 자가 거의 없었다.[49]

47 森岡康, 「贖罪被擄人の離間問題について」, 『조선학보』 26집, 1963 ; 同, 「丁卯の亂後に於ける贖還問題」, 『朝鮮學報』 32집, 1964 ; 同, 「第2次清軍入寇後の朝鮮人捕虜の賣買」, 『조선학보』 109집, 1983.

48 任絖, 『丙子日本日記』 丁丑년 2월 16일. 海行摠載Ⅲ, 민족문화추진회, 1975.

한편 5번째로 일본에 파견된 통신 사절은 정사 윤순지·부사 조동·종사관 신유 등이었다. 이 일행은 1643년 4월 24일 출발하여 11월 29일 귀국하였다. 네 번째 사신을 보내고 7년도 안되어서 바로 사절을 보낸 것은 쇼군 이에쓰나의 탄생을 축하하는 경하사 파견과 도쿠가와씨의 최대 묘소인 닛코산日光山의 신사당新社堂 낙성식 참석을 요구했기 때문이다. 그런데 조선에서는 사절 일행들이 일본으로 건너가기 전 피로인 문제에 대해서 정사인 윤순지가 인조와 다음과 같은 대화를 나누고 있었다.

> 순지: 임진년부터 지금까지 거의 60년이 됩니다. 그때 잡혀갔던 사람들은 늙어서 죽고 남아있는 사람이 있다 해도 이미 생활에 안착한 만큼 고국을 그리워하는 마음이 없을 것 같습니다. 찾아오는 일을 어떻게 할까요?
>
> 인조: 그들이 설사 돌아오기를 원하는 생각이 없다고 하더라도 우리로서는 응당히 말해야 할 것 같다.[50]

위의 대화에서 피로인 쇄환문제에 대한 조선의 인식과 대응 방식을 알 수 있다. 조선은 피로인 문제를 방기할 수는 없는 국가적인 명분이며 도리에 가까운 것으로 인식하고 있다. 그러나 피로인 쇄환에는 효과를 거두지 못하였다.

8월 6일 사절 일행이 에도에 체재하고 있을 때 3명의 피로인이 방문하였다. 그들은 나이가 많고 자식이 없어서 귀환하기를 원하였다. 피로인 안경우는 참관을 좇아 시나가와品川로 왔는데 의술로 녹 3백 석을 받고 있으며, 아들도 의원을 하고 있다고 했다. 고국에 돌아가기를 권하자 자신의 主將이

49 이 사절 일행은 쓰시마에 도착한 후에 본국 사정을 알아보는 과정에서 병자호란이 일어나 서울이 함락되었고, 인조가 서울로 돌아왔다는 소식을 접한다.

50 『인조실록』 권44, 21년 정월 戊午(23일)조.

허락하지 않는다고 답하였다.[51]

8월 9일 하코네箱根에서 일본 관리가 귀환하려는 여자를 억류하며 "표문手形(통행증) 없이는 통행할 수 없다"[52]고 하여 통행을 막았다는 기록이 보인다. 14일에도 이와 같은 일이 있었다고 적고 있다. 이는 일본이 1637년 기독교인을 중심으로 하는 반란(시마바라의 난)이 발생하자 이후 기독교를 금지하기 위해서 각지에 철저한 검문 검색을 행하고 있었던 사실과 무관하지 않다.

즉 당시 막부는 기독교에 대한 경계와 일반인 통제 및 감시를 한층 강화하고, 남성들은 말할 것도 없고 여성들이 이동·이주할 때에는 보다 철저하게 조사를 하였다. 이러한 상황 속에서 여성 피로인들이 귀국하려 하자 위와 같은 사태가 벌어진 것이다.[53] 또한 24일 사절 일행이 에도에 머무르고 있을 때 광주 출신인 대춘과 묘운이 고국으로 돌아가기를 원한다고 하여 上通事를 통해서 데려가도록 하고 있다.

그 후 사절 일행은 조선에 도착하기 전 쓰시마에서 조정에 급보를 올린다. 그 내용은 "임진년과 정유년에 포로 된 사람들은 모두 자손이 있었으며 그 지방에 안착하여 살면서 돌아오기를 원하지 않으므로 14명만 데리고 오

51 작자미상, 『癸未東槎日記』 8월 6일, 海行摠載Ⅴ, 민족문화추진회, 1974.

52 상동 8월 9일·14일. 막부는 에도로 들어오는 최대의 길목인 하코네에 검문소(관소)를 설치하였다. 이곳은 주변이 험준한 산과 호수로 둘러싸여 있기 때문에 검문소를 통과하지 않고서는 에도로 출입할 수 없는 천연의 요새였다. 검문소를 통과할 때 통행증手形이 있어야 하고, 만약에 다른 길을 이용하려다 발각되면 처형되었다. 특히 검문소에서는 에도의 치안을 위해 '여자'와 '무기의 반입'을 엄중하게 단속하였다. 결국 쓰시마 측이 중재해서 집정문서를 보여줌으로써 여자들은 통과할 수 있었다. 또한 사절 일행이 피로인들을 불러 모을 때 초모지招募地와 다른 지역에서 온 피로인에 대해서 일본 측은 철저한 조사를 하였다. 조선인이며 기독교 신자가 아니라는 것이 증명되어야만 사절 일행에게 피로인을 인도할 수 있었다. 內藤雋輔, 앞의 책, 193쪽.

53 김경태, 「일본에 끌려간 조선 여성들의 삶」, 『정유재란사』, 범우사, 2018, 603~619쪽.

고, 돌아올 때 일행 중에서 병들어 죽은 사람이 6명입니다(생략)"[54]라고 되어있다. 이들이 데려온 피로인 수가 14명에 지나지 않는다는 것은 피로인 송환문제가 더 수행하기 어려운 사항이었다는 것을 알 수 있다.

조선에 귀국한 피로인들에 대해 사절 정사였던 윤순지와 조강이 비변사에게 "그들을 본적지에 돌려보내게 하였으나 굶주리고 추위에 떨 것이 염려되니 경상감사로 하여금 의복과 식량을 넉넉히 주도록 하기 바란다"[55]고 명한다. 이를 통해서도 피로인에 대한 그 이상의 구체적인 대응이나 논의는 보이지 않고 있다. 인조도 이에 대해 "그들의 친척이 살아있지 않을 것이므로 경상 감사에게 식량을 계속 지급하게 하고 굶어죽지 않도록 하라"[56]고 하고 있다.

소결小結

히데요시의 침략전쟁이 끝난 후 피로인 송환문제는 당시 양국 간의 국교회복 문제와 관련지어 우선적으로 해결해야 할 사항이었다. 특히 조선은 이 문제가 전쟁 후 국가 위신과 관련된 문제여서 신속하게 해결해야만 하는 중대 사항이었다.

피로인 중에는 노예로 팔려가 가장 비참한 생을 보낸 경우, 강항과 정희득처럼 살아 돌아와서 귀환한 경우, 귀환의 기회를 얻지 못하고 일본사회에 적응하면서 살 수밖에 없었던 경우가 있었다.

조선은 5번에 걸친 쇄환사·통신사를 통해 60여 년간 피로인 송환에 노력하였다. 처음에는 조선과 일본이 서로 적극적이었고 피로인들 자신도 귀국

54 『인조실록』 권44, 21년 10월 己丑(29일)조.
55 『인조실록』 권44, 21년 11월 癸巳(3일)조.
56 상동

하려는 의사가 강하여 피로인 귀환문제는 순조롭게 진행되었다. 그러나 두·세 번째 쇄환사 때는 쓰시마가 소극적이고 비협조적으로 바뀌었고, 피로인 대우가 좋지 않다는 풍문이 돌면서 피로인 송환은 점차 어렵게 되었다.

네 번째의 통신사는 피로인을 거의 송환시키지 못하였다. 이는 2번에 걸친 청 침입으로 인해 청에 강제로 끌려간 사람들을 귀국시키는 것이 보다 현실적이면서 급선무로 등장했기 때문이다. 1643년 다섯 번째 통신사 때도 피로인 송환은 효과가 거의 없었다.

결국 조선은 피로인에 대한 구체적이고 장기적인 대책이 없었다. 여기에 청의 침략으로 청에 끌려간 피로인을 송환하는 문제가 더 시급해졌다. 아울러서 일본 사회에 정착하기 시작한 피로인의 처지와 귀국 생활에 대한 불안감 등으로 대다수의 피로인들은 일본에 남아 생활할 수밖에 없었다.

제2장 투항한 일본인 항왜降倭

임진전쟁을 통해서 삼국의 수많은 사람들이 자의든 타의든 조선과 일본·명 사이를 오가면서 정착을 하였다. 그 중에서 조선의 경우 병사로서 생포되어 포로가 된 자, 일반 백성 가운데 일본에 끌려가 '피로被虜', '부로俘虜', '부인俘人'이 된 자, 일본에 동조하거나 투항했던 부왜附倭·부적인附賊人 등이 있었다. 일본의 경우에도 조선군에게 생포된 부로왜俘虜倭, 조선에 투항한 투항왜投降倭·순왜順倭·항왜降倭·도왜逃倭 등이 있었다.

이와 같은 인적 피해 가운데 '피로인'에 관한 연구성과는 적지 않다.[57] 그러나 일본군 중 조선에 투항한 사람들, 즉 '항왜'라 불렸던 자들에 대한 검토는 1990년대 일시적으로 관심이 있었으나 크게 진척되지 못한 상태이다. 이들에 대한 연구가 답보 상태에 있는 배경에는 항왜 중 '사야카沙也可(김충선)'처럼[58] 조선인명으로 개명해서 정체를 알 수 없는 경우도 있다. 아

57 김문자, 「임진·정유재란기의 조선 피로인 문제」, 『중앙사론』 19, 2004, 33~37쪽.

58 '사야카'는 현재 일본에서 유명한 역사 인물이 되어 고등학교 검정 역사교과서인 『고교 일본사』 A, 實教出版에 나올 정도이다. 이병도, 「임란시의 항왜와 김충선」, 『이충무공 350주기 기념논총』 서울, 1953 ; 中村榮孝, 「朝鮮役の投降倭將金忠善－その文集と傳記の成立－」, 『日鮮關係史の研究』 中, 吉川弘文館, 1969, 409~454쪽 ; NHK佐賀, 「出兵に大義なし―秀吉を裏切った男·沙也可－」, 1992 ; 歷史群像シリーズ, 『朝鮮の土と なった朝投降武將「降倭」』, 1993 ; 김재덕, 『사야카 일대기－조국을 바꾼 사람들』, 도서출판 대일, 1994 ; 仲尾宏, 「壬辰倭亂と降倭·沙也可」, 『朝鮮通信使と壬辰倭亂―日朝關係史論』, 明石書店, 2000, 24~146쪽 ; 北島万次, 『豊臣秀吉の朝鮮侵略』, 吉川弘文館, 1995, 41~42쪽 ; 同, 「壬辰倭亂研究における日本史料と朝鮮史料」, 『前近代日本の史料遺產プロジェクト研究集會報告集2001~2002』, 東京大學史料編纂所, 2003 ; 이장희, 「임란시 투항왜병」, 『한국사연구』 6, 1971, 247~264쪽 ; 同, 「항왜의 수용」,

울러 항왜는 자신들의 출신을 숨기고 조선 사회에 동화되었기 때문에 그들에 대한 자료나 흔적을 찾기 힘든 실정이다.

한편 일본의 경우, 근대 일본의 군국주의 풍조와 조선에 대한 식민지 정책의 배경 속에서 조국을 버리고 조선에 투항한 반역자와 매국노라는 낙인이 찍힌 항왜에 대한 연구는 기피되어 왔다.[59] 그러나 최근 임진전쟁에 대해 연구주제가 다양하게 논의되고, 일본 언론매체를 통해 다시금 '사야카'에 대한 관심이 높아지면서 항왜에 대한 연구가 새롭게 조명 받는 분위기이다.

항왜의 출신 성분을 보면 대부분 '지위가 낮고 천하며 지극히 미천한 자' '탈출해 온 왜인은 모두가 30세 이전 미만의 연소한 왜인'들이었지만, 예외적으로 '왜장 중에서 투항한 왜인'[60]도 있었다. 항왜의 규모도 『조선왕조실록』에 의하면 1592년부터 전쟁이 끝난 시기까지 천 명에서 만 명에 달한다고 한다. 이것을 그대로 믿기는 어려우나 일본이 약 17만 명을 동원하여 조선 침략을 한 가운데 약 1만 명의 병사가 조선에 투항했다는 것은 결코 적은 숫자는 아니다.

본장에서는 항왜에 관한 기존의 연구성과를 바탕으로 항왜가 속출하게 되는 배경을 시기를 구분해서 검토하려고 한다. 또한 항왜에 대한 조선 지배층과 일반 민중들의 인식 차이, 그리고 일본의 인식은 어떠했는지 살펴보고자 한다. 시기에 따라 항왜를 분류하는 것은 임진전쟁이 장기적이었던 만큼 전황과 전세에 따라 항왜가 발생하는 배경이 달랐기 때문이다. 아울러

『임진왜란사연구』, 아세아 문화사, 1999, 362~397쪽 ; 內藤雋輔, 「壬辰·丁酉役における謂ゆる'降倭'について」, 『文祿·慶長役における被擄人の研究』, 東京大學出版會, 1976, 495~559쪽 ; 원작 KBS역사스페셜, 「임진왜란 秘史, 왜군과 싸운 왜군」, 『역사스페셜』 6, 효형출판, 2003, 286~310쪽.

59 幣原坦, 「沙也可」, 『歷史地理』 10-1, 1904 ; 內藤虎次朗, 『慕華堂集』, 조선연구회, 1915.

60 『선조실록』 권38, 26년 5월 乙亥(22일)조 ; 同, 권48, 27년 2월 甲戌(25일)조 ; 同, 권59, 28년 1월 丁酉(24일)조.

항왜의 역할 및 처리문제를 살펴봄으로써 항왜의 문제를 종합적으로 재검토하고자 한다.

1. 항왜의 발생 배경

조선은 '적세의 성쇠와 적군의 군량 보유상태는 투항하여 오는 자가 있느냐 없느냐로 알 수 있다'는 측면에서 항왜를 이해하였다. 이처럼 전황에 따라서 항왜가 발생하는 배경은 시기마다 차이가 있었다. 여기서는 항왜의 투항시기를 세 시기로 구분한다. 즉 첫 번째 시기는 1594년 9월 이전까지, 두 번째는 1592년 9월에서 1597년 7월 정유재란이 발발하기 직전까지, 세 번째는 1597년 이후 1598년 11월까지로 삼았다. 첫 번째 시기를 1594년 9월을 기준으로 한 것은 다음과 같은 이유 때문이다.

> 적과 대치한 지 지금까지 3년이 지났다. 지혜가 궁해지고 계책이 다 하였으니 참으로 어떠한 계획이 있다면 모두 물어서 채택하여 시행해야 하는 것이다. … 또 항왜 중에 반드시 생명을 가벼이 여기고 용감히 싸울 자가 있을 것이고, 計慮가 뛰어난 자도 있을 것이니, 그를 소홀히 여길 수 없다. 나의 생각에는 미리 嘉善과 堂上의 官敎와 약간의 銀兩을 내려 보내서 만일 사생으로 결의할 경우에 몰래 적중에 보내 창 군기를 태워버리거나 혹 몰래 적추를 죽이게 하여, 일이 성취되면 즉시 그에게 관교와 상물을 주게 하는 것이 어떻겠는가?[61]

위의 사료는 1594년 9월 것으로 선조는 모든 계책을 동원해서 일본군을 방어하는데 주력했다. 이때는 항왜에 대한 기대를 걸고 '관직 서임·은냥 급

61 『선조실록』 권55, 27년 9월 癸卯(28일)조.

여'라는 실리적인 이익을 주면서까지 적극적으로 항왜를 유인하려 했다. 이처럼 항왜에 대해 이전과 다른 정책을 취한 전환점이 되었기 때문에 이전과 시기를 구분하였다. 두 번째 시기는 일본과 조선, 일본과 명 사이에 강화교섭이 진행되어서 항왜가 많이 발생한 시기이기도 하다. 따라서 발생 인원수의 규모나 동기가 이전과 다르기 때문에 구분하였다. 세 번째 시기는 일본군이 재침하여 전쟁이 끝날 무렵에는 항왜가 나타나지 않아 앞의 두 시기와 차이를 보이기 때문이다.

1) 1594년 9월 이전

전쟁 초기에는 일본의 일방적인 승리로 조선에 투항한 항왜는 거의 없었고, 생포되어 온 일본인이 다소 존재하였다. 따라서 선조는 전쟁 초기 생포된 일본인이나 일본 진영에 잡혀갔다가 돌아온 포로를 통해 그나마 총통제조와 방포하는 방법을 알아내고 적정을 살피려 했다.[62] 선조는 조총의 위력과 그 효용에 대해서 높이 평가하고 생포한 일본인을 통해 군사기술을 배우려 했다.

한편 1593년 5월이 되면 백여 명의 항왜가 처음으로 발생한다. 이들 대부분은 조선이 아닌 명군에 투항한 것이 특징이다.[63] 이 시기 항왜가 발생한 것은 4월 18일부터 일본군이 한성에서 부산지역으로 철수하는 과정에서 병들고 부상당한 일본인들이 투항했기 때문이다.[64] 구체적으로 이 시기에 항왜가 발생한 이유와 일본군이 명에 투항한 이유를 선교사 프로이스의 『일본사』를 통해서 살펴보자.

62 『선조실록』 권31, 25년 10월 辛卯(5일)조 ; 同, 권35, 26년 2월 乙未(10일)조 ; 貫井正之, 「降倭論」, 『豊臣政權の海外侵略と朝鮮義兵硏究』, 靑木書店, 1996, 238~277쪽.
63 『선조실록』 권38, 26년 5월 乙亥(22일)조.
64 『선조실록』 권38, 26년 5월 乙丑(12일)조.

> 일본군의 식량과 탄약은 다 떨어졌고 관백(秀吉)의 원조는 항해가 불가능한 겨울 바다로도 육지로도 여름이 될 때까지는 가능이 없는 상태였다. 또한 실전을 통해서 현실의 명군은 지금까지 예상했던 명군과는 상당히 달리 강대한 것을 알았고, 그들에 대해서 공포를 느끼기 시작했다.[65]

1593년 봄, 일본군은 평양과 함경도까지 공략하였지만 일본으로부터 물자와 식량을 보급 받는데 인력 부족으로 어려움을 겪고 있었다. 게다가 의병과 수군의 활약에 의해 식량 보급로가 막히고 군량을 약탈당하였다. 당시 일본군은 극도의 식량부족과 처음 겪는 혹독한 추위와 동상 등으로 피해가 속출하고 있는 상태였다.[66] 이와 같은 상황에서 조선은 전쟁 초기에 생포한 일본군 포로와 항왜에 대해서 무조건 처단하는 '진살정책盡殺政策'을 취하고 있었다. 그래서 항왜들은 주로 명 측에 투항했다.

조선이 항왜에 대해 강경책을 취한 것은 ① 항왜가 중국어에 능숙해지고 왕래가 자유로워져 동쪽으로 돌아간다면 조선의 西路에 대한 허실과 상국(명) 지방의 도로가 알려진다는 점 ② 만약 히데요시가 재침한다면 요동 지방을 침공할 때에 이들이 선봉이 될 가능성이 있다는 점 ③ 적변이 있을 때 안팎에서 서로 호응할 우려가 있다는 점 ④ 투항을 가탁하여 조선의 허실을 탐지할 지도 모른다는 점 ⑤ 왜노의 본성은 전쟁을 좋아하고 죽음을 가벼이 여기며 남에게 굴복하는 것을 수치로 여겨 매번 흉독을 부릴지 모른다는 점 등의 이유 때문이었다.[67] ①~⑤와 같이 항왜에 대한 부정적인 인식은 전쟁 기간 중에 다소 차이는 있지만, 기본적인 항왜관으로서 전쟁이 끝난 이후에도 지속되었다. 조선은 항왜의 처리 문제에 대해 명의 처사를 비난했다. 왜냐하면 투항자 백여 명이 공공연하게 국경을 왕래하고 있었고,

65 松田毅一·川崎桃太 譯, 『프로이스 일본사』 2, 중앙공론사, 1977, 294쪽.
66 松田毅一·川崎桃太 譯, 위의 책, 254~255쪽.
67 『선조실록』 권41, 26년 8월 辛亥(30일)조.

경략 송응창이 이들을 포상까지 했기 때문이다.[68]

한편 1593년 6~8월 사이에는 다수의 일본군이 조선에 투항하였다. 조선은 경상도 내지에 이들을 배치하였는데, 풍기·영천·안동·의성 등지의 한 고을마다 7~8인 혹은 15~16인씩 항왜가 없는 곳이 없을 정도로 많았다.[69] 일본군이 조선으로 투항한 것은 조선이 이들을 훈련도감에 소속시켜 급료를 주며 관직 서임과 의식·은냥 급여를 제공하는 정책 변화가 생겼기 때문이었다.

그 후 조선은 항왜가 많아지자 진심으로 투항을 한 자와 무기제조와 군사기술을 가진 자들에 한정해서 적극적으로 수용했다. 더욱이 유키나가를 중심으로 일본과 명 사이에 본격적인 강화교섭이 진행되어 전쟁이 소강상태에 빠졌던 점과 기요마사도 유정과 함께 강화 협상을 하는 등 염전厭戰 분위기가 급속도로 파급되었기 때문에 항왜가 속출하기 시작했다.

결론적으로 1593~94년 중반까지 항왜가 발생한 주된 원인은 일본군의 식량부족과 조선에서 처음 겪은 혹독한 추위와 동상 등으로 피해가 심했기 때문이다. 그리고 조선에서 관직 서임과 의식·은냥 급여를 하는 회유책을 썼던 점과 강화교섭의 진행에 따른 염전 분위기가 있었기 때문이다.

2) 1594년 9월에서 1597년 7월까지

1594년 9월을 전후하여 항왜가 다수 발생하기 시작하였고, 조선은 항왜 중에서 군사기술을 습득하고 있는 자를 우대하였다. 그 중에서도 전공을 올린 자를 적극적으로 수용하였고 '대처허가帶妻許可'까지 하면서 대우해 주었다.[70] 조선이 항왜에 대한 우대 정책을 취하자 이를 알고 조선에 투항하는

68 『선조실록』 권38, 26년 5월 乙亥(22일)조.
69 『선조실록』 권39, 26년 6월 戊子(5일)조.
70 예를 들어서 항왜 야여문은 '계려計慮'가 있다고 해서 그를 후하게 대우하였고, 마

자가 속출하였다. 그렇다면 이 시기에 항왜가 발생한 일본 측의 배경은 무엇일까? 비변사가 항왜를 공초한 내용을 기반으로 일본의 사정을 살펴보자.

> 신이 술과 안주를 가지고 역관 박대근과 함께 가서 항왜인 助四郎·老古汝文 등 11명을 공궤하고 그 사정을 탐문하니 대답하기를, "우리들은 지난해 1월에 처음 바다를 건너서 각각 주장을 따라 제포에 주둔하고 있는 行長의 관하 장수인 有馬修理大夫에게 예속되거나 혹은 平戶島法印에게 예속되었으며, 혹은 동래에 주둔한 수하 등의 장수 군대에 예속되었었다. 그런데 수자리를 괴롭게 여기던 즈음에 조선이 후히 대접한다는 소식을 듣고 항시 도망하여 오고자 하였으나 실정을 알지 못하여 그렇게 하지 못하였었다. 그러던 중 금년 3월경에 전라병영의 한 군관이 매鷹를 가지고 칼과 바꾸기 위하여 行長의 진영에 와서 우리들을 유혹하기를 '너희들이 내 말을 따라 우리 진영에 오면 반드시 좋은 일이 있을 것이다' 하였다. 우리들은 그의 말을 믿고서 나왔는데 진중에 도착하던 날 병사가 말하기를 '이곳에 머무를 수 없다. 너희들은 상경한 뒤에 반드시 극히 좋은 일이 있을 것이니 믿어 의심치 말고 상경하라' 하였다. 우리들은 이미 조선에 항복하였고 죽고 사는 것도 조선에 달려 있으므로 감히 거절하지 못하고 상경한 것으로 특별히 다른 뜻은 없다" (후략)[71]

여기서 "수자리를 괴롭게 여기던 즈음에 조선이 후히 대접한다는 소식을 듣고 항시 도망하여 오고자 하였으나 실정을 알지 못하여 그렇게 하지 못하였다"는 점이 주목된다. 이는 요역이 심한 일본 측의 사정을 항왜가 전한

음을 붙잡아 두기 위해서 의복과 갓을 주기도 하고 죄인의 처를 아내로 삼게 해서 위안시키려 했다. 또한 항복한 왜인 30~40명이나 50~60인을 가려서 江界 등지에 보내 장수들이 인솔하게 하였다. 항왜들을 후하게 대해 주고 아내를 두도록 보장해주면서 회유하여 그들을 단속하고 기율을 엄히 하여 항상 훈련을 시켰다. 이들이 적을 죽이거나 격파하면 높은 벼슬과 상을 준다는 명을 내리기도 하였다. 『선조실록』 권55, 27년 9월 癸巳(18일)조 ; 同, 권57, 27년 11월 辛卯(17일)조.

71 『선조실록』 권62, 28년 4월 辛酉(19일)조.

것이다. 구체적으로 그 사정을 살펴보자.

즉 1595년 4월 명의 책봉사가 조선에 도착하기 전 부산의 일본 진영에 온 심유경은 유키나가에게 일본군이 철수하지 않으면 명 책봉사의 내일은 성립되지 않을 것임을 알렸다. 동시에 일본군의 철수를 강력히 요구하였다.[72] 이에 대해 유키나가는 히데요시한테 철수명령을 받아내기 위해 일시적으로 일본으로 귀국해 5월 안에 조선 남부 지역에 있는 15개 왜성 중에서 10개를 파기해도 된다는 허가를 받는다. 이에 따라서 경상도 남부 일대의 왜성은 파괴되었고, 일본 무장들은 몇 개의 그룹으로 재배치되었다.[73]

예를 들면 거제도의 왜성은 파기되어 가덕도로 옮겨졌고, 기요마사는 기장, 구로다 요시타카黑田孝高는 죽도로, 모리 요시나리毛利吉政는 안골포 등으로 이전하면서 새로운 축성작업이 시작되었다.[74] 다시 말해서 일본진영은 히데요시의 명에 따라 강화교섭을 성사시키기 위해 기존에 있었던 왜성을 파기하고, 새로 이전한 곳에 다시 축성작업을 하느라 많은 일본군들이 노역에 동원되었다.

그 후 1596년 9월 일·명 강화교섭이 결렬되자 1597년 2월에는 남부 지역 해안가에 다시 왜성을 쌓기 시작하여 울산성·양산성·사천성·순천성 등이 축성되었다. 이런 상황 속에서 무거운 노역을 기피하고 견디기 힘든 자들이 조선에서 '후히 대접한다'는 소식을 접하자 투항했다.

또한 일본군 중에는 축성에 따른 만성적인 노역도 견디기 힘든 문제였지만, 일본이 명으로부터 책봉사가 올 것에 대비하여 천사아문天使衙門을 짓게

72 佐島顯子, 「日明講和交涉における朝鮮撤退問題」, 『鎖國と國際關係』, 吉川弘文館, 1998, 110쪽

73 『江雲隨筆』 文祿 4년 5월 22일, 小西行長·寺澤正成宛 豊臣秀吉朱印狀, 東京大學 史料編纂所 所藏 ; 『선조실록』 권88, 30년 5월 戊申(18일)조.

74 白峰旬, 「文祿·慶長役における豊臣政權の諸城普請について」, 『織豊期の政治構造』, 吉川弘文館, 2000, 334~342쪽.

한 점도 항왜 발생 배경의 원인이 되었다고 본다. 이 작업은 축성에 비할 바는 아니지만 일본군에게는 견디기 힘든 요역 중의 하나였다.[75]

위의 사료에서도 알 수 있듯이 조선의 군관이 일부러 일본 진영에 가서 항왜를 유인하고 있는 점도 주목할 만하다. 조선은 "항왜를 꾀어내는 것은 손해 볼 것 없다"고 한 점과 "항왜를 잘 어루만져 자신들의 쓰임이 되게 하면 도움이 되는 바가 적지 않기 때문에 비록 그 사이에 해를 끼치는 염려도 있으나 굳게 거부하여 끊어버린다면 좋은 계책이 아니다. 조정에서 한결같지는 않지만 유인한 자는 다 논상하여 투항하는 길을 넓혔다"[76]고 한 정책과 맞물려서 일본군의 이탈을 부추겼다.

항왜들이 여러 가지 폐해를 낳았지만 이들 중에서 기예가 있고 진심으로 투항한 자에 대해서는 적극적으로 귀속시켰다. 다만 조선은 대우에 불만을 품은 항왜가 증가하자 선별해서 수용했다.

3) 1597년 8월 이후

강화교섭이 결렬되고 일본의 2차 침입이 시작되자 투항하는 자가 한층 많아지기 시작하였다. 이는 이미 예상된 일로서 일본인들 사이에서 "야나가와 시네노부가 일본에서 돌아올 때 강화의 기별이 있으면 항복하는 자들이 줄어들 것이겠지만 전투를 벌인다는 기별이 전해진다면 항복하는 자가 많아질 것이다"[77]라고 한 점에서도 알 수 있다. 즉 승산 없는 전쟁이 오랫동안 지속되자 염전 분위기 속에서 다수의 항왜들이 속출하였던 것으로 보인다.

항왜가 발생한 배경을 살펴보면 처음에는 식량문제, 이후에는 왜성 축성과 관련된 고된 노역과 조선 측의 관직 서임 및 은냥 급여·賜姓 등의 항왜

75 『선조실록』 권60, 28년 2월 癸丑(10일)조.
76 『선조실록』 권64, 28년 6월 壬子(11일)조.
77 『선조실록』 권88, 30년 5월 戊申(18일)조.

유인책이 효과가 있었기 때문이다. 그리고 재침략기에는 염전 분위기가 급속하게 퍼지면서 항왜가 끊임없이 발생한 것이라 할 수 있다.

한편 항왜 관련 기록에는 "왜노가 덕의를 사모하여 항복해 온다"[78]라는 부분이 종종 나온다. 특히 사야카의 경우에는 "조선의 예의 문물과 의관 풍속을 아름답게 여겨 예의의 나라에서 성인의 백성이 되고자 할 뿐이다"[79]고 서술되어 있는 점을 들어 항왜가 조선에 투항한 이유를 여기서 찾는 경우가 있다. 그러나 '덕의'와 "조선의 예의 문물과 의관 풍속이 아름답다"고 한 점은 너무 자의적이고 표리부동한 점도 감지된다.

전쟁 초기부터 일본군이 수세에 몰릴 때 "군기를 모두 잃고 형세가 궁하게 되어 돌아가려 하나 법이 엄해서 그러지도 못 한다"[80]고 한 점에서 '덕의'란 일본보다 군율이 엄하지 않은 상황을 표현한 것이라고 보는 것이 타당하다. 항왜는 병졸과 잡병 출신들이 대부분이었고, 몇몇 왜장도 투항하였으나 유교적인 소양까지 갖춘 사람은 아니었다. 이러한 점을 고려한다면 '조선의 문물에 흠모하여' 항왜가 발생했다고 보는 견해는 수용하기 어려운 측면이 있다.

2. 항왜에 대한 조·일 양국의 대응

1) 조선의 경우

> 전일 투항한 왜병에 대해 의심하지 않는 이가 없었고 불평하는 말도 많았는데 나만이 그렇지 않다고 밝히면서 많은 인원을 끌어내려 하였으나 군신

78 『선조실록』 권71, 29년 1월 丁酉(30일)조.
79 『慕夏堂集』 권2-3 行錄 年譜條, 서울대 규장각한국학연구원.
80 『瑣尾錄』 壬辰, 7월 29일조.

> 들의 저지를 받아 끝내 제대로 시행하지 못하였다. 그런데 지금 항왜들이 먼저 성위로 올라가 역전하여 적병을 많이 죽이고 심지어는 자기 몸이 부상당해도 돌아보지도 않고 있으니, 이는 항왜들만이 충성을 제대로 바치고 있는 셈이다. 과연 묘당에서 하는 말처럼 적과 내응하고 적을 끌어들였는가. 적병을 죽였거나 역전한 항왜는 모두 당상으로 승직시키고 그 다음은 은으로 시상할 일을 시급히 마련하여 시행하도록 하라.[81]

위의 내용은 선조와 신료들 사이에 항왜에 대한 인식차가 컸기 때문에 일관된 정책이 시행되기 어려웠음을 상징적으로 보여주는 것이다. 즉 선조는 항왜에 대해 적극적인 유인책을 갖고서 활용하려 했다. 그러나 신료들은 항왜에 대해서 의구심을 가지고 있었다.

선조는 1597년 8월 다시 전쟁이 발발하였을 때 항왜들이 앞장서서 충성을 다해 적군과 싸우는 상황을 말하면서 신료들의 항왜에 대한 인식에 대해 불만을 토로하고 있다. 먼저 선조가 항왜에 대해 어떠한 인식을 갖고 있었는지 구체적으로 살펴보자.

전술한 것처럼 선조는 전쟁 초기에는 생포한 일본인 중에서 총통 제조와 방포하는 법, 검술에 능한 자에게 기술을 익히도록 명하기도 하였다. 그리고 한성으로 돌아온 직후에는 명이 항왜에 대해 우대정책을 펴자 강한 불만을 표시하고 속히 행형行刑할 것을 촉구하였다. 다시 말해서 전쟁 초기에는 '왜병 진살 정책倭兵盡殺政策'을 주장한 것이다. 이와 같은 선조의 인식에 대해 명 측은 "외이外夷에 대해서 그들이 아침에 침입해 왔더라도 저녁에 와서 항복하면 명은 오히려 받아주는데, 조선의 기상은 어찌 이리 좁은가"[82]라며 질책하기도 했다.

그러나 1년이 경과한 후 선조는 '왜병 진살 정책'에 변화를 보였다. 즉

81 비망기로 김신원에게 전교한 내용이다. 『선조실록』 권91, 30년 8월 乙亥(17일)조.
82 『선조실록』 권38, 26년 5월 乙亥(22일)조.

"명의 장수는 사로잡은 왜적을 죽이지 않는데 우리나라 사람은 잡으면 문득 죽여 투항하는 길을 끊어버리니, 도량이 좁을 뿐 아니라 이로 인하여 다른 나라의 기술을 傳習할 수가 없다"[83]면서 종래까지 취했던 방침을 바꾸었다. 2개월 후에는 "항복하여 온 왜를 죽이는 것은 전혀 도움이 안 되는 일이며 나오는 자들에게는 반드시 식량을 주어 굶주림에 이르지 않게 하고, 또 직책도 제수하여 그들의 마음을 위안하여 (다른 일본인이) 이러한 소식을 듣는다면 나오는 자들이 반드시 많을 것이며 많은 자를 데리고 나온 자에게도 상을 내려야 할 것이다"[84]하였다. '기술의 전습'과 '또 다른 항왜를 유인할 수 있다'는 점에 착안하여 항왜를 적극 수용하려는 정책으로 변화하였다.

> (1) 왜인이 투항해 왔으니 후하게 보살피지 않을 수 없다. 외방으로 보낸 자는 빨리 내려 보내고 그 중에 머물러 둘 만한 자는 서울에 머물러 두고 군직을 제수하여 총검을 주조하거나 검술을 가르치거나 염초 달이게 하라. 참으로 그 묘술을 터득할 수 있다면 적국의 기술은 곧 우리의 기술이다. 왜적이라 하여 그 기술을 싫어하고 익히는 일을 게을리 하지 말고 착실히 할 것을 비변사에 이르라.[85]
>
> (2) 우리나라는 이미 적을 이기지 못하였고 또 용기를 분발하여 방어하지도 못했으면서 도리어 항복하여 귀순해 오는 왜인을 거절하니 옳지 않다고 생각한다. 근래에 와서 항복한 왜인이 수백 명이다. 군졸 한 명도 수고롭지 않고 앉아서 얻었는데 어찌 지나치게 스스로 의심할 필요가 있겠는가.[86]

83 『선조실록』 권48, 27년 2월 丙寅(17일)조.
84 『선조실록』 권50, 27년 4월 乙丑(17일)조.
85 『선조실록』 권53, 27년 7월 乙巳(29일)조.
86 『선조실록』 권54, 27년 8월 戊辰(23일)조.

선조는 항왜를 통해서 군사기술을 적극 받아들이려 했으며 '적국의 기술은 곧 우리의 기술'이라 하였다. 또한 자국을 방어하지도 못하는 상황에서 "군졸 한 명도 수고롭지 않고 앉아서 얻었는데 어찌 지나치게 스스로 의심할 필요가 있겠는가"라고 한 점에서 항왜에 대한 정책변화가 있게 된 배경을 알 수 있다.

선조의 인식과는 달리 조정 관료들은 항왜를 어떻게 인식하였을까?

(a) 영의정 崔興遠이 치계하기를, "용산에 있는 왜적도 일찍 처치하지 않으면 울타리를 벗어나온 범이고 소매 속에 들어온 전갈이어서 반드시 후회가 있게 될 것이므로 더욱 우려됩니다. 제독이 있을 적에 소위 항왜라는 것들이 여러 차례에 걸쳐 올라왔는데 그 수가 매우 많고, 제독이 내려간 뒤에도 또 23명이 올라왔습니다. 투항의 진위를 분명히 알 수는 없으나, 투항을 가탁하여 우리의 허실을 탐지하려는 계획이 없지 않을 듯하니 조정에서 잘 조처하는 것이 어떻겠습니까?"[87]

(b) 비변사가 아뢰기를, "적병이 많이 투항해 오면 저들의 세력은 자연 약해지고 아군은 차츰 늘어날 것인데, 예로부터 병가는 귀순하면 받아들였고 거절하는 법은 없었습니다. 다만 왜노의 본성은 흉악하고 교활하니 장래 또한 염려하지 않을 수 없는데다 현재 부족한 군량 때문에 어려움을 겪고 있어 접대하고 먹여주는 것이 필시 그들의 기대에 차지 않을 것이니, 이로 인하여 혼란을 야기시킬 일이 없지 않을 것입니다. 그리고 유인해 오는 사람에게 으레 상직을 주므로 진심으로 귀순한 것인지의 여부를 따지지 않고 속여서 마구 유인해 오니 그 중에는 일단 왔다가 후회하는 자가 없지 않을 것입니다. 앞으로는 진심으로 투항하는 자 외에는 반드시 널리 초유할 것 없다는 뜻을 원수에게 비밀히 하유하여 각 진영에 몰래 통지하게 하는 것이 어떻겠습니까?"[88]

(c) 사신은 논한다. 우리나라가 왜적에게는 백세토록 반드시 복수해야 할

87 『선조실록』 권41, 26년 8월 辛亥(30일)조.
88 『선조실록』 권52, 27년 6월 辛亥(4일)조.

> 빛이 있으며 하늘 아래에 함께 살고 있는 원통함을 지니고 있으니, 참으로 혈기가 있어 움직일 수 있는 자라면 누군들 그 고기를 씹어 먹고 그 가죽을 벗겨 깔고 잠을 자려고 하지 않겠습니까. 山所佑가 거짓으로 귀순하려는 성의를 보였으니, 비록 훈련시킨 노고가 있다 하더라도 능침을 욕되게 하고 참혹하게 살육한 소행이 그 손에서 나오지 않았다는 것을 어떻게 알겠는가. 그런데도 성안으로 영접하여 후하게 대접하고 또 상으로 벼슬 주기를 마치 오래도록 우리에게 은혜를 끼친 사람처럼 하였으니, 이것이 어찌 원수를 잊고 원한을 풀어버리는 데에 가까운 일이 아니겠는가?[89]

위의 사실을 종합해 보면 관료들은 항왜에 대해 그들이 아무리 군사 기술이 있다고 하더라도 능침을 욕되게 하였고 참혹한 살육행위를 하였기에 본성이 사악하고 믿을 수 없다는 인식을 하고 있었다. 따라서 전술한 것처럼 평양 서쪽의 허실과 도로, 중국 관외, 조선 서로에 대한 허실과 명 지방의 도로에 대해 모르는 것이 없게 되어 히데요시가 다시 창궐하게 된다면 요동 지방을 침공할 때에 선봉이 될 우려가 있는 점을 염려하였다. 신료들은 '왜노의 본성은 흉악하고 교활하다'는 근본적인 생각과 '항왜들이 가탁하여 조선의 허실을 탐지할지 모른다'는 점 등을 내세워서 항왜에 대해 부정적이고 선조의 정책에 적극 찬동하지 않았다.

이와 같이 항왜에 대해서 선조와 신료들 사이에 인식의 차이가 있었던 것은 국왕으로서 위기상황에 적극 대처하려 했던 선조의 입장과 항왜를 접촉했거나 실무자들의 보고를 전해들은 신료들과의 입장차이 때문으로 생각된다. 선조도 물론 항왜에 대한 부정적인 보고를 듣고 이에 동조하지 않은 것은 아니지만, 오히려 이들의 역할을 보다 적극적으로 평가하여 현재의 위기상황을 돌파하려 했던 의지가 강했다고 하겠다.

89 『선조실록』 권65, 28년 7월 戊子(17일)조.

그 후 항왜가 민란을 진압하거나 전투에서 전과를 올리고, 정유재란 때는 적극적으로 전투에 임하게 되자 신료들은 항왜에 대해 인식의 변화를 보였다. 하지만 신료들의 항왜에 대한 근본적인 인식은 부정적, 회의적이었다. 전쟁이 끝난 후에도 이러한 태도는 변하지 않았다. 그러면 일반 민중의 항왜에 대한 인식은 어떠했을까?

> (d) 사헌부가 아뢰기를, "항복하는 왜인의 일이 매우 염려됩니다. 올라올 요즈음에 음식 공급이 조금만 마음에 맞지 않으면 발광하고 작란하여 조금도 두려워하고 꺼리는 태도가 없습니다. 혹은 그들을 押領하는 사람을 묶어놓고 무수히 구타하기도 하고, 혹은 각 고을의 군관이나 색리들을 형틀에 묶어놓고 곤장으로 치기도 하고, 혹은 민간에 들어가서 소나 말이나 재물 등을 약탈하기를 도적질을 할 때와 같이 합니다. 이에 본 고을에서 그들을 압령해 오는 통사를 묶어놓고 형벌을 시행하려 하면 어사와 수령이 같이 앉아 있는 자리에 칼을 뽑아들고 쳐들어와 형틀을 부수고 결박을 풀어 빼앗아 가기도 하며, 도성 밖에서도 노략질을 멋대로 하여 의복, 음식과 임금이 내리신 마필까지도 멋대로 받기도 하고 퇴짜 놓기도 하였습니다. 나누어서 보낼 때는 통진에 이르자 그 압관이 뒤로 처진 것을 성내어 민가를 분탕질하였습니다. 갖가지 흉패한 정상을 이루 헤아릴 수도 없습니다. 진심으로 귀순한 자가 이러할 수 있습니까? 이 때문에 인심이 두려워합니다" (후략)[90]

항왜들은 식량 공급이 제대로 이루어지지 않으면 작란을 일삼았고 서울에서 서북지방으로 이송할 때 제멋대로 돌아다니며 재물을 약탈했다.[91] 그리고 항왜들끼리 알력과 다툼, 민가의 분탕질 등 여러 가지 행패를 부렸다.[92] 이러한 이유 때문에 일반 민중들은 항왜를 부정적으로 볼 수밖에 없

90 『선조실록』 권54, 27년 8월 甲子(19일)조.
91 『선조실록』 권52, 27년 6월 癸亥(16일)조.
92 『선조실록』 권136, 34년 4월 戊辰(1일)조.

었다.

조선은 도성에 올라온 항왜들에게 칼을 차지 말고 조선의 풍속을 따를 것을 강요하나 이에 응하지 않는 무리가 많아 고심하였다. 항왜의 입장에서는 만약의 경우 죽임을 당할 수도 있다는 의구심 때문에 자기방어에 나섰던 것이다. 오희문도 거짓 투항하여 앞날의 근심거리가 될 것을 우려하면서 명군마저도 항왜를 두려워하고 피하고 있는 실정을 전하고 있다.[93] 이와 같이 일반 민중의 항왜에 대한 인식은 관료들보다 오히려 더 부정적이었음을 알 수 있다.

2) 일본의 경우

자신들의 병졸과 부장까지도 조선에 투항하는 사태를 일본에서는 어느 정도 파악하고 있었는가를 검토해 보자. 히데요시의 경우는 전쟁 초기 승전 소식을 접하면서 조선에 직접 건너갈 것을 전제로 나고야에 모든 배를 집결시켰다. 동시에 조선 침략에 동원되었던 다이묘 중에서 귀국하려는 자를 막기 위해 선박을 전부 정박시키고 주요한 항구에 병사를 배치시켜 귀국하지 못하도록 하였다.[94] 이 때문에 일본군은 본국으로 돌아갈 수 있는 해로가 원천 차단되었고, 식량부족과 고된 노역이 계속되었기 때문에 전쟁 초기부터 항왜가 발생하였다.

또한 히데요시는 1593년 2월과 5월에 일본으로 도망하려는 자들에 대해 엄벌을 처한다는 명령을 내렸다.[95] 이러한 상황을 보면 히데요시는 조선에

93 『쇄미록』 甲午 7월 23일조

94 松田毅一, 川崎桃太譯, 앞의 책, 2, 252~253쪽.

95 「島津家文書」 370호, 『大日本古文書』 家わけ16-1 ; 「松浦家藏御內書寫」, 東京大學, 史料編纂所 所藏. 같은 해 9월에도 히데요시는 도망하는 왜병졸을 철저하게 조사할 것과 처벌에 관한 문서를 발급했다. 「吉川家文書」 757호, 『大日本古文書』 家わけ 9-2.

서 도망병이 많이 생긴다는 사실은 파악하고 있었다. 이러한 히데요시의 강경한 조치로 조선에 많은 일본군이 투항한 것이다. 항왜에 대해 조선 주둔 일본 장수들은 어떤 생각을 가지고 있었을까?

(e) 왜적 중에 중국군에게 투항한 자가 거의 1백 명에 이르고 있는데 적장은 이를 알면서도 금지하지 않는다고 하니 적의 계책을 추측하기가 매우 어렵다. 저 왜적은 바로 우리와 불공대천의 원수인데 경략은 그들에게 상을 주기까지 하니, 만약 저들을 살려주어 중국으로 보내면 우리나라 평양 서쪽의 허실과 도로, 중국 관외의 일을 반드시 모두 알게 될 것이다. (후략)**96**

(f) (전략) 行長의 아우인 소장이 왜통사 이언서를 불러서 말하기를 "들으니 너희 나라에서 항왜를 후대하기 때문에 앞을 다투어 서로 투항하여 들어간다고 하는데 사실인가? 현재 있는 수가 얼마인가?" 하므로, 이언서가 답하기를 "나는 알지 못한다." 하니, 行長의 아우가 말하기를 "나는 자세히 들었다. 난처한 일이 있으면 우리들도 투항해 가려 하는데 너의 나라에서 또한 후대해 줄지 모르겠다" 하였습니다.**97**

(g) (전략) 또한 왜인은 "일본에서 꺼리는 점은 항복한 왜인이다. 그 숫자가 이미 만 명에 이르고 있는데, 이 왜인들은 반드시 우리 일본의 용병술을 모두 털어놓았을 것이다. 조선에서 산성을 쌓고 있는 것도 역시 이 왜인들의 지휘일 것이다. 지금 조선에 항복한 왜인의 숫자는 얼마나 되는가?" 하기에 답하기를 "다른 곳에 나누어 둔 숫자는 자세히 모르겠으나 우리나라 우병사가 거느린 수가 거의 천여 명에 이르는데 이들 모두에게 상으로 벼슬이 내려지고 의관이며 전마가 주어지고 아내를 얻어 풍족하게 살고 있다"라고 하였더니, 왜인이 "항왜를 발탁하기로 결정되었다는 것은 이미 자세히 알고 있다. 우리들도 투항하고자 하나 중로에 살해될 지의 여부를 몰라 주저하다가 지금에 이르렀을 뿐이다. 調信이 올 때에 강화의 기별이 있으면 항복하는 자들이 줄

96『선조실록』 권38, 26년 5월 乙亥(22일)조.
97『선조실록』 권60, 28년 2월 癸丑(10일)조.

어들겠지만 전투를 벌인다는 기별이 전해진다면 항복하는 자가 많아질 것이다. 조선이 후대하고 죽이지 않는다면 어찌 우리들뿐이겠는가. 그대가 다시 와서 우리들을 인솔해 가도록 하라" 하였다. (후략)[98]

(e)에서는 전술한 것처럼 전쟁 초기 항왜는 명에 투항하는 자가 많았던 것을 알 수 있다. 특히 '적장은 이를 알면서도 금지하지 않는다'고 한 점을 보아 조선에 주둔하고 있는 장수들은 항왜의 존재를 파악하고 있었다.

(f)는 접반사 이시발이 올린 서계 중의 한부분이다. 유키나가의 동생과 통역사가 나눈 대화 속에서 "조선에서 항왜를 후하게 대우하기 때문에 (일본 측에서) 앞 다투어 투항하고 있다"고 하면서 항왜의 존재를 인정하였고, 조선에게 오히려 그 숫자가 어느 정도인지 물어보고 있는 점이 주목된다. 즉 항왜에 대한 조선 측의 '우대정책'을 인지하고서 다수의 일본군이 조선에 투항하고 있다는 사실을 간접적으로 인정하고 있다.

또한 (g)는 권율의 서장으로 조선의 군관과 전사에게 들은 것을 보고한 것이다. 여기서 주목되는 것은 일본이 항왜를 만 명으로 추측하고 있는 점이다. 이에 대해 조선에서는 우병사가 거느린 수가 거의 천여 명에 이르고, 이들 모두에게 벼슬이 내려지고 아내를 얻어 풍족하게 살고 있다고 한 것이다. 일본군도 "조선이 항왜를 발탁하기로 결정되었다는 것은 이미 자세히 알고 있다"고 한 점에서 히데요시와는 다르게 항왜의 존재를 자세히 알고 있었지만, 제재하거나 대처하기 어려운 상황이었음을 알 수 있다.

다만 유키나가가 "이쪽 사정을 관백(히데요시)도 명백히 모른다"고 한 것으로 보아 히데요시는 항왜의 존재에 대해 명확하게 파악하지 못했다. 조선 주둔 일본 장수들이 현지사정을 은폐했을 가능성도 배제할 수 없다.[99] 따라서 히데요시는 도망병에 제재를 가하려 했으나, 스스로 투항하여 조선군에

98 『선조실록』 권88, 30년 5월 戊申(18일)조.
99 상동

협조하거나 동화되는 현상은 명확하게 인식하지 못했다.

3. 항왜의 역할과 처리

일반적으로 조선이 항왜를 유치한 것은 '변이蠻夷로 하여금 변이를 치게 한다'는 방침과 관련해서 설명되어져 왔다. 즉 항왜를 통해 후금을 방어하는 군사적인 측면을 중시했다. 항왜가 발생한 배경을 일률적으로 단정하기 어려운 것처럼 항왜의 역할도 시기와 전황, 그리고 조선과 일본의 내부사정에 의해 차이를 보이고 있다.

1) 철포 제조 및 군사 기술 전습

조선에서는 총통 제조와 방포, 칼과 총을 제조하는 기술, 검술에 능한 항왜가 우대를 받았다. 특히 능력이 탁월한 자는 훈련도감에 소속시켜 군사들에게 기술을 전습하게 하고 급료도 주었다.[100] 이는 조총으로 인해 심각한 피해를 입은 조선의 입장에서는 중요한 의미가 있었다. 하지만 조선은 항왜를 도성에 두면 소란을 일으킬 지도 모른다는 우려 때문에 함흥·경성·영변 등지로 보내 방포를 교련시키게 하였다.

> 좌병사(左兵使) 고언백(高彦伯), 조방장(助防將) 정희현(鄭希玄)·홍계남(洪季男)·권응수(權應銖)에게 갔더니 신(이영백)에게 말하기를, "수많은 항왜에게 경비를 제공하기가 어려운 형편일 뿐 아니라 한 곳에 모아 둔다는 것은 곤란한 점이 많다. 그리고 적진과 바로 가까운 지역에 유치해 두었다가 혹시라도 왜적이 쳐들어오는 일이 있을 때는 그 흉모를 헤아리기 어려울 것이니

100 『선조실록』 권88, 27년 2월 戊寅(29일)조.

이 점을 염려하지 않을 수 없다. 그 중에 쓸만한 자는 골라 진중에 남겨두고 그 나머지는 내지로 나누어 보내는 것이 마땅하다" (후략)[101]

위의 자료에서 조선은 항왜 중 쓸만한 자는 진중에 두고 나머지는 내지로 보내 왜적과 내통하지 못하게 하고 필요한 군사기술을 배우려 했다. 이와 같은 항왜에 대한 분치 조치는 전쟁이 끝난 후에도 기본적으로는 변함이 없었다. 특히 초기에는 항왜에 대한 파악이 제대로 되지 않아 신중하면서 강경한 대처를 하였다.

그러나 1594년경부터 상황이 바뀌기 시작했다. 즉 다수의 항왜가 발생하기 시작하였는데 그 가운데는 군사기술을 갖지 않은 항왜도 있었다. 조선은 군사기술과 관계없이 진심으로 투항하는 자는 수용하기 시작했다. 이는 항왜의 역할 중에서 군사기술에 대한 비중이 낮아졌음을 의미한다. 왜냐하면 조선도 자체 내에서 조총기술을 습득하였고, 1596년 선조가 "우리나라도 조총을 잘 만든다"[102]고 한 점에서도 항왜의 역할이 군사기술의 전습에서 변화했다는 것을 알 수 있다.

101 『선조실록』 권53, 27년 7월 甲申(8일)조. 특히 이들을 분산 유치할 때 바닷길 을 경유해서 분치하자는 의견도 있었다. ① 경상좌도에서 온 자는 강원도-함경도 경유로, 또는 서울-평안도-황해도로 옮기고 ② 경상우도에서 온 자는 호남-제주도-진도로 유치하였다. 이들을 적극적으로 활용하면서도 이변이 생길 것을 염려하여 분치에 신경을 썼던 것이다. 『선조실록』 권57, 27년 11월 辛卯(17일)조.

102 예를 들어 조선은 항왜의 도움으로 1593년 3월에는 조총 제조 기술을 확보하여 직접 제작, 시험하기도 하였다. 『난중일기』에 이순신은 왜군의 조총을 모방해서 우수한 조총을 만들어 내는데 성공했다고 적고 있다. 이처럼 항왜를 통한 군사기술의 전습은 전쟁 초기에 큰 비중을 차지하였다. 조선 자체 내에서 조총을 만들어 낸 이후에는 항왜의 역할에도 변화가 생긴 것으로 보인다.

2) 격군 편입, 변방 수비, 내란 진압

1594년 6월 전후부터 항왜가 급속하게 늘어나고, 9월에는 경상도 지역에서 항왜가 많이 발생하자 조선에서는 일본 내부의 내란을 의심했다.[103] 그리고 항왜들을 양계지방으로 보냈다. 항왜의 수가 많아지면서 이들이 재물을 약탈하는 등의 폐해가 발생하자 민심이 나빠지고 유언비어가 나돌기 시작했다. 특히 영남지방에서는 항왜들이 연속해서 올라오는데 이들의 작폐는 말로 표현할 수 없을 정도였다.[104] 항왜들이 칼을 차고 횡행하여 인심이 두려워하는 경우가 많아졌다.[105]

조선은 항왜에 대한 조치에 변화를 주지 않을 수 없게 되었다.[106] 항왜 중에서 재능이나 기예가 있고 공손하여 부릴만한 자는 진중에 남게 하고, 한산도의 주사舟師가 있는 곳으로 보내 격군으로 삼게 하였다.[107] 군사 기술이나 특기가 없는 항왜는 수군에 편입시켜 배를 젓거나 중노동을 시키는 노비로 배치시켰다.[108]

한편 항왜가 육진 오랑캐를 상대로 전승하였다는 보고가 조선 측에 전해진 것은 1594년 10월경이다.[109] 이는 조선 측의 '이이제이'의 전형적인 사례이다. 항왜들을 이미 양계지방으로 분산 유치한 상태였기 때문에 가능했

103 『선조실록』 권55, 27년 9월 甲申(9일)조.
104 『선조실록』 권54, 27년 8월 丁巳(12일)조. 항왜들이 왕래하는 一路에서 겁략을 자행하자 구적을 만난 것처럼 가족을 이끌고 피하는 사람이 많았다고 한다. 이처럼 민중들 사이에서 항왜에 대한 인식은 1594년경을 전후로 하여 부정적인 경우가 많았다. 同, 권56, 27년 10월 辛酉(17일)조.
105 『선조실록』 권55, 27년 9월 丙子(1일)조.
106 『선조실록』 권55, 27년 9월 甲申(9일)조.
107 『선조실록』 권55, 27년 9월 己丑(14일)조.
108 北島万次, 「'亂中日記'にみえる降倭について」, 『壬辰倭亂と秀吉·島津·李舜臣』, 校倉書房, 2002, 119~120쪽.
109 『선조실록』 권56, 27년 10월 乙卯(11일)조.

다. 선조는 "항왜도 힘을 다하여 적진을 함락시켰고 용감히 싸웠으므로 이들을 소홀히 할 수 없다"[110]며 항왜를 적극 활용할 의사를 표시했으며 관직과 상물을 줄 것을 제안하였다.

선조는 다음해 1월에 오랑캐와 대적해 있는 가운데 "북도의 군사는 싸움을 익혔고 또 항왜도 있으니 후회가 있게 되는 지경까지는 이르지 않을 것이라"[111]하여 항왜의 군사력에 대한 신임과 호의를 드러냈다. 1596년 조선에서는 일본군의 재침도 위급하지만 북쪽 오랑캐의 변란 가능성도 배제할 수 없는 상황이었다. 따라서 변방을 수비하는 항왜의 역할이 중요해졌다.

또한 계사·갑오년의 기근과 흉작이 지속되고 민간 반란자가 발생하자 이들을 토벌하는데 항왜가 이용되었다. 즉 兩湖의 도적을 관군이 퇴치하지 못하자, 항왜 중에서 강하고 성품이 온순한 자를 뽑아서 투순군投順軍으로 편성했다.[112] 또한 山所佑라는 항왜는 아동대들의 훈련을 담당하게 하였다.[113]

이처럼 항왜에게 변방 수비, 내란 진압의 역할을 맡긴 것은 그들에 대한 신뢰가 있었기 때문이다. 선조의 전폭적인 지지와 전황의 변화에 따라 항왜의 활동 영역이 다양화됨을 알 수 있다. 그러나 다른 한편에서는 투순군에 대해서 "백성이 생업을 잃고 도적이 된 것은 본심이 아닌데 국가에서는 안정시켜서 무마할 계책은 안세우고 투항한 왜병을 동원해서 불쌍한 백성을 주살시키려 한다"는 비판을 받기도 하였다.

아동대에 대해서도 "비록 훈련을 시킨 노고는 있다 하더라도 능침을 욕되게 하고 참혹하게 살육한 소행을 한 자들에게 성안으로 영접하여 후하게 대접하고 벼슬까지 주어서 마치 은혜를 끼친 사람처럼 대한다"[114]하여 대

110 상동
111 『선조실록』 권65, 28년 7월 戊子(17일)조.
112 『선조실록』 권56, 27년 10월 壬戌(18일)조.
113 『선조실록』 권65, 28년 7월 戊子(17일)조.
114 상동

신들의 불만을 사기도 하였다.

이와 같이 항왜에 대한 찬반양론이 팽배한 가운데서도 조선의 기본 방침은 해독을 끼치는 자는 일체 관용을 허용하지 않고 국법으로 다스린다는 것이다. 순종하는 자는 평민과 동일하게 대우하고 정착을 유도하기도 했다.[115] 이와 같은 방침은 1597년 항왜가 많이 발생한 이후에도 지속되었다.

3) 일본군과의 전투 및 정보탐색

정유재란 전후로 항왜의 두드러진 역할 중의 하나는 일본군을 상대로 분투하고, 적중의 군기와 창고를 불태우는 일이었다. 선조는 "항왜들이 먼저 성 위로 올라가 역전하여 적병을 많이 죽이고 자기 몸이 부상당하여도 돌보지 않고 충성을 보여준다"[116]며 이러한 자들에게 당상으로 승직시키고, 은상할 것을 명하고 있다. 이처럼 정유재란기에 항왜들의 역할은 임진년 때와는 달랐음을 알 수 있다.

항왜가 일본군을 상대로 싸웠던 대표적인 사례는 1596년 3월 황석산성 전투, 충청병사 이시언이 항왜 沙古所·山祿古와 함께 달미현에서 분투한 경우, 11월 함안에서의 전투, 그리고 울산성 전투에서 사야카의 활약 등을 들 수 있다.[117]

정유재란기에 항왜들이 일본군과의 전투에서 자신들의 충성과 능력을 인정받으려 했던 점은 후기에 들어와서 나타난 특색들이다. 선조는 이들에게 구원한 계책으로서 사성賜姓을 내리도록 하였다. 이것은 항왜의 신분을 보

115 『선조실록』 권57, 27년 11월 辛卯(17일)조.

116 『선조실록』 권91, 30년 8월 乙亥(17일)조.

117 『선조실록』 권92, 30년 9월 乙未(8일)조 ; 同, 권93, 30년 10월 己未(2일)조 ; 同, 권94, 30년 11월 己酉(22일)조 ;「再造藩邦志」 정유년 12월 26, 27일조, 申靈, 朝鮮古書刊行會, 『大東野乘』 卷38, 1909~1911.

장해서 이들이 더욱 선전 분투하도록 하는 조치였다. 따라서 항왜 중에서 사성을 받은 자들은 대부분 정유재란 이후에 나타난다.

아울러 항왜는 일본의 전세, 군비, 재침 여부를 알아보기 위한 정보탐색에 동원되었다. 강화교섭이 한창이었던 시기 조선은 항왜를 후대하여 적중에 드나들게 하면서 그들 중에서 내응하려고 하는 자들을 몰래 결속시키거나 자중지란을 일으키게 하는데 이용하려 했다. 이러한 과정 속에서 일본 진영에 있었던 조선 피로인들도 항왜에게 도움을 주거나, 역으로 항왜의 존재를 일본 측에 알리는 자들도 있었다.[118]

조선은 항왜들을 일본인 복장으로 위장시켜 어부처럼 꾸며 쓰시마 로 보내 형세를 파악하고 정탐하는데 이용하였다.[119] 동시에 조선은 항왜들이 일본에 매수당할까 염려하여 일본에 보낼 때는 조선 사람과 동행해서 탐정하게 하였다. 항왜를 통한 탐정에 신중을 기하고 있었다.[120] 조선은 항왜들이 선전 분투하는 자세를 높이 평가하면서도 다른 한편에서는 항왜에 대한 의구심과 불신이 여전했다. 조선은 일본군이 재침할 경우 항왜가 일본군과 내응할지도 모른다는 우려에서 이들을 함경·강원 또는 충청·황해의 바닷가 군읍지역으로 이주시켰다.[121]

이상에서 살펴본 것처럼 항왜의 역할은 초기에는 철포 제조 및 군사기술 전습이 주류를 이루었다. 그 후 항왜의 숫자가 늘어나자 전투 능력과 조선에 대한 충성심과 기여도에 의해서 격군 편입, 변방 수비, 내란 진압에 이용되면서 활동영역이 다양화되었다. 특히 정유재란을 전후로 항왜가 전투에 동원되는 경우가 많았으며, 일본 진영의 정보탐색에도 역할을 해냈다. 이러

118 『선조실록』 권60, 28년 2월 壬申(29일)조 ; 민덕기, 「임진왜란에 납치된 조선인과 정보의 교류」, 『사학연구』 74, 2004, 214쪽.

119 『선조실록』 권95, 30년 12월 乙亥(19일)조.

120 『선조실록』 권107, 31년 12월 癸酉(22일)조.

121 『선조실록』 권52, 27년 6월 癸亥(16일)조.

한 역할은 전쟁이 끝난 후 일본의 침략을 대비하는 문제와 연관하여 중요시되었다.

4. 전쟁 후 항왜에 대한 조치

전쟁이 끝난 후 항왜에 대한 조치는 복잡하고 해결하기 어려운 난제였다. 항왜가 가지고 있는 근본적인 한계성, 즉 일본군이 재침하면 언제든지 적과 내통할지 모른다는 점과, 대우가 미비할 경우에는 언제든지 소요를 일으킬 가능성이 있었기 때문이다. 후자의 경우는 이미 전쟁 기간 중에 여러 번 경험해 본 적이 있었다. 이 때문에 조선인들 사이에서 항왜에 대한 부정적인 시각이 지배적이었다.

한편 진주와 산음을 비롯한 남부 지역에 있었던 항왜는 조선에 축성술을 가르쳐 주었고, 사냥을 나가면 사슴과 오리를 싣고 돌아와 이를 팔아 식생활을 하면서 서로 무역을 했다고 기록되어 있다.[122] 또한 도성 내에 거주하는 항왜의 경우에는 항복하여 온 지가 오래되어 조선의 백성들과 같이 동화되어 살고 있었다.

항왜는 조선에서 생활하기 위해 조선인 이름으로 바꾸어 살 수 있도록 요청하기도 했다. 따라서 이들을 변방으로 이주시키는 것도 간단한 문제는 아니었다. 조선이 항왜에 대한 대책으로 고심한 데에는 이와 같은 문제들이 얽혀 있기 때문이었다. 조선은 전쟁이 끝났다고는 하지만 이들을 도성이나 일본과 근접한 지역인 경상도 남부 지역에 거주하게 할 수는 없었다. 그 이유는 일본과의 내응이 우려되었기 때문이다. 따라서 이들을 분리 조치하려 했다. 이에 대해 항왜들은 다음과 같이 호소하고 있다.

122 『선조실록』 권74, 29년 4월 己未(23일)조.

"김응서(金應瑞)가 거느린 항왜(降倭)를 평안(平安)·황해도(黃海道)의 궁벽한 곳에 분송(分送)하여 살게 하자고 본사(備邊司)에서 입계(入啓)하여 윤허를 받았습니다. 그런데 서울에 온 항왜들이 날마다 본사에 와서 호소하기를 '저희들이 나온 지가 오래되어 각각 처자와 전토가 있으므로 편안하게 살면서 농사에 힘쓰고 있다. 지금 만약 갑자기 이사시키면 다른 지방으로 멀리 옮겨가게 되어 생활 근거가 없어질 뿐만 아니라 이런 엄동설한에 길에서 얼어 죽을까 염려된다. 따라서 연한을 두어 그대로 머무르게 함으로써 생명을 보전할 수 있도록 해달라' 하였습니다" (후략)[123]

이와 같은 항왜의 요구에 대해서 조선은 울산에 있는 자들은 병사가, 밀양에 있는 자들은 방어사가 인솔하여 일단 거주하도록 했다.[124] 일부 항왜는 사성과 관직을 받아서 조선의 관리처럼 녹을 받고 있는데 자신들만 料를 받고 있어 부당하다고 항의하는 경우도 있었다.[125] 이처럼 항왜에 대한 조치는 항상 문제의 소지를 안고 있었기 때문에 신중하게 처결하지 않으면 안 되었다.

결국 조선은 대부분의 항왜를 양계지방으로 이주시키고, 그 외 지역에 있는 사람에 한해서는 일시적으로 부방赴防하는 것을 임무로 하였다. 전쟁 종결 후 7년이 지난 뒤 항왜들의 실태를 살펴보면 다음과 같은 정황을 엿볼

123 『선조실록』 권119, 32년 11월 庚戌(5일)조.

124 이러한 조치로 밀양에는 항왜가 촌락을 이루고 촌민과 비호하면서 거주했다. 그러나 관에서는 이들이 일반인과 접근하는 것을 금지하였고, 백성들이 이곳에 모여들어 집단을 이루지 못하도록 하였다. 항왜들을 무마하고 제어하지 못하면 소요가 발생할 우려가 있다고 보았다.

125 『선조실록』 권133, 34년 1월 壬子(3일)조. 예를 들면 항왜 동지 김향의同知金向義, 김귀순金歸順, 김귀령李歸命 등을 들 수 있다. 이들을 군직에 붙여 녹을 주도록 하였다. 특히 기타지마 만지北島万次는 이러한 항왜를 '항왜장정주형降倭將定住型' 타입으로 분류하였고, 특기가 없는 다수의 항왜를 '병졸노역형兵卒勞役型'으로 구분하였다. 北島万次, 「壬辰倭亂における降倭の存在形態—その素描」, 『歷史評論』 651, 2004, 41~46쪽.

수 있다.

> 비변사의 관문에 '인천 사는 항왜 仇乙於時·河星也所乃己 등의 所志에 "저희들은 인천 땅에서 농사지으며 사는데 지난해 5월쯤에 모두 일시에 북도에 부방하러 갔다. 그때 조정에서 별로 치장할 물건을 주지 않았고 저희들에게 農牛만을 주었으므로 팔아서 치장하고 부방하여 한 해를 넘기며 머물러 방수하느라 의복이 죄다 해졌다. 서울로 올라와 살던 곳으로 돌아왔는데, 아내에게 料米를 주지 않은 탓으로 따로 목숨을 부지할 길이 없어 각각 달아났으니, 하늘에 사무치게 망극하다"하였으니, 내년에 곡식이 익을 때까지 요미를 주어 죽는 것을 면하게 하라'고 하였습니다. 지난 임인년·계묘년에 항왜 이결 등을 자원에 따라 인천에 파송하고 경기의 각 고을로 하여금 粮料를 대어주게 하였는데, 항왜 구을어시 등이 또한 옆 고을에 양식 받으러 가는 노고를 꺼려서 비변사에 呈訴하여 本曹(호조)에서 양료를 주게 하였습니다. 경기에 사는 호인·왜인은 그 수가 수십 여인뿐이 아닌데, 만약 이것을 끌어대어 전례로 삼아 다들 경창에서 양료를 받으려 하면 형세가 견딜 수 없을 것이니, 전례대로 각 고을 창고의 곡식을 제급하고 회계하여 기록에서 덜라고 경기 관찰사에게 행이하는 것이 어떠하겠습니까[126]

이는 호조가 보고한 내용으로 경기지역에 남아 있는 항왜들은 농사를 지으면서 일정 기간 북도 지방에 부방을 하러 가는 것이 관례였다. 하지만 이들에 대한 양식 공급이 충분하지 않았다. 특히 경기지역에 거주하고 있는 항왜는 대우가 양계지방의 항왜보다는 나았지만 양식 공급이 제대로 되지 않아 부인마저 도망가는 상황이었다. 따라서 위의 자료는 '고을 창고의 곡식으로 양료를 지급하라'는 내용이 골자로, 이는 당시 항왜에 대한 실상을 여실히 보여주는 사례라 할 수 있다.

선조가 이들의 요구를 수용하자 조정에서는 "왜적은 원릉을 욕보이고 묘

126 『선조실록』 권203, 39년 9월 戊子(22일)조.

사를 파괴하였으므로 하루라도 같은 하늘 아래서 살 수 없는데 도리어 이들을 백성으로 삼고 매달 늠료까지 주어서 구제를 한다"[127]며 강한 불만을 표시하였다. 이는 항왜에 대한 신료들만의 정서가 아니라 일반 민중까지도 동감하는 것이었다. 결국 항왜에 대한 처우문제가 이들로 하여금 '이괄의 난'에 가담하게 하는 원인을 만들었다고 생각된다. 따라서 항왜의 존재는 한층 감시와 위협의 대상으로 취급될 수밖에 없었다.

항왜의 대부분은 중부 이북의 양계지방에 거주하였다. 밀양처럼 남쪽에 분치되었던 항왜들도 이 지역으로 옮겨 살면서 서북 변경지방을 방어하는데 동원되었다. 또한 경기지역에 남아있던 항왜들도 일정지역에서 분배된 토지를 경작하면서 부방의 의무를 지고 있었다. 사야카는 극히 예외적인 존재였으며 대부분의 항왜는 불안 속에서 삶을 보내지 않을 수 없었다.

그러면 항왜들 중에 전쟁이 끝난 후 본국에 돌아가거나 다시 도망한 경우는 없었을까? 1634년에 일본에서 항왜의 쇄환을 요구한 내용은 그 저간을 살피는데 도움이 된다.

> 이서와 신경진이 차자를 올렸다. (중략) "생각해 보건대, 항왜의 자손으로서 일본에 쇄환할 자들은 기예가 뛰어날 뿐만 아니라, 명령만 내리면 죽기를 무릅쓰고 전쟁터로 나가고 은혜를 베풀면 윗사람을 친애하여 목숨을 바치니, 군중에 두면 많은 도움이 될 것입니다. 지금 듣건대, 일본은 인구가 매우 많다 하니 그들이 있든 없든 큰 관계가 없을 것입니다. 만약 조정에서 글로 정성껏 청한다면 들어주지 않을 리가 만무합니다. … 다만 생각하건대, 우리 사람을 데리고 오는 것이 어렵지는 않겠지만 역관에게만 의지하는 것은 착실하지 않을 것 같으니, 전에 쇄환했던 사람 중 몇 사람을 뽑아 함께 가게 하는 것이 마땅할 듯합니다. 그리고 쇄환하려는 뜻을 서계 가운데에 간절히 언급한다면 저들이 반드시 들어주어 많은 사람들을 쇄환할 수 있을 것입니

127 상동

다" (후략)[128]

여기에는 항왜의 자손 중에서 쇄환할 사람을 일본이 요구하고 있고, 조선 피로인의 쇄환문제 또한 언급하고 있다. 항왜의 자손들은 기예가 뛰어나고 충성을 다해 싸우기 때문에 군중에 두면 많은 도움이 된다는 점, 조선은 일본의 요구에 응하지 말라고 하는 점은 주목할 만하다. 항왜의 자손이 그 후 어느 정도 쇄환되었는지는 알 수 없다. 다만 항왜와 조선 피로인의 쇄환문제를 서로 연관 지어 언급하고 있는 점은 주목된다. 전쟁이 끝난 지 34년이 경과한 후에도 항왜의 쇄환을 요청한 점을 고려하면 일본 측도 자국민에 대한 관리, 감독의 필요성을 실감한 것으로 보인다.

일본에 강제적으로 끌려간 조선 피로인의 문제와 조선 측에 자진 투항한 항왜의 입장은 확연하게 다르기 때문에 동일선상에서 논의할 수는 없다. 다만 전쟁 후 양국이 자국민을 쇄환 또는 송환하려 했던 노력과 여러 계층의 인식을 살필 수 있다는 점에서 의미가 있다.

소결小結

본장에서는 임진전쟁 중에 일본군 중에서 조선에 투항한 항왜의 발생배경과 이들에 대한 조선과 일본 양국의 대응, 항왜의 역할 및 처리에 초점을 맞추어 살펴보았다.

항왜는 전쟁이 발발한 1592년에는 나타나지 않다가 한성 철수를 계기로 속출하기 시작하였다. 그 원인은 일본군의 식량부족이 주된 이유였다. 조선 남부에 왜성을 축성하느라 고된 노역에 시달렸고, 조선 측의 관직 서임과

128 『인조실록』 권30, 12년 12월 丁酉(15일)조.

은냥 급여 등의 항왜 유인책으로 많은 일본군이 투항하였다. 아울러 정유재란기에는 강화교섭이 결렬되고 염전 분위기가 파급되면서 항왜가 속출하였다.

항왜의 역할은 철포제조와 군사기술 전습에 있었다. 전쟁 중반에항왜가 늘어나자 전투능력과 조선에 대한 충성심, 기여도에 따라 격군 편입, 변방수비, 내란 진압에 동원되었다. 정유재란을 전후한 시기에는 일본군과 직접 교전하는데 동원되어 일본진영의 정보탐색과 서북 변방지방의 수비를 담당했다. 전쟁이 종결된 후에는 격군 편입, 내란 진압에 관한 역할은 줄어들고 군사기술 전습과 변방수비에 활용되었음을 확인할 수 있었다.

이와 같은 역할에도 불구하고 조선의 관료와 일반 백성들은 이들을 부정적으로 인식하였다. 즉 아무리 군사기술이 있다고 하더라도 능침을 욕되게 하고 참혹한 살육행위를 한 자로서 본성이 사악하고 믿을 수 없는 무리라는 근본적인 불신이 있었다.

일본의 경우, 조선에 주둔하고 있었던 일본 장수들은 항왜의 존재를 자세히 알고 있었고 그 숫자까지 파악하고 있었다. 그러나 이를 제재하거나 대처하기 어려운 상황이었다. 특히 히데요시는 항왜의 사정에 대해 정확하게 알지 못하였다. 이 때문에 항왜의 속출을 막지 못하였다. 히데요시가 일본으로 도망 오는 군사에 대해 엄한 처벌과 감시로 억압하자 오히려 조선으로 투항하는 경우가 많았다.

전쟁이 끝난 후 항왜에 대한 조치는 복잡하고 해결하기 어려운 난제였다. 이는 항왜가 갖고 있는 근본적인 한계성, 즉 일본군이 재침하면 언제든지 적과 내통할지 모른다는 점과 그들에 대한 대우가 미비할 경우에는 언제든지 소요를 일으킬 가능성을 갖고 있었기 때문이다. 결국 일본의 군사기술과 변방의 대비를 목적으로 항왜를 유치하고 활동의 제한을 두려했던 조선의 방침과, 조선 내에서 본국의 신민과 같은 대우를 받기 원하는 항왜들과의 갈등으로 인해 '이괄의 난'에 일부 항왜들이 동조하는 결과를 빚게 되었다.

제3장 에도江戸시대 히데요시에 대한 인식

히데요시는 일본에서 전기물이 많고 대중적인 인기가 높은 역사적 인물이다. 에도시대에 막부의 통제가 있었음에도 불구하고 히데요시를 소재로 한 다수의 전기물과 가부키歌舞伎, 조루리浄瑠璃(인형극) 작품 등이 나왔다.

히데요시는 죽은 뒤 조정朝廷으로부터 '도요쿠니 대명신豊國大明神'의 칭호와 최고 관위인 正1位를 부여받았다. 묘소를 중심으로는 '도요쿠니 신사豊國神社'가 설립되었다.[129]

'도요쿠니 신사'는 교토·히가시야마의 본사 이외에 각지의 다이묘 영내에도 분령分靈이 설치되었다. 그러나 도요토미 일가를 멸망시킨 이에야스는 '도요쿠니 대명신'의 칭호를 금지시키고 '도요쿠니 신사'도 파괴하였다.[130] 이후 200여 년 동안 에도막부는 히데요시의 기록이나 가문 관련 출판물을 단속하였다.

'도요쿠니 대명신' 칭호가 정식으로 부활된 것은 1868년이었다. 메이지 신정부는 히데요시의 업적을 높이 평가하면서 그의 신사를 복원했다. 이후 청일전쟁을 기점으로 히데요시에 대한 인기는 높아지기 시작하였다. 히데요시의 사후 300년을 기념하는 대대적인 행사가 1898년에 개최되면서 일본 대중들에게 그를 서민적인 영웅으로 자리매김 하였다.[131] 그의 영웅화 작업

129 北川央, 「秀吉の神格化」, 『秀吉の虛像と實像』, 笠間書院, 2016, 364~378쪽 ; 野村玄, 『天下人の神格化と天皇』, 思文閣出版, 2015.

130 津田三郎, 「讀が解けた豊國神社破却の眞相」, 『秀吉·英雄博說の軌跡』, 六興出版, 1991, 10~13쪽.

131 특히 1894년 청일전쟁에서 승리하자 히데요시 인식에 큰 변화가 생겼다. 일본에서

은 근대 이후 천황이나 국가 이데올로기에 의해 더욱 고조되었다. 일본 제국주의의 팽창 정책을 역사적으로 뒷받침하는 인물로도 이용되었다.

1930년대 이후에는 조선 침략의 선구자적 이미지에서 세계를 제패하는 인물로 이미지가 변화해 갔다. 이처럼 근대 이후 영웅으로 새로 태어난 히데요시는 '전통에 대해 날조된 주인공'으로 부활하였다.[132] 1945년 패전 이후에도 부흥의 화신으로서 히데요시의 이미지는 크게 변하지 않았다. 조선침략 부분만 의도적으로 배제되고, 입신출세나 처세의 달인으로서의 이미지가 강조되었다. 기존의 영웅 이미지의 틀은 변함없이 유지되면서, 사무라이에서 상사 맨으로 변신하여 일본 경제와 정신의 화신으로 재등장했다.

현재도 TV 드라마와 연극·소설에서 히데요시 관련 정보는 홍수를 이룬다. 특히 NHK 대하 드라마에는 '도요토미 히데요시' 관련 프로가 여러 번 방영되었다. 예를 들면 2013년까지 NHK 대하 드라마에서 52개의 전국시대 작품 중 쇼쿠호기織豊期 작품이 17편 있었다. 이 중에서 도요토미 히데요시 관련 사극이 13편에 달한다.[133] 이는 일본 정치의 무력함과 혼란이 히데요시의 지도력과 대비되면서 현대 일본인들에게 또 다른 히데요시 향수를 불러일으키고 있다는 증거이다. 이처럼 일본에서 히데요시는 새로운 국가·질서 형성자라고 하는 '내향의 얼굴'과 침략자라고 하는 '외향의 얼굴'을 동시에 가지고 있는 '영웅'에 근접한 존재라고 할 수 있다.[134]

는 조선침략이 조선군과 명의 반격으로 진퇴양난에 빠져 장기전을 치르면서 고전한 전쟁으로 인식되었다. 이후 패배한 전쟁이라는 인식은 사라지고, '승리한 전쟁' 혹은 '이겨야만 했던 전쟁'으로 재인식하게 되었던 것이다. 김광옥, 「근대일본의 豊臣秀吉·임진왜란에 대한 인식」, 『역사와 경계』 64, 2007, 218쪽.

132 小和田哲男, 『豊臣秀吉』, 中央公論社, 1985, 176~196쪽.

133 김문자, 「NHK 대하드라마에서 보이는 히데요시像」, 『한일관계사연구』 44, 2013, 203쪽.

134 池享, 「도요토미 히데요시像의 창출」, 『전쟁과 기억속의 한일관계』, 한일관계사학회·동북아역사재단 편, 경인문화사, 2008, 184쪽.

반면 한국에서 히데요시는 임진전쟁 동안 참혹한 피해를 가져다 준 장본인으로서 증오의 대상이다. 동시에 불구대천의 원수라는 이미지가 한국인들의 뇌리에 각인되어 있다. 히데요시 이미지는 일본관의 원형이 되었고, 한·일간의 역사 왜곡문제와도 연동되어 한일갈등의 상징적인 표상이 되었다.[135] 히데요시와 관련해서 한국과 일본에는 그의 일대기부터 조선침략에 이르기까지 많은 연구성과가 있다. 여기에서는 에도시대 히데요시에 대한 인식의 변화에 대해 살펴보고자 한다.

지금까지 히데요시에 대한 일본인의 인식과 그 변화에 관한 연구는 근대에 집중되어 왔다.[136] 기존 연구에서는 히데요시를 청일전쟁을 거쳐 그의 사망 300년 기념제, 조선병합, 대륙침략과 태평양 전쟁을 통해 일본 역사상 가장 인기 있는 영웅으로 칭송되었다고 이해하고 있다. 그러나 이러한 동향은 히데요시에 대한 인식 변화가 에도시기 중·후반 시기부터 나타났음을 간과하고 있다.

에도시기 200년 동안 히데요시에 대한 인식은 일률적이지 않았다. 즉 전기에는 에도막부에 의한 反히데요시 정서가 지배적이었다. 반면 중기에 들어가면 서양 열강의 진출과 맥락을 같이하는 해방海防문제로 조선 침략을 긍정적으로 평가하는 역사관이 대두되었다.[137] 근대에는 구미 열강의 압박에 의해 잃은 것을 조선에서 보충하려는 소위 '정한론'이 주창되면서 그를 재평가하였다. 이와 같이 일본의 필요성에 의해 히데요시에 대한 인식은 변화했다.

135 김문자, 「일본 대하드라마에서 보이는 히데요시像－「도시이에와 마츠」와 공명의 갈림길」을 중심으로－」, 『한일관계사연구』 35, 2010, 56쪽 ; 박창기, 『임진왜란의 원흉, 일본인의 영웅 도요토미 히데요시』, 신아사, 2009, 297~299쪽.

136 김광옥, 앞의 논문, 213~238쪽 ; 三鬼淸一郞, 『豊臣政權の法と朝鮮出兵』, 青史出版, 2012.

137 김문자, 「임진왜란에 대한 일본의 시각 변천」, 『역사비평』 46, 1999, 314~315쪽.

에도막부는 200여 년간 도요토미 가문과 관련된 출판물을 단속대상으로 삼으면서 통제하였다. 동시에 임진전쟁과 관련된 공식적인 기록은 통제했기 때문에 히데요시는 잊혀진 역사적 인물이었다.

본장에서는 히데요시에 대한 일본인들의 인식변화를 이해하기 위해서 그에 대한 인식과 평가를 검토하려고 한다. 먼저 히데요시와 임진전쟁에 관련된 기록을 남겼던 유학자, 국학자들의 문헌과 기록물을 중심으로 히데요시 인식에 대해 고찰한다. 그리고 에도 중기 일반 서민들 사이에서 인기가 있었던 다이코물류太閤記物類와 가부키, 조루리 작품을 통해서 히데요시에 대한 인식의 차이점에 주목하고자 한다.

1. 유학자들이 본 히데요시

히데요시 아명兒名은 히요시마루日吉丸이며 1537년 오와리국 나고야尾張國名古屋에서 태어났다. 젊었을 때 이름은 기노시타 도키치로木下藤吉郎이고 1558년 오다 노부나가織田信長에 출사하여 군사·행정면에서 두각을 나타내기 시작하면서 전공을 세웠다. 후에 하시바 히데요시羽柴秀吉로 개명하였다.

1582년 혼노지本能寺의 변에서 노부나가가 갑자기 사망하자 히데요시는 신속하게 행동하여 주도권을 장악하였다. 1585년에는 천황을 보좌하여 정무를 대행하는 관백의 지위에 올라 자신이 교토에 세운 성곽 저택 취락제聚樂第에서 고요제이천황後陽成天皇을 맞이하였다. 이때 히데요시는 천황의 권위를 적절히 활용하면서 다른 다이묘들에게 충성 맹세를 하게 하여 자신의 전국통일을 정당화하였다.

1586년 태정대신太政大臣이 되면서 천황으로부터 도요토미豊臣라는 성을 받았다. 1591년 관백을 양자인 히데쓰구秀次에게 물려주고 타이코太閤가 되었다. 이 사이에 히데요시는 통일정책의 일환으로 토지조사檢地와 무기몰수령刀狩令, 신분통제령을 내려서 병농분리 체제를 마련하였다.

또한 교토·오사카·후시미는 물론 오쓰·나라 등의 중요 도시와 사카이·나가사키 등 무역항도 직할지로 삼아 호상들과 교류를 통해 남만南蠻 무역을 독점했다. 기독교를 억압하고 이데올로기를 통제하려는 통일정책을 취하였다. 1592년 조선침략을 단행했지만 실패하고 1598년 8월 후시미성에서 62세로 사망했다. 그가 사망하자 전쟁의 영향을 고려하여 비밀리 화장火葬하고, 조선에서 일본군이 완전히 철수한 1599년 2월 히데요시의 사망 사실을 공표하였다. 4월에는 호코지方廣寺 대불전 뒷산인 아미타 봉우리에 있던 유해遺骸를 이장하고 장례식을 성대하게 거행했다.

1598년 히데요시가 사망한 후 도요토미 정권은 급속도로 약화되었다. 이에야스는 도요토미 집안의 일개 다이묘에 지나지 않았으나 세키가하라 전투(1600년) 이후 권력자로 부상하기 시작했다. 그러나 1617년이 지나 국내외적으로 안정되면서 에도막부는 일본을 지배하는 최고의 권력기관이 되었다.[138]

1615년 오사카 전투 이전까지 도요토미 정권의 권력은 미약하나마 유지되고 있었다. 1604년 히데요시의 사망 7주기를 기념하여 도요쿠니 신사에서는 임시제臨時祭를 행하였다. 이와 관련된 기록물로 오타 규이치太田牛一의 『도요쿠니대명신임시어제례기록豊國大明神臨時御祭禮記錄』이 남아 있다.[139] 이 문헌에는 성황리에 제례를 마친 사실과 히데요시의 천하통일 업적을 칭송하는 내용이 담겨 있다. 동시에 히데요시가 대업을 이룰 수 있었던 요인으로 그의 넓은 도량과 인민을 불쌍하게 여기는 품성을 꼽고 있다. 이미 히데요시 생전에 오무라 유코大村由己의 『텐쇼기天正記』를 통해서 그의 공적을

138 김문자, 「전쟁의 파장, 정유재란과 동아시아－에도막부 초기의 대외정책을 중심으로－」, 『한일관계사연구』 57, 2017, 71~72쪽.

139 太田牛一는 『豊國大明神臨時御祭禮記錄』 이외에도 오다 노부나가를 다룬 『信長公記』, 히데요시의 『大かうさまぐんきのうち』, 이에야스를 다룬 『關ヵ原御合戰双紙』 등 권력자의 일대기를 저술하였다.

칭송하려 했던 것과 유사한 현상이 지속되고 있었다.[140]

오무라는 1610년에도 『다이코사마 군키노우치(大かうさまぐんきのうち)』를 저술하여 임진전쟁 이전 히데요시의 행적을 소개하였다.[141] 여기서 그는 히데요시가 통치했던 시기 일본은 금은 광산이 개발되는 경제호황의 황금시대였다고 평가했다. 이는 히데요시 사후 『도요쿠니대명신임시어제례기록』과 함께 에도 초기 그에 대한 평판을 알 수 있는 기록이다. 따라서 당시 이에야스의 권력이 절대적이지 않은 상황에서 히데요시에 대한 인식은 큰 차이가 없었다는 것을 알 수 있다.[142]

한편 이에야스는 히데요시가 일으킨 조선침략 전쟁과는 관계가 없다는 것을 선언하였다. 조선과 국교를 맺으면서 1607년에는 회답겸쇄환사라는 통신사 일행을 맞이했다.[143] 이런 분위기에서 에도막부는 조선과의 전쟁 기록을 남길 필요가 없었다. 전쟁 상대국에서 정식 수교국으로 변한 조선에 대해 막부는 임진전쟁과 관련된 공식적인 기록은 되도록 남기려 하지 않았다.[144]

그런데 히데요시의 전쟁 관련 기록 중에는 개인적인 기록들이 많이 남아 있다. 예를 들면 임진전쟁 시기 참전한 무사, 종군 승들이 전쟁 체험을 기록

140 玉懸博之, 「'天正記'から'太閤記'へ－近世的歷史觀の發生」, 『織豊政權の研究』, 吉川弘文館, 1984, 415~443쪽. 『天正記』는 히데요시의 최측근으로서 비서와 같은 역할을 했던 大村由己가 중요한 일이 있을 때마다 비망록 형식으로 적어 놓은 것이다. 히데요시 권력자에 대해 무비판적인 태도를 취하고 있었고, 美文으로 개변시킨 곳도 있다. 그러나 역사적으로 중요한 시기, 사건을 남긴 초기의 기록으로 다른 곳에서는 유례를 찾아보기 힘든 상당히 귀중한 자료이다. 이 기록이 훗날 히데요시의 인기를 모으는 작품에 영향을 준 것은 두말할 필요도 없다.

141 『大かうさまぐんきのうち』(斯道文庫, 1975)는 히데요시의 전 생애를 다루었고, 小瀨甫庵의 『太閤記』에 많은 영향을 미쳤다.

142 二木謙一, 「同時代人の秀吉評」, 『豊臣秀吉』, 河出人物讀本, 1983.

143 仲尾宏·曹永祿, 「德川家康と朝鮮試論」, 『朝鮮義僧將·松雲大師と德川家康』, 明石書店, 2002, 374~381 ; 이훈, 「임란 이후 '회답겸쇄환사'로 본 대일외교 전략－선조대를 중심으로－」, 『한일관계사연구』 49, 2014, 295쪽.

144 최관·김시덕, 『임진왜란 관련 일본 문헌 해제』 근세편, 도서출판 문, 2010, 17~25쪽.

한 일기, 보고서, 견문록, 각서 등을 남기면서 자신들의 무위와 이역에서 세운 전공을 과시하려는 경향이 있었다.[145] 다시 말해서 히데요시와 관련된 무위보다는 자신들의 업적을 강조하는 기록들을 남겼다. 그러나 도요토미 가문과 관련된 출판물을 단속대상으로 했기 때문에 에도 전기에 히데요시와 관련된 자료는 거의 출판되지 않았다.[146]

1617년 이에야스가 사망하자 조정으로부터 '도쇼다이곤겐東照大權現'이라는 신호信號가 부여되었다. 그의 유해는 닛코日光의 도쇼구東照宮로 개장改葬하였고, 막부에 의해서 '신군 이에야스神君家康'로 신격화되었다. 도쇼구는 소규모의 신사였으나, 1636년 손자인 장군 이에미쓰家光가 화려하고 웅장하게 재정비하면서 이에야스의 영웅화가 시작되었다.

반면 히데요시를 모신 도요쿠니 신사는 파괴되었다.[147] 이처럼 에도막부는 이에야스의 신격화와는 대비적으로 히데요시의 잔상을 제거하였다. 따라서 히데요시 사후 100주년 기념으로 출판된 『에이리 다이코기繪入太閤記』가 유행하기 전까지 히데요시에 대한 부정적인 인식은 일반적이었다.

에도시대에는 다이코물류太閤記物類라고 불리는 '다이코기太閤記'가 있었다. 그 중 임진전쟁과 관련해서 대표적인 작품으로 오제 호안小瀨甫庵(1564~1640)의 『다이코기』가 있다.[148] 이 기록은 히데요시의 전기를 평이한 문체

145 예를 들어 『西征日記』, 『仙巢稿』, 『朝鮮日々記』, 『淸正高麗陣覺書』 등을 들 수 있다.

146 에도막부는 히데요시의 일대기나 임진전쟁과 관련된 전반적인 상황에 대해 일반인들이 모르기를 원했다. 이러한 방침에도 불구하고 7년 동안이나 수십 만의 일본군이 한반도에서 조선군, 명군과 전투했다는 경험과 전쟁 전모를 알고 싶어 했다. 또한 최근에 일어났던 해외 정복전쟁이었으므로 일반인들의 기억 속에서 쉽게 사라질 수 없었다. 막부가 전체적인 정보를 통제하는 상황 속에서도 임진왜란을 다룬 기록물들은 전쟁이 끝난 50년 뒤부터 출판되기 시작했다.

147 津田三郎, 앞의 책, 61쪽.

148 1626년에 작성된 발문이 있으나 현재와 같은 상태로 성립된 것은 1634~1637년으로 추정된다. 22권 22책. 임진전쟁 관련 기사는 권13~16에 실려 있다. 최관·김시덕, 앞의 책, 245쪽.

로 작성한 것이다. 그는 의사로서 도요토미 히데쓰구豊臣秀次(1568~1595), 호리오 오시하루堀尾吉晴(1543~1611)를 섬기다가 말년에는 가가번賀藩의 마에다씨前田氏의 가신이 되어서 『다이코기』를 저술하였다.

여기에서는 히데요시가 히요시마루에서 점차 출세해서 천하를 얻는 과정과 1598년 3월 교토 다이고에서 꽃놀이 하는 장면에서 끝을 맺었다. 사료와 문헌을 면밀하게 살피면서 평이한 문체로 그의 일대기를 기록했다. 그러나 에도막부를 의식해서 '신군 이에야스'에 불리한 사료는 개찬하거나 도쿠가와의 치세를 찬미하면서, 오히려 히데요시의 결점을 드러내는 경우도 많았다.

특히 그는 유교를 근간으로 하는 도덕 사관의 입장에서 히데요시의 조선침략에 대해 부정적인 언급을 하였다. 예를 들면 노부나가와 히데요시가 자손 대대로 오랜 동안 정권을 유지 못한 것은 '창업의 지혜'는 있을지 몰라도 '수문지학守文之學'을 등한시했기 때문이라는 것이다. 즉 정치의 근본은 주자학에 있는데, 이를 함양하는데 게을리 했기 때문에 정권 존속이 불가능했다고 보았다. 이에야스의 에도막부를 의식한 것임은 말할 필요도 없다.

또한 은혜를 잊고 私利를 취한 사람들의 말로는 이와 같다면서 유교적인 관점에서 히데요시를 부정적으로 평가했다. 즉 노부나가의 은혜를 잊고 그의 삼남인 노부타가信孝를 살해해서 노부나가의 원한이 깊어 정치를 제대로 할 수 없었다는 점, 히데요시에게 행동을 간언할 수 있는 주변 인물이 없었다는 점, 해외 출병을 한 것은 교만무도한 행동이며, 관백·태정대신이라는 고관자리를 욕되게 했기 때문에 벌을 받는 것이라는 점을 지적하였다.

이와 같은 히데요시에 대한 인식은 유학자였던 하야시 라잔林羅山(1583~1657)도 마찬가지였다. 그가 히데요시의 조선침략 상징이었던 귀무덤에 대해 비판을 한 점과, "조선이 전쟁이라는 것을 모르고, 다른 나라에 해를 끼치지 않았는데 무슨 죄가 있어서 조선을 공격했는가"라고 주장한 점은 인상적이다. 이와 같이 에도시대 초기 유학자들이 남긴 문헌을 보면 히데요시에 대한 인식은 대부분 부정적이고 비판적이었음을 알 수 있다.

1659년에 출판된 호리 세이堀正意(1585~1643)의 『조선정벌기朝鮮征伐記』[149]는 『다이코기』처럼 히데요시의 일대기를 기록한 것이 아니라, 임진전쟁 자체를 전체 주제로 설정한 에도시대 최초의 조선정벌 기록물이다. 『조선정벌기』의 9권 9책에는 강화교섭이 파경에 이르는 과정까지 조선침략에 관한 구체적인 내용이 수록되어 있다.

호리 세이는 히데요시가 관백에 취임하자마자 조선, 류큐, 루손의 입공 등을 요구하였고, 1590년 조선에 보낸 국서에 '가명佳名을 삼국에 드높이고 싶다'고 한 점을 들어 공명심과 히데요시의 아들 츠루마츠鶴松의 요절이 조선침략의 배경이라고 이해했다. 그는 강항과 학문적 교류를 했던 후지와라 세이카藤原惺窩(1561~1619)의 제자로 주자학에 기초를 둔 사료를 근거로 임진전쟁을 객관적으로 서술하려 했다.

하야시 라잔林羅山은 히데요시 부장들 사이에서도 조선침략이 부당하다는 의견이 있었음을 지적하면서, 히데요시의 조선침략을 비판적으로 서술하였다.[150] 특히 히데요시의 악덕 때문에 아들인 히데요리秀頼가 멸망했다는 논리와 히데요시의 거듭된 축성공사에 대한 비판도 함께 언급하였다. 이들은 조선침략에 대해서 부정적인 인식을 가지고 히데요시의 한계와 잘못에 대해 서술하고 있다.

한편 1695년 일본에서 『징비록』 2권이 유학자 가이바라 에키켄貝原益軒(1630~1714)에 의해서 화각본和刻本으로 간행되었다.[151] 여기에는 그의 서

149 桑田忠親, 『太閤記硏究』, 德間書店, 1965, 182~186쪽 ; 松本愛重編, 『豊太閤征韓秘錄』 1-4, 東京, 集英社, 1984 ; 井上泰至·金時德, 『秀吉の對外戰爭·變容する語りとイメジ 前近代日朝の言說空間』, 笠間書院, 2011, 39~59쪽.

150 『조선정벌기』의 출판과 거의 같은 시기에 林羅山은 아들과 함께 『豊臣秀吉譜』(1642)를 편찬했다. 초기 친막부 성향의 유학자로서 막부로부터 집필 명령을 받아서 저술한 것인데 히데요시의 일대기를 제시한 문헌이다. 桑田忠親, 앞의 책, 186~189쪽.

151 징비록은 유성룡의 아들이 『서애집』과 함께 1633년 간행하여 세상에 알려졌다. 유

문과 조선 지도가 첨가되었다. 그는 유성룡이 징비록을 저술한 의도와 예전의 禍를 살펴 후세의 화를 경계하자는 뜻을 설명하면서, 임진전쟁의 실상을 알고 싶어 하는 일본인들에게 지적 호기심을 충족시켜 주었다.

서문에서는 히데요시가 조선을 정벌하려 했던 것과 관련하여 이는 '의병義兵', '응병應兵', '탐병貪兵', '교병驕兵', '분병忿兵' 등 5개 중에서 '탐병'에 속하는 것으로 '교병', '분병'을 포함하고 있고, 군자의 '의병'이나 '응병'은 아니었다고 비판하였다.

에도시대 후기에는 주자학을 비판하면서 국수주의적 사관에 기반을 두고 임진전쟁에 대해 색다른 견해를 보인 인물이 등장한다. 대표적인 인물로 유학자이면서 병법가였던 야마가 소코山鹿素行(1622~1685)를 들 수 있다. 그는 『부케지기武家事記』(1673)에서 히데요시의 조선침략을 신공황후의 '삼한정벌'과 오버랩 시켰다. 일본은 조선침략을 한 것이 아니라 명국과 대등한 전쟁을 한 것이라는 '일본형 화이사상'을 드러낸 것이다.[152] 그는 에도시대 학자들 사이에 조선 멸시관의 원류를 만들어 준 장본인으로 히데요시에 대한 인식 변화에 중요한 영향을 끼쳤다.

이와 같이 17세기에는 히데요시를 부정하는 분위기 속에서 막부를 비호하는 주자학 계통의 지식인들이 히데요시의 조선침략을 명분 없는 무용의

성룡의 친필 초본과 초판을 기초로 하여 간행된 16권 본과 2권 본(1647년 간행) 등 두 가지 판본이 있다. 일본에서는 1695년 京都의 야마토야에서 조선의 2권 본을 대본으로 해서 重刊되었다. 일본식 한자를 붙여 읽기 쉽게 저술했으며, 이 시기보다 일찍 징비록이 간행되었다는 설도 있다. 왜관에 거주하는 일본인이나 역관 등에 의해 징비록이 일본으로 유출되었다고 보고 있다. 1701년 징비록의 일본 유출을 우려하는 발언들이 조선 조정에서 나왔다. 최관·김시덕, 앞의 책, 34~37쪽.

152 『武家事記』 14. 續集·古案, 豊臣家下所收, 原書房, 1982~1983. 에도시대에는 신공황후 전승의 연장선에서 히데요시의 조선침략이 이해되는 경우가 많았다. 특히 겐로쿠시대(元祿, 1688~1704)에 유행했던 가부키나 인형극 조루리에 임진왜란이 많은 소재가 되었다.

전쟁이라고 부정적으로 인식했다. 따라서 히데요시에 대한 평가도 조선침략을 한 것은 교만 무도한 행동이었으며, 주군인 오다 노부나가의 은혜도 모르는 파렴치한 인간으로 규정하였다.

그러나 17세기 말에는 도요토미 집안에 동정하는 사람들이 많아지기 시작했다.[153] 일개 농민의 아들로서 입신출세하고, 천하를 장악한 히데요시의 출세담은 일반인들의 부러움을 사기에 충분하였다. 이러한 배경 속에서 히데요시 사후 백 년이 지난 1698년에『에이리 다이코기繪入太閤記』(전7권)가 출판되었다.[154]

이 책은 그림이 삽입되어 있어서 지금까지 사적事蹟이나 사실史實 중심이었던 다이코기와는 다른 성격의 회초지繪草紙였다. 작자는 미상으로, 히데요시의 전기 중 흥미로운 것을 발췌해서 그림을 삽입해 넣은 것으로 평판이 높았고 인기도 많았다. 초기 유학자들의 문헌 속에서만 보였던 히데요시 관련 자료가 일반인 대상의 전기물로 발행되면서 점차 그에 대한 인식의 변화가 보이기 시작한 점은 흥미롭다. 그러나 히데요시의 인기를 부추기는 태합기물류의 전기물은 결국 발매금지 되었다.

2. 해방海防문제의 대두와 히데요시

아라이 하쿠세키新井白石(1657~1725)는 막부 관리로서, 1711년 조선 통신사가 파견된 것을 계기로 조선과의 외교의례를 대폭적으로 개혁한 인물이다. 그는 조선통신사의 대우 간소화 문제와 관련해 조선과 교류하였다. 이

153 白根孝胤,「大坂の陣をめぐる豊臣家と徳川家」,『僞りの秀吉像を打ち壊す』, 柏書房, 2013, 199~226쪽.

154 에도의 서적 도매상으로 통속 소설류나 그림책 등을 출판하고 우키요에를 기획 판매했던 版元 鱗形屋으로부터 출판되었다. 津田三郞, 앞의 책, 84쪽.

과정에서 히데요시 및 임진전쟁에 대해 많은 관심을 갖게 되었다.

그는 『도쿠시요론讀史余論』(1724)을 통해서 조정과 무가정권의 추이를 단계적으로 시대 구분하면서 독자적인 역사 관점을 전개하였다. 그는 에도시대 대부분의 유학자들과 마찬가지로 히데요시에 대해 부정적인 견해를 나타냈다. 즉 "히데요시는 노부나가의 아들을 속이고 그 영토를 빼앗았지만 히데요시에게 영지를 받은 사람들이 전부 노부나가의 구신舊臣이었기 때문에 그의 자손을 멸족시키지 못했다는 점, 그러나 이에야스의 경우에는 히데요시 대신 천하를 획득하면서도 노부나가信長의 구의舊誼를 잊지 않고 그 자손들을 대우해서 아직까지도 다이묘로서 국군國郡을 차지하고 있다"[155]는 점을 언급하였다. 이에야스를 의식적으로 칭송하고, 히데요시는 은혜를 모르는 사람으로 비난한 것이다.

또한 아케치 미츠히데明智光秀(1528~1582)를 격파하고 노부나가의 유업을 계승하여 천하통일의 발판을 마련한 히데요시에 대해 하쿠세키는 "이는 히데요시의 공이 아니라 다른 사람의 공을 참칭한 것이라"고 비난하기도 했다. 동시에 히데요시가 신분에 비해 너무 높은 무가의 관위까지 승진했다고 폄하하면서 히데요시를 평가절하 하였다.

그는 조선 통신사의 대우 문제에 초점을 맞추고 있었기 때문에 히데요시의 침략문제에 대해 적극적인 언급은 회피하였다. 그러면서도 "조선은 일본에게 재조의 은, 즉 히데요시가 사망한 후 일본이 조선에서 철수하여 국교를 맺고 조선을 재생시킨 은혜를 잊어서는 안 된다"[156]고 하였다. 또한 조선과는 영원히 린교隣交를 맺을 나라는 아니라면서 노골적인 조선 멸시관을 나타내기도 했다.[157] 이처럼 18세기에도 히데요시에 대한 부정적인 견해가

155 桑田忠親, 앞의 책, 23쪽.

156 北島万次, 「豊臣政權の朝鮮侵略に關する學說的檢討」, 『豊臣政權の對外認識と朝鮮侵略』, 校倉書房, 1990, 18쪽.

157 아라이 하쿠세키는 조선 통신사의 대우 문제와 관련해서 "조선은 일본의 속국이라

유학자들의 문헌 속에 뿌리 깊게 남아 있었음을 알 수 있다.

한편 국학자 모토오리 노부나가本居宣長(1730~1801)는 기존의 유학자들과 달리 히데요시와 조선침략에 대해 긍정적인 평가를 했다. 그는 『고지키古事記』, 『니혼쇼기日本書紀』 등에 대한 연구를 토대로 고대부터 전해 오는 도를 주장하는 국학의 토대를 마련했다. 그는 국학이라는 학문을 사상적으로 고양시켜 『고지키덴古事記傳』을 저술하고, 일본 고래의 정신으로 돌아갈 것을 주장했다. 따라서 유학이 정형화된 교리에서 벗어날 수 없었던 것에 반해, 국학은 새로운 학문이었던 만큼 자유로운 분위기 속에서 비판 정신도 강했다.

모토오리는 『교쥬가이겐馭戎慨言』(1777)에서 히데요시를 일본 민족의 자랑이라 하면서, "그가 황국의 위엄을 고려, 唐土까지 빛나게 했다"[158]고 칭송하였다. 이와 같은 논리는 국학자들의 정형이 되었다.

이처럼 히데요시에 대한 긍정적인 평가는 18세기 중·후반에서 19세기 초 서양세력의 일본진출과 맥락을 같이 한다는 점에서 주목할 만하다. 즉 18세기 후반 러시아의 남하로 시작된 서구 이국선의 일본 근해 출몰은 일본 지식인들에게 커다란 위기의식을 초래하였다. 이러한 대외적 위기에 대한 방비책으로 대두된 논의가 바로 해방론海防論=海防問題이다.

해방론자들은 신공황후의 '삼한정벌' 전승과 히데요시의 '조선침략'을 외국에 대한 침략이라고 비판했던 초기 유학자들과는 달리 높이 평가하기 시작했다. 소위 신공황후의 '삼한정벌' 전승과 히데요시의 '조선침략'을 신국일본의 영광을 드러낸 쌍벽의 업적이라고 칭송하였다. 유학자들이 유학이

고 말할 수는 없는 나라이지만 국가재정을 기울게 하면서까지 응접할 나라는 아니다"라고 하면서 조선 멸시관을 드러냈다.

158 『攷事撮要』는 처음에 『待異論 1』으로 칭했지만, 1777년 초고가 완성되고 다음 해 再稿될 때 개명되었고 1796년에 완간하였음. 'かくのみすぐれたる皇大御國のひかりをかゞやかしおき給ひて, こまもろこしの後のまで いみしかりける事に, かたりつたへたるは, さはいへど, 比豊國神の御いさをになん有ける' 대정보증, 『攷事撮要』 해제, 『本居宣長全集』 8, 筑摩書房, 1972.

나 불교와 같은 외국의 이론을 가져와 이들 침략전승을 비판하는 것에 대한 반발이 이 시기에 나타나기 시작했다.

그 대표적인 인물로 북방 방비론을 주장한 쿠도 헤이스케工藤平助(1734~1801)와 하야시 시헤林子平(1738~1793), 그리고 사토 노부히로佐藤信淵(1769~1850), 사쿠마 쇼잔佐久間象山(1811~1864) 등이 있다. 이들은 혼다 도시아키本多利明(1743~1821)처럼 당시 막부의 정치, 경제, 외교적인 문제를 해결하고자 한 경세가들이었다.[159]

특히 하야시는 『산코쿠쓰란즈세츠三國通覽圖說』(1786)에서 "일본과 근접하고 있는 조선, 류큐, 하이(홋카이도), 오가사와라제도小笠原諸島를 언급하면서 이들 지역이 신공황후 이후에는 모두 본조(일본)에 조용공헌調庸貢獻하였다"[160]고 기술하고 있다. 또한 신공황후의 '삼한정벌'과 히데요시의 '조선침략'을 '신무神武', '일통一統' 이래의 '무위'라고 높이 평가하고 있다.

같은 해방론자였던 혼다 도시아키의 『게이세이히사쿠經世秘策』(1798)에서도 히데요시의 조선침략에 대해서 긍정적인 평가를 하고 있다. 즉 "히데요시가 관백으로 승진하고 그 뒤에는 히데쓰구에게 물려주고 다이코太閤가 되었다. 고금을 통해서 독보적인 도량을 갖고 일본을 평정하였고, 이후 삼한을 퇴치한 뒤, 입당해서 당의 국왕이 되려 했으나 이미 조선의 공격이 있어서 게이초慶長 3년 8월 18일 63세의 나이로 홍거했다. 만일 장수했다면 지나支那까지도 일본의 속국이 될 기세였다"[161]고 하였다.

159 혼다 도시아키는 생존해 있을 당시에는 그다지 주목을 받지 못했다. 다만 메이지 시기 이후 '경세부흥책의 선구자'라는 시각에서 관심받기 시작했다. 그는 에조치를 침탈의 대상과 식민지적 위치로 설정하였던 점에서 '근대 일본의 아시아 진출을 위해 기반을 닦은 지식인'으로 평가되고 있다. 이런 관점에서 그가 히데요시의 조선침략을 긍정적으로 평가한 점은 이해가 된다. 류미나, 「'식민사상의 선구자·혼다 도시아키'의 재발견-'屬島개업' 논의를 중심으로-」, 『동북아역사논총』 30, 2010, 217~218쪽.

160 『林子平全集』 1-2권 ; 『北方未公開古文書集成』 제3권, 叢文社, 1978.

에도 중기 막부 성향의 유학자들은 히데요시의 조선침략은 무용한 일이라며 그 업적을 폄하하였다. 유교적 논리에서 노부나가의 은혜를 배신한 인물로 평가 절하하는 경우가 대부분이었다. 그러나 18세기 중·후반부터 19세기 초 막번체제의 위기가 심각해지자 조선 통신사의 대우 문제와 해방문제로 인해 히데요시 및 조선침략을 재평가하려는 분위기가 형성되기 시작했다. 여기에 국학자, 경세가들이 히데요시에 대한 긍정적인 평가를 쏟아내기 시작했다.

한편 일반 민중 사이에서도 히데요시는 중요한 관심사였다. 에도막부는 1722년 엄격한 출판 통제령을 내리고, 정치에 대한 풍자나 비판을 통제하고 풍속을 쇄신하고자 했다. 즉 先朝와 관련한 것, 기독교 관계 서적의 유입이나 간행은 물론, 이에야스나 도쿠가와 집안에 관한 사건 또는 무사의 실명을 거론하는 것을 금지하였다. 이와 같은 분위기에서 다이코기물류의 문헌은 거의 나타나지 않았다.

17세기 말『이리에 다이코기繪入太閤記』가 간행된 지 백 년 정도 지난 1797년 방대한 분량의『에혼 다이코기繪本太閤記』가 간행되어 1802년에 완간되었다.[162] 1804년에는 "一枚繪, 草紙類, 天正之頃以來之武者等名前を顯し畵き候儀は勿論, 紋所, 合印, 名前等紛はしく認め候儀も, 決て相致間敷候"[163]라는 엄격한 고시문이 전달되었다. 여기서 '天正之頃以來之武者'라는 것은 히데요시를 의식한 것으로, 출판과 관련된 것은 보다 더 엄격하게 통제를 가했다. 인기와 평판이 높았던『에혼 다이코기繪本太閤記』간행을 반기지 않았던 막부는 전술한 고지문을 포고한 지 한 달도 안 되어서 다이코기물류

161 류미나, 앞의 논문, 217~218쪽.

162 전7편 84권이라는 방대한 분량으로 作者는 武內確齊, 삽화는 岡田玉山, 版元은 大坂의 勝尾屋이었다. 완결된 것은 1802년으로 에도까지 전달되어 베스트셀러가 되었다.

163 津田三郎, 앞의 책, 87쪽.

의 전기물을 적발했다. 이로 인해 기타가와 우타마로喜多川歌麿의 우키요에도 여러 차례 절판 처분을 받았다.[164]

이후 다이코기물류의 서적은 일제히 자취를 감추었다. 그럼에도 불구하고 비밀리에 다이코기물류를 읽는 사람은 늘어났다. 히데요시의 출세담이 가부키나 인형극인 조루리, 강담講談 등에 도입되어 널리 서민들 사이에 퍼지기 시작했다. 그 결과 히데요시는 일개의 농민에서 입신출세한 영웅으로 인식되어 인기가 지속되었다.

이처럼 히데요시와 관련된 서적이나 그림, 초지류 등이 통제를 받자 가부키나 인형극 조루리 분야에서 오히려 히데요시 관련 작품의 인기가 높아지는 기이한 현상이 나타났다. 물론 히데요시의 실명을 사용할 수 없어 가명을 사용하거나, 가마쿠라나 무로마치 시대의 이야기인 것처럼 시대를 바꾸어 작품을 상영하는 경우가 많았다. 18세기 중엽에는 <표 1>처럼 가부키나 인형극 조루리에서 히데요시 관련 작품이 자주 상영되었다.[165]

〈표 1〉 主要 히데요시 관련 연극작품 일람

歌/淨	西歷	月	上演劇場	作品名	作者
淨瑠璃	1719	2月	大坂·竹本	本朝三國志	近松門左衛門
淨瑠璃	1725	5月	大坂·竹本	出世握虎稚物語	竹田出雲
淨瑠璃	1747	8月	大坂·竹本	傾城枕軍談	並木千柳
淨瑠璃	1757	12月	大坂·豊竹	祇園祭礼信仰記	中邑阿契·淺田一鳥
歌舞伎	1759	12月	大坂·中	仮名草紙國性爺實錄	竹田治藏
歌舞伎	1761	1月	京·北側角	けいせい勝尾寺	藤川山八
淨瑠璃	1763	4月	大坂·竹本	山城の國畜生塚	近松半二·竹本三郎兵衛
淨瑠璃	1763	4月	大坂·竹本	天竺德兵衛郷鏡	近松半二·竹本三郎兵衛
淨瑠璃	1767	12月	大坂·竹本	三日太平記	近松半二
歌舞伎	1768	2月	京·四條南	傾城桃山錦	末廣与一

164 이 작품은 『太閤五妻洛東遊觀圖』라는 우키요에로 히데요시가 淀君과 北政所 등 처첩을 데리고 다이고(醍醐)에 꽃구경했던 장면을 그린 錦繪였다.

165 堀新·井上泰至, 『秀吉の虛像と實像』, 笠間書院, 2016, 396~399쪽, 재인용

歌舞伎	1769	12月	大坂·竹本	近江源氏先陣館	近松半二·三好松洛地
歌舞伎	1772	10月	大坂·中	三千世界商往來	並木正三·奈河龜輔
淨瑠璃	1772	12月	大坂·豊竹此吉	後太平記瓢實錄	菅專助·若竹笛躬
歌舞伎	1773	8月	大坂·中	松下嘉平治連歌評判	奈河龜輔
歌舞伎	1778	4月	大坂·角	金門五三桐	並木五瓶
淨瑠璃	1780	1月	大坂·竹田万治郎	仮名寫安土問答	近松半二
歌舞伎	1780	12月	大坂·角	歸命曲輪敵	並木五瓶
淨瑠璃	1781	2月	大坂·竹本	時代織室町錦繡	近松半二
淨瑠璃	1786	閏 10月	大坂·竹本	彥山權現誓助劍	梅野下風·近松保藏
歌舞伎	1788	11月	江戶·中村	唐相撲花江戶方	櫻田治助, 福森久助
歌舞伎	1789	1月	大坂·中	けいせい北國曙	奈河七五三助
淨瑠璃	1789	2月	大坂·豊竹此吉	木下蔭狹間合戰	若竹笛躬·近松余七
歌舞伎	1789	11月	大坂·中	けいせい稚兒淵	近松德叟
淨瑠璃	1791	3月	大坂·豊竹此母	雕刻左小刀	菅專助
歌舞伎	1792	2月	大坂·角	舊礎花大樹	奈河七五三助, 辰岡万作
淨瑠璃	1793	7月	大坂·竹本	蝶花形名歌島台	若竹笛躬·中村魚眼
歌舞伎	1794	1月	大坂·角	けいせい青陽鷦	辰岡万作
歌舞伎	1794	10月	大坂·北堀江	日本賢女鏡	近松柳·近松松助
歌舞伎	1796	4月	大坂·角	艶競石川染	辰岡万作
歌舞伎	1798	7月	江戶·桐	智仁勇三面大黑	並木五瓶
淨瑠璃	1799	7月	大坂·若太夫	繪本太功記	近松柳·近松千葉軒
歌舞伎	1799	11月	江戶·守田	八百八町瓢簞笄	村岡幸次
淨瑠璃	1801	10月	大坂·北堀江	日吉丸稚櫻	近松やなぎ·近松梅枝軒
歌舞伎	1802	1月	大坂·中	けいせい廓源氏	近松德三
歌舞伎	1804	7月	江戶·河原崎	天竺德兵衛韓噺	鶴屋南北

이를 보면 거의 매년 히데요시와 관련된 작품이 상연되었음을 알 수 있다. 18세기 초에는 조류리가 더 많은 비중을 차지하다가 점차 가부키가 인기를 얻고 있는 것은 흥미롭다. 유학자들의 히데요시에 대한 인식과 일반인을 대상으로 하는 연극작품에는 큰 차이를 보였다. 또한 1719년 오사카에서 상영된 『혼조산코쿠시本朝三國志』처럼 역사상 명백한 허구임에도 불구하고 히데요시를 신공황후 전승의 연장선에서 조선침략을 이해하려는 시도도 보이기 시작했다.[166]

166 극작가 近松門左衛門의 작품으로 제5단계에서 히데요시의 내용이 상영되었다.

위에서 언급한 가부키, 조류리의 작품들은 지금까지 조선침략과 관련된 조선군기물이나 유학자들이 남긴 문헌과는 달리 임진전쟁을 완전히 허구화, 문예화한 새로운 형태의 작품을 만들어서 조선과 히데요시에 대한 이미지를 연극에 적극 반영하였다.[167]

막부가 출판물을 통해 히데요시의 일대기 및 임진전쟁 관련 정보를 통제하려 했음에도 불구하고 새로운 연극 형태를 통해 서민들 사이에 히데요시는 일개 농민에서 입신출세한 영웅으로 인식되어 갔다. 이러한 변화는 18세기 이후 막번체제의 위기 속에서 해방문제가 대두하게 되었을 때도 엿보인다. 당시 서민들을 대상으로 하는 연극의 소재에서도 『혼조산코쿠시』, 『천축덕병위향경天竺德兵衛鄕鏡』 등이 상영되면서 히데요시의 조선침략을 해외정복전쟁으로 이해하고 동조해 가는 상황이 벌어졌다.

3. 해외팽창론과 히데요시

19세기 해방문제가 심화되면서 조선을 정복대상으로 보는 견해가 주류를 이루기 시작했다. 따라서 히데요시에 대한 관심은 개국 전야의 국방을 살피거나 군사적인 문제와 연관되어 나타나기 시작했다. 예를 들면 사토 노부히로佐藤信淵(1769~1850)는 에도 말기 사상가인 동시에 경세론가, 병학가로 병학과 대외관계에 관한 저술을 많이 남겼다. 그는 국학의 영향을 많이 받아 일본이 '세계 만국의 근본'이라는 입장에서 세계를 속령으로 삼기 위해 대외적으로 만주, 중국, 조선, 남방제국을 정복대상으로 하자는 논지를 전개하였다.[168] 그는 「곤도우히사쿠混同秘策」(1823)에서 조선을 정복대상으로 삼

167 최관·김시덕, 앞의 책, 52~54쪽.
168 박훈, 「18세기말~19세기초 일본에서의 '戰國'적 세계관과 해외팽창론」, 『동양사학

으면서 히데요시의 해외파병을 평가하였다. 이러한 배경에는 해방문제와 관련된 대외인식이 있다고 보여진다.[169]

한편 해방론의 대표적인 인물로 미토학水戶學의 아이자와 세이시사이會澤正志齊(1782~1863)를 들 수 있다. 그는 후기 미토학과 존왕양이론을 이론적으로 완성시킨 사상가이다. 그는 미토번의 하급무사 출신으로 일찍부터 번의 역사편찬소 쇼코칸彰考에서 『대일본사大日本史』 편찬사업에 관여했다. 서양 열강의 접근이라는 대외적 위기를 맞아 일본의 국체를 바로 세울 것을 주장한 인물로도 유명하다. 그 역시 히데요시와 관련해서 "신공황후가 삼한을 정복하고 조선西蕃을 복종시켰고, 호우다이코豊太閤는 조선을 정벌하여 무위를 해외에 널리 알렸다"[170]고 하였다. 아울러 조선침략시 일본 수군이 패한 교훈을 중시하면서 구미열강의 압박에 의해 잃은 것을 조선을 강탈함으로써 보충해야 한다는 논리를 설파했다.

이상에서 본 것처럼 19세기경 해방문제에 관심을 가진 경세가나 국학의 영향을 받은 병학자들은 신공황후의 '삼한정벌'과 히데요시의 조선침략을 '신무', '일통' 이래의 '무위'라고 높이 평가하고 있다. 또한 일본에 근접해 있는 조선을 정복대상으로 삼아서 해외팽창을 함으로써 자국의 방위를 지키려했다.

경세가, 해방론자, 국학자들과는 달리 에도 후기 유학자였던 라이 산요賴山陽(1780~1832)의 『니혼가이시日本外史』(1827)에는 히데요시를 칭송했지만, 백성을 착취한 것이 히데요시 집안의 멸망으로 이어졌다고 비판했다.[171] 즉

연구』 104, 2008, 285~289쪽 참조.

169 사토는 '일본만큼 좋은 나라는 없고 神州인 일본의 雄威로 벌레 같은 이민족을 정벌하여 세계를 하나로 합쳐 통일하는데 아무런 어려움도 없다'고 주장하며 망상적인 침략주의자의 일면을 보여줬다. 佐藤信淵, 「混同秘策」, 『日本思想大系』 45, 岩波書店, 1977, 426쪽.

170 會澤正志齊, 『日本思想大系 水戶學』 53, 岩波書店, 1973.

171 『日本外史』 제17. 1827년에 自序가 있고 초판은 1836년경에 간행되었다. 전 22권

히데요시가 백성의 노력을 착취하여 후손이 끊기는 화를 부른 것은 진시황과 마찬가지라고 보았다. 그리고 전국의 백성이 아직 치유되지 않은 상처를 감싼 채로, 알지도 못하는 지역으로 멀리 나아가 해를 거듭하며 아무런 소득도 없는 사이에 그 힘을 다하고 말았다고 보고 히데요시의 실정에 대해 언급하였다.[172]

라이 산요는 히데요시가 8년 만에 전국 동란을 통일한 점은 인정하였으나 그의 개인적인 욕망과 당시의 정치적인 상황이 임진전쟁의 원인이라고 이해했다. 즉 도요토미 정권기에는 전투 여력이 남아 있는 여러 다이묘들이 있어 이를 해외로 분출해서 대명 권력을 축소시키려 했다는 것이다. 결국 이러한 방법은 히데요시와 군웅과의 관계가 잠시 동안 제어하고 복종시킨 것에 지나지 않았고, 결코 장구한 지배를 유지할 수 있는 계책은 아니었다고 보았다. 히데요시가 빨리 천하를 얻은 것이 도리어 천하를 빨리 잃은 이유라고 간파했다.[173] 해방문제와 관련해서 유교에 입각한 명분론으로 히데요시의 실정을 들어 평가하려 했음을 알 수 있다.

한편 일반 서민들 사이에서 히데요시의 인식과 평판이 어떻게 변화되었는지 알아보도록 하자. 우선 1802년 『에혼 다이코기繪本太閤記』가 간행된 지 50년 후인 1852년 에도 지신당知新堂에서 『신쇼 다이코기眞書太閤記』가 간행되었다.[174] 이는 장편으로 된 군담으로서 다이코기물류의 실록 문헌으

으로 임진전쟁과 관련된 기사는 제17권 「도쿠가와씨 전기 도요토미씨」 하권에 수록되어 있고 한문체이다.

172 최관·김시덕, 앞의 책, 406~407쪽.

173 산요는 "당시에는 猛將, 謀夫, 雄傑이 천하에 布滿하였다. 천하가 통일이 된 뒤에도 사악한 그들에게서는 일 벌리는 것을 기뻐하고 무공 세우는 것을 즐거워하는 마음이 아직 없어지지 않았다. 임진왜란이라는 것은(朝鮮役) 천하의 군웅들에게 그들이 서로 물어뜯고 공격할 힘을 마음껏 발휘하게 하여 그 힘을 소진시키기 위해서였다"고 보았다. 北島万次, 앞의 책, 20~21쪽.

174 栗原柳庵은 막부 御家人 출신으로 故實家(고증가)로 유명하였다. 『眞書太閤記』는 1849년에 처음으로 범례가 작성된 뒤 1852년에 간행되었다. 이후에도 순차적으로

로서는 보기 드물게 에도시대 말기에 출판된 사례이다.

19세기 후반은 에도막부가 정치적, 대외적으로 절체절명의 위기 상황에 처해 있었으므로 다이코기물류 같은 출판물을 통제할 여력이 없었다. 에도시대에는 무사, 히데요시의 실명이 거론된 출판물은 엄격한 통제를 받았으나,『신쇼 다이코기』에서는 당당하게 히데요시의 실명이 거론되었다. 이 문헌에는 임진전쟁과 관련해서 12편 19를 시작으로 기사가 실려 있다. 흥미로운 것은 임진전쟁의 전황과 관련된 부분은 간략하게 처리했다는 점이다.

예를 들면 12편 19권에 '조선국 정벌회의, 전하께서 대의를 설파하시다' 라는 부분에서 조선침략을 위한 회의 모습만 적혀있고 전투와 관련된 부분은 거의 생략했다. 또한 주로 히데요시의 조카인 히데쓰구 이야기와 이시다 미쓰나리石田三成의 악행, 히데요시 사망 전후의 사정 등이 다수 언급되고 있다.

이 문헌은 에도 초기 일반 서민들 사이에서 인기를 끌었던『에이리 다이코기』 이상으로 인기를 얻어 대유행한 작품이었다. 여기에도 임진전쟁과 관련해서는 간략하게 언급이 되어 있어 히데요시에 대한 인식을 파악하는 데는 한계가 있다.

이와 같이 에도 후기의 경우, 국학의 영향을 받은 경세가와 병학자들은 해방문제와 관련해서 일본에 근접해 있는 조선을 정복대상으로 삼아서 해외팽창을 함으로써 자국의 방위를 지키려했다. 그런 관점에서 히데요시의 해외정복을 긍정적으로 평가했음을 알 수 있다.

반면 일반인들 사이에서는 다시 다이코기물류의 문헌이 인기를 끌면서 히데요시의 공적이나 해외정벌에 대한 관심보다는 신분 구조가 엄격한 상황에서 평민으로부터 입신출세한 점에 관심이 증폭되었다. 이에 가장 모범적이면서 완벽한 인물로 미화되었던 것이다. 이러한 완성된 이미지는 근대

간행되었는데 완결된 것은 1868년이며 12편 360권 분량으로 정리되고 완성되었다.

에 와서도 유지되었다.[175]

소결小結

본장에서는 에도시대 히데요시에 대한 인식이 어떻게 변화해 갔는지를 당시의 유학자, 국학자, 경세가들이 남긴 문헌과 일반인 대상의 다이코기물류를 통해서 살펴보았다.

히데요시는 일본의 전국시대를 통일한 인물로, 입신출세나 처세의 달인으로서의 이미지가 강조되었다. 영웅 이미지의 틀은 변함없이 그대로 유지되면서 아직도 일본인에게 대중적 인기가 높은 인물이다. 이러한 히데요시의 이미지 또는 인식은 근대 시기에 집중적으로 나타나기 시작한다. 즉 청일전쟁을 기점으로 히데요시의 인기가 높아지기 시작하였고, 히데요시 사후 300년을 기념하는 대대적인 행사가 1898년에 개최되면서 일본 대중들에게 서민적인 영웅으로 인식되었다. 그의 영웅화 작업은 근대 이후 천황이나 국가 이데올로기에 의해 더욱 고조되었다. 일본 제국주의의 확대 정책을 역사적으로 뒷받침하는 인물로도 이용되었다

본장에서는 히데요시의 이러한 이미지 날조 및 그에 대한 평가가 이미 에도시기 중·후반부터 잉태되어 부각되었던 것임을 확인할 수 있었다. 즉

175 德富蘇峰은 히데요시에 대해서 "만약 지금 일본에서 영웅 투표를 실시하면 최고점은 틀림없이 豊臣太閤이 차지할 것이다. 도쿠가와 이에야스도 부분적으로는 權現樣으로 숭상되고 있으나 아직 국민적인 애모심의 중심에 있지는 않다. (중략) 요컨대 일반 사람들이나 학자, 혹은 무학자나 노인, 어린애를 불문하고 모든 사람들이 이구동성으로 영웅이라고 인정하며 그를 사랑하고, 그를 이야기하며, 그를 즐기고, 지금도 국민의 마음속에 살아 있는 것은 太閤 뿐이다"고 평가하였다. 김광옥, 앞의 책, 229쪽.

에도시기 200년 동안 히데요시에 대한 인식은 일률적이지 않았다. 17세기에는 反히데요시 분위기 속에서 막부를 비호하는 주자학 계통의 지식인들은 히데요시의 조선침략을 명분 없는 무용의 전쟁이라고 비판적으로 인식하고 있었다. 히데요시의 조선침략에 대해서도 교만무도한 행동이었으며, 주군인 노부나가의 은혜도 모르는 파렴치한 인간으로 파악하였다.

에도 중기 막부 성향의 유학자들도 히데요시의 조선침략에 대해 여전히 무용한 일로 평가하였다. 유교적 논리에서 노부나가의 은혜를 배신한 인물로 평가 절하하는 경우도 대부분이었다. 즉 이들 유학자의 문헌에서는 조선침략에 대해 맹목적으로 찬양하지 않았다. 히데요시의 한계와 잘못에 대해서도 가감 없이 서술했다.

해방론자들은 일본의 방위문제와 관련해서 히데요시의 조선침략을 높이 평가했다. 즉 이른바 신공황후의 '삼한정벌' 전승과 히데요시의 '조선침략'을 신국 일본의 영광을 드러낸 쌍벽의 업적이라고 칭송하였다.

또한 일반 서민들 사이에서는 막부의 출판통제로 인해 히데요시의 일대기를 읽기 쉽게 풀어서 간행되었던 다이코기물류의 서적은 자취를 감추었다. 그럼에도 불구하고 비밀리에 다이코기물류를 읽는 사람이 늘어났다. 히데요시의 출세담이 가부키나 인형극인 조루리나 강담 등에 도입되어 서민들 사이에 널리 퍼지기 시작했다. 서민들 사이에 히데요시는 일개 농민에서 입신출세한 영웅으로 인식되면서 인기가 지속되었다.

에도 후기에 들어가면 국학의 영향을 받은 경세가, 병학자들은 해방문제와 관련하여 일본에 근접해 있는 조선을 정복대상으로 삼아 해외팽창을 통해 자국의 방위를 지키려 했다. 이와 같은 관점에서 히데요시의 해외정복을 긍적적으로 평가하였다.

일반인들 사이에서는 다시 다이코기물류의 문헌이 인기를 끌면서 히데요시의 공적이나 해외정벌과 관련된 무위에 대한 관심보다 신분구조가 엄격한 상황에서 평민으로부터 입신출세한 부분에 초점이 모아졌다. 이로써 가장 모범적이면서 완벽한 인물로 미화되었던 것이다.

이처럼 에도시기 히데요시에 대한 인식의 변화는 에도막부의 권력 장악력과 해방문제, 일본의 방위문제와 밀접한 관계를 맺으면서 연동되어 갔다. 또한 히데요시가 조선침략, 대륙진출의 선구자라는 영웅 이미지 틀은 근대가 아니라 이미 에도시대에 잉태되어 지속적으로 변화해 왔음을 알 수 있다.

종장
명분 없는 전쟁의 종결

히데요시의 침략으로 시작된 임진전쟁은 7년 동안 지속되었다. 이 책에서는 임진전쟁을 동아시아 삼국이 참전한 국제전쟁이라는 관점에서 고찰하였다. 특히 1590년 통신사 파견부터 1607년 조·일 국교가 회복되기까지 삼국 간에 진행된 강화교섭을 통해서 임진전쟁의 목적과 그 과정을 이해하는 데 주력하였다. 그 결과 다음과 같은 결론에 이르렀다.

첫째, 임진전쟁의 원인과 목적이 히데요시의 개인적 야망으로 비롯된 것이 아니라는 점이다. 그것은 당시 동아시아 국제 정세와 일본의 국내 사정이 복합적으로 작용한 것이다. 1592년 히데요시가 전쟁을 일으킨 직접적인 원인은 전쟁이라는 긴박한 상황에서 군역동원을 통해 자신의 정치적인 입지와 국내 체제를 공고히 하려 했던 것이 핵심이다. 전국戰國을 통일한 히데요시는 '무위'를 대외적으로 과시하는 것이 정권의 안정을 도모하는 최상책이라고 인식했다. 이 과정에서 천황을 적극적으로 이용하고, '日輪의 子(태양의 아들)', '신국사상'과 같은 관념을 결부시켜 침략 논리의 정당성을 구축했다.

한편 히데요시의 의도를 파악한 다이묘들은 봉토를 몰수당하지 않기 위해 전쟁에 참여했다. 이들은 히데요시의 명령 없이 개별 영주가 사적인 전투나 교전을 금지하는 명령總無事令 때문에 영토를 확장할 수 없었기 때문에 자신의 세력 확장을 위해서도 전쟁에 적극적으로 참여할 수밖에 없었다.

둘째, 7년 전쟁 기간 중 거의 5년 동안 전쟁은 소강상태였고 일본과 조선, 일본과 명 사이에 강화교섭이라는 외교전이 진행되었다는 점이다. 이 문제는 조·명 관계의 실상과 조공 책봉 관계에 대한 양국의 입장, 그리고 정유재란의 발발 배경을 이해할 수 있는 중요한 주제이다. 그럼에도 불구하고 한국학계에서는 강화교섭에 거의 주목하지 않았다. 침략을 당한 조선이 강화교섭을 시종일관 반대했다는 선입견이 작용했기 때문이다. 그러나 강화교섭을 조선 측이 등한시하거나 무시하였다고는 볼 수 없으며, 더욱이 전적으로 소외당했다고 말할 수도 없다.

전쟁 초기 조선과 일본은 강화교섭을 시도했지만 서로의 요구조건에 너무 큰 격차가 있었다. 이후 일·명간의 교섭이 시작되면서 조선이 외교적인 주도권을 장악하지 못한 것은 사실이다. 그러나 조선은 전황의 추이에 따라 일본과의 협상을 기획하고 실현시켰다. 사명당과 기요마사의 서생포 회담이 그 대표적인 경우이다.

강화교섭을 진행하는 과정에서 삼국 간의 교섭은 서로의 요구조건의 차이뿐만 아니라 전황과 사태에 따라 변수가 너무 많았다. 특히 정보의 전달체계상에 15~20일씩 걸리던 초반의 전황 보고가 전쟁이 장기화되면서 90~100일까지 걸렸다. 최고 통치자들의 명령이 급속한 전황의 변화에 따라가지 못했다. 결국 교섭 실무진들의 보고와 군령 및 명령이 착종되는 상황이 빈번하게 발생했다. 이와 같은 상황에서 기존의 전달체계는 교섭의 실무 담당자들의 계략과 마찰, 권모술수 등을 키워주는 온상이 되었다. 이것이 강화교섭을 복잡하게 만드는 중요한 요인이 되었다.

셋째, 일·명 강화교섭의 파탄 원인은 '명이 히데요시의 요구조선을 무시하고 일본 국왕으로 책봉하고자 한 것에 대한 히데요시의 격노' 때문이 아니라는 점이다. 히데요시는 책봉 절차를 받아들여 書冊과 金印·고명 등을 받았다. 자신이 일본 국왕으로 임명되는 것을 사전에 숙지하고 있었고, 강화교섭을 통해서 조선의 영토 확보와 무역 재개를 달성하려 했다. 그러나 명 측에서 보낸 칙유에 '조선에 있는 일본군의 완전철수'를 요구하자 이를 수락할 수 없어서 5년간 지속되었던 강화교섭을 파탄 낸 것이다. 결국 히데요시는 조선 지배가 완전히 부정된 것에 대한 분노와 정권 유지에 심각한 영향이 초래될 것을 우려하여 교섭을 파국으로 몰고 가 다시 전쟁을 시작했다.

넷째, 1596년에 발생한 후시미 지진이라는 자연재해가 정유재란 발발에 적지 않은 영향을 미쳤다는 점이다. 교토라는 정치의 중심지역에서 발생한 후시미 지진은 히데요시에게 정치적인 위기의식을 초래했다. 히데요시는 천황의 대관代官으로서 영역지배를 하고 있다는 논리와, 전국戰國 다이묘를 상대로 사적추토논지私敵追討論旨, 또는 칙명강화勅命講和를 통해 전국을 통치하고 있었다. 따라서 히데요시 입장에서 "지진은 천황의 박덕薄德에 의해서 생긴 것이 아니라 자신에게 그 책임이 있다"고 인식했다. 그렇기 때문에 지진의 조짐豫徵에 관해서 민감하게 반응할 수밖에 없다.

자연재해는 '히데쓰구 사건'과 '히데요시의 병사 풍문', 교착상태에 빠진 '일·명 강화교섭의 파탄'이라는 대내외적인 상황과 맞물리면서 인심의 동요와 반란의 조짐, 사회 혼란 등을 야기했다. 이런 상황에서 히데요시는 총동원하여 감행해왔던 침략전쟁이 수포로 돌아가고, 국내의 정세마저도 불안한 가운데 자신의 정권을 유지하기 위한 또 다른 돌파구로서 조선 재침략을 감행하였다.

다섯째, 정유재란의 발발 배경은 '조선 왕자의 일본 파견 불참' 문제가 아니라 조선 남부 경상도 지역의 영토 확보와 무역 재개라는 점이다. 히데요시는 강화교섭이 결렬되자 재침의 명목으로 '조선 왕자의 파견' 문제를 들고 나왔다. 이는 조선이 강화를 요청한다고 국내에 인식시킴으로써 전쟁 상황이 유리하다는 것을 알리기 위한 책략이었다. 조선이 불응하자 교섭 조건을 大臣·王弟의 인질 파견과 공물 헌납 문제로 변경하였다. '조선 왕자의 일본 파견' 문제는 이런 배경에서 나온 요구로, 그야말로 명분에 지나지 않는 구호에 불과했다.

히데요시는 1593년 6월 '大明日本和平條件'에서는 일명 무역의 재개를 요구했고, 1595년 5월 '大明朝鮮과 日本和平之條目'에서는 조선을 사면하는 대신 명 칙사의 파견과 무역 재개를 희망했다. 아울러 그는 임진전쟁 기간을 전후로 필리핀과 교역을 맺기 위해 여러 차례 서한을 보냈다. 특히 정유재란이 발발한 1597년 7월 필리핀에 서한을 보내면서 무역을 요청했다. 이와 같이 그는 필리핀 교역을 통해 탄약의 원료가 되는 화약 및 군수품 확보에 주력하려 했던 것으로 보인다. 다시 말하면 大坂－伏見－名護屋－조선－필리핀이라는 경제 네트워크를 구축해 전쟁을 지탱하면서 정권의 안정을 도모하려 했다.

이와 같은 상황에서 경상도 남부 지역을 확보해야 했다. 히데요시는 정치적 위기상황을 돌파하기 위해 부산 지역만이라도 확보하여 교역의 장을 마련하고 해외영토를 확보한다는 명목으로 전쟁을 지속할 수밖에 없었다. 이처럼 정유재란의 발발 배경에는 조선 남부 특히 부산 지역의 영토 확보와 무역 재개라는 목적이 있었다.

여섯째, 임진전쟁 후 조속하게 조선과 일본이 다시 국교를 재개한 배경은 양국 모두 정권의 안정이 절대적으로 필요했다는 점과 명의 '先行後報' 방침이 주요했다는 점이다. 즉 조선은 일본의 재침을 방지하고 대내외적으로 국토를 재건하여 북방 방위에 전념해야 하기 때문에 국교 재개를 받아들였다. 무엇보다도 선왕의 능 훼손과 같은 모든 전란의 허물을 벗어나 전쟁을 '승리'로 마무리할 수 있다고 판단하여 국교를 맺었다.

일본은 이에야스가 세키가하라 전투 이후부터 최고 권력자로 부상했지만 1617년까지도 국내외적으로 인정받지 못한 불안전한 상황이었다. 히데요시의 조선 침략에 의해 동아시아 사회에서 고립된 국제관계를 수복하고, 조선·명과의 국교 정상화를 꾀함으로써 국가 주권을 분명히 함은 물론, 교역에 의한 국내경제 발전과 무역이윤을 확보하기 위해 국교를 서둘렀던 것이다. 특히 이에야스는 1602년 니죠 성을 시작으로 에도 성·슨푸 성駿府城 축성을 단행하였다. 그는 에도막부가 군역을 동원했던 이전의 절대 권력과 같은 존재이며 무가 권력이 계승해야 할 관직은 '관백'이 아니라 '쇼군'이라는 것을 강조하면서 국내를 장악해 나갔다. 이 과정에서 이에야스는 도요토미 정권과의 차별성을 강조하고 정치권력 장악에 확고한 의지를 표명하기 위해 대내외적인 선전 효과를 염두에 둔 통신사 도래를 성사시키고자 했다.

명은 일본군이 철수한 지 2년 지났지만 留兵 및 철수, 인질문제가 미해결된 상태라 조선에 머물면서 일본과 교섭을 하고 있었다. 1600년 4월 명의 질관質官 49명과 피로인 20명이 송환되어 인질 문제가 마무리 되자 8, 9월에 명군은 본격적으로 철수 하였다. 1604년 5월 이후부터 조·일 교섭에 명은 간섭하지 않고, 조선이 자주적으로 처리하라는 '先行後報' 방침을 세웠다. 그 결과 조선은 대일 강화에 '통왜通倭'한다는 의구심을 받지 않고 독자적으로 대응할 수 있는 계기가 되었다. 이러한 명의 조치에 의해 일본과의 국교 재개가 조속하게 시행될 수 있었다.

다시 말해서 선조의 국내 정치적인 입장, 이에야스의 에도 성 완공 시기를 기점으로 한 정치적 선전과 외교·무역의 장악, 명의 조·일 관계에 대한 불간섭 정책이라는 세 가지 상황이 종합적으로 연동되어서 조·일 국교 문제가 10년 만에 신속하게 해결되었다는 점을 확인할 수 있다.

임진전쟁의 연구는 삼국이 모두 자국사의 범위에서 진행되었던 것이 사실이다. 이 전쟁은 삼국을 황폐화시킨 국가 간의 전쟁이기도 하지만 동아시아에 새로운 질서를 만든 국제전쟁이었다는 부분도 부정하기 어렵다. 동아시아 공동체 지향과 관련해 새롭고 다각적인 차원에서 연구가 이루어져야 한다. 이를 위한 기초적인 작업으로 전쟁시기 삼국의 자료를 집대성하는 것이 급선무라고 생각된다.

그리고 임진전쟁을 의료사적 측면에서 고찰하는 것은 전쟁의 실상을 이해하기 위해서 요구되는 절실한 과제이다. 전쟁 중에 발생한 군사들의 질병과 부상자 및 사망자에 대한 처리, 이에 관한 의료 정책은 어떻게 전개되었는지를 우선적으로 규명할 필요가 있다. 이것은 히데요시와 다이묘들과의 명령 전달체계 및 일본군의 동원 체계시스템, 전쟁이 조·일 양국의 의학계에 미친 영향 등을 새로운 각도로 고찰할 수 있는 중요한 주제이다. 이 부분은 추후 연구과제로 삼고자 한다.

〈강화교섭 관계 연표〉

연도	조선/명	일본
1585 (宣祖18, 天正13, 萬曆13)		7.11 秀吉, 관백 취임 9.3 秀吉, 一柳末安에게 「唐入」정복 의사를 표명
1586 (宣祖19, 天正14, 萬曆14)		4.10 秀吉, 毛利輝元宛 覺書에서 「高麗御渡海」를 언급 6.16 秀吉, 대마도주 宗씨에게 九州평정 後 「高麗國」에 출병할 예정을 알림 12.19 秀吉, 태정대신 취임. 豊臣姓을 받음
1587 (宣祖20, 天正15, 萬曆 15)	2 '손죽도 사건' 발생 9 선조, 일본을 「簒弑國」으로 보고 「水路迷昧」를 이유로 통신사 요구를 거절함	6.15 秀吉, 宗義調·義智부자에게 조선국왕 파견을 요구함 9 宗氏, 家臣橘康廣을 일본국왕사로 조선에 보내 통신사 파견을 요청함 12 秀吉, 간토·오우지역 다이묘에게 私戰금지령(總無事令)을 내림
1588 (宣祖21, 天正16, 萬曆16)		3. 橘康廣, 조선에서 성과 없이 귀국 7.8 秀吉, 「海賊禁止令」, 「刀狩令」발표
1589 (宣祖22, 天正17, 萬曆 17)	8.28 宗義智, 인정전에서 통신사 파견을 요청함 9.21 선조, 통신사 파견 결정함 11.18 선조, 통신사절로 정사 황윤길, 부사 김성일을 임명함	3 秀吉, 宗씨에게 조선국왕 참례건을 재촉함 6 景轍玄蘇 正使, 宗義智 副使, 博多商人 島井宗室 등 25인 조선에 파견
1590 (宣祖23, 天正18, 萬曆18)	2.28 '손죽도 사건' 관련 범인 「헌부례」를 올림 3.6 통신사 일행(황윤길외), 한성 출발	7.21 통신사 일행, 入京 11.7 秀吉, 聚落第에서 통신사 일행 만남
1591 (宣祖24,	1.28 통신사 일행, 부산 도착 3.1 통신사 일행, 귀국 보고	

天正19, 萬曆19)		6 宗義智, 부산에 와서 「假道入明」을 요구 8.21 秀吉, 「身分統制令」발표 10.10 名護屋城 축성시작 12.27 秀吉, 관백직을 秀次에게 양위
1592 (宣祖25, 天正20 =文祿1, 萬曆20)	4.13 宗義智, 小西行長 1군 부산 도착 4.17 加藤清正·鍋島直茂 2군 부산 상륙	1.5 秀吉, 조선도해 陣立명령 발령 3.13 陣立書 발표 3.26 秀吉, 京都출발 4.25 秀吉, 나고야성 도착
		5.16 秀吉, 한성함락 소식 들음 5.18 秀吉, 秀次에게 25조 覺書 제시, 대제국 건설 구상 계획 전달
	6.9 이덕형, 柳川調信·景轍玄蘇와 대동강 회담→결렬	6.2 秀吉, 도해 연기 결정
	7.16 조승훈, 평양전투 패함 7하순 加藤清正, 함경도에서 조선 두왕자 포획 8.1 심유경·小西行長, 평양회담에서 50일간 휴전협정 10.4 1차 진주성 전투	7.29 秀吉, 오사카로 돌아감
	11하순 심유경, 평양의 小西行長 진영 방문 12.1 명군, 조선 의주로 들어옴	11.1 秀吉, 다시 나고야로 돌아옴 12.8 改元(天正→文祿)
1593 (宣祖26, 文祿2, 萬曆21)	1.7 이여송, 평양성 회복 1.26 벽제관 전투(명, 강화교섭 정책으로 전환)	
	2.12 행주산성 전투 3중순 심유경, 小西行長·加藤清正과 용산회담 4.19 송응창, 사용재·서일관을 「명사절」로 사칭해서 일본 진영으로 보냄	2.27 일본제장들, 한성에서 회의
		5.15 小西行長, 「명사절」과 함께 나고야에 도착 5.23 秀吉, 「명사절」과 회견
	6.29 2차 진주성 전투	6.28 秀吉, 「명사절」에게 「大明日本和平條件」 제시
	7.8 심유경, 內藤如安을 「강화사」로 만들어 한성 도착	8.15 秀吉, 나고야 출발

	12하순 심유경, 「秀吉의 降表」를 위작해서 웅천을 떠나 요동으로 향함	8.25 秀吉, 오사카 도착
1594 (宣祖27, 文祿3, 萬曆22)	4.15 사명당, 加藤淸正과 서생포회담(1차) 7.10 사명당, 加藤淸正과 서생포회담(2차) 11.6 사명당, 加藤淸正과 서생포회담(3차) 11.11 고양겸에 이어 손광 경략 취임 12.6 內藤如安, 북경에 입경 12하순 명황제, 秀吉에게 일본 국왕 임명 결정 및 이종성을 책봉정사로 임명	
1595 (宣祖28, 文祿4, 萬曆23)	1 책봉정사 북경을 출발 4.6 책봉정사 한성에 도착 10.11 책봉부사 양방형 부산 도착. 小西行長진영 진입 11.22 책봉정사 이종성 부산 도착. 小西行長진영 진입	4 小西行長, 귀국하여 秀吉에게 책봉사 도래 임박을 알림 5.22 秀吉, 小西行長에게 「大明朝鮮과日本和平之條目」을 제시 7 秀次사건
1596 (宣祖29, 慶長원년, 萬曆24)	4.2 명 책봉정사 이종성 도망사건 5.2 명, 책봉정사에 양방형, 부사 심유경으로 다시 임명 5.5 加藤淸正, 서생포에서 일본으로 귀환 윤7 황신·박홍장 조선사절, 부산 출발 11하순 조선 사절, 귀국 부산 도착 12.7 小西行長 부산 도착 12.21 선조, 황신 인견, 일본 사정 보고 받음 12 명 책봉사 부산 도착	1 小西行長, 심유경을 동반해서 나고야로 감 6.14 小西行長, 양방형 부산 출발 윤7.13 후시미 대지진 윤7 명사절, 堺 도착 8.18 조선 사절, 堺 도착 9.1 秀吉, 大坂城에서 명사절 접견 9.5 강화교섭 결렬→재침 결정 10.27 改元(文祿→慶長)
1597 (宣祖30, 慶長2,	1.13 鍋島直茂 김해 상륙, 加藤淸正 다대포 상륙→서생포로 이동 2 명 책봉사, 명황제에게 복명	2 秀吉, 재침을 위한 진립서 발표

萬曆25)	3.18 사명당, 加藤清正과 서생포회담(4차) 6 명 부총병양원, 남원 입성 6~7 심유경 참형 8.18 남원성 함락 9.15 일본군 정읍회의 12.22 울산성 전투	
1598 (宣祖31, 慶長3, 萬曆26)	2 조선에서 秀吉의 병사풍문이 퍼짐 6 정응태 사건 11.18 노량해전 11하순 일본군 전원 철수	3 秀吉, 다이고 꽃구경 8.18 秀吉, 후시미성에서 사망 10.1 德川家康, 德永壽昌과 宮木豊盛을 조선에 파견하여 화의체결과 일본군 철수 지시함 12 宗義智, 조선에 康近(일본명 梯七太夫)외 明質官 3명 송환
1599 (宣祖32, 慶長4, 萬曆27)	9 조선, 秀吉의 사망으로 일본군이 철수한 사실을 확인함	3 宗義智, 吉副左近외 10인 강화요청 3.12. 德川家康, 島津씨에게 명 質官 茅國科 송환을 명함 6 宗義智, 源智實(일본명 柚谷彌助) 등 9인 明 質官 5명과 피로인 15명 송환
1600 (宣祖33, 慶長5, 萬曆28)	11 명군, 조선에서 완전철수	2 宗義智, 조선에 강화요청 4 宗義智, 調次(일본명 石田甚左衛門) 明 質官 40명과 피로인 20명 등 송환 9.15 세키가하라 전투
1601 (宣祖 34, 慶長6, 萬曆29)		6 橘智正, 조선에 피로인 송환 및 강화요청 11 橘智正, 조선에 강화요청
1602 (宣祖35, 慶長7, 萬曆30)		6 橘智正외 9명, 피로인 송환 11 橘智正 등 20인, 피로인 129명 송환
1603 (宣祖36,	3,6,10 宗義智, 예조에 서계를 보내 통신	2 德川家康, 정이대장군 취임

慶長8, 萬曆31)	사 차견 요구	
1604 (宣祖37, 慶長9, 萬曆32)	2 宗義智, 德川家康의 사신 파견 요청을 조선에 전달 5 명, 조선에 '先行後報' 방침 전달 8.20 사명당, 「탐적사」로 일본 파견 12 사명당, 교토 도착	
1605 (宣祖38, 慶長10, 萬曆33)	5 사명당, 귀국	3.5 사명당, 후시미성에서 德川家康 만남 4.16 德川秀忠, 2대 정이대장군으로 취임
1606 (宣祖39, 慶長11, 萬曆34)	4 조선, 일본에 '先爲致書, 犯陵賊縛'을 요구 11 조선에 德川家康(內府書謄) 국서 도착, 犯陵賊 헌부례를 진행함	
1607 (宣祖40, 慶長12, 萬曆35)	1.12 「회답겸쇄환사」, 한성 출발 7 「회답겸쇄환사」, 귀국	윤4 「회답겸쇄환사」, 德川秀忠에게 국서 전달 5.20 「회답겸쇄환사」, 슨푸성에서 德川家康 만남

※ 조선과 명은 조선력, 일본은 일본력 사용

참고문헌

1. 사료

[한국]

『조선왕조실록』, 「선조실록」 「선조수정실록」 외, 국사편찬위원회, 1956.
『서애문집』, 성균관대학교 대동문화연구원, 1958.
『看羊錄』, 姜沆, 海行摠載Ⅱ, 민족문화추진회, 1974.
『東槎上日錄』, 吳允謙, 海行摠載Ⅱ, 민족문화추진회, 1974.
『海槎錄』, 慶暹, 海行摠載Ⅱ, 민족문화추진회, 1974.
『扶桑錄』, 李景稷, 海行摠載Ⅲ, 민족문화추진회, 1975.
『난중잡록』, 조경남, 한국고전총서 3, 민족문화추진회, 1977.
『月峯海上錄』, 鄭希得, 海行摠載Ⅷ, 민족문화추진회, 1977.
『增補文獻備考』, 하우봉·홍성덕 역, 민족문화추진위원회, 1997.
『청송우계집』, 성혼, 이조중기사상총서, 아세아문화사, 1980.
『瑣尾錄』, 吳希文 著, 李民樹 譯, 한국고전번역원, 2014.
『慕夏堂集』, 서울대학교 규장각한국학연구원 소장.
『奮忠紓難錄』, 南鵬, 고려대학교 도서관소장.
『日本往還日記』, 黃愼, 河合文庫, 京都大學所藏.
『再造藩邦志』, 申靈, 朝鮮古書刊行會, 『大東野乘』, 1909~1911.

[일본]

『改訂史籍集覽』 所收: 「左大史孝亮記」, 「朝鮮日々記」, 「孝亮宿禰日記」, 「面高長連坊朝鮮在陣日記」, 「利家夜話」, 「善隣國寶記」, 「續善隣國寶記」, 「太閤記」, 近藤出版部, 1902~1926.
『續群書類從』 所收: 「淸正記」, 「島津家記」, 「本山豊前守安政戰功覺書」, 續群書類從完成會, 1932~1966.
『續々群書類從』 所收: 「神屋文書」, 「組屋文書」, 「西征日記」, 「淸正高麗陣覺書」, 國書刊行會, 1906~1909.
『大日本古文書 家わけ2 淺野家文書』, 東京大學史料編纂所編, 1906.

『大日本古文書 家わけ3 伊達家文書』1~10, 東京大學史料編纂所編, 1908~1915.
『大日本古文書 家わけ8 毛利家文書』1~4, 東京大學史料編纂所編, 1920~1924.
『大日本古文書 家わけ9 吉川家文書』1~2, 別集, 東京大學史料編纂所編, 1924~1932.
『大日本古文書 家わけ11 小早川家文書』1~2, 東京大學史料編纂所編, 1927.
『大日本古文書 家わけ16 島津家文書』1~3, 東京大學史料編纂所編, 1942~1966.
「仙巣稿」,『大日本史料』第12編3편, 東京大學史料編纂所編, 1928~2002.
「言經卿記」,『大日本古記錄,』, 東京大學史料編纂所編, 岩波書店, 1959~1991.
「晴豊記」,『續史料大城』, 臨川書店, 1967.
「義演准后日記」,『史料簒集』1-3, 群書類從完成會, 1976~1985.
「當代記」,『史籍雜纂』, 續群書類從完成會, 1995.
『佐賀縣史料集成』古文書編3, 所收:「鍋島家文書」,「泰長院文書」,「櫛田神社文書」, 佐賀縣史編輯委員會編, 佐賀縣史料集成刊行會刊, 1958.
『長崎縣史 古代·中世編』, 長崎縣史編集委員會編, 吉川弘文館, 1963~1986.
「大友家文書」,『大分縣史料 諸家文書補遺』, 大分縣史刊行會, 1964~1983.
「加藤文書」,『態本縣史料中世編』5, 態本縣, 1966.
「旧記雜錄後編」,『鹿兒島縣史料』, 鹿兒島縣, 鹿兒島縣維新史料編纂所, 1981~.
「于宗易書狀」,「島井氏年錄」,『福岡縣史, 近世史料 福岡藩町方』, 西日本文化協會編, 1987.
「萩藩閥閱錄」, 山口縣文書館編集·校訂, 山口縣文書館, 1967~1971.
「組屋文書」,『小濱市史 - 諸家文書』, 小濱市史編纂委員會編, 1971~1998.
「黑田家文書」제1권, 福岡市博物館, 1998.
「高山公實錄<藤堂高虎傳>」,『淸文堂史料叢書』98, 上野市古文獻刊行會編, 淸文堂, 1998.
「小西行長基礎資料集」,『宇土市史研究』26, 宇土市教育委員會, 2006.
「鹿苑日錄」, 辻善之助編, 太陽社, 1935.
「宗家朝鮮陣文書」,『朝鮮史料叢刊』, 朝鮮史編修會編, 第19, 1937.
『吉見元賴朝鮮日記』, 東京大學 史料編纂所 所藏.
「中田文書」, 東京大學 史料編纂所 所藏.
『宇都宮高麗歸陣物語』, 東京大學 史料編纂所 所藏.
『江雲隨筆』, 東京大學 史料編纂所 所藏.
「嚴島文書」, 東京大學 史料編纂所 所藏.

『鍋島直茂譜考補』, 國立公文書館 內閣文庫 所藏.
「吉野甚五左衛門覺書」, 國立公文書館 內閣文庫 所藏.
「鍋島直茂宛秀吉朱印狀」, 大阪城天守閣 所藏.
「大重平六高麗覺書」, 「菱刈休兵衛朝鮮奉公覺」, 鹿兒島縣立圖書館 所藏.
『大日本地震史料』, 震災豫防調查會, 東京大學 史料編纂所, 1904.
『相國寺藏 西笑和尙文案』, 伊藤眞昭外編, 思文閣出版, 2007.
「陰德太平記」, 香川正矩編·沙門尭眞補遺, 『通俗日本全史』, 早稻田大學出版部編, 1913.
『通航一覽』, 國書刊行會, 1912~1913.
「朝鮮物語」, 『通俗日本全史』, 早稻田大學出版部, 1914.
『增訂大日本地震史料』, 文部省震災豫防調查會, 鳴鳳社, 1941~1943.
「征韓錄」, 『島津史料集』, 北川鐵三校注, 戰國史料叢書, 人物往來社, 1966.
「多聞院日記」, 辻善之助編, 角川書店, 1967.
「梵舜日記」, 『史料纂集』, 鎌田純一校訂, 續群書類從完成會, 1970~1999.
『增訂 大日本地震史料』, 震災豫防評議會編, 東京大學地震硏究所, 1973.
『五島編年史』, 中島 功, 國書刊行會, 1973.
『增訂 大日本地震史料』, 文部省震災豫防評議會編, 鳴鳳社, 1975.
『朝鮮通交大紀』, 田中健夫·田代和生校訂, 名著出版, 1978.
『新收日本地震史料』, 東京大學地震硏究所編, 東京大學地地震究所, 1981~1982.
『新訂黑田家譜』, 川添昭二, 福岡古文書を讀む會校訂, 文獻出版, 1982~1987.
『16·7世紀イエズス會日本報告集』, 松田毅一監譯, 同朋舍, 1987.
『善隣國寶記·新訂續善隣國寶記』, 田中健夫·石井正敏編, 集英社, 1995.
『日本中世氣象災害史年表稿－10~16世紀の風水, 旱, 虫害, 凶作, 饑饉, 疫病の情報－』, 藤木久志編, 高志書院, 2007.
「文祿·慶長の役 中世·近世 日韓關係史料解題集」, 『제2기 日韓歷史共同硏究報告書』제2분과, 佐伯弘次·須川英德·桑野榮治編, 日韓歷史共同硏究委員會, 한글판, 2010.
『豊臣秀吉文書集』 1-7, 名古屋市博物館編, 吉川弘文館, 2015~.
『豊臣秀吉 朝鮮侵略關係史料集成』1-3, 北島万次編著, 平凡社, 2017.

2. 단행본

[한국]

국립진주박물관, 『처음 읽는 정유재란 1597』, 국립진주박물관, 2018.

계승범, 『조선시대 해외파병과 한중관계』, 푸른역사, 2017.

김경태, 『허세와 타협 – 임진왜란을 둘러싼 삼국의 협상』, 동북아역사재단, 2019.

김문자·손승철 엮음, 『北島万次, 임진왜란연구의 재조명』, 경인문화사, 2019.

손승철, 『조선시대 한일관계사연구』, 지성의 샘, 1994.

이삼성, 『동아시아의 전쟁과 평화』, 한길사, 2009.

이장희, 『임진왜란사 연구』, 아세아 문화사, 1999.

이훈, 『조선의 통신사외교와 동아시아』, 경인문화사, 2019.

임진정유동북아평화재단, 『정유재란사』, 범우사, 2018.

정두희·이경순, 『임진왜란 동아시아 삼국 전쟁』, 휴머니스트, 2007.

조원래, 『새로운 觀點의 임진왜란사 硏究』, 아세아 문화사, 2005.

池享, 『전쟁과 기억 속의 한일관계』, 한일관계사학회·동북아역사재단 편, 경인문화사, 2008.

최관·김시덕, 『임진왜란 관련 일본 문헌 해제』 근세편, 도서출판 문, 2010.

한명기, 『임진왜란과 한중관계』, 역사비평사, 1999.

한일문화교류기금·동북아역사재단편, 『임진왜란과 동아시아세계의 변동』, 경인문화사, 2010.

한일관계사학회, 『한일관계 2천 년 – 보이는 역사, 보이지 않는 역사』 근세편, 경인문화사, 2006.

[일본]

朝尾直弘, 「鎖國制の成立」, 『講座日本史4 幕藩制社會』, 東京大學出版會, 1970.

池內敏, 『大君外交と「武威」 – 近世日本の國際秩序と朝鮮觀』, 名古屋大學出版會, 2006.

池內宏, 『文祿慶長の役』, 正編 第1·別編 第1, 東洋文庫, 1936.

池上裕子, 『織豊政權と江戶幕府 – 日本の歷史』, 講談社, 2002.

池享, 『天下統一と朝鮮侵略』, 日本の時代史13, 吉川弘文館, 2003.

岩井茂樹, 『朝貢·海禁·互市: 近世東アジアの貿易と秩序』, 名古屋大學出版會, 2020.

岩澤愿彦,『豊臣政權研究』, 戰國大名論集 18, 吉川弘文館, 1983.
上垣外憲一,『「鎖國」の比較文明論－東アジアからの視点』, 講談社選書メチエ, 1994.
上垣外憲,『鎖國前夜ラプソディ』, 講談社選書メチエ, 2018.
岡田章雄,『キリシタン大名』, 吉川弘文館, 2015.
小和田哲男,『北政所と淀殿』, 吉川弘文館, 2009.
笠谷和比古,『徳川家康』, ミネルウァ書房, 2016.
岸本美緒,『東アジアの「近世」』, 山川出版社, 1998.
北島万次,『朝鮮日々記·高麗日記－秀吉の朝鮮侵略とその歴史的告發－』, そしえて, 1982.
北島万次,『豊臣政權の對外認識と朝鮮侵略』, 校倉書房, 1990.
北島万次,『豊臣秀吉の朝鮮侵略』, 日本歴史叢書 52, 吉川弘文館, 1995.
北島万次,『壬辰倭亂と秀吉·島津·李舜臣』, 校倉書房, 2002.
北島万次,『加藤清正』, 吉川弘文館, 2007.
北原糸子,『日本災害史』, 吉川弘文館, 2006.
桑田忠親,『太閤記研究』, 德間書店, 1965.
桑田忠親,『豊臣秀吉のすべて』, 新人物往來社, 1981.
佐々木潤之介,『幕藩制國家論』上, 東京大學出版會, 1984.
山陽新聞社編,『ねねと木下家文書』, 山陽新聞社, 1982.
清水有子,『近世日本とルソン－「鎖國」形成史再考－』, 東京堂出版, 2012.
白峰旬,『織豊期の政治構造』, 吉川弘文館, 2000.
曾根勇二,『大坂の陣と豊臣秀頼』, 敗者の日本史13, 吉川弘文館, 2013.
高橋典行編,『戰爭と平和<生活と文化の歴史學 5>』, 竹林舍, 2014.
田代和生,『書き替えられた國書』, 中央公論社, 1983
田中健夫,『島井宗室』, 吉川弘文館, 1961.
田中健夫編,『日本前近代の國家と對外關係』, 吉川弘文館, 1987.
玉懸博之,『織豊政權の研究』, 吉川弘文館, 1984.
津野倫明,『韓國の倭城と壬辰倭亂』, 岩田書院, 2004.
津野倫明,「朝鮮出兵の原因·目的·影響に關する覺書」, 高橋典行編,『戰爭と平和<生活と文化の歴史學 5>』, 竹林舍, 2014.
鄭章植,『使行錄に見る朝鮮通信使の日本觀』, 明石書店, 2006.
鄭樑生,『明·日關係史の研究』, 雄山閣出版社, 1985.
藤間生大,『東アジア世界の形成』, 春秋社, 1968.

內藤雋輔,『文祿·慶長における被擄人の研究』, 東京大學出版會, 1976.
中村榮孝,『日鮮關係史の研究』, 吉川弘文館, 1967~1969.
仲尾宏,『朝鮮通信使と壬辰倭亂』, 明石書店, 2000.
仲尾宏外,『朝鮮通信使とその時代』, 明石書店, 2001.
仲尾宏,『朝鮮通信使をよみなおす－「鎖國」史觀を越えて』, 明石書店, 2006.
中野等,『豊臣政權の對外侵略と太閤檢地』, 校倉書房, 1996.
中野等,『秀吉の軍令と大陸侵攻』, 吉川弘文館, 2006.
中野等,『文祿·慶長の役』, 戰爭の日本史16, 吉川弘文館, 2008.
中野等,『石田三成伝』, 吉川弘文館, 2017.
中野等,『太閤檢地: 秀吉が目指した國のかたち』, 中公新書, 2019.
貫井正之,『朝鮮義僧將·松雲大師と德川家康』, 明石書店, 2002.
野村玄,『天下人の神格化と天皇』, 思文閣出版, 2015.
橋本政良編著,『環境歷史學の研究』, 岩田書院, 2005.
藤井讓治,『天下人の時代』, 吉川弘文館, 2011.
藤木久志,『豊臣平和令と戰國社會』, 東京大學出版會, 1985.
藤田恒春,『豊臣秀次』, 吉川弘文館, 2015.
堀越祐一,『豊臣政權の權力構造』, 吉川弘文館, 2016.
堀新·井上泰至,『秀吉の虛像と實像』, 笠間書院, 2016.
本多博之,『天下統一とシルバーラッシユ－銀と戰國の流通革命－』, 歷史文化ライブラリー, 2015.
前田多美子,『三藐院近衛信尹－殘された手紙から』, 文閣出版, 2006.
三鬼清一郎,『豊臣政權研究, 戰國大名論集』18, 吉川弘文館, 1984.
三鬼清一郎,『豊臣政權の法と朝鮮出兵』, 青史出版, 2012.
三鬼清一郎,『大御所 徳川家康: 幕藩體制はいかに確立したか』, 中公新書, 2019.
三木晴男,『小西行長と沈惟敬－文祿の役, 伏見地震, そして慶長の役』, 日本國書刊行會, 1997.
峰岸純夫,『中世災害·戰亂の社會史』, 吉川弘文館, 2001.
矢部健太郎,『關カ原合戰と石田三成』, 敗者の日本史12, 吉川弘文館, 2014.
山室恭子,『黄金太閤－夢を演じた天下びと』, 中央新書, 1992.
山本博文,『天下人の一級史料』, 柏書房, 2009.
山本博文·堀新·曾根勇二編,『消された秀吉の眞實』, 柏書房, 2011.
山本博文·堀新·曾根勇二編,『僞秀り秀吉像を壞す』, 柏書房, 2013.

山本博文·堀新·曾根勇二編, 『豊臣政權の正體』, 柏書房, 2014.
山本博文·堀新·曾根勇二編, 『豊臣秀吉の古文書』, 柏書房, 2015.
李啓愰, 「丁應泰誣奏事件と日明將らの講和交涉」, 『文祿·慶長の役と東アジア』, 臨川書店, 1998.
ルイス·フロイス著, 松田毅一·川崎挑太譯, 『日本史 1-12』, 中央公論社, 1977~1980.
渡邊美季, 『近世琉球と中日關係』, 吉川弘文館, 2012.

3. 논문

[한국]

계승범, 「임진왜란 중 조명관계의 실상과 조공 책봉관계의 본질」, 『한국사학사학보』 26, 2012.
계승범, 「조선왕조의 長久性과 한중관계」, 『明淸史硏究』 38, 2012.
김강식, 「임진왜란 시기의 서생포 회담과 의미」, 『울산사학』 11, 2004.
김경태, 「임진왜란 후 강화교섭기 국서문제의 재검토」, 『한국사학보』 36, 2009.
김경태, 「임진전쟁기 강화교섭의 결렬원인에 대한 연구」, 『대동문화연구』 87, 2014.
김경태, 「정유재란 직전 조선의 정보 수집과 재침 대응책」, 『한일관계사연구』 59, 2018.
김경태, 「일본에 끌려간 조선 여성들의 삶」, 『정유재란사』, 범우사, 2018.
김광옥, 「근대일본의 豊臣秀吉·임진왜란에 대한 인식」, 『역사와 경계』 64, 2007.
김문자, 「豊臣政權期에 있어서 자연재해와 대외관계 – 地震과 水害를 중심으로 –」, 『일본연구』 14, 2010.
김문자, 「풍신수길의 책봉문제와 임란기의 강화교섭 – 정유재란의 원인을 중심으로 –」, 『중앙사론』 36, 2012.
김상범, 「唐代自然災害와 民間信仰」, 『동양사학연구』 106, 2009.
金錫禧, 「임진란 중의 강화교섭에 관한 小考」, 『부산문리대학보』 9, 1966.
김영작, 「四溟大師의 渡日 和平交涉 活動」, 『사명당 유정』, 지식산업사, 2000.
노영구, 「임진왜란의 학설사적 검토」, 『동아시아세계와 임진왜란』, 경인문화사, 2010.
류미나, 「'식민사상의 선구자 혼다 도시아키'의 재발견 – '屬島개업의를 중심으로 –」, 『동북아역사논총』 30, 2010.
米谷均, 「豊臣秀吉의 '日本國王' 冊封을 둘러싼 인식의 격차」, 『임진왜란과 동아시아世界의 變動』, 경인문화사, 2010.

민덕기, 「임진왜란에 납치된 조선인과 정보의 교류」, 『사학연구』 74, 2004.

민덕기, 「韓·日 國交 재개교섭에 나타난 韓·明·日의 입장과 대응」, 『동아시아세계의 변동』, 경인문화사, 2010.

민덕기, 「임진왜란의 '戰後처리'와 동아시아 국제질서의 변동」, 『한일관계사연구』 36, 2010.

민덕기, 「도쿠가와 이에야스의 1606년 조선에 보낸 '국서'에 대한 위조설 검토－요네타니說에 대한 비판을 중심으로－」, 『한일관계사연구』 52, 2015.

박수철, 「15·16세기 일본의 전국시대와 도요토미 정권」, 『전쟁과 동북아의 국제질서』, 일조각, 2006.

박재광, 「임진왜란 연구의 현황과 과제」, 『임진왜란과 한일관계』 5, 경인문화사, 2005.

박훈, 「18세기 말~19세기 초 일본에서의 '戰國'적 세계관과 해외팽창론」, 『동양사학연구』 104, 2008.

손승철, 「松雲大師 四溟堂 對日使行의 외교사적 의미」, 『한일관계사 연구』 21, 2004.

신동규, 「近世 동아시아 속에서 日本의 '국제질서'論 고찰－世界觀 변화와 '日本型 華夷秩序'論을 중심으로－」, 『전북사학』 35, 2009.

劉寶全, 『壬辰倭亂期 朝·明關係史研究』, 성균관대학교 박사학위논문, 2003.

이계황, 「한국과 일본학계의 임진왜란 원인에 대하여」, 『동아시아의 세계와 임진왜란』, 경인문화사, 2010.

이완범, 「임진왜란의 국제정치학－일본의 조선 분할요구와 명의 對조선 종주국확보의 대립, 1592~1596－」, 『정신문화연구』 25-4, 2002.

조원래, 「임진왜란사 인식의 문제점과 연구과제」, 『한국사학사학보』 26, 2012.

津野倫明, 「丁酉再亂時の日本の目的と日本側の軍事行動」, 『한일관계사연구』 57, 2017.

차혜원, 「16세기, 명조의 南倭대책과 封·貢·市」, 『동양사학연구』 135, 2016.

차혜원, 「16세기 국제질서의 변화와 한중관계」, 『동양사학연구』 140, 2017.

최영희, 「임진왜란에 대한 몇 가지 의견」, 『남명학연구』 7, 진주경상대학교 남명학연구소, 1997.

催豪鈞, 「壬辰·丁酉倭亂期 人名被害에 대한 계량적 연구」, 『국사관논총』 89, 2000.

하우봉, 「동아시아 국제전쟁으로서의 임진전쟁」, 『한일관계사연구』 39, 2011.

한우근, 「임진란 원인에 관한 검토 – 豊臣秀吉의 전쟁 도발 원인에 대하여 – 」, 『역사학보』 1, 부산역사학회, 1952.

한명기, 「임진왜란기 明·日의 협상에 관한 연구 – 명의 강화집착과 조선과의 갈등을 중심으로 – 」, 『국사관논총』 98, 2002.

허선도, 「壬辰倭亂史論 – 壬亂史의 올바른 認識」, 『韓國史論』 22, 국사편찬위원회, 1992.

홍성덕, 「조선후기 한일외교체제와 쓰시마의 역할」, 『동북아역사논총』 41, 2013.

荒木和憲, 「조일 강화 교섭 과정과 정탐사」, 『공존의 인간학』 3, 全州大學校韓國古典學研究所, 2020.

[일본]

跡部 信, 「秀吉の朝鮮渡海と國制」, 『大坂城天守閣紀要』 31, 2003.

跡部 信, 「豊臣政權の對外構想と秩序觀」, 『日本史研究』 585, 2011.

阿部一彦, 「太閤記と戰國戰記 – 豊臣秀吉の朝鮮侵略をめぐって」, 『愛知淑德大學論集(文學部文學研究科篇)』 21, 1996.

岩澤愿彦, 「秀吉の唐入りに關する文書」, 『日本歷史』 163, 1962.

上原兼善, 「初期德川政權の貿易統制と島津氏の動向」, 『社會經濟史學』 71-5, 2006.

大庭良美, 「下瀨賴直と‘朝鮮渡海日記’ – 文祿の役從軍記 – 」, 『鄕土石見』 33호, 1993, 34호, 1993, 35호, 1994.

岡百合子, 「世界史上の壬辰倭亂」, 『歷史地理教育』 490, 1992.

北島万次, 「壬辰倭亂における降倭の存在形態—その素描」, 『歷史評論』 651, 2004.

北島万次·米谷均, 「文祿·慶長の役/文獻目錄」, 『日韓歷史共同研究報告書』, 제2분과, 日韓歷史共同研究委員會, 2005.

金文子, 「慶長元年の日明和議交涉破綻に關する一考察」, 『人間文化研究年報』 18, 1994.

久芳崇, 「朝鮮の役における日本兵捕虜」, 『東方學』 105, 2003.

桑野榮治, 「東アジア世界と文祿·慶長の役 – 朝鮮·琉球·日本における大明外交儀禮の觀點から – 」, 『第2期韓日歷史公同研究報告書』 第2分科會編, 韓日歷史公同研究委員會, 2010.

是永幹夫, 「慶念『朝鮮日日記』の研究」, 『青兵學術論集』 3, 1993.

國重顯子,「豊臣政權の情報傳達について－文祿二年初頭の前線後退をめぐって－」,『九州史學』, 96号, 1989.
佐島顯子,「虛實錯綜した講和交涉」(歷史群像シリーズ 35),『文祿·慶長の役』, 學研, 1993.
佐島顯子,「壬辰倭亂講和の破綻をめぐって」,『年報朝鮮學』 4, 1994.
佐藤和夫,「朝鮮出兵と拉致問題－日朝交涉史の斷面－」,『政治経濟史學』447, 2003.
白根孝胤,「大坂の陣をめぐる豊臣家と德川家」,『僞りの秀吉像を打ち壞す』, 柏書房, 2013.
關周一,「倭寇による被擄人の性格をめぐって」,『日本歷史』 519, 1991.
關周一,「15世紀における朝鮮人漂流人送還体制の形成」,『歷史學硏究』 617, 1991.
武田勝藏,「伯爵宗家所藏豊公文書と朝鮮陣」,『史學』 第4卷 3号, 1925.
谷 徹也,「秀吉死後の豊臣政權」,『日本史硏究』 617, 2014.
津野倫明,「蔚山の戰いと秀吉死後の政局」,『ヒストリア』 180, 2002.
津野倫明,「慶長の役における長宗我部元親の動向」,『韓國の倭城と壬辰倭亂』, 岩田書院, 2004.
津野倫明,「慶長の役における黑田長政の動向」,『海南史學』 42, 2004.
津野倫明,「慶長の役における鍋島氏の動向」,『織豊期硏究』 8, 2006.
津野倫明,「慶長の役における『四國衆』」,『歷史に見る四國』, 雄山閣, 2008.
豊見山和行,「江戶幕府外交と琉球」,『沖繩文化』 22-1, 1985.
中島樂章, 「封倭と通貢－1594年寧波開貢問題をめぐって－」, 『東洋史硏究』 66-2, 2007.
中島樂章,「16世紀末の九州－東南アジア貿易－加藤淸正のルソン貿易をめぐって－」,『史學雜誌』 118-8, 2009.
仁木宏,「都市京都と秀吉」,『日本史硏究』 420, 1997.
西山昭仁,「文祿5年の伏見地震直後の動靜1－公家·寺社·朝廷を中心として－」,『歷史地震』 10, 1994.
西山昭仁,「文祿5年の伏見地震直後の動靜2－武家·民家を中心として－」,『歷史地震』 11, 1995.
貫井正之,「孫文彧試論」,『朝鮮通信使 地域史硏究』 創刊號, 2015.
平川 新,「スペインとポルトガルの日本征服論をめぐって」,『歷史評論』865, 2018.

萩原尊禮, 「慶長元年の伏見桃山の地震－新史料による檢討－」, 『古地震―歴史資 活斷層』, 東京大學出版會, 1982.
堀新, 「豊臣秀吉の「唐入り」構想; その成立 表明と現實化」, 『立正史學』 125, 2019.
堀新, 「織豊權力論へのガイド」, 『歴史評論』 852, 2021.
眞榮平房昭上, 「16~17世紀における琉球海域と幕藩制支配」, 『沖繩縣史』 尙生堂, 2005.
三木聰, 「萬曆封倭考」(その1)－萬曆二十二年五月の封貢中止をめぐって－」, 『北海道大學文學研究科紀要』 109, 2003.
三木聰, 「萬曆封倭考」(その2)－萬曆二十四年五月の九卿·科道會議をめぐって－」, 『北海道大學文學研究科紀要』 113, 2004.
三鬼淸一郎, 「田麥年貢三分一徵收と荒田對策―豊臣政權末期の動向をめぐって－」, 『名古屋大學文學部硏究論集』 史學 18, 1971.
宮本義己, 「豊臣政權運營－「秀吉遺言覺書」體制の分析を通じて－」 『大日光』 74, 2004.
村井章介, 「秀吉の世界征服構想と「女の領域」」, 『立正史學』 125, 2019.
森克己, 「中世末·近世初頭における對馬宗氏の朝鮮貿易」, 『續々日宋貿易の研究』, 國書刊行會, 1975.
盛本昌廣, 「豊臣期における金銀遣いの浸透過程」, 『國立歴史民俗博物館研究報告』 83, 2000.
安野久, 「關ケ原前役前における德川家康とフィリヒンとの交涉－ローマイェズス會文書による－」, 『キリスト教史學』 28, 1974.

4. 기타

『神宗實錄』『明史』『明史紀事本末』
『兩朝平壤錄』 동경대학 동양문화연구소 소장

찾아보기*

* 이 책의 출현 빈도가 높은 어휘들(선조, 도요토미 히데요시, 고니시 유키나가, 가토 기요마사, 도쿠가와 이에야스, 야나가와 시게노부, 사명당, 시마이 소시츠, 심유경, 피로인, 항왜)은 색인에서 제외했다.

라

마

바

사

하

| 저자의 관련 논문 |

서장 『한일관계 2천년 - 보이는 역사, 보이지 않는 역사』, 근세편(공저), 경인문화사, 2006, 5.

제1장 「임진왜란 연구의 제문제 -임진 정유재란 발발 원인에 대한 재검토-」, 『한일관계사연구』 67, 2020, 2.

「임진왜란에 대한 일본의 시각 변천」, 『역사비평』 46, 1999, 봄호.

제2장 「壬辰倭亂期 일본 사료 연구 -풍신수길의 조선침략관련 사료를 중심으로-」, 『한일관계사연구』 30, 2008, 8.

제1부

제1장 「島井宗室와 1590년 통신사 파견」, 『상명사학』 2, 상명사학, 1994, 5.

제2장 「임진왜란에 있어서 明·日講和交涉과 朝鮮」, 『사명당 유정의 사상과 활동』, 사명당기념사업회, 2000, 1.

제3장 「임진왜란기 일·명 강화교섭의 파탄에 관한 一考察 -사명당(松雲大師)·加藤淸正간의 회담을 중심으로-」, 『정신문화연구』 100, 2005, 9.

제4장 「풍신수길의 책봉 문제와 임란기의 강화교섭 -정유재란의 원인을 중심으로-」, 『중앙사론』 36, 2012, 12.

제2부

제1장 「豊臣政權 末期의 자연재해와 정치적 상황 -文祿 5년(1596)의 지진 발생을 중심으로-」, 『동양사학연구』 99, 2007, 6.

제2장 「秀吉의 조선재침략 직전의 일본 측 동향에 대해서 -柳川調信의 활동을 중심으로-」, 『祥明史學 -湖趙景來博士停年退任記念論文集』 3·4합집, 1995, 12.

제3장 「秀吉의 病死 風聞과 朝日交涉 -조선침략 전쟁 중의 정보 전달 문제의 일례로-」, 『일본역사연구』, 8, 1998, 10.

[보론] 「정보통신과 임진왜란」, 『한일관계사연구』 22, 2005, 4

제3부

제1장 「전쟁의 파장, 정유재란과 동아시아 -에도막부 초기의 대외정책을 중심으로-」, 『한일관계사연구』 57, 2017, 8.

제2장 「家康 국서문제의 僞造 및 改作과 동아시아」, 『한일관계사연구』 58, 2017, 12.

제4부

제1장 「임진·정유재란기의 조선 피로인 문제」, 『중앙사론』 19, 2004, 6.

제2장 「임란시 항왜문제」, 『임진왜란과 한일관계』, 경인문화사, 2005, 6.

제3장 「에도시대 豊臣秀吉에 대한 인식」, 『중앙사론』 46, 2017, 12.

저자소개

김문자 金文子

상명대학교 사학과를 졸업하고 일본 오챠노미즈 여자대학에서 일본 근세사 연구로 석·박사학위를 받았다. 상명대학교 박물관장, 국사편찬위원회 위원, 영국 옥스퍼드대학교 객원연구원 등을 역임했다. 현재 상명대학교 역사콘텐츠학과 교수로 재직 중이며 한일관계사학회 회장이다.

저서로는 『戰の中の女たち, 戰爭·暴力と女性 I (공저, 2004)』, 『임진왜란과 한일관계(공저, 2005)』, 『北島万次, 임진왜란 연구의 재조명(엮음, 2019)』이 있다.

주요 논문으로는 「임진왜란에 있어서 明·日講和交涉과 朝鮮(2000)」, 「豊臣政權末期의 자연재해와 정치적인 상황 - 文祿5년 (1596)의 지진발생을 중심으로(2007)」, 「에도시대 豊臣秀吉에 대한 인식(2017)」 등 다수가 있다.

임진전쟁과 도요토미 정권

2021년 7월 19일 초판 1쇄 발행
2022년 3월 11일 초판 2쇄 발행

지 은 이 김문자
발 행 인 한정희
발 행 처 경인문화사
편 집 부 유지혜 김지선 박지현 한주연 이다빈 김윤진
마 케 팅 전병관 하재일 유인순
출판신고 제406-1973-000003호
주 소 (10881) 경기도 파주시 회동길 445-1 경인빌딩 B동 4층
대표전화 031-955-9300 팩 스 031-955-9310
홈페이지 http://www.kyunginp.co.kr
이 메 일 kyungin@kyunginp.co.kr

ISBN 978-89-499-4938-3 93910
값 29,000원

* 파본 및 훼손된 책은 교환해 드립니다.